Ingo Möller

Nichtlineare Abhängigkeiten bei finanzwirtschaftlichen Zeitreihen

AF892296

GABLER EDITION WISSENSCHAFT

Ingo Möller

Nichtlineare Abhängigkeiten bei finanzwirtschaftlichen Zeitreihen

Aktuelle Testverfahren am Beispiel einer Wechselkursanalyse

Mit einem Geleitwort von Prof. Dr. Thorsten Poddig

Deutscher Universitäts-Verlag

Bibliografische Information Der Deutschen Bibliothek
Die Deutsche Bibliothek verzeichnet diese Publikation in der Deutschen Nationalbibliografie; detaillierte bibliografische Daten sind im Internet über <http://dnb.ddb.de> abrufbar.

Dissertation Universität Bremen, 2003 u.d.T.: Möller, Ingo, Analyse nichtlinearer Abhängigkeiten bei finanzwirtschaftlichen Zeitreihen

1. Auflage Oktober 2003

Alle Rechte vorbehalten
© Deutscher Universitäts-Verlag/GWV Fachverlage GmbH, Wiesbaden 2003

Lektorat: Brigitte Siegel / Katharina Harsdorf

Der Deutsche Universitäts-Verlag ist ein Unternehmen der Fachverlagsgruppe BertelsmannSpringer.
www.duv.de

Das Werk einschließlich aller seiner Teile ist urheberrechtlich geschützt. Jede Verwertung außerhalb der engen Grenzen des Urheberrechtsgesetzes ist ohne Zustimmung des Verlags unzulässig und strafbar. Das gilt insbesondere für Vervielfältigungen, Übersetzungen, Mikroverfilmungen und die Einspeicherung und Verarbeitung in elektronischen Systemen.

Die Wiedergabe von Gebrauchsnamen, Handelsnamen, Warenbezeichnungen usw. in diesem Werk berechtigt auch ohne besondere Kennzeichnung nicht zu der Annahme, dass solche Namen im Sinne der Warenzeichen- und Markenschutz-Gesetzgebung als frei zu betrachten wären und daher von jedermann benutzt werden dürften.

Umschlaggestaltung: Regine Zimmer, Dipl.-Designerin, Frankfurt/Main

Gedruckt auf säurefreiem und chlorfrei gebleichtem Papier

ISBN-13:978-3-8244-7923-8 e-ISBN-13:978-3-322-81594-1
DOI: 10.1007/978-3-322-81594-1

Geleitwort

Die Betriebswirtschaftslehre bedient sich seit jeher der Verwendung formaler Modelle zur Analyse marktlicher oder betrieblicher Phänomene sowie als Entscheidungshilfen beim praktischen Management. Die Entwicklung und Verwendung formaler quantitativer Modelle hat in der Betriebswirtschaftslehre mit der Entwicklung leistungsfähiger und kostengünstiger Computer sowohl in Wissenschaft als auch Praxis enorm an Bedeutung gewonnen. Speziell die jüngere Finanzwirtschaftslehre ist ohne den Einsatz von formalen, zumeist auch gleichzeitig computergestützten Modellen undenkbar geworden. Im Bereich des praktischen Risiko- oder Portfoliomanagements ist die Verwendung derartiger Modelle ebenfalls »state-of-the-art«, ja sogar teilweise aufsichtsrechtlich vorgeschrieben (z.B. quantitative Risikomodelle zur Bestimmung der Eigenkapitalunterlegung risikobehafteter Handelsgeschäfte in Banken).

Die Entwicklung quantitativer Modelle (ggf. zugleich als computergestützte Modelle ausgestaltet) sollte entlang der Vorgaben der ökonomischen Theorie erfolgen. Tatsächlich zeigt sich aber gerade bei finanzwirtschaftlichen Anwendungen (z.B. bei der Modellierung, Analyse und ggf. Prognose von Finanzmärkten), dass die Postulate ökonomischer Theorie sich oftmals nicht empirisch bestätigen lassen, Theorien mitunter sogar widersprüchlich sind oder nicht verwendbare (im Sinne von operationalisierbare) Gestaltungshinweise geben.

Die moderne Telekommunikations- und Computertechnologie ermöglicht es in jüngerer Zeit, ökonomische Vorgänge (insbesondere Geschäftstransaktionen und deren Ergebnisse, etwa in Form von Preisen) systematisch aufzuzeichnen, zu archivieren und computergestützten Analysen zugänglich zu machen. Vor diesem Hintergrund hat sich an der Schnittstelle verschiedener Wissenschaften, insbesondere der Informatik (Datenbanktechnologien, Künstliche Intelligenz), der Statistik und Ökonometrie und der Betriebswirtschaftlehre eine neue Disziplin herausgebildet, nämlich das Knowledge Discovery in Databases (KDD). Diese junge Disziplin beschäftigt sich mit der empirisch-induktiven, aber zugleich systematischen und wissenschaftlich fundierten Generierung von Modellen (und Wissen) aus Datenbeständen. Ihr praktisches Einsatzgebiet im Bereich der Betriebswirtschaftslehre ist vorrangig das Marketing (z.B. im Bereich der Erforschung des Konsumentenverhaltens) und die Finanzwirtschaftslehre.

Zentral für das KDD, aber ebenso für das empirische Testen ökonomischer Theorien, ist dabei die Identifikation von Zusammenhängen zwischen (ökonomischen) Größen überhaupt. Ist die Kenntnis vorhanden, welche unabhängigen Variablen geeignet sind, um eine zu modellierende abhängige Variable (Zielgröße) zu erklären, ist einer der wichtigsten Schritte der Modellierung erfolgreich vollzogen. Genauso erlaubt ein Test auf Zusammenhänge (Abhängigkeiten), Aussagen der ökonomischen Theorie stringent zu testen, zu bestätigen oder zurückzuweisen. Das Aufspüren von Zusammenhängen ist damit ein für Wissenschaft und Praxis immens wichtiger Schritt.

Trotz der erstaunlichen Fortschritte der mathematischen Statistik und der Ökonometrie der letzten Jahrzehnte, sind allgemeine Abhängigkeitstests bisher kaum entwickelt worden. Soweit es um den Test auf lineare Zusammenhänge geht, ist zwar ein gut entwickeltes Testinstrumentarium vorhanden. Jedoch zeigt die jüngere ökonomische Forschung, dass lineare Zusammenhänge auch in der Ökonomie einen leider nicht regelhaften Spezialfall darstellen. Vielmehr muss häufig von nichtlinearen Zusammenhängen ausgegangen werden. Tests auf nichtlineare Zusammenhänge existieren aber bisher kaum; allenfalls bezüglich des Tests auf nichtlineare, autoregressive Zusammenhänge können in den letzten Jahren wichtige wissenschaftliche Fortschritte konstatiert werden. Testverfahren, die jedoch auf nichtlineare Zusammenhänge zwischen verschiedenen Variablen testen können, existieren bisher kaum und befinden sich in frühen Entwurfsstadien. Für praktische Anwendungen in der ökonomischen Forschung oder gar betrieblichen Praxis sind sie bisher nur eingeschränkt verwendbar.

Die vorliegende Arbeit greift diese Thematik auf, indem sie zunächst eine Bestandsaufnahme hinsichtlich des aktuellen Forschungsstandes vornimmt. Im Zentrum der Arbeit steht jedoch die Weiterentwicklung eines 1993 von Pi vorgestellten Tests, des sog. δ-Tests. Dieser besitzt einen interessanten Ansatz, ist jedoch nicht konsequent zu Ende geführt worden und daher für wissenschaftliche und praktische Anwendungen nur bedingt verwertbar. Die Arbeit greift den theoretischen Ansatz auf und entwickelt diesen konsequent weiter. Anders als bei Pi gelingt es dem Verfasser, eine Teststatistik herzuleiten, dessen Verteilung zu bestimmen und die Leistungsfähigkeit des Tests in Monte-Carlo Simulationen nachzuweisen. Mit diesem entwickelten, einzigartigen Instrument nimmt er sich dann eines der »Rätsel« in der jüngeren empirischen Finanzmarktforschung an, nämlich die Bestimmung der Einflussgrößen auf die Wechselkursentwicklung. Denn obwohl die Wechselkurstheorie mit zu den ältesten Elementen der ökonomischen Theorie zählt, zeigten empirische Arbeiten der 80er und 90er Jahre deren völliges Versagen auf und lösten dort eine schwere wissenschaftliche Krise aus. Mit dem in der Arbeit fortentwickelten λ-Test lässt sich aber die empirische Wechselkursforschung neu aufarbeiten: Stimmen die Befunde der 80er und 90er Jahre, oder hat die ökonomische Theorie doch recht, waren also die damals angewendeten Verfahren untauglich, sie zu bestätigen?

Die vorliegende Arbeit stellt einen wesentlichen Fortschritt in der modernen (Finanz-) Ökonometrie dar. Der Verfasser nimmt sich eines hochaktuellen, bisher unbefriedigend gelösten Problems an, entwickelt eigenständig einen multivariaten, nichtlinearen Abhängigkeitstests in der Theorie, testet dessen Güte anhand künstlich generierter Datenreihen im Rahmen sehr umfangreicher und aufwändiger Monte-Carlo Simulationen, wendet diesen auf das höchst komplizierte Gebiet der Erforschung der Determinanten der Wechselkursentwicklung an und gelangt hier zu neuen, teilweise verblüffenden Einsichten. Alles in allem steht eine hochinteressante Lektüre bevor – soweit die dazu unumgänglichen formalen Betrachtungen nicht gescheut werden.

Prof. Dr. Thorsten Poddig

Vorwort

Mark Twain wird der Ausspruch zugeschrieben, dass Prognosen immer schwierig seien, vor allem wenn sie die Zukunft beträfen. Dem wäre kaum etwas hinzuzufügen, wenn nicht in einer Reihe von betriebswirtschaftlichen Teilgebieten die Notwendigkeit bestände, Vorhersagen zu treffen, etwa in der Finanzwirtschaft bei der Preisentwicklung von Aktien, Anleihen oder Wechselkursen. Im heutigen börsenanalytischen Eifer, im Wettlauf von Chartexperten und Bilanzpsychologen erscheint gerade dort ein Aspekt nebensächlich, ja als Frage fast unverschämt: Wie sicher kann man sich bei den verwendeten Erklärungs- oder Prognosemodellen überhaupt sein?

Hilfsmittel zur Beantwortung solcher Fragen lassen sich in den Verfahren der mathematischen Statistik finden. Die moderne Ökonometrie ist mit diesen nicht nur in der Lage, etwa für finanzwirtschaftliche Anwendungen Zusammenhänge aufzudecken und daraus Modelle zu generieren, sondern auch exakt anzugeben, wie sicher diese Modelle sind. Insbesondere die detaillierte Analyse von Abhängigkeiten im Vorfeld erleichtert das Erstellen von validen Modellen erheblich, wobei auch nichtlineare Zusammenhänge berücksichtigt werden sollten.

Mit dieser Thematik beschäftigt sich die vorliegende Arbeit, die während meiner Tätigkeit als wissenschaftlicher Mitarbeiter am Lehrstuhl für Finanzwirtschaft der Universität Bremen entstand. Sie ergänzt das Repertoire statistischer Testverfahren zur Analyse von Abhängigkeiten um ein nichtlineares multivariates Verfahren, den λ-Test, und bietet außerdem Hilfen und Ansatzpunkte bei der oft nachlässig behandelten Voruntersuchung von Datenmaterial – ein Fehler, der später in der eigentlichen Modellentwicklung kaum ausgeglichen werden kann.

An dieser Stelle möchte ich allen Menschen meinen Dank aussprechen, die bei der Erstellung der Arbeit geholfen haben. Meinen Eltern und meiner Familie danke ich für den Rückhalt und das Verständnis, dass ein solches Projekt auch einen beträchtlichen Teil meiner Freizeit verschlungen hat.

Besonders verpflichtet bin ich Herrn Prof. Dr. Thorsten Poddig. Neben den unzähligen Diskussionen und Einblicken zu vielen Details der Thematik gilt meine Anerkennung besonders dem angenehmen Miteinander und der Gewissheit, bei ihm stets ein offenes Ohr zu finden.

Einen erheblichen Anteil am Gelingen der Arbeit haben auch meine ehemaligen Kollegen vom Lehrstuhl für Finanzwirtschaft, namentlich die Damen und Herren Erward Arz, Dr. Claus Huber, Dr. Hubert Dichtl, Dr. Kerstin Petersmeier, Irina Sidorovitch, Andreas Oelerich und Petra Sebbes.

Christoph Trageheim und Claudia von Engeln haben wichtige Teile des Manuskripts gelesen und viele sprachliche und orthographische Fehler beseitigt. Darüber hinaus hat Andreas Oelerich den gesamten Text kritisch durchgesehen und auf mathematische Korrektheit überprüft. Fehler, die sich dennoch im Text befinden, sind dadurch entstanden, dass ich seine Korrekturen nicht richtig übernommen habe.

Ingo Möller

Inhaltsverzeichnis

Abbildungsverzeichnis

Tabellenverzeichnis

Notation

Abkürzungen

Abb.	Abbildung
Abs.	Abschnitt, Absatz
Anm.	Anmerkung
a.a.O.	an angegebenem Ort
bspw.	beispielsweise
bzw.	beziehungsweise
bzgl.	bezüglich
d.h.	das heißt
DEM	Deutsche Mark
ECU	European Currency Unit
et al.	et alteri
etc.	et cetera
EUR	Euro
f	folgende
ff	fortfolgende
Gl.	Gleichung
Hrsg.	Herausgeber, Herausgeberin
insb.	insbesondere
i.d.R.	in der Regel
Kap.	Kapitel
o.Verf.	ohne Verfasser, Verfasserin
s.	siehe
S.	Seite
Tab.	Tabelle
USD	US Dollar
vgl.	vergleiche
z.B.	zum Beispiel

Mathematische Notation

a, b, α, β	Koeffizienten bei Regressionen oder in Zeitreihen
a	λ-*Test:* kritischer Abstand zum Parameter λ
A^2	Prüfgröße der Anderson-Darling-Statistik
A, B	Ereignisse eines Ereignisraums Ω
α	Signifikanzniveau eines Hypothesentests

α_k Koeffizienten eines AR- oder ARCH-Prozesses

$\alpha(u)$ charakteristisches Polynom eines AR-Prozesses

B Lag- oder Backshift-Operator, der eine Variable um einen Zeitindex verschiebt.

β *Einheitswurzeltests:* Konstante

β_k Koeffizienten eines MA-Prozesses

β_{ik} Bikovarianz zu den Ordnungen i,k

c (konstanter) Koeefizient oder Parameter
Bispektrum-Test: Verhältnis von Grob- zu Feingittergröße

$c_{1/4}, c_{3/4}$ Quartile (Quantile zu $1/4$ und $3/4$) einer empirischen Verteilung

C_m *BDS-Test:* Korrelationsintegral zur Dimension m

$\chi^2_{f,1-\alpha}$ Quantil der χ^2-Verteilung zu Freiheitsgrad f und Niveau α

card$(\cdot)$ Gibt die Anzahl der Fälle zurück, die eine gegebene Bedingung erfüllen.

d Dimension der Größe

Δ Abstand, Differenz zweier Realisationen. $\Delta y_{s,t}$ gibt die Differenz der $|y_s - y_t|$ zurück

Δ_m Maximumabstand mehrdimensionaler Realisationen bis zur Dimension m

δ δ- *und BDS-Test:* Abstandsparameter, »kleiner Abstand«

$\delta_i^{(1\to2)}k$ *Neuronale Netze:* Änderung der Gewichtematrix zwischen Schicht 1 und 2 in einem Iterationsschritt

e Eulersche Zahl, $e = 2.718281828\ldots$

E *Neuronale Netze:* Fehlerfunktion

$\mathrm{E}(\cdot)$ Erwartungswert einer Zufallsvariablen

Ex_t *Wechselkurstheorie:* Exportvolumen

ε Störgröße in allen Zeitreihenmodellen, unabhängige und identische verteilte Zufallsvariable, i. d. R. mit Index notiert ε_t
δ-*Test:* Abstandsparameter, »kleiner Abstand«

η Störgröße, auch Residuum bei einer Regressionen

$\eta(\mathbf{x},\mathbf{x}')$ Zuordnungsfunktion bei der Darstellung der Prüfgröße Z als U-Statistik

f Anzahl der Freiheitsgrade einer F-, t- oder χ^2-Verteilung

$f(\cdot)$ funktionaler Zusammenhang, die wahre Abhängigkeit

$f(\omega)$ Spektrum, als geschätzte Größe das Periodogramm

F F-verteilte Zufallsvariable

F_t, f_t *Wechselkurstheorie:* Terminkurs (forward rate)

$F(\cdot)$ ein- und zweidimensionale Verteilungsfunktion

$\hat{F}(x)$ empirische Verteilungsfunktion

$F_{m,n;1-\alpha}$ Quantil der F-Verteilung mit m und n Freiheitsgraden und Niveau α

$g(\cdot), h(\cdot)$ funktionaler Zusammenhang

$g(\omega,\omega')$ Bispektrum

G^2 Likelihood-Quotienten-Statistik

γ Skalierungsparameter
Einheitswurzeltests: Trend

γ_k Autokovarianz zur Ordnung k

$\Gamma(x)$ Gamma-Funktion, siehe S. 5.3

$h(x)$ Heaviside- oder Stufenfunktion

$$h(x) = \begin{cases} 1 & \text{für alle } x > 0 \\ 0 & \text{für alle } x \leq 0 \end{cases}$$

h_i allgemeine Häufigkeitsvariable
λ-*Test:* Häufigkeit, daß ein Paar mit Datenpunkt i in einer Stichprobe S_1 oder S_2enthalten ist.

$H(\omega)$ Transferfunktion eines Filters

H *Kontingenztests:* Entropie

H_0, H_1 Nullhypothese, Gegenhypothese (Alternative)

$H_A^{(11)}$ λ-*Test:* absolute Häufigkeit, mit der eine Paarkombination vom Typ A (B, C) in der Stichprobe S_1-S_1 (S_2-S_2, S_1-S_2) auftritt

i imaginäre Einheit, $i^2 = -1$

i_t *Wechselkurstheorie:* Zinssatz (interest rate)

i, j, k, l Indizes

$I(\beta)$ *Lagrange-Multiplier-Tests:* Fisher-Information, 2. Ableitung der Log-Likelihoodfunktion nach den Parametern

I δ-*Test:* Gesamtabhängigkeitsindex

I_i, J_j *Kontingenztests:* Klasseneinteilungen für X bzw. Y

Im_t *Wechselkurstheorie:* Importvolumen

J_A, J_B, J_C λ-*Test:* Integralinhalte im Varianzschätzer für die Paarkombinationen vom Typ A, B, C

ι δ-*Test:* Abhängigkeitsindex je Variable

$k_1, k_2, \ldots$ Konstanten, die aus Gründen der Schreibvereinfachung während einer Rechnung abgekürzt werden

K Prüfgröße, die der Kendallschen K-Statistik oder der Kolmogorov-Smirnov-Statistik folgt

$K_{f;1-\alpha}$ Quantile der Kendallschen K-Statistik mit f Freiheitsgraden und Niveau α

κ Schiefe (3. Moment) einer Verteilung

$L(\beta)$ Log-Likelihoodfunktion

$\lambda^{\mathrm{B}}, \lambda^{\mathrm{P}}, \lambda^{\mathrm{T}}$ Lagfenster zur Schätzung der Spektraldichte nach Bartlett, Parzen und Tukey

λ Teilungsparameter für den λ-Test

m, n Anzahl von Elementen in einer Menge, Gruppengröße

M λ-*Test:* Anzahl der Wiederholungen in Monte-Carlo Simulationen

M_t, m_t *Wechselkurstheorie:* Geldmenge

μ Erwartungswert einer (normalverteilten) Zufallsvariable, die i. d. R. als Index hinzugefügt ist.
λ-*Test:* Laufvariable über alle Datenpunkte

n_1, n_2 λ-*Test:* Anzahl der Paare in den Stichproben S_1, S_2

n_{ij} *Kontingenztests:* Anzahl der Realisationen, die bezüglich X in der Klasse I_i und bezüglich Y in der Klasse J_j liegen.

$n_{i\bullet}, n_{i\bullet}$ *Kontingenztests:* Summen der n_{ij} über i bzw. j

N Anzahl der Realisationen oder Datenpunkte

$N^{(k)}$ *Neuronale Netze:* Anzahl der Neuronen in der Schicht k

$\mathbb{N}$ Menge der natürlichen Zahlen

$\mathcal{N}(\mu, \sigma^2)$ Normalverteilung mit Erwartungswert μ und Varianz σ^2

ν Lokalisationsparameter, Nichtzentralitätsparameter der χ^2-Verteilung

ω (Kreis)-Frequenz einer Schwingung

Ω Ereignismenge eines Wahrscheinlichkeitsraumes
Tests von Hinich, Subba Rao/Gabr: Gebiet im Frequenzbereich

p, q Ordnungen eines AR- bzw. eines MA-Prozesses

p_{ij} *Kontingenztests:* Wahrscheinlichkeit, daß eine Realisationen bezüglich X in der Klasse I_i und bezüglich Y in J_j liegt.

$p_{i\bullet}, n_{i\bullet}$ *Kontingenztests:* Summen der p_{ij} über i bzw. j

P *Bispektrumtest:* Anzahl der Zellen, die vollständig in Ω liegen.

$\mathrm{P}(\cdot)$ Wahrscheinlichkeit, daß eine Zufallsvariable eine Bedingung erfüllt, z.B. $\mathrm{P}(X \leq 0)$

P_t, p_t *Wechselkurstheorie:* Preise

π Kreis- oder Ludolphsche Zahl, $\pi = 3.141\,592\,653\ldots$

π_k partielle Autokorrelation (PAC) der Ordnung k

Π_t, π_t *Wechselkurstheorie:* Inflationsrate, Änderung des Preisniveaus

$\Phi(x)$ Verteilungsfunktion der Normalverteilung

$\Phi_{1-\alpha}$ Quantil der Normalverteilung zum Niveau α

$\phi(x), \psi(x)$ Dichte der Normalverteilung bzw. allgemein Wahrscheinlichkeitsdichten

ϕ Azimutwinkel bei Polar- und Kugelkoordinaten.

$\Psi(\cdot)$ Kern einer U-Statistik

Q, Q^*, q^2 χ^2-verteilte Testgröße

r Anzahl der unabhängigen Variablen $X_t^{(i)}$, also $i = 1, \ldots, r$, Radius bei Polar- und Kugelkoordinaten

r, s *Kontingenztafeln:* Anzahl der unterschiedlichen Merkmale der Variablen X und Y

$R(\cdot)$ Rang einer Realisation in einer Stichprobe

R^2 Bestimmtheitsmaß

$\mathbb{R}$ Menge der reellen Zahlen

ρ Korrelationskoeffizient nach Pearson

ρ_s Rangkorrelationskoeffizient nach Spearman

ρ_k Autokorrelation (AC) der Ordnung k

s zweiter Zeitindex

$s(x)$ Signum- oder Vorzeichenfunktion

$$s(x) = \begin{cases} 1 & \text{für alle } x > 0 \\ 0 & \text{für alle } x = 0 \\ -1 & \text{für alle } x < 0 \end{cases}$$

$S(\beta)$ *Lagrange-Multiplier-Tests:* Score-Funktion, 1. Ableitung der Log-Likelihoodfunktion nach den Parametern

S *Tests von Hinich, Subba Rao/Gabr:* Testgröße, die unter der Nullhypothese konstant ist

S_m kummuliertes Periodogramm

S_1, S_2 *λ-Test:* zwei Stichproben, in die die Gesamtheit aller Paare aufgeteilt wird

S_t, s_t *Wechselkurstheorie:* Wechselkurs (spot rate)

σ, σ^2 Standardabweichung bzw. Varianz einer (normalverteilten) Zufallsvariable, die i. d. R. als Index hinzugefügt ist.

σ_i Permutationen eines Satzes von Indizes

Σ_{ik} *Test von Subba Rao/Gabr:* Varianz-Kovarianz-Matrix

t Zeitindex, t-verteilte Testgröße

$t_{f;1-\alpha}$ Quantil der t-Verteilung mit f Freiheitgraden und Niveau α

T Truncation point, Breite eines Lagfensters

T^2 Hotellingsche T^2-Statistik

τ Kurtosis (4. Moment) einer Verteilung, Testparameter beim Dickey-Fuller-Test, Kendallscher Rangkorrelationskoeffizient

ϑ Höhenwinkel bei Kugelkoordinaten

Θ Erwartungswert des Kerns einer U-Statistik

u Hilfsvariable, normalverteilte Testgröße

$u_k^{(i)}$ *Neuronale Netze:* Zustandsvariable des k-ten Neurons in der i-ten Schicht

U *Kontingenztests:* Nutzen einer Information
Klasse normalverteilter Statistiken

$U_k^{(i)}$ *Neuronale Netze:* Sollwert des k-ten Neurons in der i-ten Schicht

$\mathcal{V}(\mu, \sigma^2)$ Verteilung mit Erwartungswert μ und Varianz σ^2

$\mathrm{Var}(\cdot)$ Varianz einer Zufallsvariablen

$w_i^{(1\to2)}k$ *Neuronale Netze:* Gewichtematrix, hier von Schicht 1 zu 2

W Funktional eines Wienerprozesses

x_t Realisationen der Zufallsvariablen X_t

X_t unabhängige Zufallsvariable, falls nur eine unabhängige vorliegt.

$X_t^{(i)}$ unabhängige Zufallsvariable i, falls mehrere vorliegen.

ξ χ^2-verteilte Prüfgröße eines Lagrange-Multiplier-Tests

ξ_{ik} *Tests von Hinich, Subba Rao/Gabr:* Punkt im untersuchten Frequenzbereich, entspricht (ω, ω')

y_t Realisationen der Zufallsvariablen Y_t

$\{Y_t\}$ Menge von Zufallsvariablen, wobei jeder Variablen ein Zeitindex zugeordnet ist, stochastischer Prozeß, salopp gesagt: eine Zeitreihe

Y_t (abhängige) Zufallsvariable in einer Zeitreihe

Y_t, y_t *Wechselkurstheorie:* Volkseinkommen (yield)

z Korrigierte Prüfgröße nach Philips-Perron

Z λ-*Test:* Prüfgröße

$\mathbb{Z}$ Menge der ganzen Zahlen

ζ Störgröße, auch Residuum bei einer Regressionen

Akzente

$\mathbf{a}$ vektorielle bzw. mehrdimensionale Größe

$\hat{a}$ geschätzte Größe

a' weitere oder korrigierte Größe mit ähnlicher Bedeutung

a^* korrigierte Prüfgröße, auch komplex-konjugierte Größe, Signifikanzniveau einer Prüfgröße * = 10%, ** = 5%, *** = 1%

$\mathbf{a}^\mathsf{T}$ transponierte Größe

Kapitel 1

Einleitung

And this weak and idle theme,
No more yielding but a dream,
Gentles, do not reprehend:
If you pardon, we will mend.

William Shakespeare
A Midsummer Night's Dream

1.1 Problemstellung

Modellbildung gehört in vielen Bereichen der Ökonomie zum methodischen Repertoire.[1] Das gilt vor allem dann, wenn der Untersuchungsgegenstand gut quantitativ zu beschreiben ist oder zumindest quantifizierbare Aspekte aufweist – nur dann lassen sich mathematische und speziell statistische Modelle vermehrt und nutzbringend einsetzen. Bei der Analyse von Finanzmarktdaten ist diese Anforderung erfüllt und man kann sogar sagen, daß in kaum einem anderen Gebiet der Ökonomie die Quantitäten so leicht zugänglich sind, wie in der Finanzwirtschaft. Das liegt zum einen an der öffentlichen Börsennotierung vieler wichtiger Finanztitel und andererseits an den Bestrebungen, Kontrakte zu standardisieren und damit (quantitativ) vergleichbar zu machen. Die in anderen Bereichen mühsame Datenerhebung und Fallklassifizierung, die dann oftmals fehlerbehaftet ist, entfällt. Diese leichte Verfügbarkeit vergleichbarer Daten ist wohl einer der Gründe, warum sich

1 Vgl. etwa B. Felderer, St. Homburg (1991), S. 10f., G. Hansen (1993), S. 111f. oder auch das Themenheft »Analyse- und Prognosemodelle – neuere Entwicklungen«, *Betriebswirtschaftliche Forschung und Praxis* No. 3/95.

heute die moderne Finanzwirtschaft durch eine ausgeprägte Verschränkung mit mathematischen und modellbildenden Verfahren und Techniken auszeichnet.[2]

Möchte man in einem ersten Schritt die Fülle der in der Finanzwirtschaft verwendeten ökonometrischen Modelle grob klassifizieren, so lassen sich zunächst Modelle mit eigengenerierten und fremdgenerierten Modellgrößen unterscheiden.[3] Bei eigengenerierten Modellgrößen erklären sich die Beobachtungen im wesentlichen aus zeitlich zurückliegenden Daten derselben Variable. Chartanalytische Verfahren etwa, die zu dieser Gruppe gehören, berücksichtigen ausschließlich die Kurshistorie der untersuchten Wertpapiere und nehmen an, daß andere mögliche Einflußfaktoren bereits in den Daten berücksichtigt sind.[4] Auch die Anwendung technischer Indikatoren geht von dieser Prämisse aus.

Im Gegensatz dazu ziehen Modelle mit fremdgenerierten Größen Einflüße externer Variablen zur Erklärung oder Prognose heran. Ihnen liegt die Überlegung zugrunde, daß beispielsweise der Wert eines Investments von unternehmensspezifischen oder makroökonomischen Determinanten abhängt und eine Änderung dieser Determinanten folglich den Wert des Investments beeinflußt. Die meisten makroökonomischen Modelle stellen Beziehungen zwischen ökonomischen Variablen her und lassen sich daher dieser Gruppe zuordnen. Auch die Bilanzanalyse von Unternehmen, um deren Aktienkurs zu prognostizieren, basiert auf dem Gedanken fundamentaler Einflußgrößen. Man bezeichnet die beiden Ansätze daher auch als technisch und fundamental.[5] Alternativ spricht man auch von univariaten und multivariaten Analysen bzw. Modellen. Während univariate Modelle nur auf einer Variablen operieren, stellen multivariate Modelle Zusammenhänge zwischen mehreren Variablen her.[6]

Während bei univariaten Analyseverfahren *per definitionem* nur die Historie der untersuchten Größe eine Rolle spielt und somit die Frage nach möglichen exogenen Einflüßen von vornherein ausgeklammert wird, ist die Situation bei Fundamentalmodellen komplizierter. Hier stellt in der Entstehungsphase das Auffinden möglicher Einflußgrößen die wesentliche Schwierigkeit dar. Üblicherweise werden die erklärenden Variablen einer zu erklärenden Variable durch logische

---

2 Zu den Themen Börsennotierung und Kontraktstandardisierung vgl. O. Loistl (1996), S. 41ff.

3 Vgl. etwa Th. Poddig (1999), S. 95ff und 143ff, C. Huber (2000), S. 89ff, M. Kerling (1998), S. 195ff, H. Rehkugler (1995), S. 385 oder R.S. Pindyke, D.L. Rubinfeld (1998), S. xv.

4 Die mit den Kursen eng verbundenen Größen, wie etwa das Handelsvolumen oder die Geld-Brief-Spanne, werden hierbei unter dem Begriff Kurshistorie subsumiert.

5 Vgl. Th. Poddig (1999), S. 51f und die in Fußnote 3 genannten Quellen.

6 In der Mathematik hat das Begriffspaar eine etwas abweichende Bedeutung. Hier wird dagegen die in der wirtschaftswissenschaftlichen Literatur übliche Einteilung verwendet. Vgl. dazu Th. Poddig (1999), S. 47, insbesondere Fußnote 41.

Schlußweisen aus Prämissen deduktiv hergeleitet, so wie sich beispielsweise unter der Prämisse rationalen Verhaltens der Wirtschaftssubjekte bestimmte makroökonomische Zusammenhänge ableiten lassen. Obwohl diese Verfahrensweise in der Vergangenheit teilweise erfolgreich angewendet wurde, stößt sie jedoch an ihre Grenzen, wenn über die zugrundeliegenden Strukturen oder die Verhaltensweise der Wirtschaftssubjekte zu wenig bekannt ist und wenn nicht einmal gesichert ist, daß *überhaupt* Zusammenhänge vorliegen. In diesem Fall würde die zu erklärende Größe nicht wesentlich von steuernden Faktoren vorhersagbar beeinflußt, sondern müßte als rein zufällig betrachtet werden.[7]

In diesem für die Dynamik von Finanzmärkten zutreffenden Szenario kann es daher erfolgversprechend sein, die potentiellen Einflußgrößen eines Fundamentalmodells nicht aus ökonomischen Modellen abzuleiten, sondern mittels statistischer Verfahren zu bestimmen. Man vermeidet dadurch, vage Annahmen zu treffen und aus diesen noch vagere Schlußfolgerungen zu ziehen. Statt dessen konzentriert man sich auf die empirisch belegbaren Zusammenhänge, und zwar unabhängig davon, ob und in welchem Ausmaß sie sich plausibilisieren lassen. Die dabei entstehenden Modelle sind jedoch zwei Vorwürfen ausgesetzt.

Zum einen verläßt man mit datengetriebenen Verfahren unter Umständen den Pfad *ökonomisch* nachvollziehbarer Modelle, nämlich dann, wenn sich die empirisch belegbaren Zusammenhänge nicht mit den ökonomisch plausiblen decken. Im schlimmsten Fall wird das Funktionieren eines Modells mit fehlender Akzeptanz bei den Nutzern der Modelle erkauft. Man kann sich vorstellen, daß gerade Modelle, die als Entscheidungshilfe im Wertpapiermanagement eingesetzt werden sollen, auch von den Anwendern angenommen werden müssen und die Verantwortlichen tun sich in der Regel schwer, auf Prognosen zu setzen, deren Zustandekommen sie nicht nachvollziehen können. Das ist um so tragischer, als die datengetriebenen Modelle im Vergleich zu ökonomisch fundierten Ansätzen nicht selten bessere Ergebnisse liefern.[8]

Auch von wissenschaftstheoretischer Seite wird der datengetriebenen Analyse von Zusammenhängen oftmals kein wirklicher Erkenntnisbeitrag zugesprochen. Dabei ist diese Vorgehensweise – man spricht hier auch von Data Mining – in bestimmten Bereichen, etwa in den Ingenieurwissenschaften und auch bei der Konsumentenforschung im Marketing, gängig und bei der Lösung von praktischen Problemen akzeptiert. Es wird jedoch vielfach nicht als geeignetes Werkzeug gesehen, theoretische Erkenntisse zu erbringen, da das Data Mining nur induktive, empirische

---

7 Man kann sich natürlich auf den Standpunkt stellen, daß sogar Würfelexperimente vorhersagbar sind, wenn man nur die Parameter und Anfangsbedingungen des Experiments genau kennt. Trotzdem sind Würfelwürfe *faktisch* zufällig. Vgl. zu der Problematik etwa O. Loistl (1996), S. 150.

8 Vgl. die Kritik von P. Bofinger (1986), S. 211.

Regeln liefert, die nicht zwingend Allgemeingültigkeit besitzen.[9] Neben dieser strengen Sichtweise der wissenschaftlichen Methode sind jedoch auch neuere wissenschaftstheoretische Rahmenkonzepte vertretbar, etwa in den Arbeiten von Popper, die induktiven Verfahren breiteren Raum geben.[10]

Soll eine rein datengetriebene Modellierung durchgeführt werden, so muß man dazu Verfahren anwenden, die in den verfügbaren Zeitreihen bestehende Zusammenhänge aufdecken. Die einfachste und in der Praxis am meisten verbreitete Vorgehensweise ist dabei die Annahme linearer Abhängigkeiten, die sich durch die Bestimmung von Korrelationskoeffizienten mit einer genügend großen Zahl von Beobachtungen (Realisationen) bestätigen oder ablehnen läßt.[11] Lineare Zusammenhänge sind in vielen ökonomischen Situationen vermutlich dominierend, so daß die Einschränkung auf lineare Abhängigkeiten zumindest aus pragmatischen Erwägungen zweckmäßig ist. In Situationen, die sich mit dieser konventionellen Analysetechnik nicht in zufriedenstellender Weise aufklären lassen, muß jedoch die Möglichkeit nichtlinearer Abhängigkeiten mit in Betracht gezogen werden. Daher werden gerade in neueren Veröffentlichungen zunehmend empirirische Arbeiten vorgestellt, die auch nach dem Vorhandensein nichtlinearer Abhängigkeiten fragen. Gegenstand der Untersuchungen sind zum Beispiel Wechselkurse, Aktienindizes, Aktienkurse, Produktionsindizes des industriellen Sektors, Bruttosozialproduktzeitreihen und andere ökonomische Zeitreihen.[12]

Deshalb sind gerade in der Anfangsphase der Modellentwicklung Verfahren erforderlich, die auch nichtlineare Strukturen aufdecken. Während bei der Analyse univariater Zusammenhänge in der Vergangenheit eine Reihe von Testverfahren vorgestellt und angewendet wurden[13], ist die Analyse multivariater nichtlinearer Abhängigkeiten nicht in dem Maße entwickelt, wie dies wünschenswert wäre. Zur Zeit wird für die Analyse von multivariaten nichtlinearen Abhängigkeiten auf konventionelle statistische Verfahren zurückgegriffen, wie beispielsweise Kontingenztests[14] oder Verfahren, die Entropiemaße verwenden[15], da diese Techniken in der Literatur gut dokumentiert sind. Alternativ stehen Verfahren zur Verfügung, die

---

9 Vgl. B. Felderer, St. Homburg (1991), S. 8 und S. 11.

10 Vgl. G. Hansen (1993), S. 111ff oder B.J. Caldwell (1991), S. 4ff.

11 Vgl. dazu etwa J. Hartung (1998), S. 72f. oder speziell in einem finanzwirtschaftlichen Kontext Th. Poddig, H. Dichtl, K. Petersmeier (2000), S. 144f.

12 O. Loistl, I. Betz (1996), S. 105f. Eine Auswahl von Arbeiten, die nichtlineare Zusammenhänge untersuchen, geben beispielsweise R.A. Ashley, D.M. Patterson (1989) oder D.A. Hsieh (1991).

13 Vgl. hierzu die Übersicht in D.M. Patterson, R.A. Ashley (2000), S. 39ff.

14 Vgl. J. Hartung (1998), S. 408f. oder W.H. Press, S.A. Teukolsky, W.T. Vetterling, B.P. Flannery (1992), S. 628f.

15 Vgl. W.H. Press, S.A. Teukolsky, W.T. Vetterling, B.P. Flannery (1992), S. 632f.

originär aus dem Umfeld der Chaos-Forschung stammen, wie die Bestimmung von Lyapunov-Exponenten. Ferner werden spektralanalytische Verfahren[16] oder Weiterentwicklungen von ursprünglich univariat arbeitenden Verfahren, wie dem Delta-Test von Pi[17] eingesetzt.

Die meisten der genannten Verfahren erfordern jedoch große Datenmengen. Diese stehen zwar aufgrund der laufenden Börsennotierungen prinzipiell zur Verfügung, wenn man sich auf täglich börsengehandelte Wertpapiere oder den Intraday-Handel konzentriert. Möchte man jedoch volkswirtschaftliche Zusammenhänge oder den Einfluß volkswirtschaftlicher Größen auf den Wertpapierhandel untersuchen, so sind benötigte Größen wie beispielweise Preisindizes, Arbeitsmarktzahlen oder Import-Export-Daten in der Regel nur mit höchstens monatlicher Periodizität verfügbar. Weiterhin empfiehlt sich bei Untersuchungen von Zusammenhängen ein kompakter Zeitrahmen, um die Gefahr von Strukturbrüchen im Zeitablauf zu begrenzen. Es ist nicht unwahrscheinlich, daß sich etwa die finanzwirtschaftlichen Verflechtungen über einige Jahrzehnte hinweg ändern und so statistische Analysen, die Datenmaterial über große Zeiträume verwenden, durch Änderungen der Zusammenhänge verzerrt werden. Darüber hinaus werden einige Daten erst seit wenigen Jahren erfaßt, etwa Kurshistorien in Emerging Markets. Verfahren, die bereits mit geringen Datenmengen arbeiten, sind daher besser geeignet.

Ein weiteres Problem stellt die große Zahl von Parametern dar, die in vielen Verfahren vorzugeben sind. Die meisten Testverfahren bilden Mittelungen über ein Fenster oder teilen die Daten in Klassen ein. Anzahl der Klassen oder Fensterbreiten sind dabei extern vorzugebende Parameter, die gerade bei sehr schwachen Zusammenhängen die Ergebnisse erheblich beeinflussen können. Die Entscheidung, ob Zusammmenhänge vorliegen oder nicht, hängt dann teilweise von der speziellen Wahl der Parameter ab.

Schließlich ist nicht von allen Verfahren zur Abhängigkeitsanalyse die Statistik der Prüfgröße bekannt. Damit lassen sich zwar Vergleiche zwischen konkurrierenden Erklärungsvariablen in dem Sinne durchführen, welche Variable einen *höheren* Einfluß besitzt. Hypothesentests mit einer vorgegebenen Irrtumswahrscheinlichkeit können jedoch nicht realisiert werden. Dies ist nur möglich, wenn unter der Nullhypothese unabhängiger Datenreihen eine Prüfgröße bestimmt werden kann, deren Verteilung zumindest approximativ bekannt ist. Wird dann der empirisch bestimmte Wert nicht vom betrachteten Verteilungsquantil abgedeckt, kann auch eine Wahrscheinlichkeit für die Richtigkeit einer abgelehnten Nullhypothese angegeben werden.

---

16 Vgl. O. Loistl, I. Betz (1996), S. 50f.

17 Vgl. H. Pi (1993).

Aufgrund der bestehenden Schwierigkeiten bei den bekannten Tests soll in dieser Arbeit ein weiteres Verfahren zur Analyse von nichtlinearen, multivariaten Abhängigkeiten vorgeschlagen werden. Dabei wurde versucht, für die Nachteile der bekannten Testverfahren Lösungsmöglichkeiten zu finden. Anforderungen sind dabei, daß multivariate, nichtlineare Abhängigkeiten diagnostiziert werden können, die Datenmengen effizient genutzt werden und nur wenige Parameter vorzugeben sind. Weiterhin soll für die Prüfgröße eine Verteilungsannahme getroffen werden können, die ein Hypothesentest ermöglicht.

Das vorgestellte Testverfahren, im folgenden als λ-Test bezeichnet, erfüllt diese Randbedingungen und ist auf die Anwendungen im Bereich datengestützter finanzwirtschaftlicher Analyse zugeschnitten. Es verbindet die oben aufgezählten Merkmale (Erkennung multivariater nichtlinearer Zusammenhänge, bekannte Verteilung der Prüfgröße für das Testen von Hypothesen, geringe Zahl von Parametern, effiziente Nutzung des Datenmaterials), die bei den in der Literatur bisher vorgeschlagenen Tests nicht gemeinsam anzutreffen sind und sollte somit im Verhältnis zu den bisher zur Verfügung stehenden Methoden einen Fortschritt darstellen.

Der Nutzen eines solchen Testverfahrens in der ökonometrischen Praxis liegt auf der Hand: Je einfacher und zuverlässiger bereits im Vorfeld der Modellkonzeption die relevanten Einflußgrößen identifiziert werden können, um so leichter fällt anschließend die eigentliche Modellierung, da ein aufwendiges Probieren mit verschiedenen Einflußgrößen entfällt. Weiterhin ist zu beachten, daß die meisten finanzwirtschaftlichen Modelle empfindlich auf eine zu große Zahl von Einflußgrößen reagieren, so daß hier eine Beschränkung Schwierigkeiten vermeidet, wobei die Auswahl der Variablen zweckmäßigerweise mit statistischen Testverfahren erfolgen sollte. Schließlich besteht bei der Verwendung von leistungsfähigen, aber oftmals auch komplexen Prognosewerkzeugen in der Finanzwirtschaft (beispielsweise künstlichen neuronalen Netzen) stets die Gefahr, daß Fehler in der Modellentwicklung begangen werden. Sind die Ergebnisse nicht zufriedenstellend, so ist schwer zu unterscheiden, ob entweder *per se* keine guten Prognosen möglich sind oder nur die Modelle fehlerhaft angepaßt wurden. Abhängigkeitstest helfen hier, bereits im voraus Aussagen zur Modellqualität treffen zu können.

1.2 Gang der Arbeit

Für die vorliegende Arbeit wurde die folgende Struktur gewählt: Nach dieser Einführung wird im zweiten Kapitel diskutiert, warum die Verwendung von Modellen auf Basis empirischen Datenmaterials sinnvoll ist. Das erscheint angebracht, um die Vorbehalte, die teilweise von wissenschaftstheoretischer Seite den

»theorielosen« Ansätzen entgegengebracht werden, ernst zu nehmen und aufzuzeigen, in welchen Bereichen trotzdem sinnvoll Data Mining betrieben werden kann. Die Erfordernisse des modernen Portfoliomanagements und der wissenschaftstheoretische Ansatz des kritischen Rationalismus bilden dabei die zwei Hauptargumente für die konsequente Verwendung von datengetriebenen Modellen in der Finanzanalyse und vermutlich auch allgemein in der Ökonomie.

Der Fokus des dritten Kapitels liegt auf den allgemeinen Eigenschaften ökonomischer Zeitreihen, insbesondere auf Fragen zur Verteilungsannahme der Daten. Nach einigen begrifflichen und mathematischen Bemerkungen die Modellgenerierung betreffend, sollen dabei als Vorbereitung auf die folgenden Kapitel die Bereiche Normalverteilung und Stationarität behandelt werden. Für beide Eigenschaften werden Testverfahren angegeben. Dies ist erforderlich, weil für den λ-Test Normalverteilung und Stationarität vorausgesetzt und daher bei realen Daten kontrolliert werden müssen. Darüber hinaus schneiden die üblicherweise in der ökonomischen Praxis verwendeten Tests zur Normalverteilung und Stationarität in der einschlägigen Literatur (und das heißt hier: in der mathematisch-statistischen Literatur) vergleichsweise schlecht ab, obwohl gerade zur Prüfung auf Normalverteilung gute alternative Verfahren existieren. Ein Überblick ist daher angeraten.

Das vierte Kapitel führt den wichtigen Begriff der Unabhängigkeit ein, also des Nichtbestehens von Zusammenhängen, und geht bei der Begriffsbildung den üblichen Weg über bedingte Wahrscheinlichkeiten. Ferner werden mögliche Unterscheidungen hinsichtlich der Art von Zusammenhängen vorgenommen, wobei auch Aspekte der nichtlinearen Dynamik angesprochen, jedoch nicht erschöpfend behandelt werden. Wichtige Unterscheidungen betreffen die Linearität und die Uni- bzw. Multivariation. Anschließend wird auf die breite Palette von Testverfahren eingegangen, die zur Analyse von nichtlinearen Zusammenhängen in der Literatur vorgestellt wurden. Die Darstellung ist der Versuch, alle Verfahren so zu beschreiben, daß sie anhand der Angaben nachvollzogen und gegebenenfalls auch programmiert werden können. Obwohl die vorliegende Arbeit das Augenmerk eher auf multivariate Verfahren richtet, wird der großen Verbreitung univariater Techniken Rechnung getragen. Dies hat zwei Gründe: Zum einen werden Ansätze der univariaten Verfahren bei den multivariaten Techniken wieder aufgegriffen und sind somit in der Darstellung als Vorbereitung zu sehen. Außerdem werden bei der Prüfung des λ-Tests durch Monte-Carlo-Simulationen diese Verfahren als Vergleichsmaßstab herangezogen, so daß auch von daher eine Behandlung erforderlich scheint.

Das fünfte Kapitel bildet den Kern des ersten Hauptteils und enthält die Vorstellung des λ-Tests. Nachdem die Grundkonzeption des Verfahrens präsentiert wurde, folgt die Begründung der Normalverteilungsannahme der Prüfgröße und es werden zur konkreten Normalverteilung Schätzer für den Erwartungswert und die Varianz angegeben. Vor allem der Varianzschätzer erweist sich dabei in der Herleitung als aufwendig und erfordert die Anwendung umfangreicher Rechentechnik. Sobald die erforderlichen Ausdrücke jedoch vorliegen, ist die Handhabung des Verfahrens einfach. Sie wird am Ende des Kapitels zusammengefaßt.

Eine Vorprüfung des λ-Test wird im sechsten Kapitel durchgeführt. Dazu werden künstliche Datenreihen mit präparierten Zusammenhängen generiert, die die Erkennungsleistung des Verfahrens zu beurteilen erlauben. Zunächst werden unabhängige Variablen verwendet und mit ihnen die theoretisch bestimmte Verteilung der Prüfgröße verifiziert. Ferner wird untersucht, wie sich die Ergebnisse ändern, wenn man von bestimmten Voraussetzungen (unabhängige und normalverteilte Realisationen) abrückt. Da Finanzmarktzeitreihen typischerweise nicht die geforderten, idealen statistischen Eigenschaften besitzen, ist eine diesbezügliche Stabilität des Verfahrens wichtig.

Anschließend werden lineare und verschiedene nichtlineare Zusammenhänge erzeugt und mittels Gütefunktionen analysiert. Es zeigt sich, daß bei linearen Zusammenhängen der λ-Test mit Korrelationsanalysen vergleichbare Resultate erzielt und er gute Detektionsleistung bei komplexeren, nichtlinearen Abhängigkeiten besitzt. Untersuchungen zur Anzahl der benötigten Daten wurden ebenfalls durchgeführt. Die Datenreihen wurden parallel mit einigen exemplarisch ausgewählten, in Kap. 4 vorgestellten Testverfahren analysiert, um eine direkte Gegenüberstellung des neuen und der bekannten Verfahren zu ermöglichen.

Den zweiten Hauptteil der Arbeit bildet die Anwendung des λ-Tests auf ein konkretes finanzanalytisches Problem in einer Fallstudie, und zwar die Untersuchung von Wechselkursmodellen. Zur Erklärung von flexiblen Wechselkursen gibt es eine Reihe theoretischer Ansätze. Wie jedoch eine Reihe von Untersuchungen bis Mitte der achtziger Jahre belegen, ist bei allen Ansätzen zumindest über längere Zeiträume die Theorie nicht mit den empirischen Befunden zur Deckung zu bringen, sofern nicht extreme wirtschaftliche Rahmenbedingungen vorliegen, die bestimmte Modelle forcieren.[18] Zwar gibt es bereits seit einiger Zeit empirische Arbeiten, die die grundlegenden Wechselkurstheorien stützen, die Frage nach den Determinanten der Wechselkursentwicklung kann jedoch wohl nicht als gelöst betrachtet werden.[19]

---

18 Die bekannteste Arbeit in diesem Kontext stellen dabei R.A. Meese, K. Rogoff (1983). Darüber hinaus gibt es eine Vielzahl empirischer Untersuchungen und Übersichtsartikel zu Wechselkurstheorien. Vgl. etwa T. Gerhards (1994), S. 114f.; W. Gaab (1983) und auch L.H. Officer (1976), P. Isard (1977), H.G. Johnson, Hrsg. (1976), J.A. Frenkel, H.G. Johnson, Hrsg. (1978).

19 Vgl. etwa R. MacDonald (1988), S. 281ff, R. MacDonald, M.P. Taylor (1992), S. 3f oder J. Clostermann, B. Schnatz (2000), S. 5ff.

Die meisten Studien untersuchen dabei, ob die von einem Modell als Einflußgrößen postulierten Daten einen ebenfalls im Modell angegebenen Zusammenhang mit dem Wechselkurs besitzen. Man überprüft also gleichzeitig die Richtigkeit der Einflußgrößen *und* des im Modell angegebenen Zusammenhangs. Bei einem gültigen, bewährten Modell müssen natürlich Einflußgrößen und Zusammenhang stimmen. Da aber die meisten volkswirtschaftlichen Welchselkurstheorien eben mit den bestehenden Daten nicht zufriedenstellend in Einklang gebracht werden konnten, versucht die vorliegende Arbeit einen konstruktiven Weg zu gehen: Wenn die Art der funktionalen Zusammenhänge und die Einflußgrößen mit den bisherigen Modellen empirisch nicht hinreichend gut bestätigt sind, so kann zumindest untersucht werden, ob nicht wenigstens die richtigen Einflußgrößen für die Wechselkursbildung identifiziert worden sind. Dazu bietet sich das im ersten Teil der Arbeit vorgestellte Instrumentarium an.

Die Sichtung der bestehenden Ansätze zur Erklärung flexibler Wechselkurse und die Zusammenstellung der Faktoren, die als Beeinflussung der Wechselkurse postuliert werden, erfolgt im siebten Kapitel. Der Fokus liegt dabei nicht auf den konkreten funktionalen Zusammenhängen, sondern hauptsächlich auf den postulierten Einflußgrößen. Dabei werden alle in den Wechselkursmodellen vorkommenden Größen als in Frage kommende, erklärende Variablen angesehen.

Das achte Kapitel führt die Untersuchung durch. Es wird zunächst das verwendete Datenmaterial beschrieben und geeignet vorbereitet, wobei unter anderem die in Kap. 3 vorgestellten Testverfahren auf Normalverteilung und Stationarität zur Anwendung kommen. In einer ersten Testserie wurde alle herangezogenen Reihen einzeln mit der Wechselkursrendite in Beziehung gesetzt und die Abhängigkeiten nichtlinear mit dem λ-Test sowie linear per Regression analysiert. Um die Möglichkeiten des Datenmaterials auszuschöpfen, wurden dabei auch zeitverzögerte Wirkungen mit in Betracht gezogen, obwohl derartige »Lags« von den klassischen Wechselkursmodellen nicht in den Vordergrund gestellt werden. In der Realität sind solche Wirkungsverzögerungen jedoch naheliegend, daher werden sie mitberücksichtigt. Die zweite Testserie untersucht dann multivariate Relationen zu mehreren Einflußgrößen, wobei hier im wesentlichen durch die theoretischen Wechselkursmodelle motivierte Gruppen von unabhängigen Variablen gebildet wurden. Eine Zusammenfassung der Ergebnisse, ein Ausblick und das Literaturverzeichnis schließen die vorliegende Arbeit ab.

Kapitel 2

Modelle in der Ökonomie

Ein Modell, das die ganze Buntheit der Wirklichkeit beschreibt, ist nicht nützlicher als eine Landkarte im Maßstab eins zu eins.

Joan Robinson

In der vorliegenden Arbeit spielt der Begriff des Modells eine zentrale Rolle. Alle hier präsentierten Verfahren haben das gemeinsame Ziel, einen Beitrag zu besseren Modellen in ökonomischen und speziell finanzwirtschaftlichen Anwendungen zu leisten, indem sie für die Modelle mittels Datenanalyse die richtigen Einflußgrößen herausfinden. Das bedeutet aber *vice versa*, falls sich die Anwendung von Modellen nicht stichhaltig begründen läßt, dann sind auch Verfahren, die Modellbildungen unterstützen, schlecht zu legitimieren. Die Frage, ob die Modellbildung unterstützenden Techniken sinnvoll sind, ist also mit der Sinnhaftigkeit der Modellbildung generell verkoppelt. Deshalb wird im folgenden versucht darzustellen, warum zur Lösung ökonomischer Probleme Modelle eingesetzt werden.

Zunächst wird kurz erläutert, was man unter einem Modell zu verstehen hat. Der Schwerpunkt dieses Kapitels liegt dann in der Darstellung, welche Zielsetzungen bei der Modellbildung verfolgt werden. Zentraler Aspekt ist dabei die rein pragmatische Anforderung der Praxis, welche an perspektiven Aussagen interessiert ist, und aus wissenschaftstheoretischer Sicht ergänzt durch die Thesen des kritischen Rationalismus Poppers zum methodischen Vorgehen in der Wissenschaft.

Ferner soll auch die Frage erörtert werden, ob es überhaupt möglich ist, die Dynamik von Märkten zu bestimmen. Da dies *einen Teil* der Einsatzgebiete von Modellen betrifft und hier vielfach prinzipielle Einwände vorgebracht werden, wird auch der Aspekt der Markteffizienz angesprochen. Der Schwerpunkt liegt dabei auf der Vorstellung des Konzepts, der Stufeneinteilung von Fama und den Schwierigkeiten und Widersprüchen, die der Begriff der Markteffizienz mitbringt.

Schließlich wird das Data Mining, also die systematische Analyse von großen Datenbeständen, zusammengefaßt und unter dem Blickwinkel der wissenschaftstheoretischen Fundierung betrachtet. Während es von Seiten praktischer Anwendungen wenig Einwände gegen eine Nutzung von Data Mining-Techniken gibt, werden aus wissenschaftlicher Richtung eher Zweifel geäußert, ob Data Mining einen wirklichen Beitrag zum Theoriegebäude der Ökonomie zu leisten vermag. Diesen Vorbehalten kann begegnet werden, wenn man die zuvor ausgeführten Anforderungen an wissenschaftliches Vorgehen anwendet. Sicherlich ist Data Mining aus einer Reihe möglicher Strategien nur ein Ansatz, Informationen oder Zusammenhänge zu entdecken. Es ist aber in bestimmten Situationen sehr wohl zweckmäßig einsetzbar.

2.1 Was sind Modelle?

Obwohl der Modellbegriff in den Wissenschaften eine gewisse »Popularität« erfahren hat, zeigt sich, daß das Wort »Modell« – auch in der Finanzwirtschaft – in ganz unterschiedlichen Zusammenhängen anzutreffen ist.[1] Viele Autoren benutzen den Modellbegriff wie selbstverständlich, ohne zu sagen, was sie darunter verstehen. Sucht man eine genauere Charakterisierung als die Aussage, Modelle seien »Hilfsmittel der Theoriebildung«[2] oder einer synonymen Verwendung, so lassen sich verschiedene Bedeutungen differenzieren.

Zunächst kann man unter einem Modell eine strukturelle Ähnlichkeit verschiedener Theorien verstehen. Abstrahiert man von den inhaltlichen Bedeutungen der Theoriebegriffe, läßt sich die logische Struktur einer Theorie herausarbeiten. Zeigt sich, daß zwei Theorien eine sich entsprechende Struktur aufweisen, sie also formal äquivalent sind, so kann man die eine Theorie als Modell für die andere bezeichnen.[3]

In einer weiteren, daran ansetzenden Bedeutung bezeichnet »Modell« auch einfach das formale Gerüst einer Theorie selbst. In diesem Fall ist das Modell selbst keine Theorie, sondern nur ein formales System.[4] Nicht selten integriert man in der Bedeutung des Modellbegriffs auch beide Teilspekte, also den eines formalen Systems zusammen mit seiner Interpretation.[5]

---

1 Vgl. H. Albert (1978), S. 10f.

2 Vgl. B. Felderer, St. Homburg (1991), S. 11.

3 Vgl. H. Albert (1978), S. 11 und die dort angegebenen Literaturhinweise.

4 Vgl. C.H. Coombs, H. Raiffa, R.M. Thrall (1954), S.25f.

5 Vgl. H. Albert (1978), S. 11.

Im ökonometrischen Kontext erscheint der Begriff des Modells auch zusammen mit dem Begriff der Struktur. Hier bezeichnet ein Modell eine Gleichung (bzw. ein Gleichungssystem), daß noch nicht numerisch spezifiziert wurde, bei dem also die offenen Parameter noch nicht bestimmt wurden. Eine Struktur ist dann ein (anhand von Daten geschätztes) spezifiziertes Modell.[6]

Im folgenden werden zwei in der Literatur gängige Definitionen herausgegriffen, die die Spannweite des Modellbegriffs nochmals verdeutlichen sollen. So schreiben Felderer/Homburg[7]

> »Ein Modell ist ein überschaubares, stark vereinfachtes Abbild der Realität. Durch Verfeinerung desselben kann anschließend versucht werden, zu immer besseren Beschreibungen der Wirklichkeit zu gelangen. Man nennt diese Verfahrensweise die Methode der abnehmenden Abstraktion.«

Diese Definition stellt den die Welt vereinfachenden Charakter von Modellen heraus. Problematisch ist dabei zu entscheiden, welche Anteile der Realität man fallen lassen kann. Oftmals verwendet man dazu, unter Berücksichtigung der Zielsetzung, ein Leistungsfähigkeitskriterium. Die Qualität von Modellen wird eher nicht nach ihrer Wirklichkeitsnähe beurteilt, sondern ob sie Aussagekraft besitzen. Friedman formuliert »Die relevante Frage bezüglich der Annahmen einer Theorie ist nicht, ob sie deskriptiv realistisch sind – denn sie sind es nie – sondern ob sie hinreichend gute Approximationen für den jeweiligen Verwendungszweck sind. Und diese Frage kann nur dadurch beantwortet werden, daß man überprüft, ob die Theorie gut arbeitet.«[8] Das bedeutet aber umgekehrt, daß Modelle rein gar nichts mit der Wirklichkeit zu tun haben müssen, solange sie Vorhersagen erlauben oder sich in wechselnden Situationen als geeignete Beschreibung erweisen. Philips hat dies für die neoklassische Konsumtheorie auf den Punkt gebracht: »Man kann den Eindruck haben, daß das Konzept der Nutzenmaximierung rein formal ist, ohne jeden Bezug zur Realität. Man mag sich fragen, ob eine Nutzenfunktion wirklich existiert und wenn sie existiert, ob der Konsument sie maximieren möchte und falls er es möchte, ob er dazu in der Lage ist.«[9] Zudem ist der Begriff der Wirklichkeitsnähe an sich problematisch und wäre genauer zu definieren. Schneider betont,

---

6 Vgl. J. Hartung (1998), S. 123f.

7 B. Felderer, St. Homburg (1991), S. 10. Vgl. auch D. Schneider (1981), S. 37, der den Gebrauch des Modellbegriffs ähnlich als vereinfachte, meist formalisierte Abbildung einer gedachten Wirklichkeit beschreibt.

8 Vgl. M. Friedman (1953), S. 3ff.

9 L. Philips (1974), S. 26, vgl. auch G. Hansen (1993), S. 112.

daß »Wirklichkeitsnah« nur im Bezug auf genau beschriebene Problemstellungen verstanden werden darf.[10] Die Fragen zeigen, daß für die Qualität von Modellen die Wirklichkeitstreue zweitrangig ist und der Abstraktionsbegriff auch Probleme birgt.

Eine pragmatischere Herangehensweise leitet den Definitionsversuch von Taylor (hier speziell für Preise oder Renditen, was natürlich verallgemeinerbar ist).[11]

> »A model for prices (or returns) is a detailed description of how successive prices (or returns) are determined. We will say that the description contains enough detail to be called a model if it can be used to simulate prices. A good model will be capable of providing simulated prices which look just like real prices.«

Man bemerkt hier das Interesse an konkreten Ergebnissen.[12] Ein erster Kritikpunkt daran ist, daß es vermutlich kein Modell gibt, daß diese Anforderung erfüllen kann. Ökonomische Größen sind niemals genau erklärbar oder gar vorhersagbar, stets gibt es Abweichungen und Fehler. Kuhn vertritt sogar die These, daß die Unzulänglichkeiten wesentlich für den Ausbau der Theoriegebäude sind, wie historische Beispiele zeigen.[13] Trotzdem greift auch der Versuch, über Zufallsgrößen eine Abschwächung herbeizuführen, nur bedingt, da beispielsweise eine Verteilung anzugeben oder Unabhängigkeit zu fordern ist. Die Konsequenz ist, daß in wissenschaftlichen Modellen Reduktion als Methode notwendig erscheint.[14]

Aber auch das Vorgehen, auf die Anlehnung an »Wirklichkeit« zu verzichten und statt dessen nach Friedman nur ergebnisorientierte Beurteilungen anzuwenden, bringt neue Probleme mit sich.[15] Zum einen läßt diese Vorgehensweise die Frage unbeantwortet, *warum* ein Modell überhaupt funktionieren kann.[16] Darüber hinaus ist zu der Definition anzumerken, daß sie ausschließlich Modelle mit quanti-

---

10 Vgl. D. Schneider (1981), S. 33.

11 S. Taylor (1986), S. 15.

12 Man könnte hier den Vergleich zum Turing-Test aus der KI ziehen: Ein System ist danach intelligent (bzw. ein geeignetes Modell), wenn man es nicht von Systemen unterscheiden kann, die real diese Eigenschaft besitzen. Vgl. A.M. Turing (1950): Computing Machinery and Intelligence, *Mind* **59**, S. 433–460.

13 Vgl. Th. Kuhn (1981), sowie I. Lakatos, A. Musgrave (1970), S.91ff und B.J. Caldwell (1991), S. 10ff.

14 Vgl. K.R. Popper (2000), S. 48.

15 Vgl. M. Friedman (1953), S. 3ff.

16 Vgl. B.J. Caldwell (1991), S. 29. Siehe auch E. Rotwein (1959), S. 554ff.

tativen »Größen« betrachtet. Nur quatitative Modelle zuzulassen, erscheint jedoch zu eng.[17]

Es sei angemerkt, daß diese Divergenz von Modellqualitäten auch in anderen Gebieten bekannt ist und unterschieden wird. Im Forschungszweig der künstlichen Intelligenz kann man nach Klein die Güte von Programmen intelligenter Systeme auf drei Stufen differenzieren: (a) Die Ergebnisse, die ein Programm liefert, stimmen mit den Ergebnissen überein, die man von einem intelligenten Menschen erhalten würde.[18] (b) Neben dem Ergebnis stimmen auch die wesentlichen Verarbeitungsschritte überein, mit denen das Ergenis erhalten wurde. (c) Das Ergebnis und die Vorgehensweise im Programm und durch eine Vergleichsperson decken sich vollständig.[19] Diese unterschiedlich weit gehenden Anforderungen in einem anderen Kontex lassen sich gut auf die beiden Modelldefinitionen anwenden.

In der vorliegenden Arbeit wird die folgende Definition von Modellen vorgeschlagen, bei der der Versuch unternommen wird, die angesprochenen Schwierigkeiten in der begrifflichen Fassung von Modellen etwas zu vermeiden.

> Ein Modell ist eine explizite, formalisierte Beschreibung von (möglichen) Zusammenhängen aus der Wirklichkeit, wobei ein Modell nicht unbedingt alle, sondern nur die wesentlichen, dominierenden Zusammenhänge in einer Wirklichkeitssituation erfassen soll.

Zunächst geht es nicht um eine Beschreibung der Wirklichkeit, sondern um eine Beschreibung *von Zusammenhängen* in der Wirklichkeit. Nur hierin und nicht in der speziellen Art der Modellierung besteht Bezug zur Realität. Außerdem werden die verschiendenen Zusammenhänge und Einflüsse differenziert, so daß Abweichungen durch nicht mitberücksichtigte Teilzusammenhänge verstanden werden können.[20]

17 Vgl. dazu etwa D. Schneider (1981), S. 30f und H. Albert (1978), S. 19. Als weiteres Beispiel wird in der Ausgabe 3/1995 der BFuP, S. 325 (o. Verf) explizit unterteilt: »Modelle lassen sich in die Gruppe der qualitativen (intuitiven, heuristischen) und die Gruppe der quantitativen (mathematisch-statistischen) Verfahren unterteilen.«. Zu qualitativen Prognoseverfahren wie freie Schätzung, Expertenbefragung, Delphi-Methoden, Szenariotechniken vgl. D. Braunhart (1989), S. 45ff oder M. Steiner, Ch. Bruns (1996), S. 80.

18 Dies entspräche erfolgreich absolvierten Turing-Test.

19 Vgl. H.K. Klein (1971), S. 82f und Th. Poddig (1992), S. 178f.

20 Dies soll keine *a priori*-Immunisierung des Modells gegen Falsifizierungen darstellen, denn es müssen ja die *wesentlichen* Zusammenhänge erfaßt werden. Zu dieser Problematik vgl. das spätere Kap. 2.2.2.2 dieser Arbeit und die dort angegebene Literatur.

2.2 Gründe für die Verwendung von Modellen

Die Erstellung und Entwicklung von Modellen erfordert in der Regel Zeit- und Kostenaufwand. Obwohl die Vermeidung dieses Aufwandes eine gutes Argument wäre, auf extensive Modellierung zu verzichten, gibt es verschiedene Gründe, die die Verwendung von Modellen bei Problemsituationen rechtfertigen. Dies sind (a) die Einsicht, daß *immer* Modelle verwendet werden, seien es auch nur implizite, (b) die Notwendigkeit in der Finanzwirtschaft, evaluative oder perspektive Entscheidungen zu treffen, (c) die wissenschaftstheoretische Forderung, mit falsifizierbaren Theorien zu arbeiten. Aus allen Punkten folgt zweckmäßigerweise die Verwendung von Modellen.

2.2.1 Implizite Modelle

Ein erster Grund ist, daß man immer mit Modellen arbeitet und zwar auch dann, wenn dies nicht explizit erfolgt. Pindyke/Rubinfeld geben das Beispiel eines Aktienhändlers an, der eine Einschätzung hat, wie sich die Kurse seiner Wertpapiere entwickeln. Selbst wenn er kein *explizites* Modell verwendet, so hat er doch *implizit* eine Vorstellung davon, welche Ursachen seine Einschätzung der Kurse stützen. Das bedeutet, der Modellbildungsprozeß ist keine Erfindung der modernen Ökonometrie, sondern eher die Operationalisierung einer allgemeinen Vorgehensweise. Jeder ökonomisch Handelnde konstruiert Modelle, selbst dann, wenn er sich dieser Tatsache nicht bewußt ist.[21]

Das ist bemerkenswert, denn gerade im praktischen Bereich wird die Verwendung von Modellen oftmals abgelehnt, obwohl sich bei genauer Prüfung zeigt, daß implzit sehr wohl Modelle verwendet werden. Die verwendeten Abschätzungen sind dabei meist ähnlich oder teilweise sogar unzutreffender als die von der modernen Ökonometrie vorgeschlagenen Verfahren. Darüber hinaus sind implizite Modelle kaum valide testbar und auch schwer zu kommunizieren. Das Vertrauen in ein implizites Modell hängt eher von der Person ab, die es vertritt und ist damit in erheblichem Maße persönlichen Dispositionen unterworfen.[22] Bei diesen gewichtigen Nachteilen ist die Ablehung vieler Praktiker daher wohl eher auf psychologischer Ebene zu suchen. Es bleibt also festzuhalten, daß gegen Modelle generell kaum Einwände erhoben werden können, allerhöchstens gegen *explizite* Modelle.

---

21 Vgl. R.S. Pindyke, D.L. Rubinfeld (1998), S. xiv

22 Vgl. R.S. Pindyke, D.L. Rubinfeld (1998), S. xv

2.2.2 Modelle als Bestandteil empirischer Wissenschaft

Im wissenschaftstheoretischen Kontext haben jedoch explizite Modelle eine besondere Bedeutung. Folgt man in der Wissenschaftstheorie dem Ansatz des kritischen Rationalismus Karl Poppers[23], so muß wissenschaftliches Vorgehen zwei Bestandteile bergen. Zunächst müssen Theorien aufgestellt werden und diese sind dann einer »kritischen Prüfung« zu unterziehen. Und diese kritischen Prüfungen sind ohne Modelle zweckmäßig kaum zu realisieren.

Viele Ökonomen[24] verstehen auch die Wirtschaftswissenschaft als eine empirische Wissenschaft, das heißt die empirische Kontrolle der Theorien steht im Mittelpunkt der ökonomischen Forschung. So schreibt beispielsweise Lipsey[25] »Eine der unglücklichsten Tendenzen in der ökonomischen Lehre ist die, daß man zwischen ökonomischer Theorie und angewandter Ökonomie einen klaren Trennungsstrich zieht. Nur zu oft wird ökonomische Theorie nur als logische Analyse gelehrt und steht im besten Fall in einer sehr unbestimmten Beziehung zur Wirklichkeit, während die angewandte Ökonomie zu einer bloßen Beschreibung wird. Ökonomische Theorie soll sich ihrer Absicht nach mit der realen Welt befassen. Indem wir uns der Theorie bedienen, versuchen wir, Phänomene der realen Welt zu erklären, zu verstehen und vorauszusagen und daher muß unsere Theorie mit einer empirischen Beobachtung in Verbindung gebracht und durch sie getestet werden.«

Die Frage, wie empirische Wissenschaften zu Erkenntnissen gelangen, ist nach Popper eng mit zwei Problemen verknüpft, die er als die Grundprobleme der Erkentnistheorie bezeichnet: Das Induktionsproblem und das Problem der Abgrenzung.[26]

2.2.2.1 Das Induktionsproblem

Nach Popper lassen sich die empirischen Wissenschaften dadurch charakterisieren, daß sie nach einer induktiven Methode arbeiten. Dabei wird von speziellen Sätzen, etwa einzelnen Beobachtungen, Erfahrungen oder dem Verhalten von Einzelpersonen, Gruppen oder Staaten zu bestimmten Zeiten auf allgemeine Sätze, auf Hypothesen oder Theorien geschlossen. Diese Art der Schlußweise ist jedoch

23 Vgl. K.R. Popper (1968). Die Veröffentlichung stellt den Ansatz den kritischen Rationalismus umfassend dar und bildet im folgenden die wesentliche Quelle.

24 G. Hansen (1993), S. 111ff. Vgl. beispielsweise auch R.G. Lipsey (1973), S. 14ff oder M. Friedman (1953), S. 3ff, S. Taylor (1986), S. 14f. Auch bei D. Schneider (1981), S. 30 ist die Position herauszulesen.

25 R.G. Lipsey (1973), S. 14.

26 Vgl. K.R. Popper (1968), S. 47.

strenggenommen nicht zulässig: »Alle Folgerungen aus der Erfahrung setzen als Grundlage voraus, daß die Zukunft der Vergangenheit ähnlich sei und daß ähnliche Kräfte mit ähnlichen Sinnesqualitäten verbunden sein werden.«[27] Will man aber andererseits Hypothesen durch logische Schlußweisen ableiten, so müssen sich diese auf gesicherten Aussagen gründen. Da sich diese, wenn man nicht vom induktiven Prinzip Gebrauch machen möchte, ebenfalls nur von gesicherten Aussagen ableiten lassen dürfen, scheitert das Verfahren an einem unendlichen Regreß. Versucht man das induktive Vorgehen selbst als Theorie aufzufassen, so tauchen sofort dieselben Probleme nochmals auf. Um diese Theorie des induktiven Vorgehens zu rechtfertigen, muß auf sie selbst zurückgegriffen werden, was jedoch nicht zulässig ist. Ein endgültiges Verifizieren von Theorien ist danach nicht möglich.

Hieraus hilft auch nicht die vielfach vertretene Auffassung, daß induktive Folgerungen als Wahrscheinlichkeitsschlüsse aufzufassen wären[28]. Danach postuliert man, je mehr stützende Beobachtungen und Belege es für eine Theorie gibt, um so wahrscheinlicher ist es, daß die Theorie wahr ist. Von der unzweckmäßigen Verwendung des Wahrscheinlichkeitsbegriffs abgesehen[29], fordert auch diese Auffassung eine Rechtfertigung, die jedoch nicht mit einem, nur wahrscheinlich richtigen, Schluß erfolgen darf.

Popper entkommt diesem Dilemma, indem er nicht an der Notwendigkeit von Begründungen festhält. Statt Theorien zu begründen, müssen sie vielmehr kritischen Prüfungen unterworfen werden. Das Etablieren wissenschaftlicher Erkenntnisse erfolgt also gewissermaßen in zwei Schritten. Zunächst wird eine Theorie oder Hypothese aufgestellt. Eine Begründung oder Herleitung ist hierbei nicht erforderlich, der Entstehung von Theorien wird damit maximaler Spielraum gegeben.[30]

In einem zweiten Schritt muß versucht werden, die Theorie durch Folgerungen und deren (empirische) Überprüfung zu widerlegen. Falls sich keine Widersprüche zeigen, kann die Theorie als vorläufig gültig betrachtet werden: Sie bewährt sich.

2.2.2.2 Das Abgrenzungsproblem

Die durch eine solche Methodik erzeugte Schwierigkeit ist allerdings ein fehlendes Kriterium, worin sich wissenschaftliches (oder legitimes) Vorgehen von anderen Unternehmungen, etwa der Metaphysik, der Religion oder Kunst unterscheidet. Ursprünglich war es die Forderung an Wissenschaft, nur logische Schlußweise

27 D. Hume (1997), S.211. Die Problematik erscheint jedoch bereits bei Aristoteles.

28 Exemplarisch vgl. etwa J.M. Keynes (1973).

29 Vgl. K.R. Popper (1968), S. 82.

30 Vgl. G. Hansen (1993), S. 111.

zu verwenden. Diese Abgrenzung wird aber durch die »freie Theorienwahl« aufgehoben. Poppers Lösungsvorschlag läuft im Grunde darauf hinaus, solche Aussagen als wissenschaftlich zu bezeichnen, die Erkenntnisfortschritte begünstigen, also korrigierbar sind. Vermutungen sollen nach Möglichkeit so formuliert werden, daß sie an der Erfahrung scheitern können, daß sie also falsifizierbar sind.[31] Um die Falsifizierbarkeit zu gewährleisten, sollen Theorien in einem ersten Schritt also bestehende empirische Befunde reproduzieren und zu dem bisher bekannten Sachstand passen. Darüber hinaus sollen wissenschaftliche Theorien Vorhersagen oder Prognosen liefern, die dann ihrerseits überprüfbar sind.[32]

Maßgeblich ist für Popper dabei die Zweckmäßigkeit des Abgrenzungsbegriffs. Nur durch die Widerlegbarkeit von Thesen wird der Entstehungsprozeß von Wissen nicht blockiert und der Anreiz, Hypothesen zu falsifizieren, ist auch unter historischen Gesichtspunkten der Motor des Fortschritts.[33] Dies impliziert *vice versa* natürlich eine Norm hinsichtlich des wissenschaftlichen Vorgehens. Beispielsweise ist das Aufstellen einer Theorie, die von der Konstruktion her nicht empirisch belegbar ist, unwissenschaftlich. Dies träfe selbst dann zu, wenn sie sich aus bewährten Theorien ableiten ließe oder hilfreiche Denkmuster böte.[34]

Auch das sofortige Modifizieren von Theorien, nachdem sie bei einem empirischen Test durchgefallen sind, nur um die Theorie gegenüber den praktischen Ergebnissen zu immunisieren, ist nach Popper nicht statthaft. Er bezeichnet ein solches Vorgehen als *ad hoc* Modifikation, hat jedoch auch Schwierigkeiten, eine Trennlinie gegenüber der gewöhnlichen Evolution einer Theorie zu finden.[35]

2.2.2.3 Anwendung auf die Ökonomie

Die Anwendbarkeit des kritischen Rationalismus von Popper wird in der Wirtschaftswissenschaft zwiespältig gesehen. Es scheint vorherschende Meinung zu sein, daß zumindest Anpassungen an der Methodologie vorzunehmen sind.[36] Die geläufigsten Einwände sind im folgenden zusammengefaßt.

---

31 J.A. Alt (1992), S. 13. Vgl. auch K.R. Popper (1968), S. 15 und S. 59

32 Der Begriff Vorhersage bzw. Prognose bezieht sich dabei nicht ausschließlich auf die zeitliche Dimension, sondern allgemein auf das Angeben von Ereignissen, die sich aus dem Modell ableiten, die aber nicht bereits in die Bildung des Modells eingeflossen sind.

33 K.R. Popper (1968), S. 12ff

34 Vgl. auch S. Taylor (1986), S. 14.

35 Vgl. K.R. Popper (1968), S. 56ff und H. Albert (1978), S. 12f.

36 Vgl. B.J. Caldwell (1991) oder als Beispiel für die Darstellung in einem volkswirtschaftlichen Lehrbuch vgl. die Ausführungen in B. Felderer, St. Homburg (1991), S. 9

In jeder Testsituation werden neben der zu testenden Hypothese auch weitere Annahmen verwendet. Falls die Vorhersagen nicht bestätigt werden können, muß die Ursache hierfür nicht unbedingt in der zu testenden Aussage liegen. Das Scheitern läßt sich alternativ auch durch falsche Hilfsaussagen begründen. Man bezeichnet dieses Problem des Testens verknüpfter Aussagen als Duhem-Quine-These.[37] Gerade in der Wirtschaftswissenschaft sind kontrollierte Experimente fast nie durchführbar oder wiederholbar. Dies gilt sowohl in volkswirtschaftlichen, wie in betriebswirtschaftlichen Zusammenhängen, wo die untersuchten Probleme eine kaum herunterzubrechende Komplexität aufweisen.

Diese Schwierigkeit betrifft auch die verwendeten Daten und Einteilungen, also (eher naturwissenschaftlich gesprochen) das Messproblem. Die Komplexität der untersuchten Systeme in der Ökonomie bedingt die Schwierigkeit, Daten wie Preise, Gewinne oder Beschäftigtenzahlen, ohne die zum Teil erheblichen Fehler zu bestimmen. Oftmals scheitert es schon an klar umgrenzten Begriffen oder Definitionen. Damit ist stets zweifelhaft, ob die Theorie selbst oder nur das verwendete Untersuchungsverfahren abgelehnt werden muß. Popper und andere sehen diese Schwierigkeiten und verweisen darauf, daß dies nichts an der Richtigkeit der wissenschaftlichen Methode ändert.

Ein zweiter Kritikpunkt am kritischen Rationalismus ist, daß nicht allein schlechte Prognosen zu einer Ablehnung einer Theorie führen, solange nicht eine besser prognostizierende Theorie zur Verfügung steht. Diese Anforderung ist wesentlich, da es ansonsten möglich ist, so gut wie jede Theorie abzulehnen. Keine Theorie löst jemals alle Rätsel, mit denen sich eine Fachrichtung befaßt. Es kann daher nicht nur Aufgabe der Wissenschaft sein, ausschließlich die Falsifizierung von Theorien zu forcieren. Vielmehr soll bei einer kritischen Überprüfung das relativ beste Modell bestehen.[38] Gerade unvollständige oder fehlerhalte Theorien bilden oftmals die Basis für die Entwicklung besserer Ansätze.[39]

2.2.2.4 Die Notwendigkeit von Modellen

Akzeptiert man die Sichtweise des kritischen Rationalismus, so lassen sich einige Konsequenzen für die Wirtschaftswissenschaft ziehen. Eine wissenschaftliche Theorie im Sinne Poppers muß Vorhersagen erlauben, die empirisch belegt werden können. Es müssen Ereignisse oder Sachverhalte benannt oder quantifiziert

---

37 Vgl. B.J. Caldwell (1991), S. 3. Speziell für das Problem der Markteffizienz vgl. H. Rehkugler (1995), S. 386.

38 G. Hansen (1993), S. 115, vgl. dazu auch B.J. Caldwell (1991), S. 4, Th. Kuhn (1981)

39 Vgl. I. Lakatos, A. Musgrave (1970), S. 124.

werden können, die nicht *a priori* bei der Aufstellung der Theorie implementiert wurden, sondern die aus der (richtigen) Verallgemeinerung herrühren.

Diese Anforderung erfüllen aber Modelle, indem sie überprüfbare Szenarien beschreiben.[40] Ein Modell läßt sich damit als eine operationalisierte Theorie auffassen und andersherum ist eine Theorie, die sich nicht in Form eines Modells operationalisieren und damit einer empirischen Prüfung unterziehen läßt, in der schärfsten Auslegung nicht als wissenschaftlich im Sinne Poppers zu werten.

Ein weiterer wichtiger Aspekt der Modellbildung ist, daß nur explizite Modelle falsifizierbar sind. Da ein implizites Modell nur »im Kopf seines Erfinders« steht, läßt es sich praktisch nicht überprüfen. Falls es wiederlegt wird, kann es durch die von Popper als *ad hoc* Modifikation bezeichneten gewissermaßen instantanen Anpassungen sofort gegen Falsifizierung geschützt werden. Zieht man auch hier wieder die Konzepte des kritischen Rationalismus hinzu, so sind Modelle, die »aus dem Bauch heraus« gebildet und verwendet werden, strenggenommen ebenfalls unwissenschaftlich. Das explizite (formale) Modell nimmt damit in der modernen Wissenschaftstheorie eine zentrale Stellung ein.

2.2.3 Modelle als Unterstützung in konkreten Entscheidungssituationen

Die zweite wichtige Begründung für Modelle wird durch ihren Nutzen bei praktischen Anwendungen gegeben, insbesondere als Bewertungs- und Entscheidungshilfe für unternehmerische Entscheidungen. Dies gilt natürlich für alle Bereiche der Wirtschaftswissenschaft, in denen Menschen gestalterisch handeln und trifft damit insbesondere auf den Bereich der Finanzwirtschaft zu, der in dieser Arbeit fokussiert wird. Ein großes Einsatzgebiet liegt hier im Bereich der Finanzanalyse, die die datengestützte Analyse und Bewertung finanzieller Engagements in Finanzprodukten und Marktteilnehmern zum Gegenstand hat.[41] Die Zielsetzung von Modellen im Kontext der Finanzanalyse ist dabei, für die Attraktivität einzelner Investments eine Entscheidungsgrundlage zu bieten, gegebenenfalls unter Annahme bestimmter Anlagestrategien oder Handelsmodelle.[42]

---

40 Gewisse pathologische Fälle, bei denen ein Modell genau alle beobachtenen Fälle integriert und damit nichts mehr aussagt, als hineingesteckt wurde, seien hier ausgeklammert.

41 Vgl. H. Rehkugler, Th. Poddig (1994), S. 1f.

42 Vgl. M. Kerling (1998), S. 11.

2.2.3.1 Systematisierung von Modellanwendungen

Wie jedoch Steiner/Uhlir[43] feststellen, ist die Anschauung, was konkret unter Finanz- bzw. Wertpapieranalyse zu verstehen ist, heterogen. Sie selbst unterscheiden drei Stufen von Beurteilungsprozessen, die in enger Verbindung stehen und in die ein Anleger laufend involviert ist.

- Im Rahmen des *Bewertungsprozesses* werden Konzepte und Modelle zur Ermittlung von Sollpreisen bei Wertpapieren mit unterschiedlichen Rendite-Risiko-Profilen und Ausstattungsmerkmalen gesucht. Diese werden häufig zukunftsbezogen sein.
- Der *Relativierungsprozeß* entscheidet über die Verwertbarkeit der Ergebnisse des Bewertungsprozesses und läuft auf einen Vergleich der eigenen Einschätzung mit den Marktpreisen bzw. Börsenkursen hinaus.
- Unter dem *Anlageentscheidungsprozeß* wird der Problembereich verstanden, der die Frage beantwortet, ob das Ergebnis des Relativierungsprozesses aktionsrelevant ist, also ob es eine Anlageentscheidung nach sich zieht.

Dabei können in allen Teilbereichen, vornehmlich bei den Bewertungen, Modelle eingesetzt werden.

Eine weitere Unterteilung kann man nach dem Zeitpunkt der Zielgröße vornehmen. Man unterscheidet dann Erklärungs- und Prognosemodelle. Alternativ spricht man auch von bedingten und unbedingten Prognosemodellen. Rehkugler grenzt ab: »Bei unbedingten Prognosemodellen gehen die unabhängigen Variablen zeitverzögert ein, was auch den realen Verzögerungen der Verfügbarkeit entspricht. Bei bedingten Prognosemodellen gehen unabhängige und abhängige Variablen mit dem gleichen Zeitindex in das Modell ein.«[44]

Bei der Einschätzung von gegenwärtigen Situationen können Erklärungstheorien und die daraus abgeleiteten Modelle Entscheidungshilfen geben, wobei dies typischerweise erfolgt, wenn etwa die Beurteilung einer Situation so komplex ist, daß die Vorteilhaftigkeit der Entscheidung (welches also die richtige Entscheidung ist) nicht direkt erkennbar ist. Modelle aus der Investitionsrechnung oder dem Bereich der Portfoliotheorie können so aufgefaßt werden. Insbesondere, wenn einzelne Größen von den Wirtschaftssubjekten beeinflußbar sind, können Erklärungsmodelle wertvolle Entscheidungshilfen liefern, da sie die bestehenden Zusam-

---

43 Vgl. P. Steiner, H. Uhlir (2001), S. 2.

44 H. Rehkugler (1995), S. 387.

mengänge transparent und damit handhabbar machen. Ein Beispiel ist der Anlageentscheidungsprozeß, denn eine Anlageentscheidung wird ja vom Wirtschaftssubjekt selbst durchgeführt.

Zu den praktisch wichtigsten Anwendungsmöglichkeiten von Theorien ganz allgemein gehört jedoch ihre Benutzung bei der Ableitung von Vorhersagen.[45] Wie Steurer bemerkt, sind im Wirtschaftsleben alle wichtigen Entscheidungen zukunftsbezogen. Alle beruhen notwendigerweise auf einer Beurteilung der mutmaßlichen Wirtschaftsentwicklung in naher oder ferner Zukunft. Sie erfolgen daher unter Vorwegnahme künftiger Ereignisse.[46] Und Voraussagen sind vor allem deshalb von so großer praktische Bedeutung, weil sie den Erwartungshorizont und damit die Orientierung der ökonomisch Handelnden beeinfussen, die wiederum für deren Entscheidungen relevant ist.[47]

Speziell im Wertpapiermanagement geht es deshalb im Bereich der Finanzanalyse um die Prognose finanzwirtschaftlich relevanter Größen, also die Einschätzung zukünftiger Kursentwicklungen, etwa von Währungen, Zinsen, Aktien, Waren oder ganzen Märkten oder Regionen. Gute Prognosen (und das heißt hier bessere Prognosen als die anderen besitzen) bilden damit einen erheblichen Vorteil bei der Auswahl günstiger Investitionen. Modelle, die durch Schätzen der zukünftigen Entwicklung hierbei unterstützen, bezeichnet man als Prognosemodelle.

Neben der Frage, ob es *überhaupt* sinnvoll ist, Modelle zur Beschreibung der Welt oder Teilen davon einzusetzen, kann möglicherweise mit mehr Berechtigung bezweifelt werden, ob es aussichtsreich ist, Modelle für die Prognose von Märkten bzw. börsengehandelten Anlageobjekten zu verwenden, Prognosen also in einem finanzanalytischen Kontext einzusetzen. Da die zu beschreibenden Verfahren aber hier ein großes Einsatzgebiet vorfinden, muß daher auf ihre Anwendungsmöglichkeiten im Prognoseumfeld eingegangen werden. Für Poddig stellt die Frage, ob die einem Finanzmarkt zugrundeliegenden Renditegenerierungsprozesse für Prognosen prinzipiell nutzbar zu machen sind und unter welchen Voraussetzungen dies möglich ist, einen zentralen Aspekt innerhalb der Finanzanalyse dar.[48] Wesentlich ist dabei der in den Arbeiten von Fama entwickelte Rahmen zur Markteffizienz und die dazu vorgebrachten Ergänzungen oder Einwände.

Es soll aber nochmals betont werden, daß für die Frage, ob Modelle generell sinnvoll sind, Markteffizienz keine Rolle spielt. Insbesondere für die Sinnhaftigkeit von Bewertungsmodellen ist die Frage unerheblich, ob Markteffizienz vorliegt, da

---

45 Vgl. H. Albert (1978), S. 43.

46 E. Steurer (1997), S. 3.

47 Vgl. H. Albert (1978), S. 45.

48 Vgl. Th. Poddig (1999), S. 78. Ähnlich äußern sich M. Steiner, Ch. Bruns (1996), S. 40.

solche Modelle weitgehend unabhängig von der Einschätzung der Informationseffizienz entwickelt werden können.[49] Demnach könnten auch bei völligem Zurückweisen jeglicher Prognostizierbarkeit von Märkten trotzdem in anderen Gebieten sinnvoll Modelle konzipiert und genutzt werden, wie zum Beispiel bei der *Erklärung* finanzwirtschaftlicher Zusammenhänge, etwa zwischen Jahresabschlußinformationen und Aktienkursen.

2.2.3.2 Die Theorie effizienter Märkte

Fama bezeichnet einen Markt dann als informationseffizient, wenn der Preis für ein Investment auf diesem Markt zu jeder Zeit alle verfügbaren Informationen reflektiert: »A market in which prices always fully reflect available information is called efficient.«[50] Je nach Umfang der Informationen, die die Preise der Assets reflektieren, lassen sich nach Fama vier Stufen der Informationseffizienz unterscheiden.[51]

- Bei der *strengen Informationseffizienz* sind alle bewertungsrelevanten Informationen unmittelbar und vollständig im aktuellen Marktpreis eines Anlageobjekts abgebildet. Kein Marktteilnehmer, auch ein sogenannter Insider, kann aus der Analyse von Informationen systematische Gewinne erzielen. Jede Art von Prognose ist damit sinnlos.
- Bei *halbstrenger Informationseffizienz* sind alle öffentlich verfügbaren Informationen unmittelbar und vollständig im Marktpreis enthalten. Nur die Verwendung von Insider-Informationen erlaubt es, systematische Überrenditen zu erzielen. Alle Analysemethoden, die auf den öffentlich zugänglichen Informationen aufbauen, sind jedoch sinnlos.
- Die *schwache Informationseffizienz* bildet nur Informationen über vergangene Marktpreise unmittelbar und vollständig im aktuellen Marktpreis ab. Die Prognose mit chartanalytischen Verfahren oder ähnlichen Techniken, die ausschließlich vergangene Marktpreise berücksichtigen, ist damit sinnlos. Die Auswertung anderer Informationen, etwa von Geschäftsberichten, Pressemitteilungen oder der allgemeinen wirtschaftlichen Situation, kann aber systmatische Gewinne zulassen. Damit können nur fundamentale bzw.

---

49 Vgl. P. Steiner, H. Uhlir (2001), S. 4.

50 E.F. Fama (1970), S. 383. Vgl. auch C. Huber (2000), S. 87.

51 Vgl. E.F. Fama (1970), S. 383. Die Stufen wurden in Anlehnung an Th. Poddig (1999), S. 79 beschrieben.

fremdgenerierte, nicht jedoch technische Modelle zur Prognose eingesetzt werden.

- Liegt *keine Informationseffizienz* vor, so gilt keine der vorangegangenen Thesen. Alle Informationen, also auch die Kurshistorie, erlauben prinzipiell das Erzielen systematischer Gewinne. Somit lassen sich auch technische bzw. eigengenerierende Modelle zur Prognose einsetzen.

Als hinreichende Bedingung für die Existenz informationseffizienter Märkte nennt Fama, daß keine Transaktionskosten vorliegen, Informationsbeschaffung keine Kosten verursacht und daß alle Marktteilnehmer homogene Erwartungen hinsichtlich des Preises und der Verteilung zukünftiger Preise haben.[52] Es ist jedoch denkbar, daß Märkte auch ohne diese Voraussetzungen informationseffizient sind, da es sich nur um eine hinreichende, nicht aber notwendige Bedingung handelt. Falls die Märkte jedoch nicht informationseffizient arbeiten, wäre zu klären, ob und auf welcher Stufe der von Fama vorgeschlagenen Taxonomie sich der Effizienzgrad der Märkte befindet.

Zur Überprüfung dieser Frage wurde eine mittlerweile nahezu unübersehbare Fülle unterschiedlicher Tests durchgeführt, die teilweise äußerst wiedersprüchliche Ergebnisse lieferten.[53] Einen Überblick bieten etwa Fama[54] oder Elton/Gruber[55]. Poddig faßt zusammen: »... So wird die strenge Informationseffizienzthese weitgehend abgelehnt. Hinsichtlich der halbstrengen Informationseffizienzthese ist das Meinungsbild weit weniger eindeutig, jedoch scheint sie ebenfalls tendenziell abgelehnt zu werden. Am stärksten wogt wohl der Streit um die Gültigkeit der schwachen Informationseffizienzthese. Hier sprechen mitunter Indizien für deren Gültigkeit, eine abschließende Einschätzung ist aber selbst hier nicht möglich.«[56]

2.2.3.3 Generellen Einwände und Klärung möglicher Stufen von Markteffizienz

Ein Kritikpunkt der Markteffizienzhypothese ist das Problem der verbundenen Hypothesen, die einen direkten Test unmöglich machen. Nach Fama ist es auf informationseffizienten Märkten nicht möglich, Überschußrenditen zu erzielen. Für einen Test muß aber angegeben werden, was denn eine *normale* Rendite ist.

---

52 Vgl. E.F. Fama (1970), S. 387. Siehe auch M. Kerling (1998), S. 17.

53 Th. Poddig (1999), S. 87.

54 E.F. Fama (1970), S. 388ff, E.F. Fama (1991), S. 1575.

55 E.J. Elton, M.J. Gruber (1995), S. 410f.

56 Th. Poddig (1999), S. 81.

Schneider pointiert »Für einen empirischen Test ... muß als methodologische Vorentscheidung (als Glaubenssatz) die Gültigkeit irgendeines Kapitalmarktmodells und irgendeiner Informationsauswertungsbeziehung vorausgesetzt werden.«[57] Jedes Testergebnis kann dann durch den Vorwurf falsch angenommener Bewertungs- und Informationsmodelle angegriffen werden. Bei strenger Auslegung der Popperschen Anforderungen nach Testbarkeit wissenschaftlicher Hypothesen erfüllt die Markteffizienzhypothese auch kaum die Kriterien für Wissenschaftlichkeit und müßte schon aus diesem Grund fallengelassen werden.[58]

Weiter weisen Grossman/Stiglitz[59] darauf hin, daß hier ein Informationsparadoxon entsteht. Falls Märkte tatsächlich informationseffizient sind, so ergibt eine zusätzliche Beschaffung und Auswertung von Informationen keinen Sinn, da alle bewertungsrelevanten Aspekte bereits im Marktpreis enthalten sind, zumal damit in der Realität Kosten verbunden sind. Die fortwährende Informationsbeschaffung- und auswertung der Marktteilnehmer macht jedoch die Märkte erst effizient. Es müssen also bei Existenz von Informationskosten zumindest kurzzeitig Störungen des Gleichgewichtes auftreten, die systematische Gewinne zulassen, die einen Ausgleich zu den Kosten der Informationsbeschaffung und Analyse erlauben. Modellbildung ist damit die Grundlage für die Entstehung informationseffizienter Märkte.[60]

Auch das Vorhandensein von sogenannten Kapitalmarktanomalien ist bei der Beurteilung von Markteffizienz zu berücksichtigen. Darunter versteht man den Effekt, daß zu bestimmten Kalenderterminen oder Handelszeiten signifikant höhere (oder niedrigere) mittlere Renditen erzielt werden. Ein anderes Beispiel ist der Size- oder Small-Firm-Effekt, nach dem kleinere Unternehmen langfristig eine höhere risikoadjustierte Rendite aufweisen als große Unternehmen[61] oder daß sogenannte Value-Aktien (hohes Verhältnis von Buchwert zu Marktwert) systematisch höhere Renditen als Growth-Aktien (geringes Buchwert-zu-Marktwert-Verhältnis) besitzen.[62] Solche Effekte dürften bei Markteffizienz nicht auftreten, da sie im Widerspruch zur halbstrengen Informationseffizienz stehen.[63]

Zuletzt spricht die Informationseffizienzthese nur von Marktpreisen. Inwieweit die Prognose anderer Größen möglich ist, beispielsweise der Volatilität von Märkten,

---

57 D. Schneider (1992), S. 545, die Aufzählungsklammern im Orginal wurden fortgelassen.

58 Siehe hierzu Kap. 2.2.2 dieser Arbeit.

59 Vgl. S. Grossman, J.E. Stiglitz (1980), S. 393.

60 Vgl. auch M. Kerling (1998), S. 23 oder Th. Poddig (1999), S. 90.

61 Vgl. M. Steiner, Ch. Bruns (1996), S. 46.

62 Vgl. M. Steiner, Ch. Bruns (1996), S. 46.

63 Vgl. hierzu auch Th. Poddig (1999), S. 92 und die Fußnoten 140–144.

Unternehmensinsolvenzen oder volkswirtschaftlicher Variablen, wird in diesem Rahmen nicht diskutiert und läßt damit weiterhin ein Betätigungsfeld für Prognosemodelle.[64]

Alles in allem zeigt sich, daß die Frage, ob und welche Stufe der Informationseffizienz vorliegt, kaum endgültig beantwortet werden kann und daß sogar das Konzept an sich der Kritik ausgesetzt ist. Auch die mögliche Beteiligung nichtlinearer Prozesse, die eventuell nur eine scheinbare Effizenz der Märkte vorspiegeln, deutet an, daß in diesem Bereich weiterhin sinnvoll Prognosen versucht und damit Modellierungen angewendet werden können.[65] Auch Loistl interpretiert die neueren Ergebnisse der empirischen Kapitalmarktforschung so, daß reale Wertpapierpreise nicht ausschließlich auf einer rein rationalen Auswertung fundamentaler Informationen beruhen.[66] Die zweckmäßige Verwendung von Modellen zu Prognosezwecken kann daher nicht *per se* zurückgewiesen werden.

2.2.3.4 Die Notwendigkeit von Modellen

Für die dezidierte Nutzung von Modellen in den oben genannten Teilbereichen der Erklärungs- und Prognoseverfahren lassen sich noch weitere »begleitende Argumente« anführen. Zunächst kann festgestellt werden, daß Entscheidungs- und Bewertungssituationen zeit- und arbeitsintensiv sind und daher selbst rationell zu organisieren sind. Während die Erstellung von Modellen früher oftmals kompliziert und zeitaufwendig war, wird heute mit zunehmender Unterstützung durch Personal Computer und geeigneten Software-Werkzeugen der eigentliche Modellierungsprozeß immer weiter vereinfacht. Nach der Erstellung ist jedoch die Aktualisierung und Lieferung von Ergebnissen in der Regel sehr schnell und bequem durchzuführen.[67] Man muß sich vor Augen halten, daß etwa Kapitalanlagegesellschaften regelmäßig eine große Zahl von Wertpapieren oder anderen Anlagemöglichkeiten hinsichtlich ihrer Vorteilhaftigkeit einzuschätzen haben und dies bei einer gewissenhaften Analyse die Sichtung umfangreicher Datenmengen erfordert. Insbesondere bei international diversifizierten Portfolios stellt die gewaltige Ausweitung des Anlageuniversums zu analysierender Märkte und Anlagetitel eine Hauptschwierigkeit dar.[68] Für die Durchführung von Entscheidungsprozessen bie-

64 Vgl. hierzu P. Steiner, H. Uhlir (2001), S. 4.

65 Vgl. Th. Poddig (1999), S. 91.

66 Vgl. O. Loistl (1990), S. 68f.

67 Vgl. O. Loistl (1996), S. 6ff. Ein Beispiel eines modernen, automatischen Modellierungssystems ist etwa das integrierte Prognose- und Entscheidungssystem IPES. Vgl. H. Dichtl (2001).

68 Vgl. H. Gerloff (1995), S. 144f.

ten Modelle damit Hilfen, die effiziente Entscheidungsprozesse erheblich fördern können.

Bei der Erstellung von expliziten, insbesondere bei mathematischen (Prognose-)Modellen erhält der Anwender, im Gegensatz zu impliziten oder nichtformalen Modellen, Informationen über deren Qualität.[69] Zum einen kann bereits bei der Modellierung durch statistische Gütemaße oder Validierungsverfahren überprüft werden, in welchem Maße die konstruierten Zusammenhänge aus den Schätzdaten abgebildet werden konnten. Sie ermöglichen also, anders als intuitive Annahmen, eine Kontrolle der postulierten Zusammenhänge bereits im Vorfeld.[70] Darüber hinaus können statistische Modelle nicht nur einen Prognose- oder Erklärungszusammenhang liefern, sondern in vielen Fällen auch deren Unsicherheit angeben, da derartige Streuungsmaße oft zusammen mit den Parametern geschätzt werden.[71]

Explizite Modelle ermöglichen auch die Durchführung von Sensitivitätsanalysen. Damit läßt sich untersuchen, welche Einflüsse (aufgrund der Daten) als kritisch zu bewerten sind und wie die Zielgröße des Modells auf Änderungen der Einflußgrößen reagiert. So können noch weitergehend mögliche Risiken abgeschätzt werden. Sensitivitätsanalysen lassen sich auch umgekehrt nutzen, um im Nachhinein in Modellen fehlerhafte Ergebnisse zu untersuchen und zu ermitteln, durch welche Einflüsse diese Fehler zustande gekommen sind.[72]

Ferner sind Modelle in der konkreten Entscheidungssituation objektiv. Die Aussagen eines Modells sind nach seiner Erstellung nicht mehr von menschlicher Einschätzung abhängig.[73] Natürlich ist das blinde Vertrauen in die (zum Teil stark idealisierte) Ökonometrie genausowenig problemgerecht, wie ihre völlige Zurückweisung. Ändern sich beispielsweise wirtschaftliche Rahmenbedingungen, so werden die vor der Änderung erstellten Modelle kaum mehr geeignet sein und bedürfen einer Prüfung oder Überarbeitung. Wenn Modellaussagen jedoch als eine Entscheidungsunterstützung aufgefaßt werden, ist ihre Objektivität innerhalb des Entwicklungsumfeldes eher positiv zu sehen.

---

69 Zu weniger formalen Prognosetechniken, etwa freie Schätzung, konjekturale Prognosen, Expertenbefragung, Delphi-Methoden, Szenariotechniken, u. a. vgl. D. Braunhart (1989), S. 45ff oder M. Steiner, Ch. Bruns (1996), S. 80.

70 Vgl. R.S. Pindyke, D.L. Rubinfeld (1998), S. xv.

71 Um die Genauigkeit konjekturaler Prognosen zu erhöhen und eine Abschätzung der Unsicherheit zu erhalten, schlagen M. Steiner, Ch. Bruns (1996), S. 82 vor, einen Durchschnitt aus mehreren solcher Prognosen zu bilden. Ob dies tatsächlich die Qualität von Prognosen erhöht, sei dahingestellt.

72 Vgl. R.S. Pindyke, D.L. Rubinfeld (1998), S. xv.

73 Vgl. M. Steiner, Ch. Bruns (1996), S. 80.

Nicht zuletzt gibt die Verwendung von expliziten Modellen dem ökonomisch Handelnden auch die Möglichkeit, seine Entscheidungen zu legitimieren, denn es ist in der Regel einfacher, persönliche Einzelfallentscheidungen anzugreifen, als in der Fachliteratur propagierte und möglicherweise bereits erfolgreich angewendete Modelle. Modellgestützte Entscheidungen schützen damit gegen den Vorwurf der Willkür und führen zu nachvollziehbaren Handlungen.

2.3 Data Mining – Ein moderner Analyseansatz

Bei der Beschreibung möglicher Ansatzpunkte für die Modellgenerierung und -auswahl wurde bereits auf die Möglichkeit eingegangen, nicht deduktiv entwickelte Beziehungen als Basis zu nehmen, sondern sich auf die in den Daten auffindbaren Zusammenhänge zu konzentrieren. Diese empirische Herangehensweise hat gerade in den letzten Jahren besonderes Interesse auf sich gezogen, da mit der zunehmenden Datenverarbeitung und -speicherung auf Personal Computern diese Datenbestände in großem Umfang zugänglich sind.[74] Die fortschreitende, computerisierte Abwicklung des gesamten Wirtschaftlebens führt zwangsläufig zu Datenbanken, die implizit Wissen um Zusammenhänge enthalten, das aber nicht geeignet aufbereitet ist und daher bei unternehmerischen Entscheidungen oder als Ausgangspunkt der wissenschaftlichen Hypothesenbildung nicht eingesetzt werden kann. Dies erklärt die Entstehung eines speziellen Forschungszweiges, der sich mit der Analyse von Datenbeständen beschäftigt, das sogenannte Knowledge Discovery in Databases.[75]

2.3.1 Knowledge Discovery in Databases

Der Begriff »Knowledge Discovery in Databases« beschreibt nach Fayyad den »...nontrivial process of identifying valid, novel, potentially useful, and ultimately understandable patterns in data...«.[76] Dieser auch als knowledge extraction oder data analysis bezeichnete Prozeß ist darauf ausgerichtet, in umfangreichen Datenbeständen implizit vorhandenes Wissen explizit zu machen. Zu diesem Zweck werden im Rahmen des Knowledge Discovery in Databases zunächst weitgehend autonom (non-trivial process) Beziehungsmuster (pattern), wie zum Beispiel Regelmäßigkeiten oder Auffälligkeiten, in den Daten ermittelt. Diese Muster

74 Vgl. O. Loistl (1996), S. 4f oder H. Gerloff (1995), S. 53ff.

75 Einige Autoren benutzen die Begriffe »Knowledge Discovery in Databases« und »Data Mining« synonym. Diese sprachliche Gleichsetzung wird hier nicht vorgenommen.

76 Vgl. U.M. Fayyad, G. Piatetsky-Sharpiro, P. Smyth (1996), S. 6.

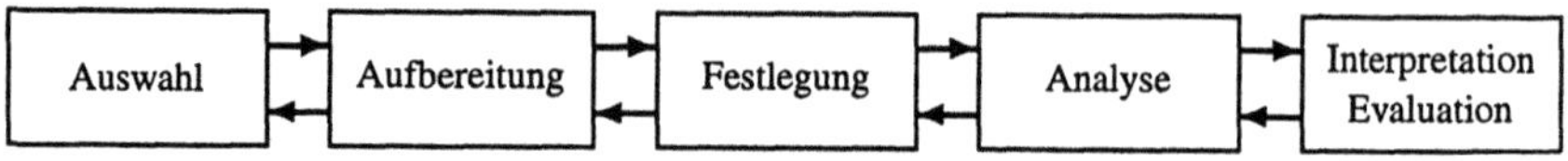

Abbildung 2.1: Der Prozeß des Knowledge Discovery in Databases. Die Teilschritte werden nacheinander von links nach rechts durchlaufen. Zeigen sich unbefriedigende Ergebnisse, ist ein Zurückgehen auf vorhergehende Prozeßstufen möglich. (In Anlehnung an R. Düsing (1999), S. 348)

müssen für einen möglichst großen Teil des Datenbestandes Geltung (valid) haben und bislang unbekannte (novel), potentiell nützliche (potentially useful) und leicht verständliche (ultimately understandable) Zusammenhänge in den Daten zum Ausdruck bringen. Aus den ermittelten Beziehungsmustern wird schließlich durch Interpretation und Evaluation explizites Wissen abgeleitet.[77]

Im Unterschied zu einzelnen Forschungsgebieten, etwa Verfahren der KI, der Mustererkennung oder statistischen Datenanalyse, zielt Knowledge Discovery in Databases auf den gesamten Prozeß der Wissensentdeckung. Das schließt etwa die Probleme ein, die mit der Speicherung von Massendaten einhergehen, die geeignete Berücksichtigung von fehlenden oder falschen Werten,[78] oder Aspekte der Benutzerschnittstellen.[79]

Bei der Durchführung des Knowledge Discovery werden nacheinander verschiedene Phasen durchlaufen, die in Abb. 2.1 dargestellt sind. Düsing unterscheidet Auswahl der relevanten Daten, Vorverarbeitung der Daten, Transformation der Daten, den eigentlichen Data Mining Prozeß und die Interpretation der erhaltenen Muster.[80] Andere Autoren benutzen leicht abweichende Stufenunterteilungen, gemeinsames Merkmal ist jedoch die Prozeßorientierung.[81] Außerdem wird eine Rückkopplung der Ergebnisse in den Entdeckungsprozeß angedeutet, so daß falls die Ergebnisse nicht zufriedenstellend waren, einzelne Phasen erneut durchlaufen werden können.[82]

---

77 R. Düsing (1999), S. 346f. Vgl. auch U.M. Fayyad, G. Piatetsky-Sharpiro, P. Smyth (1996), S. 31.

78 Vgl. R. Düsing (1999), S. 347.

79 Vgl. U.M. Fayyad, G. Piatetsky-Sharpiro, P. Smyth (1996), S. 29.

80 Vgl.R. Düsing (1999), S.348.

81 Vgl. etwa J. Han, M. Kamber (2001), S. 7 oder G. Nakhaeizadeh, T. Reinartz, R. Wirth (1998), S. 3f.

82 Vgl. G. Nakhaeizadeh, T. Reinartz, R. Wirth (1998), S. 3f.

2.3.2 Data Mining

Unter Data Mining selbst versteht man nun die Kernaufgabe beim KDD-Prozeß, also das Aufdecken von Zusammenhängen oder Mustern selbst. Decker/Focardi verstehen unter Data Mining sämtliche Aktivitäten, »...that find a logical or mathematical description, eventually of a complex nature, of patterns and regularities in a set of data...«.[83] Damit sind die Techniken und Verfahren, die beim Data Mining eingesetzt werden, sehr breit gefächert. In den meisten Fällen kommen bekannte statistische Verfahren zur Anwendung, jedoch werden oft auch Methoden aus dem Bereich Mustererkennung, künstlicher Intelligenz oder Visalisierungstechniken eingesetzt. Aufgrund dieser Anwendungsorientierung können alle Verfahren eingesetzt werden, die sich zur Extraktion von Wissen aus Datenbeständen verwenden lassen.[84]

Im Data Mining lassen sich verschiedene Zielsetzungen differenzieren. Nach Nakhaeizadeh kann man unterscheiden zwischen Segmentierung, Klassifikation, Konzeptbeschreibung, Prognose, Datenbeschreibung und -zusammenfassung, Erkennung von Abweichungen und der Abhängigkeitsanalyse. Letztere wird also explizit als eine Zielsetzung aufgeführt.[85] Von anderen Autoren werden entsprechende Zielsetzungen des Data Mining genannt.[86] Dabei ist offensichtlich, daß je nach Zielsetzung beim Data Mining unterschiedliche Analysetechniken angewendet werden müssen.

2.3.3 Data Mining in der ökonomischen Forschung und Praxis

Beim Data Mining wird zur Bildung eines Modells (im weitestens Sinne) lediglich auf die Daten zurückgegriffen. Die Kritik, die man diesem Vorgehen oftmals entgegen bringt, ist das Fehlen von wirklicher theoretischer Fundierung. Es werden keine bereits gesicherten Erkenntnisse, beispielsweise über das Funktionieren von Märkten, in den Modellierungsprozeß eingebracht. Diese Ignoranz des Data Mining bringt dem Verfahren vielerorts den Beigeschmack der Waghalsigkeit und Unwissenschaftlichkeit ein. Beispielsweise beschreibt Shirreff den Einsatz von Data Mining durch Finanzanalysten eher abfällig als »...that is of searching

---

83 K.M. Decker, S. Focardi (1995): Technology overview: a report on Data Mining, Technical Report 95-02, CSCS-ETH, Swiss Scientific Computing Center, S. 3 zitiert nach: R. Düsing (1999), S. 349.

84 Vgl. X.Z. Wang (1999), S. 14.

85 Vgl. G. Nakhaeizadeh, T. Reinartz, R. Wirth (1998), S. 7ff.

86 Vgl. J. Han, M. Kamber (2001), S. 25.

time series for patterns which they then formulate as market behaviour without knowing why.«[87]

Andererseits fehlt bei vielen Fragestellungen eine ausgereifte und empirisch abgesicherte Theorie.[88] So bemerkt Gerloff: »Die Theoriebildungen der Volkswirtschaft, die hier oft recht willkürlich eingesetzt werden, um bereits vorhandene Gefühle und Meinungen zu untermauern, bieten allerdings erfahrungsgemäß keine große Hilfe, wenn es um die Erstellung konkreter, zur Erringung unmittelbarer finanzieller Vorteile nutzbarer Prognosen geht.«[89] Auch Poddig konstatiert: »Aufgrund der aber oftmals bestehenden völligen Unklarkeit bezüglich des Geflechts von Ursache-Wirkungsbeziehungen bei finanzanalytischen Aufgabenstellungen, dem Scheitern gewisser ökonomischer Theorien ... verbleibt manchmal nur noch das Data Mining.«[90] Ganz allgemein wird von einigen Autoren darauf verwiesen, daß komplexe Interdependenzen zwischen den heute hoch volatilen Finanzmärkten bestehen und die Zusammenhänge mit den volkswirtschaftlichen Größen eher diffus geworden sind, so daß konventionelle Theorien der Volkswirtschaft kaum mehr greifen.[91]

In solchen Fällen ist, vor allem bei praktischen Problemen, Data Mining die bessere Wahl, denn an einer ökonomischen Fundierung ist ein Praktiker in der Regel nur sekundär interessiert. Viel wesentlicher ist die Qualität der geforderten Prognose- oder Bewertungsmodelle und diese Qualität beweist sich nur durch empirische Tests und letztlich die Ergebnisse im realen Einsatz.[92] Damit bleibt nochmals herauszustellen, daß es keine schlüssigen Einwände gibt, Data Mining nicht zumindest bei Prognose- und Bewertungsaufgaben zur Unterstützung unternehmerischer Entscheidungen einzusetzen, wenn dies Aussicht auf bessere Ergebnisse verspricht.

Doch auch bei wissenschaftlichen Fragestellungen kann Data Mining zweckmäßig sein. Nimmt man den kritischen Rationalismus Poppers genau, so benötigt nämlich eine Theorie keine Deduktion. Der Entstehung von Theorien soll gerade maximaler Spielraum gegeben werden, eine Fundierung auf Basis von bestehenden, bestätigten Theorien ist nicht erforderlich. Entscheidend ist, daß die Theorie den empirischen Befunden entspricht. Dies ist beim Data Mining *qua* Konstruktion gegeben, da die Modelle unmittelbar aus den Daten generiert werden. Zumindest in

87 D. Shirreff (1993), S. 61. Vgl. auch Th. Poddig (1999), S. 404.

88 Vgl. Th. Poddig (1999), S. 404.

89 H. Gerloff (1995), S. 91.

90 Vgl. Th. Poddig (1999), S. 404.

91 Vgl. dazu O. Loistl (1996), S. 311ff.

92 Vgl. dazu H. Rehkugler (1995), S. 387.

dieser Hinsicht kann dem Data Mining kein Vorwurf gemacht werden.[93]

»Data Mining« und »ökonomische Theorie« müssen aber auch aus einem anderen Grund nicht im Widerspruch zueinander stehen, denn die durch Datenanalyse gewonnenen Zusammenhänge können und sollten auch wissenschaftlich hinterfragt werden. Data Mining kann hier also genutzt werden, um neue wissenschaftliche Theorien zu initiieren.[94] Auch kann die Frage, mit welcher Verzögerung bestimmte, in Theorien postulierte Einflüsse wirken, eventuell durch Verfahren des Data Mining näher geklärt werden. Solche konkreten Aussagen werden in der Regel von volkswirtschaftlichen Theorien nicht formuliert. Data Mining bietet damit eine Ergänzung wissenschaftlicher Arbeit.[95]

93 Ob die Ergebnisse verallgemeinerbar sind bzw. sich aus ihnen falsifizierbare Hypothesen ableiten lassen, ist dann in den folgenden Schritten zu klären.

94 Vgl. Th. Poddig (1999), S. 405.

95 Vgl. Th. Poddig (1999), S. 405.

Kapitel 3

Eigenschaften ökonomischer Zeitreihen

Nachdem im vorigen Kapitel Modellbildung unter einem anwendungsbezogenen und wissenschaftstheoretischen Blickwinkel besprochen wurde, soll jetzt die mathematische und formale Ausgestaltung des Modellbegriffs beleuchtet werden. Anschließend werden zwei wichtige Problembereiche diskutiert, die bei der mathematischen Modellierung, speziell im Bereich der finanzwirtschaftlichen Analyse und Prognose, fast immer im Auge behalten werden müssen, nämlich die Frage nach Normalverteilung und nach Stationarität. Beide Eigenschaften sind auch Voraussetzungen für die Anwendbarkeit des in dieser Arbeit vorzustellenden λ-Tests auf nichtlineare Abhängigkeiten. Die Sicherstellung der Stationaritäts- und der Normalverteilungsannahme ist also nicht nur generell, sondern gerade im Kontext dieser Arbeit wichtig.

Es zeigt sich jedoch, daß die in der Ökonomie verbreiteten Testverfahren zur Prüfung der Stationarität und Normalverteilung vielfach nicht zufriedenstellende Güteeigenschaften aufweisen.[1] Diese große Verbreitung von zum Teil als mangelhaften einzustufenden Tests ist umso unverständlicher, als es (mittlerweise) gute Verfahren zur Prüfung von Zeitreihen hinsichtlich der beiden Eigenschaften gibt. Der zweite Teil dieses Kapitels behandelt daher verschiedene Testverfahren zu Stationarität und Normalverteilung, und zwar sowohl die in der ökonomischen Literatur verbreiten, wie die in der aktuelleren Literatur als leistungsfähig eingeschätzten.

---

1 Vgl. die Arbeiten von G.W. Schwert (1989) zu Stationaritätstests und von N. Henze (1994) zu Normalverteilungstests.

3.1 Grundlegende Eigenschaften von Zeitreihen

3.1.1 Ökonomische Ereignisse als Zufallsprozesse

Bei Modellbildungen wird meistens die formale Sprache der Mathematik angewendet, vor allem des Teilgebietes Statistik. Der erste Modellierungsschritt besteht daher in der geeigneten mathematischen Beschreibung, daß heißt Quantisierung der realen Ereignisse. Das erscheint auf den ersten Blick problemlos, ist aber aus theoretischer Sicht der erste und unter Umständen am stärksten idealisierende Schritt, der gerade bei schwer quantitifizierbaren Größen die Resultate der Modellbildung merklich beeinflussen kann. Aber auch bei (finanzwirtschaftlichen) Größen, die bereits in numerischer Form vorliegen, etwa Zeiten oder Stückzahlen, Preise von Investments, Renditen oder Zinsen, kann die Quantifizierung kritisch sein.

So ist beispielsweise nicht *a priori* klar, welcher Preis etwa bei der Untersuchung von Wertpapieren auf Tagesebene als Tageskurs im Modell herangezogen werden soll. Neben dem Schlußkurs (als Geld- oder Briefkurs), dem Höchst- oder Niedrigstkurs, kämen auch noch Tagesdurchschnitte, nach Handelsvolumen gewichtete Tagesdurchschnitte und eine Reihe weiterer »konstruierter Tageskurse« in Frage.

Zinsen werden vielfach nur in diskreten Schritten notiert und wären damit, wie auch Stückzahlen, keine reelen Zahlen. Man dürfte mit ihnen genaugenommen nicht einmal Differentialrechnung durchführen. Die übliche Vorgehensweise, zunächst von reellen Zahlen auszugehen und anschließend zu runden, muß jedoch nicht dem wirkliche Verhalten der Marktteilnehmer entsprechen.

Auch die durchgängige Zählung von Börsentagen ist eine Idealisierung des Zeitablaufes und vernachläßigt den dahinterstehenden Kalender, der erst beispielsweise die phänomenologische Berücksichtigung bestimmter Kapitalmarktanomalien erlaubt.[2] Alternativ könnte man die handelsfreien Tage hinzunehmen und wie fehlende Werte behandeln oder sogar den zeitlichen Ablauf des Börsengeschehens nach gehandeltem Volumen skalieren.[3]

Die wenigen Beispiele zeigen, wie einschneidend sich bereits bei der Quantifizierung die Ereignisse und Abläufe verfremden lassen. Neben diesen eher feinsinnigen Problemen ist außerdem zu beachten, daß eine Quantität auch der dahinterstehenden realen Größe entsprechen sollte. Wirtschaftliche Zeitreihen müssen daher

2 Zum Kalenderproblem vgl. auch J. Hartung (1998), S. 638 und die dort angegebene Literatur, sowie S. Taylor (1986), S 41ff.

3 Vgl. O. Loistl (1994), S. 97ff.

gegebenenfalls saison- oder inflationsbereinigt sein oder veränderte Flächen- bzw. Einwohnerstände berücksichtigen.[4]

3.1.2 Zufallsvariablen

Durch die spezielle Sichtweise der Stochastik, deren Ausgangspunkt das Zufallsexperiment und damit die Zufallsvariable ist, wird zusätzlich eine weitere Idealisierung in die Modellentwicklung eingebracht. Allgemein spricht man von einer Zufallsvariablen, wenn diese Werte annimmt, die durch ein Zufallsexperiment bestimmt werden und wenn für das Eintreten der Werte Wahrscheinlichkeiten angegeben werden können.[5] Der Wert, der sich zum Beispiel für die Zufallsvariable X bei der Durchführung eines Zufallsexperiments ergibt, wird Realisation genannt und mit dem dazugehörigen kleinen Buchstaben, hier also x, bezeichnet.

In konkreten Anwendungen hat man häufig nicht nur eine Realisation vorliegen, sondern eine Folge von Realisationen, die verschiedenen Zeitpunkten zugeordnet sind, etwa Beobachtungen einer Größe im Zeitablauf. Da die Modellierung am Anfang noch möglichst allgemein gehalten werden soll, nimmt man zunächst für jeden Zeitpunkt eine eigene Zufallsvariable X_t an. Eine solche Folge von Zufallsvariablen, wobei jede Variable einem Zeitpunkt t zugeordnet ist, wird als stochastischer Prozeß bezeichnet und als $\{X_t\}$ notiert. Der Zeitindex t ist dabei Element einer höchstens abzählbaren Menge, also in der Regel $t \in \mathbb{N}$. Während stochastische Prozesse natürlich eine unendliche Länge haben können, liegen in praktischen Anwendungen in der Regel nur eine beschränkte Anzahl von Realisationen vor, die zur Analyse, also etwa zur Schätzung bestimmter Eigenschaften des Prozesses, heranziehbar sind.[6]

Das Vorliegen einer zeitlichen Abfolge von Zufallsvariablen, wie dem eben beschriebenen stochastischen Prozeß, ist eine in der Ökonomie häufig auftretene Situation und seine Untersuchung wird als Längsschnittanalyse bezeichnet. Ein Beispiel wäre die Auswertung des Renditeverlaufs einer speziellen Aktie über die Zeit hinweg. Dabei ist es sinnvoll, daß zwischen den einzelnen Beobachtungen einer Zeitreihe jeweils der gleiche zeitliche Zwischenraum liegt. Man bezeichnet dies als äquidistante Realisationen. Ferner sollten die gewählten Abstände so klein (oder groß) sein, daß alle wesentlichen Merkmale erfaßt werden.[7] Im Gegensatz

---

4 Vgl. J. Hartung (1998), S. 638.

5 J. Hartung (1998), S. 104, siehe auch Th. Poddig, H. Dichtl, K. Petersmeier (2000), S. 26.

6 Vgl. G.E.P. Box, G.M. Jenkins (1976), S. 24 oder R. Schlittgen, B.H.J. Streitberg (1995), S. 90.

7 Vgl. Th. Poddig, H. Dichtl, K. Petersmeier (2000), S. 94 und auch J. Hartung (1998), S. 638. Was die wesentliche Merkmale sind, kann natürlich von der untersuchten Fragestellung abhängen.

zu Längsschnittanalysen untersuchen die sogenannten Querschnittsanalysen Sätze von Realisationen, die zum gleichen Zeitpunkt beobachtet wurden. Die Auswertung von Kursen verschiedener Aktien zu einem Zeitpunkt würde man beispielsweise als Querschnittsanalyse bezeichnen.[8]

3.2 White-Noise-Prozesse, Gaußsche Prozesse

Bei finanzwirtschaftlichen Zeitreihen liegt stets nur eine Realisierung eines stochastischen Prozesses vor, das heißt für jede Variable X_t des stochastischen Prozesses wird höchstens ein Zufallswert bestimmt.[9] Da beispielsweise Wertpapierkurse von aktuellen politischen und volkswirtschaftlichen Störungen beeinflußt werden, sind solche »Zufallsexperimente« im Grunde nicht wiederholbar, da die dahinterstehenden Strukturen jedesmal verschieden sein können. Falls die X_t alle verschieden angenommen werden, so lassen sich weder sinnvoll Verteilungen für jedes der X_t schätzen, noch Aussagen über zukünftige Realisationen der X_t machen. Um die Realisationen zu nutzen, müssen also noch weitergehende Annahmen getroffen werden, mit denen sich Modelle schätzen lassen. Nur durch zusätzliche Spezifikation des stochstischen Prozesses läßt sich überhaupt ein handhabbares Modell erstellen.

Der einfachste Ansatz ist dabei die Annahme, daß alle Zufallsvariablen X_t unabhängig sind und die gleiche Verteilung besitzen.[10] Das bedeutet, die Realisationen x_t können als Realisationen *einer* Zufallsvariablen ε_t aufgefaßt werden. Man bezeichnet solche Zufallsvariablen als »unabhängig und identisch verteilt« oder im englichen Sprachgebrauch als »independent and identically distributed«, kurz »iid«.[11] Formal läßt sich das ausdrücken als

$$X_t = \varepsilon_t \qquad \text{für alle } t \in \mathbb{N} \text{ und } \varepsilon_t \sim \mathcal{V}(0,\sigma^2) \tag{3.1}$$

Die ε_t in (3.1) bezeichnen also iid-Zufallsvariablen, die der (unter Umständen unbekannten) Verteilung $\mathcal{V}$ mit Erwartungswert $\mu = 0$ und Varianz σ^2 folgen. Der ganze Prozeß wird auch als weißes Rauschen oder White Noise bezeichnet.

---

8 Vgl. Th. Poddig, H. Dichtl, K. Petersmeier (2000), S. 94 und auch J. Hartung (1998), S. 638.

9 Vgl. R. Schlittgen, B.H.J. Streitberg (1995), S. 100.

10 Zu den folgenden Begriffsdefinitionen vgl. etwa R. Schlittgen, B.H.J. Streitberg (1995), S. 90ff, M. Kerling (1998), S. 11ff oder O. Loistl (1996), S. 165.

11 Hier wird der Begriff Unabhängigkeit zunächst noch intuitiv verwendet. Was man genau unter Unabhängigkeit zu verstehen hat, behandelt das folgende Kapitel.

Eine weitere Variante besteht darin, für die ε_t Normalverteilung anzunehmen. Den so erhaltenen stochastischen Prozeß bezeichnet man als Normalprozeß oder Gaußschen White-Noise-Prozeß

$$X_t = \varepsilon_t \qquad \text{für alle } t \in \mathbb{N} \text{ und } \varepsilon_t \sim \mathcal{N}(0,\sigma^2) \tag{3.2}$$

Auf eine finanzwirtschaftliche Situation übertragen folgt daraus in beiden Fällen, daß sich die Verteilung der tägliche Rendite eines Wertpapiers (als identisch oder normalverteilte Zufallsvariable angenommen) über die Zeit nicht ändert. Die Wahrscheinlichkeit für das Eintreten eines Ereignisses, etwa einer über- oder unterdurchschnittlichen Rendite, kann von vornherein bestimmt oder zumindest geschätzt werden. Ferner geht die Modellspezifikation davon aus, daß zwei Realisationen einer Zufallsvariablen statistisch unabhängig sind. Das Ergebnis eines Zufallsexperiments beeinflußt nicht das Ergebnis eines folgenden Experiments. Eine Vermutung, daß ein Wertpapier morgen hoch rentiert, da in den letzen Tagen ebenfalls hohe Renditen zu verzeichnen waren, wäre damit unbegründet.

3.2.1 Empirische Verteilungen in der Finanzwirtschaft

Bei einer praktischen Anwendung ist nun zu untersuchen, ob sich reale finanzwirtschaftliche Zeitreihen durch eine solche Spezifikation gut beschreiben lassen. Trotz ihrer Einfachheit zeigt sich, daß die Annahme unabhängiger und identisch verteilter Renditen bisweilen eine gute Anpassung etwa an Aktienkurse[12] oder Währungen[13] darstellt. Die Normalverteilungsannahme ist jedoch oftmals zu restriktiv, denn ein Merkmal typischer finanzwirtschaftlicher Verteilungen ist das im Vergleich zur Normalverteilung häufige Auftreten von Extremwerten.[14] Betroffen sind insbesondere die Verteilungen von Daten kurzer Periodizität, etwa Tagesrenditen.[15] Mandelbrot/Wallis bezeichnen dieses Phänomen bildhaft als Noah-Effekt.[16] Die Benennung soll deutlich machen, daß Katastrophen und andere Ereignisse mit weitreichenden Konsequenzen, die im Welt- und Wirtschaftsgeschehen gelegentlich vorkommen, in Zeitreihen extreme Ausreißer verursachen. Im Gegensatz dazu ist bei der Normalverteilung die Wahrscheinlichkeit für extreme Werte wegen der exponentiell quadratisch abfallenden Dichte praktisch Null.[17]

---

12 Vgl. R. Schlittgen, B.H.J. Streitberg (1995), S. 93.

13 Vgl. H.-J. Jarchow, P. Rühmann (2000), S. 313.

14 Vgl. dazu etwa die Arbeiten von E.F. Fama (1965), S. 46ff, P. Boothe, D. Glassman (1987), S. 297ff oder D.A. Hsieh (1988), S. 129ff.

15 Vgl. M. Kerling (1998), S. 28ff und die dort angegebene Literatur.

16 Vgl. B. Mandelbrot, J.R. Wallis (1968), S.909ff. Siehe auch M. Kerling (1998), S. 47.

17 Vgl. M. Kerling (1998), S. 47.

Andere für Finanzmarktreihen typische Merkmale sind die zyklischen Schwankungen in den Verteilungseigenschaften. Beispielsweise wechseln bei Aktienkursreihen Phasen geringer Volatilität mit Phasen hoher Volatilität, was man als Heteroskedastizität bezeichnet.[18] Das Phänomen längerer Zeiträume mit über- oder unterdurchschnittlichen Renditen bezeichnen Mandelbrot/Wallis in Anlehnung an die Parabel der sieben fetten und der sieben mageren Jahre als Joseph-Effekt.[19] Die Überprüfung der Verteilungsannahmen ist also eine sinnvolle Absicherung der Untersuchungsmethodik. Eine Übersicht zu möglichen alternativen Verteilungsmodellen gibt Kerling.[20]

3.2.2 Normalverteilung

Obwohl die Normalverteilungsannahme in konkreten Anwendungen nicht immer stimmt, ist sie vielfach eine wünschenswerte Eigenschaft. Insbesondere bei Parameterschätzverfahren können bei Vorliegen normalverteilter Daten (oder Störgrößen) oft auch für die gesuchten Parameter Verteilungen angegeben werden, die sich aus der Normalverteilung ableiten, beispielsweise t- oder F-Verteilungen. Damit können dann etwa Konfidenzintervalle bestimmt werden. Auch bei Hypothesentests basiert die Annahme der Prüfgrößenverteilung oft auf der Prämisse normalverteilter Datenpunkte. Liegen dann nichtnormalverteile Daten vor, führt dies zu einer teilweise erheblichen Verzerrung des Testniveaus. Eine Prüfung der Verteilung beim verwendeten Datenmaterial bzw. den Residuen ist daher immer zu empfehlen, wobei es dazu eine Reihe unterschiedlicher Ansätze und Testverfahren gibt.

3.2.2.1 Graphische Normalverteilungstests

Neben den eher rechentechnischen Verfahren zum Testen auf Normalverteilung sollte in allen Fällen zunächst eine graphische Analyse durchgeführt werden.[21] Dazu werden die Daten in speziellem Nomogrammpapier eingetragen, bei dem die Abzisse linear und die Ordinate im Verhältnis der Normalverteilungsdichte geteilt ist. Trägt man die relativen Häufigkeiten $\text{card}(X < x_t)/N$ gegen x_t auf, dann sind normalverteilte Datenpunkte auf einer Geraden angeordnet. Graphische Verfahren haben den Vorteil, daß sie leicht durchführbar sind und neben der speziellen

18 Vgl. bspw. M. Steiner, Ch. Bruns (1996), S. 60.

19 Vgl. B. Mandelbrot, J.R. Wallis (1968), S.909ff. Siehe auch M. Kerling (1998), S. 47.

20 Vgl. M. Kerling (1998), S. 71ff.

21 Eine ausführlichere Darstellung verschiedener graphischer Verfahren geben J. Hartung (1998), S. 190 oder R.B. D'Agostino, M.A. Stephens (1986), Kap. 1.

Frage nach Normalverteilung einen guten Eindruck der allgemeinen Verteilungseigenschaften vermitteln. Das gilt auch für die Verallgemeinerung der skizzierten Methode, die sogenannten Q-Q-Plots.[22]

Auf der anderen Seite lassen graphische Verfahren nicht ohne weiteres Hypothesentests zu, die eine Beurteilung der Normalverteilungsannahme auf einem Signifikanzniveau erlauben.[23] Aus der Gruppe von Testverfahren, die einen Hypothesentest ermöglichen, werden im folgenden zwei Verfahren ausführlich vorgestellt.

3.2.2.2 Tests auf Schiefe und Wölbung[24]

Viele empirische Verteilungen unterscheiden sich in ihrer Dichte von der Normalverteilung durch Asymmetrie oder eine andere Flankensteilheit. Während man die ersten beiden Momente einer Verteilung, Erwartungswert und Varianz, in der Regel schätzt oder kennt, können die erwähnten, weitergehenden Eigenschaften durch das dritte und vierte Moment der Verteilung beschrieben werden.[25] Es liegt damit nahe, auf Normalverteilung zu testen, indem man untersucht, ob in einer Stichprobe diese empirischen Momente abweichen.[26]

Das dritte Moment κ einer Verteilung bezeichnet man als Schiefe oder Skewness. Dabei besitzen eingipfelige symmetrische Verteilungen eine Schiefe von Null. Es lassen sich mit der Schiefe κ rechts- und linksschiefe Verteilungen unterscheiden und das Ausmaß der Asymmetrie kann abgeschätzt werden. Die empirische Schiefe $\hat{\kappa}$ erhält man über

$$\hat{\kappa} = \frac{1}{N}\sum_{t=1}^{N}\left(\frac{x_t - \mu_x}{\sigma_x}\right)^3 \tag{3.3}$$

In dem Ausdruck wurde eine Standardisierung der Werte durchgeführt und dabei wurden angenommen, daß der Erwartungswert μ_x und die Standardabweichung σ_x

---

22 Zu finanzwirtschaftlichen Beispielen für Q-Q-Plots vgl. auch M. Kerling (1998), S. 32ff.

23 Vgl. R.B. D'Agostino, M.A. Stephens (1986), S. 1ff.

24 Das Verfahren ist in der wirtschaftswissenschaftlichen Literatur auch als Jarque-Bera-Test bekannt und wird oft im Zusammenhang mit der Analyse von Regressionsresiduen angewendet. Vgl. dazu C.M. Jarque, A.K. Bera (1980) oder Th. Poddig, H. Dichtl, K. Petersmeier (2000), S. 320.

25 Diese Momente werden in der mathematischen Literatur als $\sqrt{\beta_1}$ und β_2 bezeichnet. Um Wurzel und Indizes zu vermeiden, wird hier κ und τ verwendet, vgl. etwa K.O. Bowman, B.R. Shenton (1975). Zu rechentechnischen Aspekten vgl. W.H. Press, S.A. Teukolsky, W.T. Vetterling, B.P. Flannery (1992), S. 610ff.

26 Vgl. dazu auch Th. Poddig, H. Dichtl, K. Petersmeier (2000), S. 141ff.

bekannt sind. Ist das nicht der Fall, so werden sie aus den Daten geschätzt. Die Normalverteilung hat durch die symmetrische Dichte eine Schiefe $\hat{\kappa} = 0$.

Das vierte Moment τ bezeichnet man als Kurtosis, Exzeß oder Wölbung. Es gibt an, wie stark bei gleicher Varianz die Konzentration der Verteilung um den Mittelwert ist. Wegen der gleichbleibenden Varianz müssen Verteilungen, bei denen Realisationen in der Nähe des Mittelwertes sehr wahrscheinlich sind, andererseits auch extreme Realisationen zulassen. Bei solchen, sogenannten leptokurtischen Verteilung sind damit Ausreißerwerte häufiger als bei der Normalverteilung zu beobachten. Die empirische Kurtosis $\hat{\tau}$ wird ermittelt über[27]

$$\hat{\tau} = \frac{1}{N} \sum_{t=1}^{N} \left(\frac{x_t - \mu_x}{\sigma_x} \right)^4 \tag{3.4}$$

Auch hier müssen μ_x und σ_x gegebenenfalls geschätzt werden. Die Normalverteilung hat eine Kurtosis von $\tau = 3$.

Da unter der Nullhypothese einer Normalverteilung die skalierten Größen $\sqrt{N/6}\,\hat{\kappa}$ für die Schiefe und $\sqrt{N/24}\,(\hat{\tau} - 3)$ für die Wölbung asymptotisch unabhängig und $\mathcal{N}(0,1)$-verteilt sind, kann aus diesen Kennzahlen eine χ^2-verteilte Prüfgröße $\hat{q}$ mit 2 Freiheitsgraden gebildet werden.[28] Bei der folgenden Prüfgröße $\hat{q}$ ist damit die Normalverteilungsannahme für zu große Werte anzulehnen.

$$\hat{q} = \frac{N}{6} \left(\hat{\kappa}\right)^2 + \frac{N}{24} \left(\hat{\tau} - 3\right)^2 \tag{3.5}$$

Obwohl dieses Verfahren verbreitet und in einigen Softwarepaketen zur Ökonometrie implementiert ist, werden in der Literatur eine Reihe von Kritikpunkten angemerkt. Zunächst sind Schiefe und Wölbung bei endlichen Stichprobenumfängen nicht unabhängig und die Konvergenz der Prüfgröße $\hat{q}$ ist im Hinblick auf praktische Anwendungen sehr schlecht.[29] D'Agostino kommentiert »due to the slow convergence of b_2 to normality this test is not useful«.[30] Selbst mit konvergenzverbessernden Korrekturen ist erst ab $N \geq 100$ eine Approximation mit der

---

27 Vgl. K.O. Bowman, B.R. Shenton (1975), S. 244, Th. Poddig, H. Dichtl, K. Petersmeier (2000), S. 143 oder J. Hartung (1998), S. 48f.

28 Vgl. N. Henze (1994), S. 305 oder K.O. Bowman, B.R. Shenton (1975), S. 247.

29 Dies ist auch intuitiv klar, wenn man sich Tukeys 5^n-Faustregel zur empirischen Bestimmung von Momenten ins Gedächnis ruft. Danach sollten zur Berechnung des n-ten Moments mindestens 5^n Datenpunkte zur Verfügung stehen. Bei der Kurtosis wäre das also ein Stichprobenumfang von $N = 625$.

30 Vgl. R.B. D'Agostino, M.A. Stephens (1986), S. 391. b_2 entspricht der Kurtosis τ.

χ^2-verteilung akzeptabel.[31] Darüber hinaus hängt die Einhaltung des nominalen Niveaus (bei Gültigkeit der Nullhypothese) von der speziellen Form der Verteilung ab, es werden also bestimmte Verteilungen mit den richtigen Schiefe- und Wölbungseigenschaften häufiger als andere abgelehnt. Testverfahren von diesem Typ sind daher mit Vorsicht zu verwenden.[32]

3.2.2.3 Test nach Anderson-Darling

Der Test von Anderson-Darling gehört zu den Verfahren, die auf der empirischen Verteilungsfunktion basieren. Die Idee ist dabei, aus den Realisationen eine kumulierte Verteilungsfunktion der zugrundeliegenden Verteilung zu bestimmen, also eine Funktion, die angibt, mit welcher Wahrscheinlichkeit eine Realisation kleiner oder gleich einem vorgegebenen Wert ist. Für die Wahrscheinlichkeiten werden in einer empirischen Verteilungsfunktion die beobachteten relativen Häufigkeiten eingesetzt. Das Verfahren entspricht damit den Wahrscheinlichkeitsplots aus Kap. 3.2.2.1. Da die Stichprobe nur eine beschränkte Zahl von Datenpunkten enthält und zwischen zwei wertemäßig benachbarten Realisationen die Häufigkeit nicht ansteigen kann, muß die empirische Verteilungsfunktion abschnittweise konstant sein. Sprünge treten an den Werten auf, die in der Stichprobe realisiert wurden. Die Idee des Verfahrens ist dann, diese aus den Daten gewonnene Verteilungsfunktion mit der der Normalverteilung zu vergleichen. Die Abb. 3.1 verdeutlicht den Sachverhalt.

Die Nullhypothese H_0 des Tests ist ebenfalls das Vorliegen einer Normalverteilung. Ferner müssen die Daten standardisiert werden, wobei dies entweder mit den bekannten Werten für den Erwartungswert μ und die Varianz σ^2 erfolgt oder mit den geschätzten Größen $\hat{\mu}_x$ und $\hat{\sigma}_x$. Da das Testverfahren nach Anderson-Darling bereits bei sehr geringen Stichprobenumfängen angewendet werden kann, muß man später bei der Prüfgrößenstatistik berücksichtigen, ob wahre oder geschätzte Werte für μ_x und σ_x bei der Transformation benutzt wurden.

Danach wird auf die standardisierten Datenpunkte die Normalverteilungsfunktion $\Phi(x)$ angewendet und das überführt die mit $\Phi(x)$ transformierten Werte unter H_0 in eine Gleichverteilung im Interval $[0,1]$. Man nutzt dabei aus, daß die Information, wie oft bestimmte Werte vorkommen sollten, in der Verteilungsfunktion $\Phi(x)$ enthalten ist. Die neue empirische Verteilungsfunktion wird mit der Gleichverteilung

---

31 R.B. D'Agostino, M.A. Stephens (1986), S. 377ff und S. 391, schlagen beispielsweise für $\hat{\kappa}$ eine Johnson-S_U-Transformation und für $\hat{\tau}$ eine Anscombe-Glynn-Transformation vor. Zur Kritik der Korrekturen vgl. auch die Anmerkungen bei N. Henze (1994), S. 305f.

32 Vgl. N. Henze (1994), S. 306

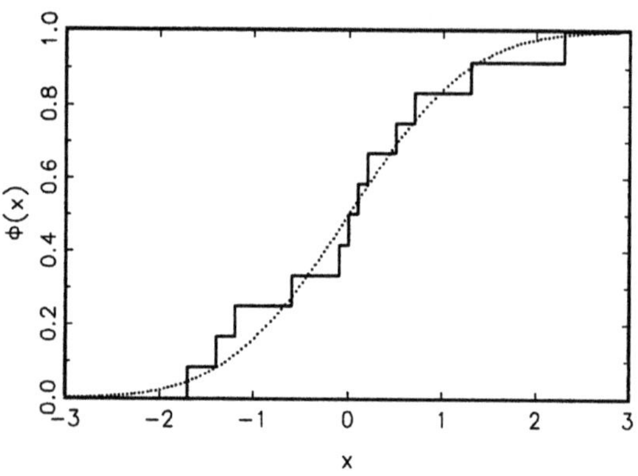

Abbildung 3.1: Beispiel einer empirischen Verteilungsfunktion, hier für eine normalverteilte Zufallsvariable mit 12 Realisationen. Die gepunktete Linie ist die wahre kumulierte Verteilungsfunktion der Normalverteilung $\Phi(x)$. Jede Sprungstelle entspricht einer Realisation.

in $[0,1]$ verglichen, indem man ein geeignetes Abstandsmaß, das als Prüfgröße fungiert, definiert.

Formal wird also die empirische Verteilungsfunktion $\hat{F}(u)$ für $0 \leq u \leq 1$ mit der Transformation

$$u_t' = \Phi\left(\frac{x_t - \mu_x}{\sigma_x}\right) \tag{3.6}$$

aus den Daten beschrieben als

$$\hat{F}(u) = \frac{1}{N}\sum_{t=1}^{N} h(u_t' - u) = \frac{1}{N}\operatorname{card}(u_t' \leq u) \quad \text{mit } 0 < u < 1 \tag{3.7}$$

Dabei ist $h(x)$ die Heaviside- oder Stufenfunktion. Als Abstandmaß bilden Anderson/Darling die quadratische Differenz zur Verteilungsfunktion der Gleichverteilung in $[0,1]$ (diese ist einfach $F(u) = u$ für $0 \leq u \leq 1$) und integrieren über das Intervall, wobei die Randbereiche durch einen Korrekturterm stärker gewichtet werden

$$\hat{A}^2 = N\int_0^1 \frac{(\hat{F}(u) - u)^2}{u(1-u)}du \tag{3.8}$$

Ordnet man die Realisationen, so daß $X_1 \leq X_2 \leq \cdots \leq X_N$, so kann man ausnutzen, daß die Verteilungsfunktion $F(u)$ abschnittsweise konstant ist. Man erhält dann die für rechentechnische Zwecke nützliche Darstellung

$$\hat{A}^2 = -N - \frac{1}{N}\sum_{t=1}^{N}(2t-1)\left[\ln \tilde{u}_t + \ln(1 - \tilde{u}_{N+1-t})\right] \tag{3.9}$$

Testgröße	Signifikanzniveau α						
	0.250	0.150	0.100	0.050	0.025	0.010	0.005
A^2 (mit μ, σ)	1.248	1.610	1.933	2.492	3.070	3.857	4.500
A^{*2} (mit $\hat{\mu}, \hat{\sigma}$)	0.470	0.561	0.631	0.752	0.873	1.035	1.159

Tabelle 3.1: Die für die praktische Anwendung wichtigsten Quantile der Anderson-Darling-Statistik. Die obere Zeile enthält die Werte für bekannte und die untere für unbekannte Erwartungswerte und Varianzen. Letzter Fall erfordert die Korrektur der Testgröße nach (3.10). Abgeleht wird bei $\hat{A}^2 > A^2_{1-\alpha}$ bzw. $\hat{A}^{*2} > A^{*2}_{1-\alpha}$. (Entnommen aus: R.B. D'Agostino, M.A. Stephens (1986), S. 105 und S. 123.)

Die Verteilung der Prüfgröße $\hat{A}^2$ ist durch Simulationsstudien bestimmt worden und liegt tabelliert vor. In der Regel ist die Nullhypothese für zu große Werte von $\hat{A}^2$ abzulehnen. In Ausnahmefällen, in denen geprüft werden soll, ob die Stichprobe der Normalverteilung »zu gut« entspricht, also die natürlichen Abweichungen der Datenpunkte zu gering ausfallen, kann auch bei zu kleinen Werten von $\hat{A}^2$ abgelehnt werden.[33] Falls Erwartungswert und Varianz nicht bekannt waren und aus den Daten geschätzt wurden, ist zunächst eine Korrektur der Prüfgröße erforderlich mit

$$\hat{A}^{*2} = \left(1 + \frac{0.75}{N} + \frac{2.25}{N^2}\right) \hat{A}^2 \tag{3.10}$$

Anschließend kann auch anhand einer vertafelten Verteilung auf Ablehnung der Normalverteilungsannahme getestet werden. Im Tabelle (3.1) sind die Quantile für die wichtigsten Niveaus zusammengestellt.

Das Verfahren von Anderson-Darling zeigt in Simulationsstudien[34] sehr gute globale Güteeigenschaften. Ferner ist es bereits bei kleinen Stichproben ab $N \geq 8$ anwendbar. Durch die immer noch relativ leichte Bestimmung der Prüfgröße bietet es sich bei Normalverteilungstests eher an als eine Schiefe-Wölbungs-Test. Stephens gibt außerdem eine Formel zur näherungsweisen Berechnung des Signifikanzniveaus anhand von $\hat{A}^2$ und $\hat{A}^{*2}$ an.[35]

---

33 Vgl. R.B. D'Agostino, M.A. Stephens (1986), S. 105.

34 Vgl. die Literaturhinweise in N. Henze (1994), S. 299.

35 Vgl. dazu R.B. D'Agostino, M.A. Stephens (1986), S. 127.

3.2.3 Weitere Tests auf Normalverteilung

Eine weitere Gruppe von Testverfahren baut auf der eingangs erwähnten graphischen Analyse auf, etwa die Verfahren von Shapiro/Francia[36] oder Shapiro/Wilk[37]. Idee ist, die lineare Beziehung, die im Nomogramm bei einer Normalverteilung auftreten muß, durch eine Regression anzupassen und anhand der Gütemaße der Regression Rückschlüsse auf die Verteilung zu ziehen. Weitere Techniken verwenden Entropie-Maße oder greifen auf die charakteristische Funktion der Verteilung zurück.[38]

Der bekannteste Test auf Normalverteilung ist jedoch vermutlich der Kolmogorov-Smirnov-Anpassungstest, der wie das Verfahren von Anderson-Darling zur Gruppe der Tests mit empirischer Verteilungsfunktion zu rechnen ist. Dabei wird als Abstandsmaß zwischen empirischer und normaler Verteilung anstelle von (3.8) der folgende Ausdruck verwendet

$$K = \sqrt{N} \sup_{0 \leq u \leq 1} |\hat{F}(u) - u| \tag{3.11}$$

Obwohl er in der Praxis beliebt ist und eine graphische Anschauung besitzt, hat sich seine Güte in Simulationsstudien als vergleichsweise schlecht herausgestellt. D'Agostino bemerkt dazu »For testing for normality, the Kolmogorov-Smirnov test is only a historical curiosity. It should never be used.«[39] Die Teststatistik ist ebenfalls in Simulationen bestimmt worden und kann in vielen Lehrbüchern nachgeschlagen werden.[40] Einen umfassenden Überblick zu weiteren Verfahren und nahezu allen anderen Aspekten des Thema geben D'Agostino/Stephens.[41]

3.3 Lineare Prozesse

In den vorangegangenen Abschnitten wurde angenommen, daß die X_t unabhängig und identisch verteilt sind und untersucht, ob die zugrundeliegende Verteilung der Normalverteilung genügt. Der nächste Schritt bei der Spezifikation stochastischer

36 S.S. Shapiro, F.S. Francia (1972).

37 S.S. Shapiro, M.B. Wilk (1965).

38 Vgl. zu diesen Verfahren N. Henze (1994) oder R.B. D'Agostino, M.A. Stephens (1986).

39 Vgl. R.B. D'Agostino, M.A. Stephens (1986), S. 406.

40 Beispielsweise in J. Hartung (1998), S. 185.

41 R.B. D'Agostino, M.A. Stephens (1986).

Prozesse ist die Abschwächung der Annahme unabhängiger und identisch verteilter X_t. Eine einfache Abhängigkeitsstruktur läßt sich modellieren, indem man die Zufallsvariable einer Zeitreihe mit vergangenen Realisationen *linear* in Beziehung setzt. Dieser Ansatz entspricht der Erfahrung, daß gegenwärtige Ereignisse oft von vergangenen Ereignissen beeinflußt werden. Die ökonomische Handelnden behalten Ereignisse in der (kürzeren) Vergangenheit im Gedächtnis und lassen sich davon beeinflussen, die Ereignisse der Vergangenheit »wirken nach«.[42] Die im folgenden vorgestellten linearen Prozesse charakterisieren dieses Verhalten mathematisch.

Lineare Prozesse lassen sich auf duale Weise beschreiben, das heißt es gibt zwei äquivalente Formulierungen, die (unter bestimmten Bedingungen, auf die später noch eingegangen wird) ineinander transformierbar sind. Die erste Form bezeichnet man als autoregressiven Prozeß der Ordnung p, kurz AR(p)-Prozeß

$$X_t = \alpha_1 X_{t-1} + \alpha_2 X_{t-2} + \cdots + \alpha_p X_{t-p} + \varepsilon_t \quad \text{für alle } t \in \mathbb{N},\ \varepsilon_t \sim \mathcal{V}(0,\sigma^2) \quad (3.12)$$

Die ε_t bezeichnen dabei wieder unabhängige und identisch verteilte Zufallsvariablen, die der Verteilung $\mathcal{V}(0,\sigma^2)$ folgen. In dieser Darstellung wird eine Linearkombination der Variablen $X_t, X_{t-1}, \ldots, X_{t-p}$ und der zeitlich nicht verschobenen Störgröße ε_t gebildet. Vergangene Störgrößen sind natürlich auch implizit in den verzögerten $X_{t-1}, X_{t-2}, \ldots, X_{t-p}$ enthalten. Falls man sich unter X_t die Rendite eines Wertpapiers vorstellen möchte, könnte man sagen, die Renditen der Vorperioden bleiben den Anlegern »im Gedächtnis« und beeinflußen die aktuelle Preisbildung.

Bei der spiegelbildlichen Form bildet man eine Linearkombination der aktuellen und zeitlich zurückliegenden Störgrößen $\varepsilon_t, \varepsilon_{t-1}, \ldots, \varepsilon_{t-q}$ und nimmt im Gegensatz dazu nur die aktuelle Variable X_t hinzu. Den entstehenden Zusammenhang bezeichnet man als einen Moving-Average-Prozeß der Ordnung q, kurz einen MA(q)-Prozeß.

$$X_t = \varepsilon_t + \beta_1 \varepsilon_{t-1} + \beta_2 \varepsilon_{t-2} + \cdots + \beta_q \varepsilon_{t-q} \quad \text{für alle } t \in \mathbb{N},\ \varepsilon_t \sim \mathcal{V}(0,\sigma^2) \quad (3.13)$$

Im Beispiel des Wertpapier behalten hier die Anleger nicht die vergangenen Renditen, sondern die Störungen »im Gedächtnis«, die die Renditen beeinflußt hatten (etwa relevante Zeitungsmeldungen).

Da beide Darstellungen äquivalent sind, genauer sich ein MA(q) durch einen AR(∞) und ein AR(p) durch einen MA(∞) ausdrücken läßt, genügt es bei theo-

---

42 Vgl. C. Huber (2000), S. 99 bzw. S. 128.

retischen Fragestellungen eine spezielle Form zu wählen.[43] In konkreten Anwendungen müssen natürlich die Modellparameter α_k bzw. β_k geschätzt werden und es ist nach dem Prinzip der sparsamen Parametrisierung unter Umständen besser, eine Mischform der beiden Darstellungen zu verwenden. Vereinigt man einen AR(p)- und einen MA(q)-Prozesses, so spricht man von einem ARMA(p,q)-Prozeß.[44]

3.3.1 Stationarität

Zielsetzung bei der Spezifikation des stochastischen Prozesses ist es, im nächsten Schritt Parameter zu schätzen. Interessanterweise genügt es dafür noch nicht, nur den in (3.12) oder (3.13) angebenen Zusammenhang zu setzen. Es ist eine zusätzliche Bedingung notwendig, um das Modell anhand von Daten konkretisieren zu können, und zwar die Forderung, daß einzelne zufällige Störungen mit der Zeit abklingen. Nur so läßt sich sicherstellen, daß *eine* Realisation nicht *alle* nachfolgenden Realisationen wesentlich beeinflußt, denn dann wären alle Abschnitte des Prozesses untereinander abhängig und ein Schätzen von Parametern würde unmöglich.[45]

Konkret kann man sich vorstellen, daß sich beispielsweise ein Störterm zum Zeitpunkt t_0 in späteren Werten von X_t stark »aufschaukelt«. Die Zeitreihe wird damit ab $t > t_0$ zunehmend von einem zufälligen Wert dominiert, der die zugrundeliegenden Abhängigkeiten verdeckt. Und falls zu *jedem Zeitpunkt* sich aufschaukelnde Störterme in die Zeitreihe gelangen, liegt auf der Hand, daß eine Modellschätzung aussichtslos und sogar sinnlos wird, da auch Vorhersagen kaum möglich sein werden.[46]

Die Eigenschaft, die zusätzlich zu fordern ist, um sinnvoll mit linearen Prozessen zu arbeiten, bezeichnet man als Stationarität, die in zwei Abstufungen definiert wird. Die restriktivere Variante ist die strenge Stationarität

> Ein stochastischer Prozeß $\{X_t\}$ mit $t \in \mathbb{N}$ heißt streng stationär, wenn die gemeinsame Verteilungsfunktion jedes endlichen Systems von Zufallsvariablen $\{X_{t_1}, X_{t_2}, \ldots, X_{t_n}\}$ des Prozesses mit der gemeinsamen Verteilungfunktion des um s Zeitpunkte verschobenen Systems $\{X_{t_1+s}, X_{t_2+s}, \ldots, X_{t_n+s}\}$ identisch ist.[47]

---

43 Vgl. G.E.P. Box, G.M. Jenkins (1976), S. 72f. oder O. Loistl (1996), S. 168.

44 Vgl. R. Schlittgen, B.H.J. Streitberg (1995), S. 134f.

45 Vgl. Th. Poddig, H. Dichtl, K. Petersmeier (2000), S. 96 und C. Huber (2000), S. 98f.

46 Vgl. M. Steiner, Ch. Bruns (1996), S. 39 oder R. Schlittgen, B.H.J. Streitberg (1995), S. 100.

47 Vgl. R. Schlittgen, B.H.J. Streitberg (1995), S. 104.

Hierbei soll also die gemeinsame Verteilung und damit *sämtliche* Eigenschaften des Prozeßausschnittes über die Zeit konstant bleiben. Bei der Modellierung von Datenmaterial ist diese Eigenschaft praktisch nicht zu überprüfen, da man die *gesamte Verteilung* untersuchen müßte. Außerdem besitzt eine derart restriktive Forderung für die praktische Modellierung in der Ökonomie auch keine Relevanz. Daher verwendet man in der Regel eine abgeschwächte Variante dieser Definition, die als schwache Stationarität bezeichnet wird.[48]

Ein stochastischer Prozeß $\{X_t\}$ mit $t \in \mathbb{N}$ ist schwach stationär, wenn gilt

1. Der Erwartungswert ist endlich und unabhängig von der Zeit t, das heißt es gibt keinen Trend
$$E\{X_t\} = \mu \text{ (konst) mit } t \in \mathbb{N} \tag{3.14}$$
2. Die Autokovarianzen sind endlich und nur von der Zeitdifferenz $s-t$ und nicht von den diskreten Zeitpunkten s und t abhängig
$$\text{Cov}\{X_t, X_s\} = \gamma_{s-t} \text{ (konst) mit } s,t \in \mathbb{N} \tag{3.15}$$
3. Daraus folgt für die Varianz ebenfalls Konstanz und die Unabhängigkeit von t
$$\text{Var}\{X_t\} = \gamma_0 = \sigma^2 \text{ (konst) mit } t \in \mathbb{N} \tag{3.16}$$

Hier bleiben also nur der Erwartungswert, die Varianz und Kovarianz invariant gegenüber Verschiebungen auf der Zeitachse. Das System der n Zufallsvariablen $\{X_{t_1}, X_{t_2}, \ldots, X_{t_n}\}$ hat die gleiche Erwartungs- und Kovarianzstruktur, wie das um s Einheiten in der Zeit verschobene System und zeigt in jedem Zeitintervall die gleichen ersten und zweiten Momente.[49]

3.3.2 Einheitswurzeln (Unit Roots)

Betrachtet man speziell lineare Prozesse, so läßt sich eine zur Stationarität äquivalente Bedingung finden, die eher die Konstruktion von Testverfahren erlaubt. Kriterium für einen nichtstationären Prozeß ist das Vorhandensein einer Einheitswurzel. Einheitswurzeltests sind damit ein wichtiges Hilfmittel bei der Voruntersuchung von Zeitreihen und zur Frage, ob sich eine gegebene Datenreihe durch einen linearen Prozeß (sinnvoll) modellieren läßt.[50]

---

48 Vgl. C. Huber (2000), S. 98 und R. Schlittgen, B.H.J. Streitberg (1995), S. 100.

49 Vgl. R. Schlittgen, B.H.J. Streitberg (1995), S. 101.

50 Es ist zu beachten, daß die im folgenden vorgestellten Verfahren nur auf Einheitswurzeln testen und dies *nur bei linearen Prozessen* mit Stationarität gleichbedeutend ist.

Dazu führt man den sogenannten Lag-Operator B ein, der eine Variable X_t um einen Zeitindex verschiebt, etwa $X_{t-2} = BX_{t-1} = B^2X_t$. Damit kann man den autoregressiven Prozeß (3.12) kompakt schreiben als[51]

$$(1 - \alpha_1 B - \alpha_2 B^2 - \cdots - \alpha_p B^p) X_t = \varepsilon_t \tag{3.17}$$

Für den Gesamtoperator kann man nun das charakteristische Polynom $\alpha(u)$ bestimmen. Dabei wird jede Anwendung des Lag-Operators gegen die Polynom-Variable u »ausgetauscht«. Man erhält

$$\alpha(u) = 1 - \alpha_1 u - \alpha_2 u^2 - \ldots - \alpha_p u^p \tag{3.18}$$

Ein linearer Prozeß ist nun genau dann stationär, wenn alle Wurzeln[52] von $\alpha(u)$, also auch imaginäre, außerhalb des Einheitskreises liegen und man spricht von Einheitswurzelprozessen, falls eine Wurzel betragsmäßig Eins ist. Für die Erkennung von Einheitswurzeln sind in der Literatur eine Reihe von Testverfahren vorgestellt worden. Sie sollen im folgenden zusammengefaßt werden.

3.3.2.1 Der Dickey-Fuller-Test

Der bekannteste Test auf Stationarität ist der Dickey-Fuller-Test, der von einem autoregressiven Prozeß erster Ordnung ausgeht.[53] Um die Modellspezifikation allgemein zu halten, wird zusätzlich zum autoregressiven Teil eine Konstante und ein Zeittrend berücksichtigt, was vielen praktischen Anwendungsproblemen entspricht. Man erhält dann als Gleichung

$$X_t = \alpha X_{t-1} + \beta + \gamma t + \varepsilon_t \tag{3.19}$$

Das Testverfahren geht als Nullhypothese H_0 vom Vorhandensein einer Einheitswurzel aus, also H_0: $\alpha = 1$. Die Alternativhypothese ist damit H_1: $|\alpha| < 1$ und dem Vorliegen eines stationären Prozesses. Der Fall $|\alpha| > 1$ führt zu exponentiell wachsenden Lösungen und wird daher nicht betrachtet.

Durch Subtraktion von X_{t-1} auf beiden Seiten der Gleichung (3.19) und der Ersetzung $\alpha' = 1 - \alpha$ erhält man

$$\Delta X_t = \alpha' X_{t-1} + \beta + \gamma t + \varepsilon_t \tag{3.20}$$

---

51 Vgl. R. Schlittgen, B.H.J. Streitberg (1995), S. 300f.

52 Die Nullstellen eines Polynoms bezeichnet man als Wurzeln.

53 D.A. Dickey, W.A. Fuller (1979), als Lehrbuchdarstellung siehe Th. Poddig, H. Dichtl, K. Petersmeier (2000), S. 352ff.

mit der Nullhypothese H_0: $\alpha' = 0$ gegen die Alternative H_1: $\alpha' < 0$. Dieser lineare Zusammenhang kann mit einem gewöhnlichen Regressionsansatz untersucht werden. Dazu werden die Koeffizenten über eine Kleinste-Quadrate-Schätzung ermittelt, durch den Standardfehler von α' geteilt und damit wird ein gewöhnlicher, mit τ bezeichner t-Wert bestimmt. Da jedoch unter der Nullhypothese eine stationäre Reihe ΔX_t auf eine nichtstationäre Reihe X_{t-1} regressiert wird, können nicht die Quantile der gewöhnlichen t-Verteilung verwendet werden. Stattdessen gilt asymptotisch

$$\hat{\tau} \to \frac{W_1}{\sqrt{W_2}} \qquad \text{für } N \to \infty \tag{3.21}$$

wobei W_1 und W_2 Funktionale eines Wiener-Prozesses sind.[54] Die Quantile wurden von Fuller in Monte-Carlo-Simulationen bestimmt und zwar für die drei Fälle eines reinen AR-Prozesses, eines AR-Prozesses ohne Trend, aber mit Konstante und eines AR-Prozesses mit Trend und Konstante.[55] MacKinnon hat die Bestimmung der kritischen Werte wiederholt.[56] Dabei wurden die Ergebnisse für verschiedene Stichprobenumfänge N durch eine Ausgleichsfunktion approximiert, so daß die kritischen Werte für jedes N (näherungsweise) ermittelt werden können. Die für die Stationaritätstests relevanten Daten sind in Tab. 3.2 zusammengestellt.

Beim einfachen Dickey-Fuller-Test treten jedoch Probleme auf, wenn die vorgenommene Modellspezifikation eines AR(1)-Prozesses nicht wenigstens näherungsweise zutrifft, denn die in den Monte-Carlo-Simulationen ermittelte, heuristische Verteilung der Testgröße wird dann nicht richtig wiedergegeben. Befinden sich beispielsweise im Datenmaterial Autokorrelationen höherer Ordnung, dann sind nicht die Voraussetzungen für die Verwendung der t-Statistik bei der Regression gegeben, da sich die Autokorrelationen in den Residuen der Regression wiederfinden und die Statistik verzerren.[57] Um dieses Defizit zu beheben, gibt es in der Literatur im wesentlichen zwei Vorschläge. Die erste Variante versucht durch Erweiterung der Regressionsgleichung die korrekte Spezifikation des Modells sicherzustellen. Alternativ können durch eine Korrektur der Prüfgröße die vorhandenen Autokorrelationen berücksichtigt werden.

---

54 Vgl. U. Hassler (1994), S. 212 und P.C.B. Phillips, P. Perron (1988), S. 338. Ein Funktional kann hier im weitesten Sinne als eine Verteilung verstanden werden. Wiener-Prozesse werden auf S. 58 kurz erläutert.

55 Vgl. W.A. Fuller (1976).

56 Vgl. J.G. MacKinnon (1991), S. 267ff.

57 Voraussetzung einer validen t-Statistik sind stets unkorrelierte Residuen. Vgl. hierzu etwa Th. Poddig, H. Dichtl, K. Petersmeier (2000), S. 277.

Testgröße	Signifikanz-niveau α	Koeffizienten $\beta^{(\infty)}$	$\beta^{(1)}$	$\beta^{(2)}$
$\tau_{1-\alpha}$	0.01	−2.5658	−1.960	−10.04
(ohne Konst, ohne Trend)	0.05	−1.9393	−0.398	0.00
	0.10	−1.6156	−0.181	0.00
$\tau_{1-\alpha}$	0.01	−3.4335	−5.999	−29.25
(mit Konst, ohne Trend)	0.05	−2.8621	−2.738	−8.36
	0.10	−2.5671	−1.438	−4.48
$\tau_{1-\alpha}$	0.01	−3.9638	−8.353	−47.44
(mit Konst, mit Trend)	0.05	−3.4126	−4.039	−17.83
	0.10	−3.1279	−2.418	−7.58

Tabelle 3.2: Quantile des Dickey-Fuller-Tests nach MacKinnon. Zunächst wird mit der Stichprobengröße N der kritische Wert bestimmt durch $\tau_{1-\alpha} = \beta^{(\infty)} + \beta^{(1)}/N + \beta^{(2)}/N^2$. Alle Werte weichen um weniger als 0.01 ab. Abgelehnt wird, falls $\hat{\tau} < \tau_{1-\alpha}$. (Entnommen aus: J.G. MacKinnon (1991), S. 275.)

3.3.2.2 Der Augmented Dickey-Fuller-Test (ADF-Test)

Wenn die Modellspezifikation den vorliegenden Daten nicht gerecht wird, weicht die Verteilung der Testgröße teilweise erheblich von der tatsächlichen Verteilung ab. Um diese Schwierigkeiten zu beheben, schlagen Said/Dickey vor, in der Regressionsgleichung (3.19) auch Terme höherer Ordnungen mit einzubeziehen, um Autokorrelation zu vermeiden.[58] Die Gleichung ist damit von der Form

$$\Delta X_t = \alpha' X_{t-1} + \alpha_1 \Delta X_{t-1} + \cdots + \alpha_{p-1} \Delta X_{t-p+1} + \beta + \gamma t + \varepsilon_t \tag{3.22}$$

Da sich jeder ARMA-Prozeß (unter bestimmten Bedingungen) als AR(∞)-Prozeß darstellen und durch einen AR(p)-Prozeß approximieren läßt, ergibt sich für genügend großes p und $N \to \infty$ wieder die asymptotische Verteilung (3.21), d.h. es können die gleichen Quantile wie beim gewöhnlichen Dickey-Fuller-Test verwendet werden. In allen praktischen Anwendungen ist allerdings der Stichprobenumfang endlich und ein Hinzunehmen zusätzlicher Regressoren führt effektiv zu einer Verkleinerung der Stichprobe. Der damit verbundene Verlust von Freiheitsgraden bewirkt in der Folge eine geringere Ablehnungswahrscheinlichkeit. Der ADF-Test besitzt zwar durch das Hinzunehmen höherer autoregressiver Terme eine korrekte Modellspezifikation, erkauft wird dies jedoch mit einem Güteverlust,

58 Vgl. E.S. Said, D.A. Dickey (1984), S. 600. Eine Erweiterung speziell für AR(p)-Terme schlägt aber bereits W.A. Fuller (1976) vor.

also dem Mangel, eine nicht vorhandene Einheitswurzel (eine stationäre Reihe) auch wirklich zu erkennen.[59] Die Simulationsstudie von Schwert zu verschiedenen Einheitswurzeltests zeigt dieses Verhalten sehr deutlich.[60]

3.3.2.3 Die Korrektur von Philips-Perron

Als zweite Möglichkeit, wie Autokorrelationen in den Residuen beim Dickey-Fuller-Test geeignet behandelt werden können, haben Phillips/Perron eine nichtparametrische Korrektur vorgeschlagen. Dazu zeigen sie zunächst, daß im Falle eines zugrundeliegenden ARMA(p,q) die Prüfgröße τ des Regressionskoeffizienten α' aus Gleichung (3.19) approximativ[61]

$$\hat{\tau} \rightarrow \frac{W_1 + \nu}{\gamma\sqrt{W_2}} \qquad \text{für } N \rightarrow \infty \tag{3.23}$$

verteilt ist, wobei W_1 und W_2 wie in Gleichung (3.21) Funktionale eines Wiener-Prozesses sind. Entscheidend ist nun, daß die Lokalisations- und Skalierungsparameter γ und ν nur von der Varianz der Regressionsresiduen ε und deren Spektrum an der Stelle null abhängen. Kennt bzw. schätzt man diese Parameter, so läßt sich die oben angegebene, verzerrte Prüfgröße korrigieren und auf die Verteilung der gewöhnlichen Dickey-Fuller-Statistik zurückführen. Dabei ist

$$\nu = \frac{1}{2}(1 - \gamma^2) \qquad \text{und} \qquad \gamma^2 = \frac{\sigma_\varepsilon^2}{\omega^2} \tag{3.24}$$

Für die Schätzung des Spektrums ω aus den Residuen der Regression bei der Frequenz null wird das Bartlett-Fenster λ_k^{B} verwendet.[62] Da Schätzungen des Spektrums robust unter Heteroskedastizität sind, ergibt sich hierdurch auch eine gewisse Resistenz des Verfahrens gegenüber derartigen Störungen. Man erhält mit $\hat{\varepsilon}$ als den Residuen, $\hat{\sigma}_\varepsilon^2$ als Residuenvarianz der Regression in Gleichung (3.20) und m als Lag, bis zu dem die Autokorrelationen $\hat{\gamma}_k$ in den Korrekturen berücksichtigt

59 Vgl. U. Hassler (1994), S. 216

60 Vgl. G.W. Schwert (1989), insbesondere in den Tabellen der Simulationsergebnisse S. 148–155 die letzen beiden Spalten.

61 Vgl. U. Hassler (1994), S. 213 bzw. P.C.B. Phillips, P. Perron (1988), S. 338.

62 Eine knappe Einführung in die Grundzüge der Spektralanalyse gibt der Exkurs auf S. 88ff.

werden sollen[63]

$$\hat{\omega}_m^2 = \sum_{k=1}^{N} \lambda_k^{B} \hat{\gamma}_k = \hat{\sigma}_\varepsilon^2 + \frac{2}{N} \sum_{k=1}^{m} \left(1 - \frac{k}{m+1}\right) \sum_{t=1+k}^{N} \hat{\varepsilon}_t \hat{\varepsilon}_{t-k} \qquad (3.25)$$

Die korrigierte Prüfgröße nach Philips/Perron ist damit[64]

$$z(\hat{\tau}) = \frac{\hat{\sigma}_\varepsilon^2}{\hat{\omega}_m^2} \hat{\tau} - \frac{N(\hat{\omega}_m^2 - \hat{\sigma}_\varepsilon^2)}{2\hat{\omega}_m^2 \sqrt{\sum_{t=1}^{N} (x_t - \mu_x)^2}} \qquad (3.26)$$

Philips/Peron konnten zeigen, daß mit einer guten Schätzung des Spektrums $\hat{\omega}_m$, also für genügend große m (und dies ist natürlich nur mit genügend großen Stichprobenumfängen N möglich), die korrigierte Stastistik gegen die Dickey-Fuller-Statistik konvergiert. Asymptotisch ist das Problem autokorrelierter Störterme damit gelöst. Leider zeigt auch hier Schwert[65] experimentell überzeugend, daß die Korrekturen nur bei extrem großen Stichprobenumfängen greifen. Am Beispiel eines MA(1)-Prozesses mit einer Einheitswurzel wird das nominale Testniveau bei $N = 1000$ Beobachtungen um den Faktor fünf überschritten. Diese Problematik ist, wie Hassler bemerkt, durchaus relevant für die Praxis, da Moving-Average-Prozesse häufig gute Anpassungen für ökonomische Zeitreihen darstellen.[66] Aber auch bei negativen Autokorrelationen erster Ordnung in den Residuen und kleineren Stichprobenumfängen funktioniert die Korrektur von Philips/Perron nur schlecht, da hier Schätzungen des Spektrums mit dem Bartlett-Fenster zu hoch ausfallen und die Korrekturen daher zu gering sind.[67] Man sieht an diesen Einwänden, daß auch dieses Verfahren keine abschließende Lösung darstellt. Es fällt, ebenso wie der ADF-Test, bei der Anwendung in praktischen Problemsituationen durch.

---

63 Auch Breite des Bartlett-Fensters. Die Ökonometrie-Software EViews 4.0 verwendet für m die Faustformel $m = \text{int}[4(N/100)^{\frac{2}{9}}]$. Vgl. EViews 4.0 Manual (2001), S. 324. G.W. Schwert (1989) und einige andere wählen $m = \text{int}[n(N/100)^{\frac{1}{4}}]$ mit Werten $n = 0, 4, 8, 12$. Die Funktion int() rundet auf die nächste ganze Zahl ab.

64 Vgl. U. Hassler (1994), S. 214 bzw. P.C.B. Phillips, P. Perron (1988), S. 341. Der Nenner des zweiten Summanden enthält die Summe der quadratischen Fehler der Regression.

65 Vgl. die Ergebnisse von G.W. Schwert (1989) in tabellarischer Form, S. 148–155.

66 Vgl. U. Hassler (1994), S. 215.

67 Vgl. D.N. DeJong, J.C. Nankervis, N.E. Savin, C.H. Whiteman (1992), S. 325.

3.3.2.4 Der Test von Kwiatkowski-Phillips-Schmidt-Shin

Einen interessanten Ansatz schlagen Kwiatkowski *et al.*[68] vor. Da man bei bestimmten finanzwirtschaftlichen Zeitreihen aus ökonomischen Gründen von Stationarität ausgehen kann, wäre eigentlich eine angemessenere Vorgehensweise, die Stationarität als Nullhypothese zu wählen und diese nur abzulehnen, wenn deutliche Indizien dagegen sprechenden. Diese Möglichkeit gibt das vorgeschlagene Testverfahren. Zunächst wird von einem Random Walk ausgegangen mit[69]

$$U_t = U_{t-1} + \zeta_t \qquad \text{mit } \zeta_t \sim \mathcal{V}(0, \sigma_\zeta^2) \tag{3.27}$$

Dann wird als Modell gesetzt

$$X_t = U_t + \beta + \gamma t + \varepsilon_t \tag{3.28}$$

Mit dieser Spezifikation entspricht die Stationarität als Nullhypothese H_0 einem $\sigma_\zeta^2 = 0$. Damit verschwindet der Random-Walk-Anteil und übrig bleiben nur der Trendterm γt und die Konstante β (bei $u_0 = 0$). Die Gegenhypothese H_1 einer Einheitswurzel liegt bei $\sigma_\zeta^2 > 0$ vor.

Nun regressiert man die X_t auf die Konstante und ggf. den Trendterm und geht gemäß der Nullhypothese von einem $u_t = 0$ für alle t aus. Die geschätzten Residuen sind stationär und besitzen insbesondere eine konstante Varianz. Die aus den geschätzten Residuen gebildeten Partialsummen

$$\hat{S}_t = \sum_{i=1}^{N} \hat{\varepsilon}_t \tag{3.29}$$

haben damit eine mit t wachsende Varianz.[70] Kwiatkowski *et al.* zeigen nun, daß die Prüfgröße

$$\hat{\eta}_m = \frac{\frac{1}{N^2} \sum_{t=1}^{N} \hat{S}_t^2}{\hat{\omega}_m^2} \tag{3.30}$$

---

68 Vgl. D. Kwiatkowski, P.C.B. Phillips, P. Schmidt, Y. Shin (1992), S. 159.

69 Zum Begriff des Random Walk siehe auch S. 58 dieser Arbeit.

70 Vgl. U. Hassler (1994), S. 216.

	Signifikanzniveau α			
Testgröße	0.100	0.050	0.025	0.010
η (ohne Trend)	0.347	0.463	0.574	0.739
η (mit Trend)	0.119	0.146	0.176	0.216

Tabelle 3.3: Die bei Kwiatkowski *et al.* angegebenen Quantile. Die obere Zeile enthält die Werte für Niveau-Stationarität, die untere für Trend-Stationarität. Abgeleht wird falls $\hat{\eta} > \eta_{1-\alpha}$. (Entnommen aus: D. Kwiatkowski, P.C.B. Phillips, P. Schmidt, Y. Shin (1992), S. 166.)

unter H_0 gegen das Funktional einer sogenannte Brownsche Brücke konvergiert. Dabei ist $\hat{\omega}_m^2$ gerade der Spektralschätzer der $\hat{\varepsilon}_t$ an der Stelle $\hat{f}(0)$, der schon beim Phillips-Perron-Test in (3.25) ermittelt wurde. Der Parameter m ist hier ebenfalls wieder die Breite des Bartlett-Fensters.[71] Geeignete Quantile lassen sich entweder in Monte-Carlo-Simulationen oder auch numerisch bestimmen. Die bei Kwiatkowski *et al.* angegebenen Quantile sind in Tab. 3.3 zusammengestellt. Die Nullhypothese wird abgelehnt, wenn $\hat{\eta} > \eta_{1-\alpha}$, da in diesem Fall die Statistik divergiert.

Der Vorzug dieses Verfahrens ist, daß es ihm gerade bei Moving-Average-Prozessen besser gelingt, eine vorhandene Einheitswurzel auch zu erkennen. Es fällt weiterhin auf, daß die Güte, anders als beim Verfahren von Phillips/Perron, nicht stark mit dem MA(1)-Parameter variiert. Unter bestimmten Bedingungen hat jedoch auch dieses Verfahren Schwierigkeiten, das nominale Niveau einzuhalten.[72] Kritisch ist insbesondere die Wahl des Parameters m bei der Schätzung des Spektrums an der Stelle null.[73]

3.3.2.5 Weitere Ansätze zu Einheitswurzeltests und Fazit

Neben diesen bekannteren Tests sind noch eine Reihe weiterer Verfahren zur Analyse von Einheitswurzeln präsentiert worden. Zur Untersuchung von sogenannten fraktal integrierten Zeitreihenmodellen wurde von Geweke/Porter-Hudak[74] ein Test vorgeschlagen, der im Frequenzraum operiert und dort eine Periodogrammregression durchführt. Dieses Verfahren ermöglicht, sowohl auf, als auch gegen die Einheitswurzel zu testen. Es scheint in den meisten Situationen das nominale Niveau gut einzuhalten und ist im Falle des Tests auf eine Einheitswurzel sogar

71 Vgl. D. Kwiatkowski, P.C.B. Phillips, P. Schmidt, Y. Shin (1992), S. 164.

72 Vgl. U. Hassler (1994), S. 217 oder W.A. Barnett, A. Medio, A. Serletis (1997), S. 44f.

73 Vgl. auch Tab. 2 bei D. Kwiatkowski, P.C.B. Phillips, P. Schmidt, Y. Shin (1992), S. 170.

74 Vgl. J. Geweke, S. Porter-Hudak (1983).

besser als das Verfahren von Kwiatkowski *et al.* in der Lage, diese auch richtig zu diagnostizieren.[75]

Darüber hinaus gibt es eine Reihe von älteren Ansätzen, die hier nicht skizziert werden sollen.[76] Insgesamt zeigt sich jedoch, daß alle Tests auf Stationarität ihre Schwachpunkte besitzen und es das in jeder Hinsicht optimale Verfahren nicht gibt. Als Fazit bleibt daher nur, die bestehenden Verfahren anzuwenden und sich ihrer Schwächen bewußt zu sein. In vielen praktischen Fällen ist es außerdem eher angeraten, zu einen Test gegen eine Einheitswurzel zu greifen, da man aus Plausibilitätsgründen Annahmen über die Stationaritätseigenschaften treffen kann. Dann ist die sinnvollere Strategie zu testen, ob die konkreten Werte der Zeitreihe so extrem abweichen, daß die (an sich sinnvolle) Grundannahme verworfen werden sollte.

3.4 Alternative Prozesse

Viele ökonomische Prozesse besitzen nicht die in den vorangegangenen Abschnitten diskutieren, »guten« Eigenschaften, sie sind oftmals nichtstationär.[77] In diesem Fall wird meistens (wie auch in der Fallstudie dieser Arbeit) untersucht, ob sich die vorliegenden Daten durch geeignete Transformationen in stationäre Reihen überführen lassen. Schwierig ist hierbei, daß der generierende Prozeß nicht abgeleitet werden kann, sondern heuristisch bestimmt werden muß. Im folgenden wird daher ein knapper Überblick möglicher Alternativen gegeben.[78]

3.4.1 Nichtstationäre Prozesse

Falls die vorliegende Zeitreihe eine Einheitswurzel besitzt, gibt es verschiedene Möglichkeiten, durch Transformationen die Stationarität herzustellen. Eine solche Transformation ist insbesondere die Differenzenbildung.[79] Dazu wird aus den X_t eine neue Reihe gebildet mit

$$\tilde{X}_{t+1} = X_{t+1} - X_t \qquad \text{für alle } t \in \mathbb{N} \tag{3.31}$$

75 Vgl. U. Hassler (1994), S. 219.

76 Vgl. dazu etwa G.B.A. Evans, N.E. Savin (1981), S. 753ff, G.B.A. Evans, N.E. Savin (1984), S. 1241ff oder R.F. Engle, C.W.J. Granger (1987), S. 264ff.

77 Vgl. O. Loistl (1996), S. 168.

78 Vgl. hierzu auch U. Küsters, M. Bell (2001), S. 270.

79 Vgl. Th. Poddig (1999), S. 405ff.

und auf Stationarität geprüft. Falls dabei wieder eine Einheitswurzel erkannt wird, ist die Transformation mit der neuen Reihe $\tilde{X}_t$ zu wiederholen. Sobald die Reihe stationär ist, kann ein lineares (oder anderes, Stationarität benötigendes) Modell angepaßt werden. Bestimmt man mit dem Modell dann beispielsweise Prognosewerte, so müssen diese entsprechend zurücktransformiert, also »integriert« werden. Man bezeichnet daher auch Reihen, die nach einer d-maligen Differenzenbildung in stationäre Reihen überführt wurden, als »integriert vom Grade d« oder kurz als $I(d)$-Reihen. Eine stationäre Reihe heißt in dieser Nomenklatur $I(0)$-Reihe.[80]

$I(1)$-Reihen, die sich aus einem unabhängig und identisch verteiltem stochastischen Prozeß ergeben, haben teilweise spezielle Benennungen. Einfach integriertes weißes Rauschen bezeichnet man etwa als Random Walk oder Brownsche Bewegung.[81] Ein einfach integriertes Gaußsches weißes Rauschen wird Wiener-Prozeß genannt.[82]

Das Problem der Differenzenbildung liegt jedoch darin, daß es auch *andere* Störungen gibt, die in Einheitswurzeltests zu einer Diagnose auf Instationarität führen, bei denen aber die einfache Transformation durch Differenzenbildung kein geeignetes Mittel ist, Stationarität herzustellen. Hassler warnt explizit vor unangemessener Bereinigung von Instationaritäten, da diese Folgen für die anschließende Schätzung von Modellparametern haben kann und empfielt, auch alternative Erklärungen der Testergebnisse zu prüfen.[83] Man wird dabei zweckmäßigerweise versuchen, die verschiedenen Einflüsse, die die Behandlung als stationären Prozeß behindern, herauszurechnen oder zu korrigieren. Nachdem die Korrektur durchgeführt wurde, wird dann wieder mit den Tests die Stationaritätsannahme überprüft.

3.4.2 Trends

Ein Beispiel einer Instationarität, die nicht durch Differenzenbildung bereinigt werden sollte, ist der lineare Trend. Solche Trends können einfach durch Anpassung eines passenden Terms, etwa $\hat{\gamma}t$, entfernt werden. Um lineare Trends sicher von echten Einheitswurzeln zu unterscheiden, sind in der Literatur einige spezielle Testverfahren angegeben.[84] Genutzt wird dabei die Tatsache, daß Trends zwar die Mittelwertstationarität stören, die Varianzstationarität jedoch erhalten bleibt.

---

80 Vgl. beispielsweise Th. Poddig, H. Dichtl, K. Petersmeier (2000), S. 96.

81 Der Begriff des Random Walk wird auch in leicht abweichenden Bedeutungen verwendet. Vgl. M. Kerling (1998), S. 12.

82 Vgl. M. Kerling (1998), S. 14. Siehe auch J. Hartung (1998), S. 668.

83 Vgl. U. Hassler (1994), S.207 und S. 211, sowie die dort angegebene Literatur.

84 Vgl. J. Hartung (1998), S. 247ff, wie dort zitiert etwa der Test von Cox/Stuart oder von Mann.

Eine weitere Möglichkeit ist das Vorliegen eines nichtlinearen Trends. Auch in diesem Fall ist ein Einheitswurzeltest nicht gut geeignet, die Instationarität zuverläßig aufzudecken. Darüber hinaus ist es relativ problematisch, Stationarität zu testen, falls die Art des Trends nicht bekannt ist und es lassen sich im allgemeinen Fall kaum geeignete Verfahren finden, die Stationarität herzustellen. Es ist sogar zu befürchten, daß auch mehrmalige Differenzenbildung hier nichts bringt. Um nichtlineare Trends zu berücksichtigen, sollte daher die Art des Trends bekannt oder zumindest plausibel sein. In der Literatur[85] werden verschiedene spezielle Funktionen diskutiert, die bei bestimmten Anwendungsproblemen plausibel den Trend wiedergeben. Falls ein (nichtlinearer) Trend vorzuliegen scheint, jedoch auch die Varianz der Werte im Zeitablauf zunimmt, kann man die Anwendung einer Cox-Box-Transformationen versuchen.[86] Ein typischer Spezialfall, der in ökonomischen Situationen oft angetroffen wird, ist das exponentielle Wachstum, der durch Differenzenbildung der logarithmierten Werte (sogenannte stetige Renditen) bereinigt werden kann. Insgesamt ist jedoch eine heuristische Herangehensweise notwendig.

3.4.3 Weitere Alternativen

Auch das Vorliegen von saisonalen Schwankungen kann Einheitswurzeltests beeinträchtigen und sollte im Vorfeld erkannt und beseitigt werden. Wie bei allen zyklischen Phänomenen bietet sich hierbei eine Analyse im Frequenzraum an, die zuverläßig Aufschluß über periodische Schwankungen mit konstanter Frequenz gibt. Die Beseitigung erfolgt durch Saisonbereinigungsverfahren, die zum Teil recht komplex sind. Alternativ kann auch Differenzenbildung zwischen den Werten einer Periode durchgeführt werden.[87] Bei Zyklen mit schwankender Periodizität sind jedoch diese Verfahren nur bedingt tauglich.

Neben den weiteren Störungen der Stationarität besteht noch die Möglichkeit eines Strukturbruches, der ebenfalls in ökonomischen Zeitreihen vorkommt. Gemeint ist damit, daß sich die Verteilung bzw. einzelne Momente *einmalig* im Zeitablauf ändern. Stationäre Zeitreihen mit einem Strukturbruch führen in den meisten Fällen bei Einheitswurzeltests zur Ablehnung der Stationarität, so daß die nachfolgende Differenzenbildung auch hier eine falsche Vorgehensweise wäre. Auch hier gibt es geeignete Testverfahren, die beide Fälle diskriminieren können.[88]

---

85 Vgl. exemplarisch J. Hartung (1998), S. 642ff

86 Vgl. U. Küsters, M. Bell (2001), S. 271 oder R. Schlittgen, B.H.J. Streitberg (1995), S. 102f.

87 Vgl. J. Hartung (1998), S.709 oder G.E.P. Box, G.M. Jenkins (1976), S. 36ff.

88 Das *Journal of Business and Economic Statistics* **10** (1992) widmet sich ausschließlich dem Thema »Breakpoints and Unit Roots«. Vgl. auch U. Hassler (1994), S. 221.

Kapitel 4

Zusammenhänge bei Zeitreihen

Everything should be made as simple as possible, but no simpler.

Albert Einstein

Im vorigen Kapitel wurde die vielfach zunächst getroffene Annahme diskutiert, daß Realisationen von Zeitreihen identisch und unabhängig verteilt sind. Eine solche Modellierungshypothese liefert bei vielen finanzwirtschaftlichen Zeitreihen, etwa bei täglichen Aktien- oder Wechselkursrenditen, gute Anpassungen bzw. es erweist sich als nicht trivial, bessere Annahmen zu treffen. Andererseits erscheint es in einem so stark von Interaktion und gegenseitiger Beeinflußung dominierten Marktsystem kaum plausibel, daß nicht noch weitergehende, tiefere Abhängigkeiten ausgemacht werden können. Fast alle Prozesse und Entscheidungen im Wirtschaftsleben sind von der Wahrnehmung und Analyse der Umwelt geprägt und werden ihrerseits von der Umwelt verfolgt. Es wäre verwunderlich, insbesondere falls man den Wirtschaftssubjekten rationales Verhalten unterstellt, wenn sich diese Abhängigkeiten nicht auch in einer modellhaften Formalisierung der Prozesse wiederfänden und sich nicht zumindest phasenweise prognostisch nutzen lassen.

Wichtiger noch ist aber, daß aus dem täglichen »Entscheidungsnotstand«, der bei der Planung und Realisation finanzwirtschaftlicher und allgemein unternehmerischer Prozesse immer gegeben ist, ein starkes Bedürfnis erwächst, ökonomische Zusammenhänge offenzulegen und gerade *nicht* davon auszugehen, daß alle Größen unabhängig und identisch verteilt sind. Nur wenn diese Zusammenhänge bekannt sind, lassen sich optimale Entscheidungen treffen. Das Interesse nicht nur der Praxis fordert daher auf, nach Modellen zu suchen, die wenigstens ein minimales Erklärungspotential besitzen.

4.1 Abhängigkeiten

4.1.1 Was ist Unabhängigkeit?

Es soll zunächst umrissen werden, was unter den Begriffen »Zusammenhang« und »Abhängigkeit« zu verstehen ist. Die mathematische Definition, die jedoch auch auf praktische Probleme gut angewendet werden kann, zieht für die Definition von Unabhängigkeit bedingte Wahrscheinlichkeiten heran.

Exkurs: Bedingte Wahrscheinlichkeiten

Es sei zunächst (Ω, P) ein diskreter Wahrscheinlichkeitsraum mit Ereignismenge Ω und dazugehörigen Wahrscheinlichkeiten P. In vielen konkreten Situationen ändern sich diese Wahrscheinlichkeiten P, etwa für das Eintreten eines Zufallsereignisses $A \in \Omega$, wenn bereits bekannt ist, daß ein anderes zufälliges Ereignis $B \in \Omega$ eingetreten ist. Die Wahrscheinlichkeit von A unter der Bedingung, daß B bereits eingetreten ist, wird mit $\mathrm{P}(A \mid B)$ bezeichnet und heißt »die bedingte Wahrscheinlichkeit von A unter der Bedingung B«.[1]

Als Beispiel betrachte man etwa den Wurf zweier Laplace-Würfel. Das Ereignis A sei, daß die Augensumme $X+Y$ beider Würfel größer oder gleich zehn ist. Die Wahrscheinlichkeit hierfür ist $\mathrm{P}(X+Y \geq 10) = 1/6$. Ist jedoch bekannt, daß der erste Würfel $X = 6$ zeigt, so ist die Wahrscheinlichkeit $\mathrm{P}(X+Y \geq 10 \mid X = 6) = 1/2$.

Ganz allgemein ist die bedingte Wahrscheinlichkeit definiert durch

$$\mathrm{P}(A \mid B) = \frac{\mathrm{P}(A \cap B)}{\mathrm{P}(B)} \qquad \text{mit } \mathrm{P}(B) \neq 0 \tag{4.1}$$

Damit läßt sich der Begriff der Unabhängigkeit definieren: Zwei zufällige Ereignisse heißen *voneinander unabhängig*, wenn das Eintreten des einen die Wahrscheinlichkeit für das Eintreten des anderen nicht beeinflußt, d.h. wenn

$$\mathrm{P}(A \mid B) = \mathrm{P}(A) \qquad \text{für alle } B \tag{4.2}$$

Falls die Ereignisse A und B unabhängig sind, läßt sich der Ausdruck in (4.1) in eine gleichwertige Form bringen, die häufig auch zur Definition von Unabhängigkeit verwendet wird, nämlich

$$\mathrm{P}(A \cap B) = \mathrm{P}(A)\mathrm{P}(B) \qquad \text{für alle } A, B \tag{4.3}$$

---

1 I.N. Bronštejn, K.A. Semendjaev (1987), S. 658. Der Begriff der bedingten Wahrscheinlichkeit findet sich in allen Einführungen zur Wahrscheinlichkeitsrechnung, etwa U. Krengel (1991), S. 21ff oder Th. Poddig, H. Dichtl, K. Petersmeier (2000), S.17f.

Nach dieser Definition für Ereignisse kann nun analog die Unabhängigkeit für kontinuierliche Zufallsvariablen festgelegt werden.[2] Dazu erweitert man die Definiton auf Verteilungen. Seien X und Y zwei reellwertige Zufallsvariablen mit der gemeinsamen Verteilungsfunktion $F(x,y)$, dann bezeichnet

$$F(x|y) = \lim_{h \to 0} \frac{\mathrm{P}(X < x \wedge y \leq Y < y+h)}{\mathrm{P}(y \leq Y < y+h)} \tag{4.4}$$

die bedingte Verteilung von X unter der Bedingung, daß Y den Wert y annimmt. Wie in (4.2) sind X und Y dann unabhängig, wenn gilt

$$F(x\,|\,y) = F(x) \qquad \text{für alle } x,y \in \mathbf{R} \tag{4.5}$$

Hier ist die Verteilungsfunktion also nur von x abhängig. Dieser Ausdruck läßt sich in eine zu (4.3) analoge Form bringen. Unabhängigkeit besteht dann, wenn sich die gemeinsame Verteilung $F(x,y)$ als Produkt zweier Verteilungen $F(x)$ und $F(y)$ schreiben läßt, also

$$F(x,y) = F(x)F(y) \qquad \text{für alle } x,y \in \mathbf{R} \tag{4.6}$$

Obwohl diese Definition von Unabhängigkeit rein mathematisch orientiert ist, entspricht sie auch der Anschauung. Man betrachtet zwei Ereignisse dann als unabhängig, wenn sie »nichts miteinander zu tun haben«, also auf eine finanzwirtschaftliche Anwendung bezogen, wenn etwa die Zinsparität nichts mit der Wechselkursentwicklung zu tun hat. Die Präzisierung von »zu tun haben« erfolgt über die Wahrscheinlichkeit. Sobald sich auf Grund von Informationen die Eintrittswahrscheinlichkeit eines bestimmten Ereignisses verändert, liegt Abhängigkeit vor.

Bereits durch die Definition wird unmittelbar klar, wie sich Informationen über die Abhängigkeit zweier ökonomischer Ereignisse verwerten lassen. Kennt man die Art der Abhängigkeit, so erlaubt die Kenntnis des ersten Ereignisses eine bessere Schätzung des bedingten, zweiten Ereignisses. Die Abhängigkeit läßt sich in Verbindung mit den bedingenden Ereignissen für Prognosen (oder allgemein Aussagen) verwenden, die dann mit höherer Wahrscheinlichkeit richtig sind. Investive und sicher auch allgemein ökonomischen Entscheidungen, die auf guten Prognosen fußen, sind damit besser geeignet, die Zielsetzungen der ökonomisch Handelnden zu erreichen.

Während die Definition für Unabhängigkeit begrifflich einfach ist und kompakt formuliert werden kann, gibt es in konkreten Situationen vielfältige Formen und

---

2 Vgl. I.N. Bronštejn, K.A. Semendjaev (1987), S. 672, U. Krengel (1991), S. 125ff. oder andere einführende Literatur zur Wahrscheinlichkeitsrechnung.

Ausgestaltungen von Abhängigkeiten. Der Grund ist, daß die Definition von Unabhängigkeit in (4.3) eine *spezielle* Situation darstellt, bei der eine zweidimensionale Verteilungsfunktion als Produkt zweier eindimensionaler Verteilungen geschrieben werden kann. Falls eine solche Darstellung nicht existiert, und dies ist der allgemeine Fall, kann die *vorliegende* Form der gemeinsamen Verteilungsfunktion vielfältig sein. Die folgenden Abschnitte versuchen, eine Systematisierung der Bandbreite möglicher Zusammenhänge vorzunehmen.[3]

Neben dem Begriff der Abhängigkeit, wurde auch der Begriff des Zusammenhangs verwendet. Beide werden in dieser Arbeit als weitgehend synonym betrachtet. »Zusammenhang« legt jedoch eine gewisse Betonung auf die Möglichkeit, die spezielle Abhängigkeit in irgendeiner Weise formal angeben zu können, also etwa den Zusammenhang zwischen Y und X als Funktion darzustellen.[4] Das bedeutet, man kann die Abhängigkeit als funktionalen Zusammenhang schreiben[5]

$$Y_t = f(Y_{t-1}, Y_{t-2}, \ldots; X_t^{(1)}, X_t^{(2)}, \ldots; \varepsilon) \tag{4.7}$$

In diesem bewußt sehr allgemein gehaltenen Ausdruck gehen vergangenen Werte der Größe Y selbst ein, sowie weitere Reihen, die mit einem geklammerten, oberen Index numeriert sind. Auch zur Struktur der zufälligen Störung ε sollen zunächst keine spezifischen Annahmen getroffen werden.

4.1.2 Univariate und multivariate Zusammenhänge

Das erste Differenzierungsmerkmal wurde bereits im Einleitungskapitel dieser Arbeit angesprochen. Dort sind univariate Abhängigkeiten, die zwischen Werten *einer* Variable zu verschiedenen Zeitpunkten bestehen, von multivariaten Abhängigkeiten, die Zusammenhänge zwischen unterschiedlichen Variablen herstellen, abgegrenzt worden.[6]

---

3 Zu Systematisierungen von Modellen vgl. auch H. Rehkugler (1995), S. 387 oder O. Loistl (1996), S. 32ff.

4 Dabei werden im weiteren nur *funktionale* Zusammenhänge betrachtet. Unberücksichtigt bleiben Zusammenhangstypen, wie Taxonomien, Regeln oder Bayesscher Netzwerke, obwohl diese in bestimmten Fällen eine besser angepaßte Beschreibung liefern. Vgl. etwa für Assoziationsanalyse St. Hettich, H. Hippner (2001), S. 427ff, Bayessche Netze D. Heckerman (1996), S. 273ff oder Markov-Ketten O. Loistl (1994), S. 125ff. Dies sind Beispiele solcher Verfahren.

5 In der folgenden Darstellung lassen sich noch weitergehend zeitlich verschobene exogene Datenreihen einfügen, die man genaugenommen mit $X_{t-k}^{(i)}$ bezeichnen würde. Um die Notation nicht zu aufwendig werden zu lassen, seinen solche Reihen unter $X^{(i)}$ gefaßt mit einem anderen Index i.

6 Vgl. etwa Th. Poddig (1999), S. 95ff und 143ff, C. Huber (2000), S. 89ff, M. Kerling (1998), S. 195ff, H. Rehkugler (1995), S. 385 oder R.S. Pindyke, D.L. Rubinfeld (1998), S. xv.

Voraussetzung einer Modellierung mit univariaten Verfahren ist somit, daß Zusammenhänge hauptsächlich *innerhalb* der Zeitreihe bestehen und sich eine Beobachtung also im wesentlichen aus zeitlich zurückliegenden Realisationen derselben Größe erklären läßt. Von anderen Größen herrührende Einflüsse müssen als vernachläßigbare, unsystematische Störung aufgefaßt werden können, die sich als unabhängige und identisch verteilte Zufallsvariable modellieren läßt.[7]

Beispiele einer solchen Modellgruppe sind technische Analysen mittels Indikatoren oder zeitreihenanalytische Verfahren, die zukünftige Renditen nur durch die Kurshistorie erklären. Volkswirtschaftliche Entwicklungen bei Zinsen, Währungen oder Branchendaten und bilanzielle Informationen bei Aktien sind in diesem Fall für die Erklärung oder Prognose der Kurse unerheblich, da sie annahmegemäß bereits in den historischen Daten abgebildet sind.[8] In diesem Sinne wird bei univariaten Modellen stets vorausgesetzt, daß keine Markteffizienz vorliegt.[9] Funktional lassen sich solche Zusammenhänge ausdrücken als

$$Y_t = f(Y_{t-1}, Y_{t-2}, \ldots; \varepsilon) \tag{4.8}$$

Die Variablen, die in die Funktion eingehen, verdeutlichen im Unterschied zu (4.7), daß hier externe Einflüsse vernachläßigt werden. Lineare Modelle, mit denen sich dieser Typ von Abhängigkeit anpassen ließe, wären etwa die ARMA-Modelle aus Kapitel 3. Man könnte sich aber auch nichtlineare Ansätze vorstellen.

Im Gegensatz dazu werden bei multivariaten Zusammenhängen andere (ökonomische) Variablen als wesentlicher Einfluß angenommen. Viele ökonomische Theorien sind in diesem Sinne multivariat formuliert und multivariate Modelle werden daher auch als Fundamentalmodelle bezeichnet.[10] Kerling schreibt[11] »Fundamentalmodellen liegt dagegen die Überlegung zugrunde, daß einzelne Investments einen inneren oder auch fairen Wert besitzen, der sich aus dem Ertragswert eines Investments bestimmt und von unternehmensspezifischen und makroökonomischen Determinanten abhängig ist. Änderungen dieser Determinanten haben eine Veränderung des Wertes des betroffenen Investments zur Folge, die sich wiederum in der Renditeentwicklung niederschlägt.«

7 Vgl. hierzu auch U. Küsters, M. Bell (2001), S. 256f.

8 Vgl. etwa M. Kerling (1998), S. 195f.

9 Vgl. etwa Th. Poddig (1999), S. 95f oder Kap. 2.2.3.2, S. 24 dieser Arbeit.

10 Vgl. M. Kerling (1998), S. 196 oder Th. Poddig (1999), S. 51f. Die Darstellung bezieht sich dort konkret auf Renditegenerierungsprozesse, kann jedoch in der angegebenen Weise verallgemeinert werden. Zu Typen von Modellen vgl. auch R.S. Pindyke, D.L. Rubinfeld (1998), S. xv.

11 M. Kerling (1998), S. 196.

Die meisten Fundamentalmodelle abstrahieren allerdings von der zeitlichen Einbettung der Daten. Jedesmal, wenn die erklärenden Variablen in einem ökonomischen Zusammenhang gewisse Werte annehmen, liefert das Modell, von zufälligen unsystematischen Störungen abgesehen, den gleichen Wert für die zu erklärende Variable und zwar unabhängig davon, welche Werte diese vorher angenommen hatte. Formal ausgedrückt läßt sich dies schreiben

$$Y_t = f(X_t^{(1)}, X_t^{(2)}, \ldots; \varepsilon) \tag{4.9}$$

Es ist natürlich auch möglich, daß beide Typen von Abhängigkeiten vorliegen. Kerling bezeichnet in Anlehnung an Larrain Modelle, die keine eindeutige Trennung zwischen beiden Ansätzen zulassen, als K-Z-Maps.[12] In einer allgemeinen Form ließe sich diese Art von Zusammenhang beschreiben als[13]

$$Y_t = f(Y_{t-1}, Y_{t-2}, \ldots; \varepsilon) + g(X_t^{(1)}, X_t^{(2)}, \ldots) \tag{4.10}$$

4.1.3 Additiv und multiplikativ stochastische Zusammenhänge

In den bisher dargestellten, funktionalen Zusammenhängen ist stets eine stochastische Störvariable berücksichtigt worden, die zufällige unsystematische Abweichungen vom strengen Zusammenhang modelliert. Prinzipiell ist natürlich angestrebt, dieses Zufallselement in den Beziehungen fortzulassen oder zumindest soweit als möglich zu verringern. Obwohl bestimmte deterministische, also nicht zufallsabhängige, Modelle in den letzten Jahren Aufmerksamkeit auf sich gezogen haben, erscheint ein rein deterministischer Generierungsprozeß äußerst unrealistisch.[14] Das hieße nämlich, daß *sämtliche* kursrelevanten Variablen und Ereignisse in einem volldeterministischen Modell zu berücksichtigen wären. Da auch wichtige Entscheidungen im Wirtschaftsleben von einzelnen Personen getroffen und durchgeführt werden, ist eine vollständige Erfassung faktisch unmöglich. Popper[15] formuliert provokativ: »Wir sprechen von Zufall, wenn wir nach dem Stand unserer Kentnisse mit Prognosen nicht zurecht kommen.« Man mag aber erwidern, daß der Kenntnisstand niemals für eine vollständige Beschreibung reichen wird.

---

12 Vgl. M. Larrain (1991), S. 52f. Larrain unterstellt dabei einschränkend, daß der Einfluß der Zeitreihe und die fundamentalen Einflüsse additiv sind. Vgl. auch M. Kerling (1998), S. 196.

13 Zur mathematischen Behandlung solcher Modelle in der linearen Form vgl. etwa J. Hartung (1998), S. 736ff. Häufig findet man auch ein zweistufiges Vorgehen: Zunächst wird ein Zeitreihenmodell angepaßt, anschließend werden die geschätzten Residuen fundamental weiteranalysiert.

14 Vgl. M. Kerling (1998), S. 197f und insbesondere Kap. 4.1.4 dieser Arbeit.

15 K.R. Popper (1968), S. 159.

Nun sind neben dem allgemeinen Fall zwei spezielle Annahmen verbreitet, wie die zufällige Störung in das Modell integriert wird. Bei einem additiv stochastischen Zusammenhang nimmt man an, daß die Störgröße additiv auf die zu erklärende Variable einwirkt. Viele ökonometrische Modelle setzen additive Störgrößen voraus, dazu gehört beispielsweise die lineare Regression.[16] Der funktionale Zusammenhang hat damit die Form[17]

$$Y_t = f(\ldots) + \varepsilon_t \tag{4.11}$$

Bei multiplikativ stochastischen Modellen wirkt dementsprechend die Störgröße multiplikativ. Solche Zufallseinflüsse eignen sich besonders zur Modellierung von Heteroskedastizität, etwa durch sogenannte ARCH- oder GARCH-Modelle.[18] Solche Zusammenhänge lassen sich funktional beschreiben durch[19]

$$Y_t = \varepsilon_t \, g(\ldots) \tag{4.12}$$

Für die Anpassung konkreter Modelle sind diese Verfahren natürlich noch weiter zu spezifizieren. In dieser Form bildet sie nur einen eher allgemeinen Interpretationsrahmen.[20]

4.1.4 Lineare und nichtlineare Zusammenhänge

Eine weitere, wichtige Einteilung von Zusammenhängen betrifft die Frage der Linearität, denn obwohl bei der Untersuchung und Modellierung von Datenmaterial lineare Verfahren weit verbreitet sind, decken sie nur eine kleine Gruppe möglicher Zusammenhänge ab. Man bezeichnet einen Zusammenhang als linear, wenn er sich in der folgenden Form schreiben läßt

$$Y_t = \alpha_1 X_t^{(1)} + \ldots + \alpha_r X_t^{(r)} + \varepsilon \tag{4.13}$$

Diese Darstellung legt ein Fundamentalmodell zugrunde. Im univariaten Fall liegt ein ARMA-Modell nach (3.12) bzw. (3.13) vor.

---

16 Vgl. etwa Th. Poddig, H. Dichtl, K. Petersmeier (2000), S. 202.

17 Vgl. M. Kerling (1998), S. 197 oder Th. Poddig (1999), S. 66.

18 Zu diesen Modellen vgl. T. Bollerslev (1986), S. 307ff oder R. Schlittgen, B.H.J. Streitberg (1995), S. 540ff.

19 Vgl. M. Kerling (1998), S. 198 oder Th. Poddig (1999), S. 71. Für eine vereinheitlichende Betrachtung additiver und multiplikativer Zusammenhänge vgl. C.W. Granger, T. Teräsvirta (1993), S. 7.

20 Vgl. M. Kerling (1998), S. 199.

Der große Vorzug linearer Verfahren ist ihre einfache Handhabung, was die große Akzeptanz in Wissenschaft und Praxis begründet.[21] Für die Untersuchung linearer Abhängigkeiten steht in der mathematischen Statistik ein breites und unkompliziertes Analyseinstrumentarium zur Verfügung, da alle Einflüsse additiv und homogen auf die zu erklärende Variable wirken. Dadurch erlaubt die Linearität das »Aufspalten« aller Einflüsse, jede Wirkung kann für sich untersucht und geschätzt werden. Steht aber hinter dem realen Prozeß eine nichtlineare Generierung, so treten bei einer Modellierung mit nur linearen Verfahren zwangsläufig Qualitätseinbußen hinsichtlich der Prognose- oder Anpassungsgüte auf. Dann greifen lineare Verfahren zu kurz.

Gerade dies ist jedoch die an Finanzmärkten vorliegende Situation. Man ist sich bewußt, daß Ursache-Wirkungs-Zusammenhänge, die die Dynamik von Märkten und ganz allgemein die globale Ökonomie bestimmen, wohl nicht ausschließlich linear beschreibbar sind. So halten Granger/Teräsvirta[22] fest: »It seems to be generally accepted that the economy is nonlinear, and that major economic variables have nonlinear relationships.« und Poddig[23] resümiert ebenfalls: »In der Literatur wird jedoch heute zunehmend die Meinung vertreten, daß es unmöglich sei, die ökonomischen Realitäten in einem linearen Modell vollständig abzubilden.« Auch speziell im finanzwirtschaftlichen Bereich sind nichtlineare Strukturen erkennbar: »Experimental evidence and casual introspection suggests that investors' attitudes towards risk and expected return are nonlinear. The terms of many financial contracts such as options and other derivate securities are nonlinear. And the strategic interactions among market participants, the process in which information is incorporated into security prices, and the dynamics of economy-wide fluctuations are all inherently nonlinear. Therefore, a natural frontier for financial econometrics is the modeling of nonlinear phenomena.«[24] Die Berücksichtigung nichtlinearer Abhängigkeiten ist also angezeigt und in diese Richtung zielt auch der noch vorzustellende λ-Test.

Die Einbeziehung nichtlinearer Zusammenhänge bringt jedoch nicht nur eine andere Gruppe von Verfahren ins Spiel, die mit den linearen Verfahren vergleichbar ist. Vielmehr ist sie als wesentliche Ausweitung der linearen Abhängigkeiten und dementsprechend der Analyseverfahren zu sehen. Die Berücksichtigung von Nichtlinearität bringt ein Fülle von komplexen neuen Erscheinungen mit sich, erzeugt bisher unbekannte Effekte und wirft darüber hinaus im mathematischen Formalismus in weiten Teilen noch ungelöste Probleme auf. Die wesentlichen Eigen-

21 Vgl. J.A. Scheinkman (1990), S. 33 oder Th. Poddig (1999), S. 65.

22 C.W. Granger, T. Teräsvirta (1993), S. 1.

23 Th. Poddig (1999), S. 64.

24 J.Y. Campbell, A.W. Lo, A.C. MacKinley (1997), S. 467.

schaften nichtlinearer Systeme sollen im folgenden kurz zusammengefaßt werden, um einen Eindruck von der Fülle zusätzlicher Phänomene und damit verbundener Schwierigkeiten zu geben.

4.1.4.1 Komplexe Dynamiken

In der Ökonomie herrschen Gleichgewichtsmodelle vor[25] und die meisten Effekte, die beobachtet werden können, resultieren aus dem Bestreben des Systems, dieses Gleichgewicht zu halten. Zwar ist eine Verschiebung des Gleichgewichts von einem stabilen in einen anderen (ebenfalls stabilen) Ruhepunkt möglich, dies geschieht jedoch – wenn überhaupt – nur langsam und durch unsystematische Störungen bedingt, die außerhalb der Beschreibung des Modells liegen. Viele solcher Gleichgewichtsmodelle weisen Nichtlinearitäten auf, etwa Investitions- und Produktionsfunktionen oder Phillips-Kurven.[26]

Ist man aber an der zeitlichen Entwicklung eines System interessiert, so muß nicht nur die Gleichgewichtslage, sondern auch die Dynamik des Systems modelliert werden. Prognosemodelle (genauer gesagt: unbedingte Prognosemodelle) sind also immer dynamische Modelle, da sie Aussagen über die Bewegung des Systems und damit über seinen Zustand zu einem späteren Zeitpunkt erlauben.[27]

Wird ein ökonomisches System in seiner Dynamik untersucht und mit *linearen* Verfahren beschrieben, so kann das System prinzipiell nur zwei unterschiedliche Bewegungstendenzen aufweisen. Das System kann entweder eine gedämpfte Bewegung durchlaufen und auf einen Ruhepunkt hinstreben oder es kann »explodieren«, also über alle Grenzen wachsen.[28] Ein Wechsel zwischen beiden Tendenzen ist in linearen Modellen nicht möglich und andere Bewegungsstrukturen können nicht auftreten.[29] Nimmt man jedoch nichtlineare Terme in die Modellierung mit auf, so entsteht eine »schillernde Vielfalt neuer möglicher Bewegungsmuster«[30], etwa Übergänge zwischen verschiedenen Bewegungsstrukturen, periodische sowie aperiodische Dynamiken oder Sättigungseffekte.[31]

---

25 Vgl. B. Felderer, St. Homburg (1991), S. 12.

26 Vgl. C.W. Granger, T. Teräsvirta (1993), S. 30ff.

27 Solche dynamischen Modelle sind auch in der Ökonomie nicht neu, beispielsweise ist das Cobweb-Modell der Preisanpassung ein dynamisches System und es datiert auf 1887. Vgl. hierzu T. Puu (1997), S. 1. Auch alle Zeitreihenmodelle sind automatisch dynamische Modelle.

28 Die Stationaritätsbedingung bei ARMA-Prozessen stellt beispielsweise sicher, das keine explodierenden Lösungen zugelassen werden.

29 Vgl. T. Puu (1997), S. 2.

30 O. Loistl, I. Betz (1996), S. 2.

31 Als Beleg für die zunehmende Akzeptanz von Nichtlinearitäten, als etwa speziell von Sättigungs-

4.1.4.2 Chaos

Neben diesen eher bekannten dynamischen Verhaltensweisen treten aber auch völlig neuartige Strukturen auf, wie beispielsweise (mathematisches) Chaos. Da chaotische Bewegungen speziell in nichtlinearen Dynamiken auftreten, hat sich für das Gebiet der nichtlinearen Dynamik auch das Schlagwort »Chaostheorie« eingebürgert. Für den Begriff »Chaos« gibt es jedoch keine allgemein akzeptierte Definition.[32] Ein typisches Merkmal eines chaotischen Systems ist jedoch, daß es »mit dem bloßen Auge« und einfachen Analyseverfahren als stochastisch erscheint, obwohl die Bewegung rein deterministisch ist. Chaos ist »stocastic behaviour occuring in a deterministic system«[33]. Dieses Phänomen tritt bereits bei *einfachsten* nichtlinearen Systemen auf.[34]

Genau das gleiche Verhalten ist aber auch in Finanzmarktzeitreihen in bestimmten Gebieten der Ökonomie zu beobachten.[35] Obwohl das Vorhandensein von Zusammenhängen auf der Hand zu liegen scheint, zeigt sich in vielen Untersuchungen, wie schwierig es ist, mehr als nur eine zufällige Entwicklung herauszuschälen. Phasen scheinbarer Stabilität, die mit Phasen hoher Volatilität abwechseln oder das klare Vorhandensein von Zyklen ohne konstante Periodizität lassen sich jedoch nur mit Techniken der nichtlinearen Dynamik transparent machen.[36] Nichtlineare Dynamik bietet damit die Möglichkeit, die irreguläre Entwicklung von Systemgrößen *endogen* zu erklären, ohne dabei auf von außen einwirkende, zufällige Störungen zurückgreifen zu müssen.[37]

Darüber hinaus lassen sich sehr leicht nichtlineare ökonomische Modelle konstruieren, die chaotisches Verhalten aufweisen.[38] Beispielsweise zeigen Benhabib/Day, daß ein mikroökonomisches Modell mit rationalen Erwartungen und Nachfragepräferenzen, die von Erfahrungen in der Vergangenheit bestimmt werden, zu erratischem Verhalten führt. Die dabei entstehenden Gleichun-

effekten, können auch die Angriffe des Club of Rome zu den Grenzen des weltwirtschaftlichen Wachstums angeführt werden. Vgl. T. Puu (1997), S. 2. Eine adäquate Berücksichtigung solcher Grenzen hieße, nichtlineare Effekte in die Modellierungen mit einfließen zu lassen.

32 Vgl. M. Kerling (1998), S. 208 und zu einer Zusammenstellung verschiedener Definitionen vgl. O. Loistl, I. Betz (1996), S.37ff.

33 Vgl. A. Medio (1992), S. 4, siehe auch M. Kerling (1998), S. 209.

34 Vgl. O. Loistl, I. Betz (1996), S. 3.

35 Vgl. W.A. Barnett, A. Medio, A. Serletis (1997), S. 5.

36 Vgl. etwa D.A. Hsieh (1991), S. 1840 oder die bei M. Kerling (1998), S. 197 angegebene Literatur.

37 O. Loistl, I. Betz (1996), S. 3.

38 Vgl. M. Frank, Th. Stengos (1988), S. 120ff.

gen entsprechen vom Typ der logistischen Funktion[39] und produzieren damit bei bestimmten Parameterwerten chaotische Strukturen. Ein anderes Beispiel ist ein neoklassisches Makromodell, bei dem in die Produktionsfunktion ein »Verschmutzungsterm« eingefügt wird, der bei zunehmendem Kapital die Produktivität beeinträchtigt. Auch hier zeigt sich unter bestimmten Bedingungen eine chaotische Dynamik.[40]

Zusammen mit einer Reihe weiterer Studien läßt sich nachdrücklich belegen, daß reale Strukturen sehr leicht nichtlinear werden können und diese Nichtlinearitäten auch empirisch nachweisbar sind.[41] Vermutlich nur die gewöhnliche Vorgehensweise, ausschließlich solche Modelle anzuwenden, die mathematisch leicht oder überhaupt analytisch gerechnet werden können, verdeckt das in Wirklichkeit reiche Vorkommen nichtlinearer Zusammenhänge. Die Konsequenz ist, daß eine Analyse finanzwirtschaftlicher Daten nichtlineare Strukturen mit einbeziehen sollte.

4.1.4.3 Kausalität

Mit der Chaostheorie eng verknüpft ist der Begriff der Kausalistät. Unter Kausaliät versteht man die Verkettung von Ursache und Wirkung und besteht Kausalität, so ist eine Wirkung auf eine Ursache zurückzuführen. Kennt man den Ist-Zustand eines Systems und die Einflüsse, denen es unterworfen ist, so läßt sich seine zukünftige Entwicklung voraussagen. Startet man ein System wiederholt unter genau den selben Bedingungen, so wird es sich jedesmal in gleicher Weise verhalten. Gleiche Ursachen oder Anfangsbedingungen ergeben damit gleiche Wirkungen.[42] Die Betonung liegt hier auf dem Wort »gleich«, denn es wird keine Aussage darüber getroffen, wie das System auf (kleine) Änderungen der Anfangsbedingungen reagiert. Einen solchen Zusammenhang bezeichnet man als schwache Kausalität.

In finanzwirtschaftlichen Zusammenhängen wie sicher auch ganz allgemein in der Ökonomie sind die »Anfangsbedingungen« in der Regel komplex und es ist praktisch unmöglich, eine Situation unter genau den gleichen Bedingungen zu wiederholen. In diesem Kontext ist schwache Kausalität nutzlos. Da ohnehin die exakt gleiche Sitation nicht nochmals eintreten kann, läßt sich der bekannte

---

39 Zur logistische Funktion bzw. Feigenbaum-Reihe vgl. Th. Poddig (1999), S. 206ff.

40 Die Beispiele stammen aus W.A. Barnett, A. Medio, A. Serletis (1997), S. 38 und beziehen sich auf die Arbeiten von J. Benhabib, R.H. Day (1981): Rational Choice and Erratic Behavior, *Review of Economic Studies* **48**, S. 459–471, sowie von R.H. Day (1982): Irregular Growth Cycles, *American Economic Review* **72**, S. 406–414.

41 Vgl. etwa D.A. Hsieh (1995), S. 55ff oder die Übersicht in M. Frank, Th. Stengos (1988), S. 123f.

42 Vgl. O. Loistl, I. Betz (1996), S. 6

Ursache-Wirkungs-Mechanismus nicht verwerten, da die schwache Kausalität nur bei völlig identischen Startbedingungen die bereits vorher beobachtete Wirkung zeigt. Für praktische Verwertbarkeit ist daher viel wesentlicher, daß das sogenannte starke Kausalitätprinzip gilt, bei dem ähnliche Ursachen ähnliche Wirkungen nach sich ziehen. Die starke Kausalität ist, wenigstens in bestimmten Phasen, für die Modellbildung die entscheidende Forderung. J.C. Maxwell beschreibt bereits 1876 die Situation treffend mit: »Es gibt einen oft zitierten Satz, welcher lautet: Dieselben Ursachen bringen immer dieselben Wirkungen hervor. Um diesen Satz verständlich zu machen, müssen wir definieren, was wir unter denselben Ursachen und denselben Wirkungen verstehen; denn es ist klar, daß kein Ereignis je mehr als einmal stattfindet, so daß sich die Ursachen und Wirkungen nicht in allen Beziehungen gleichen können. ... Ein anderer Grundsatz, der mit dem zu Anfang zitierten nicht verwechselt werden darf, sagt: Ähnliche Ursachen bringen ähnliche Wirkungen. Dieser Satz ist nur dann richtig, wenn kleine Veränderungen im Anfangszustande des Systems nur kleine Veränderungen in seinem Endzustande zur Folge haben. Bei einer großen Zahl von ... Phänomenen ist diese Bedingung erfüllt. Es gibt aber Fälle, die anders sind, so wenn die Verrückung der Weichen einen Eisenbahnzug veranlaßt, in einen anderen hineinzurennen, statt seinen richtigen Weg einzuhalten.«[43]

Verletzungen der starken Kausalität sind typisch in der Dynamik nichtlinearer Systeme und sie sind ebenfalls typisch, wenn man finanzwirtschaftliche oder generell ökonomische Situationen untersucht. Der naheliegende Gedanke ist auch hier, daß wenn die Dynamik von Finanzmärkten augenscheinlich die starke Kausalität verletzt, ist möglicherweise eine Beschreibung solcher Märkte mit Mitteln der nichtlinearen Dynamik geeignet und führt zu besseren Modellen. Auch zeigen nichtlineare Dynamiken komplexe Bewegungsstrukturen, wie sie ebenfalls bei der Beschreibung von Finanzmärkten beobachtet werden, etwa das Abwechseln von stabilen und volatilen Marktphasen. Diese Parallelen lassen ebenfalls die Verwendung von Techniken aus der nichtlinearen Dynamik fruchtbar erscheinen.

4.1.5 Untersuchung von Zusammenhängen in der Ökonomie

Die vorangegangenen Abschnitte zeigen, daß Abhängigkeiten innerhalb von und zwischen den finanzanalytisch relevanten ökonomischen Variablen vielschichtig sein können. Insbesondere genügt es nicht, das Augenmerk nur auf lineare Zusammenhänge zu richten. Gerade in der Ökonomie ist vom Vorliegen nichtlinearer Abhängigkeiten auszugehen.[44] Auch die Einschränkung auf univariate

43 Vgl. J.C. Maxwell (1986), S. 273, siehe auch O. Loistl, I. Betz (1996), S. 6.

44 Vgl. C.W. Granger, T. Teräsvirta (1993), S. 1.

Zusammenhänge ist in ökonomischen Situationen nicht realistisch, insbesondere wenn man von einem gewissen Grad an Markteffizienz ausgeht. Statt dessen sollten Abhängigkeitsanalysen breit, und das heißt hier multivariat, angelegt sein, um nicht potentielle Einflußfaktoren *a priori* auszuklammern. Es geht also nicht darum, bestimmte Verfahren zu präferieren. Wie Loistl bemerkt, ist »Wertpapieranalyse ein solch schwieriges Geschäft, daß man jede Informationsmöglichkeit nutzen sollte.«[45]

Die Analyse von Abhängigkeiten erfolgt am zweckmäßigsten über statistische Tests. Nur Hypothesentests geben eine valide Aussage, ob Zusammenhänge vorliegen. Eine Sichtung der Literatur zeigt jedoch, daß es nur wenige Verfahren gibt, die Abhängigkeiten detektieren und dabei (a) nichtlineare Zusammenhänge berücksichtigen, (b) multivariat arbeiten, also Zusammenhänge zwischen verschiedenen Zeitreihen detektieren, die (c) einen Hypothesentest erlauben und die darüber hinaus auch (d) mit vertretbarem Aufwand durchgeführt werden können. Trotzdem bilden die bisher vorgestellten und gegenwärtig genutzten Verfahren natürlich die Basis bei der Untersuchung von Abhängigkeiten. Es soll deshalb ein Überblick zu den wichtigsten Testverfahren auf Zusammenhänge gegeben werden.

Obwohl diese Arbeit in Richtung multivariater Analyseverfahren zielt, stellt die Betrachtung der univariaten Verfahren eine wichtige Vorbereitung dar. Zum einen ist diese Gruppe gegenwärtig weitaus umfangreicher und in empirischen Untersuchungen extensiv genutzt worden. Sie liefert außerdem einen Einblick in die verschiedenen Ansätze und Techniken zur Erkennung von Nichtlinearitäten und bietet sich daher als Einstieg in die Problematik an, zumal es immer zweckmäßig ist, zuerst nichtlineare Abhängigkeiten *innerhalb* einer Zeitreihe zu untersuchen, bevor man nichtlineare Interdependenzen prüft. Schließlich besitzt der noch vorzustellende λ-Test seine Vorläufer in univariaten Verfahren, speziell im BDS- und im δ-Test, so daß auch von daher hier ein geeigneter Einstiegspunkt zu sehen ist. Die große Zahl der Abhängigkeitstests vermittelt damit einen Eindruck von den Herangehensweisen an Modellierungsfragestellungen und zeigt deutlich, daß dieser Bereich gerade auch in der ökonometrischen Literatur keine Randerscheinung ist. Tatsächlich sind eine Reihe von Verfahren mit der Zielsetzung entwickelt worden, finanzwirtschaftliche Fragestellungen aufzuklären.[46]

Die Analysemethoden werden in univariate und multivariate (bzw. einfaktorielle und mehrfaktorielle) Tests aufgeteilt. In beiden Gruppen sind zunächst die linearen Testverfahren vorangestellt. Bei der Darstellung wurde versucht, das Vorgehen kompakt, aber möglichst vollständig zu beschreiben und, soweit es der Raum

---

45 O. Loistl (1996), S. 9.

46 Beispielsweise der Test auf ARCH-Prozesse von Engle. Vgl. R.F. Engle (1982), S. 988f.

zuließ, auch die mathematischen Grundlagen kurz zu erläutern. Eine Anwendung der Verfahren bei eigenen Untersuchungen sollte für einen Leser, wie auch schon bei den Tests auf Stationarität und Normalverteilung, mit den hier gegebenen Informationen möglich sein.

4.2 Univariate Verfahren im Zeit-Bereich

Dieser Abschnitt beschäftigt sich mit univariaten Testverfahren zur Abhängigkeitsanalyse. Zunächst wird auf lineare Verfahren eingegangen, anschließend wird die große Gruppe nichtlinearer Testverfahren beleuchtet. Bei allen Verfahren muß, wenn nichts anderes angegeben ist, Stationarität vorausgesetzt werden, die mit den Tests aus Kap. 3.3.1 sicherzustellen ist.

4.2.1 Lineare Abhängigkeiten

Wie im vorigen Kapitel bereits angedeutet, ist der erste Schritt bei der Analyse von Zusammenhängen innerhalb einer Zeitreihe die Annahme eines linearen Modells. Dabei kann die zu erklärende Variable linear aus den zeitlich zurückliegenden Variablen erklärt werden. Anderen Einflüße, von einer zufälligen Störvariablen abgesehen, werden nicht berücksichtigt. Die Stationaritätseigenschaft stellt sicher, daß Einflüsse durch die Störvariable abklingen, je weiter sie zeitlich zurückliegen.

Bei linearer Abhängigkeit folgen die Realisationen y_t der Zufallsvariablen $\{Y_t\}$ damit näherungsweise einem autoregressivem Prozeß der Ordnung p aus (3.12)

$$y_t = \alpha_0 + \alpha_1 y_{t-1} + \alpha_2 y_{t-2} + \cdots + \alpha_p y_{t-p} + \varepsilon_t \qquad \text{für alle } t \in \mathbb{N} \qquad (4.14)$$

In praktischen Anwendungen werden die unbekannten Parameter dieses Modells dann aus den vorliegenden Daten geschätzt. Da die tatsächlich auftretenden Realisationen der Störgröße ε_t nicht bekannt sind und die Anzahl der Datenpunkte, also der Stichprobenumfang, beschränkt ist, muß diese Schätzung zwangsläufig fehlerbehaftet sein. Die Schätzungen für die Parameter werden also nur mehr oder weniger gut die wahren Parameterwerte treffen. Die in diesem Kapitel fokussierte Fragestellung ist jedoch noch vor der eigentlichen Parameterschätzung angesiedelt. Es geht nicht darum, *wie* die Parameter aussehen, sondern *ob* ein Zusammenhang vorliegt und damit, ob überhaupt eine Anpassung der Daten an das gegebene lineare Modell geeignet ist. Dazu muß man sich vergegenwärtigen, daß auch ein reiner Zufallsprozeß mit einem AR(p)-Modell angepaßt werden kann. In diesem Fall sind die Parameter $\alpha_1, \ldots, \alpha_p$ Null (oder in der Nähe von Null) und die Y_t

werden von den ε_t bestimmt. Eine Anpassung ist also immer möglich, sie ergibt jedoch keinen Sinn. Im folgenden Abschnitt geht es daher um die Frage, ob das Modell *sinnvoll* angepaßt werden kann.

4.2.1.1 Autokorrelation und partielle Autokorrelation

Falls das lineare Modell eine gute Anpassung liefert, wird man einen linearen Zusammenhang zwischen einem y_t und seinem Vorläufer y_{t-k} erwarten. Dieser Zusammenhang ist zwar durch die Störgröße und den Einfluß der anderen Lags verrauscht, trotzdem liegt es nahe, die Stärke der Abhängigkeit durch den Korrelationkoeffizienten zwischen den y_t und y_{t-k} zu bestimmen.[47] Man bezeichnet diese spezielle Art der Korrelation eines y_t auf seinen Vorläufer y_{t-k} als Autokorrelation der Ordnung k und benennt sie mit ρ_k. Man berechnet die empirische Autokorrelation, indem man zunächst die empirische Autokovarianz $\hat{\gamma}_k$ der Ordnung k bestimmt mit[48]

$$\hat{\gamma}_k = \frac{1}{N} \sum_{t=k+1}^{N} (y_t - \hat{\mu}_y)(y_{t-k} - \hat{\mu}_y) \tag{4.15}$$

und anschließend durch die Varianz (die Autokovarianz zur Ordnung Null) teilt[49]

$$\hat{\rho}_k = \frac{\hat{\gamma}_k}{\hat{\gamma}_0} = \frac{\sum\limits_{t=k+1}^{N} (y_t - \hat{\mu}_y)(y_{t-k} - \hat{\mu}_y)}{\sum\limits_{t=1}^{N} (y_t - \hat{\mu}_y)^2} \tag{4.16}$$

Für den empirischen Autokorrelationskoeffizienten $\hat{\rho}_k$ gilt, wie für die gewöhnlichen Korrelationskoeffizienten, daß er zwischen -1 und 1 liegt. Dabei zeigt $\hat{\rho}_k = 1$ perfekten positiven, bzw. $\hat{\rho}_k = -1$ perfekten negativen linearen Zusammenhang in den Daten an. Ein $\hat{\rho}_k = 0$ weist aus, daß kein *linearer* Zusammenhang vorliegt.

---

47 Vgl. beispielsweise, auch im folgenden, J. Hartung (1998), S. 675ff, R. Schlittgen, B.H.J. Streitberg (1995), S. 301ff oder Th. Poddig (1999), S. 46ff.

48 Für den Vorfaktor gibt es verschiedene Möglichkeiten, so beispielsweise $1/(N-k)$. Die so definierte Autokovarianz besitzt zwar in vielen Situationen einen geringeren Bias, jedoch auch eine weit größere Varianz. Zu weiteren (zugegeben marginalen) Nachteilen dieser in der Literatur verbreiteten Setzung vgl. R. Schlittgen, B.H.J. Streitberg (1995), S. 243.

49 Man beachte, daß die Summen in Zähler und Nenner eine unterschiedliche Zahl von Termen umfassen und sich somit von einer einfachen Korrelation zwischen zwei Variablen unterscheiden.

Falls nun beispielsweise in einer Zeitreihe die Autokorrelation erster Ordnung ρ_1 hoch ist, so kann die Autokorrelation zweiter Ordnung ρ_2 nicht verschwinden. Da das Element y_t mit y_{t-1} hoch korreliert ist, ist auch y_{t-1} mit y_{t-2} hoch korreliert. Man erkennt sofort, daß also auch y_t mit y_{t-2} korreliert sein muß: Der Zusammenhang pflanzt sich gewissermaßen fort und schwächt sich nur langsam ab. Für die Analyse ist dieses Verhalten jedoch unpraktisch, denn die Beurteilung von Autokorrelationen höherer Ordnung muß stets die Autokorrelationen niedrigerer Ordnung einbeziehen. Um diesen Nachteil zu umgehen, benötigt man eine Größe, die die Korrelation zweier Größen y_t und y_{t-k} unter Ausschaltung der dazwischenliegenden Zufallsvariablen bestimmt. Dies ist die partielle Autokorrelation.

Die empirische partielle Autokorrelation $\hat{\pi}_k$ der Ordnung k ist der geschätzte Regressionskoeffizient $\hat{\alpha}_k$ zu y_{t-k}, wenn man y_t auf $y_{t-1}, \dots, y_{t-k}$ regressiert, also

$$y_t = \alpha_0 + \alpha_1 y_{t-1} + \cdots + \alpha_k y_{t-k} + \varepsilon_t \tag{4.17}$$

Durch die Regression erklärt man die y_t durch den Satz der vergangenen Werte und sieht sich anschließend nur den zur Ordnung k gehörenden Regressionskoeffizienten an. Dieser enthält den Anteil an y_t der sich durch y_{t-k} erklären läßt, während alle dazwischenliegenden Werte jeweils durch ihre eigenen Koeffizienten beschrieben werden. Es kann also $\hat{\pi}_k = \hat{\alpha}_k$ gesetzt werden.[50]

4.2.1.2 Die Tests von Box-Pierce und Ljung-Box

Um die erhaltenen Autokorrelationen zu bewerten, kann man zunächst ausnutzen, daß bei einem White-Noise-Prozeß die $\hat{\rho}_k$ für große N asymptotisch normalverteilt sind. Genauer ist für alle Ordnungen k die Größe

$$u_k = \sqrt{N}\hat{\rho}_k \tag{4.18}$$

standardnormalverteilt, also $u_k \sim \mathcal{N}(0,1)$.[51] Diese Eigenschaft ermöglicht es, einen einfachen zweiseitigen Hypothesentest zu konstruieren, mit dem geprüft werden kann, ob ein Autokorrelationskoeffizient signifikant von Null verschieden ist. Falls gilt $|u_k| > \Phi_{1-\alpha/2}$ muß die Nullhypothese der Unkorreliertheit zur

50 In G.E.P. Box, G.M. Jenkins (1976), S. 234ff beschreiben die Autoren ein rekursives Verfahren zur näherungsweisen Bestimmung der partiellen Autokorrelationen, das beispielsweise auch in der Ökonometrie-Software EViews 4.0 verwendet wird. Vgl. EViews 4.0 Manual (2001), S. 305ff.

51 Vgl. R. Schlittgen, B.H.J. Streitberg (1995), S. 244. Die Verteilung wurde erstmal angegeben von M.S. Bartlett (1946): On the theoretical specification of sampling properties of autocorretated time series, *Journal of the Royal Statistical Society B* **8**, S. 27–38.

Ordnung k auf dem Signifikanzniveau α abgelehnt werden. Schlittgen/Streitberg geben jedoch zu bedenken, daß beispielsweise auf einem Signifikanzniveau von $\alpha = 0.1$ im Mittel einer von zehn untersuchten Koeffizienten fälschlicherweise als von Null verschieden eingestuft wird. Da im allgemeinen die Autokorrelationen mehrerer Lags untersucht werden, kommt es so nicht selten zu Fehleinschätzungen.[52]

Das Interesse liegt daher in der Regel bei der Frage, ob *alle* Koeffizienten bis zu einer Ordnung m gleich Null sind. Für diese Fragestellung haben Box/Pierce[53] einen sogenannten Portmanteau lack-of-fit-Test vorgeschlagen. Man startet mit der Nullhypothese H_0, daß alle Autokorrelationskoeffizienten bis zur Ordnung m verschwinden. Die Prüfgröße bestimmt man anschließend mit

$$\hat{Q}_m = N \sum_{k=1}^{m} \hat{\rho}_k^2 \tag{4.19}$$

Da die $\hat{\rho}_k$ asymptotisch normalverteilt sind, ist $\hat{Q}_m$ unter der Nullhypothese approximativ χ^2-verteilt mit $f = m$ Freiheitsgraden, also der Anzahl der betrachteten Lags. Zum Niveau α ist H_0 abzulehnen, falls $\hat{Q}_m > \chi^2_{m;1-\alpha}$. Eine Ablehung bedeutet damit, daß Autokorrelationen und somit Abhängigkeiten innerhalb der Zeitreihe vorhanden sind. Davies/Triggs/Newbold[54] konnten allerdings zeigen, daß die Teststatistik bei empirischen Reihen eine sehr schlechte Trennschärfe besitzt: Die Nullhypothese wird auch bei vorhandenen Autokorrelationen nur selten abgelehnt, da die geschätzten $\hat{\rho}_k$ nur langsam gegen die asymptotische Verteilung konvergieren.

Nach einem Vorschlag von Ljung/Box[55] wird die Trennschäfte des Testverfahrens verbessert, wenn die empirischen Autokorrelationen $\hat{\rho}_k$ normiert werden durch

$$\hat{\rho}_k^* = \sqrt{\frac{N+2}{N-k}}\,\hat{\rho}_k \tag{4.20}$$

Die korrigierte Testgröße lautet damit

$$\hat{Q}_m^* = N \sum_{k=1}^{m} \hat{\rho}_k^{*\,2} = N \sum_{k=1}^{m} \frac{N+2}{N-k}\hat{\rho}_k^2 \tag{4.21}$$

---

52 Vgl. R. Schlittgen, B.H.J. Streitberg (1995), S. 245.

53 G.E.P. Box, D.A. Pierce (1970), S. 1509ff.

54 N. Davies, C.M. Triggs, P. Newbold (1977), S. 521f.

55 G.M. Ljung, G.E.P. Box (1978), S. 297ff.

Getestet wird $\hat{Q}^*$ ebenfalls mit der χ^2-Verteilung und m Freiheitsgraden. Die Simulationsergebnisse von Davies/Newbold oder Ansley/Newbold[56] zeigen in der Tat ein besseres Konvergenzverhalten, so daß die Ljung-Box-Statistik für hinreichend große Reihen ($N \geq 100$) als valide Teststatistik eingesetzt werden kann.[57]

Ist der Stichprobenumfang so gering, daß eine Anwendung der $\hat{Q}^*$-Statistik nicht zu empfehlen ist, bleibt als Ausweg durch eine geeignete Transformation der Datenpunkte, etwa nach Ansley/Niebold oder Godolphin[58], die Asymptotik zu beschleunigen. Benutzt man diese transformieren Daten bei der Bestimmung der Testgröße $\hat{Q}^*$, so ist diese ebenfalls asymptotisch χ^2-verteilt, liefert aber auch für $N \leq 100$ brauchbare Ergebnisse.[59]

4.2.2 Der McLeod-Li-Test

Nach den hier vorgestellten Tests, die bei linearen Zusammenhängen Potential besitzen, folgen Verfahren, die bestimmte nichtlineare Abhängigkeiten detektieren. So stellten beispielsweise Granger und Andersen[60] fest, daß es eine Anzahl von empirischen Daten gibt, bei denen Autokorrelationen in der Zeitreihe selbst nicht signifikant auftreten, die Quadrate der Zeitreihe jedoch deutlich höhere Korrelationen zeigen, wobei sie hauptsächlich die bei der Anpassung von ARMA-Prozessen erhaltenen Residuen untersuchten. Solche Korrelationen mußten auf weitere, nichtlineare Abhängigkeiten hindeuten, da man bei zufälligen Daten Unabhängigkeit erwarten würde. Auch McLeod/Li machten bei ihren Untersuchungen die gleichen Beobachtungen.[61]

Um auf einem vorgegebenen Signifikanzniveau zu entscheiden, ob die Autokorrelationen $\hat{\rho}_k$ *der Quadrate* von Null verschieden sind, muß man jedoch wie im linearen Fall die Verteilung der $\hat{\rho}_k$ unter H_0 kennen. McLeod/Li konnten zeigen, daß nicht nur Autokorrelationen von normalverteilten Zufallsvariablen (Gaußsches

---

56 Vgl. N. Davies, P. Newbold (1979) und C.F. Ansley, P. Newbold (1979)

57 Vgl. R. Schlittgen, B.H.J. Streitberg (1995), S. 330.

58 Vgl. C.F. Ansley, P. Newbold (1979), S. 547ff oder E.J. Godolphin (1980), S. 699ff.

59 Man kann bei der Untersuchung von Autokorrelationen erster Ordnung in diesem Fall nicht auf die bekannte Durbin-Watson-Statistik zurückgreifen, die ja bereits ab $N \geq 15$ vertafelt ist. Vorausgesetzt werden beim Durbin-Watson-Test nichtstochastische Regressoren, daher ist der Test nicht verwendbar, wenn eine zeitlich verschobene abhängige Variable als unabhängige Variable behandelt wird.

60 C.W. Granger, A.P. Andersen (1978), S. 86 und vgl. auch C.W. Granger, P. Newbold (1976), S. 184ff.

61 Vgl. A.I. McLeod, W.K. Li (1983), S. 270.

weißes Rauschen) normalverteilt sind, sondern daß auch deren Quadrate auf normalverteilte Autokorrelationen führen. Die Verteilung der $\hat{\rho}_k$ wird jedoch auch durch lineare Abhängigkeiten beeinflußt. In der Regel wird man daher zuerst ein ARMA-Modell anpassen und das Testverfahren auf die Residuen anwenden. Die Autokorrelation der y_t^2 können dann bestimmt werden durch

$$\hat{\rho}_k = \frac{\frac{1}{N}\sum_{t=k+1}^{N}(y_t^2 - \hat{\sigma}^2)(y_{t-k}^2 - \hat{\sigma}^2)}{\frac{1}{N}\sum_{t=1}^{N}(y_t^2 - \hat{\sigma}^2)^2} \qquad \text{mit } \hat{\sigma}^2 = \frac{1}{N}\sum_{t=1}^{N} y_t^2 \tag{4.22}$$

Die $\sqrt{N}\hat{\rho}_k$ sind dann $\mathcal{N}(0,1)$-normalverteilt. Damit lassen sich analog zum linearen Fall auch für die quadrierten Zufallsvariablen die Autokorrelationen für einzelne Lags auf Null testen oder ein Box-Ljung-Test auf verschwindende Autokorrelation bis zur Ordnung m durchführen. Die Prüfgröße der Box-Ljung-Statistik ermittelt sich dann ebenfalls nach (4.21).[62]

4.2.3 Der Lagrange-Multiplier-Test von Engle

Lagrange-Multiplier-Tests[63] basieren auf einer Untersuchung der Likelihood-Funktion $L(\beta)$. Die Likelihood-Funktion gibt bei gegebenen Realisationen y_t und einem vorgegebenen Modell die Wahrscheinlichkeit an, daß ein Satz von m Parametern $\beta = (\beta_1, \dots, \beta_m)$, der dieses Modell charakterisiert, einen bestimmten Wert besitzt. Typischerweise nutzt man die Likelihood-Funktion, um einen Schätzer $\hat{\beta}$

62 Eine Anpassung dieser »quadratischen« Abhängigkeiten kann mit sogenannten ARCH-Modellen durchgeführt werden. ARCH ist die Abkürzung für »autoregressive conditional heteroscedastic«, also ein Prozeß, dessen Varianz durch einen autoregressiven Ausdruck determiniert wird. Folgt eine Zufallsreihe $\{Y_t\}$ einem solchen ARCH-Prozeß der Ordnung p, so ist

$$y_t = \varepsilon_t \sqrt{\alpha_0 + \alpha_1 y_{t-1}^2 + \ldots + \alpha_p y_{t-p}^2} \qquad \text{für alle } t \in \mathbb{Z}$$

Man sieht hier, daß die y_t stets einen Erwartungswert von Null besitzen und durch den Faktor des Wurzelausdrucks sich die Varianz ändert. Es handelt sich also um multiplikativ stochastische Modelle, die oftmals bei empirischen Zeitreihen in der Ökonomie gute Anpassungen liefern, vgl. etwa S. Taylor (1986), S. 38f. und M. Kerling (1998), S. 45. Zu ARCH-Modellen vgl. beispielsweise R.F. Engle (1982), S. 987 oder M. Kerling (1998), S. 262f, R. Schlittgen, B.H.J. Streitberg (1995), S. 450ff.

63 Vgl. zu einer ausführlicheren Betrachtung R. Schlittgen, B.H.J. Streitberg (1995), S. 470ff. oder C.W. Granger, T. Teräsvirta (1993), S. 63ff.

für den unbekannten Parameter zu erhalten, indem als Schätzer der Wert von β gewählt wird, bei dem $L(\beta)$ maximal wird und der damit am wahrscheinlichsten ist. Aus rechentechnischen Gründen verwendet man dabei meisten den Logarithmus der Likelihood-Funktion $\ln L(\beta)$.

In der konkreten Testsituation interessiert man sich für die Frage, wie groß die Wahrscheinlichkeit ist, daß die Realisation eines stochastischen Prozesses y_t und der daraus bestimmte Parameterwert β mit einem vorgegebenen Parameterwert β_0 verträglich ist, denn diese Aussage ermöglicht es in einem Hypothesentest, gegebenenfalls das (wahre) Vorliegen von β_0 auf einem Signifikanzniveau zu verwerfen. Man erhält diese Information, indem man Steigung und Krümmung der Log-Likelihood-Funktion $\ln L(\beta_0)$ untersucht. Mit der Scorefunktion $S(\beta)$ und der Fisher-Information $I(\beta)$

$$S(\beta) = \frac{\partial \ln L(\beta)}{\partial \beta} \quad \text{und} \quad I(\beta) = \frac{\partial^2 \ln L(\beta)}{(\partial \beta)^2} \tag{4.23}$$

kann man die Prüfgröße ξ bestimmen, die χ^2-verteilt ist mit m Freiheitsgraden

$$\xi = S(\beta_0)^\mathsf{T} I^{-1}(\beta_0) S(\beta_0) \tag{4.24}$$

Der Lagrange-Multiplier-Test von Engle[64] baut auf dieser Technik auf. Dabei wird die Nullhypothese H_0 unabhängiger und identisch verteilter Datenpunkte $y_t = \varepsilon_t$ gegen die Gegenhypothese H_1 bedingter Varianzen getestet, etwa von der Form $y_t = \varepsilon_t g(y_{t-1}, \ldots, y_{t-m}, \beta)$. Man sieht, daß die Varianz von vergangenen Realisationen und einem Satz von Parametern abhängen kann. Wie beim McLeod-Li-Test lassen sich damit spezielle multiplikativ stochastische Alternativen prüfen.[65]

Ohne die vollständige Herleitung darzustellen, werden nun unter der Nullhypothese, nach der $g(y_{t-1}, \ldots, y_{t-m}, 0) = \sigma(\text{konst})$ ist, die Größen $S(\beta)$ und $I(\beta)$ bestimmt. Es zeigt sich durch Vergleich, daß die Prüfgröße ξ in der praktischen Anwendung durch eine Hilfsregression bestimmt werden kann.[66] Wie beim Test von McLeod/Li sind vorher die linearen Abhängigkeiten zu eliminieren, das heißt es ist zunächst ein geeignetes ARMA-Modell anzupassen und das Verfahren auf die Residuen dieses Modells anzuwenden. Anschließend regressiert man

$$y_t^2 = \alpha_0 + \alpha_1 y_{t-1}^2 + \cdots + \alpha_m y_{t-m}^2 + \varepsilon_t \tag{4.25}$$

---

64 R.F. Engle (1982), S. 987ff.

65 Vgl. dazu nochmals Fußnote 62.

66 Vgl. R.F. Engle (1982), S. 1000 und C.W. Granger, T. Teräsvirta (1993), S. 92f.

Dabei ist die Prüfgröße

$$\hat{\xi} = NR^2 \tag{4.26}$$

mit R^2 als Bestimmtheitsmaß der Hilfsregression. Die Nullhypothese wird abgelehnt, falls $\hat{\xi} > \chi^2_{m;1-\alpha}$ überschreitet.[67]

4.2.4 Der RESET-Test von Ramsey

Der Test von Ramsey[68] prüft als Nullhypothese das Vorhandensein linearer Abhängigkeiten gegen unspezifische, nichtlineare Alternativen. Dazu wird zunächst ein lineares AR-Modell geschätzt mit

$$y_t = \beta_0 + \beta_1 y_{t-1} + \cdots + \beta_p y_{t-p} + \varepsilon_t \tag{4.27}$$

und anschließend werden die Residuen, also die geschätzten Störgrößen $\hat{\varepsilon}_t$ ermittelt. Im nächsten Schritt nimmt man Terme höherer Ordnung hinzu und zwar Potenzen der *geschätzen* Variable $\hat{y}_t$ bis zur Ordnung m, mit denen ebenfalls eine Regression durchgeführt wird, also

$$y_t = \beta_0 + \beta_1 y_{t-1} + \cdots + \beta_p y_{t-p} + \gamma_2 \hat{y}_t^2 + \cdots + \gamma_m \hat{y}_t^m + \eta_t \tag{4.28}$$

Durch Vergleich der beiden Residuen bzw. der Summe der quadratischen Fehler läßt sich dann erkennen, ob die Hinzunahme der zusätzlichen Erklärungsvariablen eine signifikante Verbesserung des Modells erreicht. Dazu bestimmt man mit

$$\hat{F} = \frac{N-m}{m-1}\left(\frac{\hat{\varepsilon}^{\mathrm{T}}\hat{\varepsilon}}{\hat{\eta}^{\mathrm{T}}\hat{\eta}} - 1\right) \tag{4.29}$$

eine F-verteilte Prüfgröße mit $f = m-1, N-m$ Freiheitsgraden. Die Nullhypothese eines linearen Zusammenhangs wird also abgelehnt, falls $\hat{F} > F_{m-1,N-m;1-\alpha}$. Das Verfahren läßt sich äquivalent auch in Form eines Lagrange-Multiplier-Tests darstellen.[69]

---

67 Vgl. R.F. Engle (1982), S. 1000 oder D.M. Patterson, R.A. Ashley (2000), S. 41. Granger/Teräsvirta konnten zeigen, daß sich der McLeod-Li-Test ebenfalls auf einem Lagrange-Multiplier-Test zurückführen läßt, vgl. dazu C.W. Granger, T. Teräsvirta (1993), S. 93f.

68 J.B. Ramsey (1969), S. 350ff.

69 Zur Darstellung vgl. C.W. Granger, T. Teräsvirta (1993), S. 76f und E. Steurer (1997), S.140f.

4.2.5 Die Testverfahren von Keenan und Tsay

Auch das Verfahren von Keenan[70] und dessen Erweiterung von Tsay[71] zielt auf quadratische Terme bzw. bei Tsay allgemeiner auf Kreuzprodukte in der Reihenentwicklung der Zeitreihe. Der begrifflich einfachere Test von Keenan startet im ersten Schritt mit der Regression der y_t auf die Vorgänger $y_{t-1}, y_{t-2}, \ldots, y_{t-m}$. Die Regressionsgleichung ist

$$y_t = \alpha_0 + \alpha_1 y_{t-1} + \cdots + \alpha_m y_{t-m} + \varepsilon_t \tag{4.30}$$

Falls bereits vorher ein lineares Modell angepaßt wurde, kann dieser Schritt entfallen. Die Regressionskoeffizienten werden nicht benötigt, es kommt nur auf die geschätzten Residuen $\hat{\varepsilon}_t$ an. Sie geben an, in welchem Maße das bisherige, lineare Modell die Daten erklären kann.

Im zweiten Schritt untersucht man, ebenfalls durch eine Regression, welche Streuung ein quadratischer Term y_t^2 als Regressand liefert. Die Idee ist, daß wenn die Reihe als Bestandteile Quadrate oder allgemein Kreuzprodukte der Form $y_{t-i} y_{t-k}$ enthält, dann müssen sich bei der Regression diese Terme anpassen lassen und damit den Fehler der Regression verringern. Die Regressionsgleichung im zweiten Schritt ist also (zunächst nur im einfachen Fall eines quadratischen Terms)

$$y_t^2 = \alpha'_0 + \alpha'_1 y_{t-1} + \cdots + \alpha'_m y_{t-m} + \zeta_t \tag{4.31}$$

Man erhält dabei andere geschätzte Residuen $\hat{\zeta}_t$ und andere Koeffizienten. Es genügt jedoch nicht, wie man vielleicht zunächst annehmen würde, diese beiden Streuungen über einen F-Test zu vergleichen, denn in der zweiten Regression sind durch das Quadrieren sicher *andere* Störungen hinzugekommen. Ein Teil der Varianz verschwindet, falls quadratische Terme vorhanden sind, ein Teil der Varianz entsteht jedoch erst durch das Quadrieren. Um einen sinnvollen Vergleich von ε_t und ζ_t durchzuführen, dürfen in ζ_t nur die Anteile berücksichtigt werden, die bereits in ε_t enthalten waren. Nur falls *diese* Anteile sich verringern, kann man von einer Erklärungsfähigkeit quadratischer Terme sprechen. Mathematisch gesehen müssen die ζ_t in den Raum projeziert werden, den die ε_t aufgespannen.[72]

---

70 D.M. Keenan (1985), S. 39f.

71 R.S. Tsay (1986), S. 461ff.

72 Eine etwas tiefergehende Begründung: Dies ist möglich, weil jede Reihe in einer Volterra-Entwicklung geschrieben werden kann.

$$Y_t = \mu + \sum_{i=-\infty}^{\infty} a_i \varepsilon_{t-i} + \sum_{i,j=-\infty}^{\infty} a_{ij} \varepsilon_{t-i} \varepsilon_{t-j} + \sum_{i,j,k=-\infty}^{\infty} a_{ijk} \varepsilon_{t-i} \varepsilon_{t-j} \varepsilon_{t-k} + \ldots$$

Dies wird durch eine weitere Regression im dritten Schritt erledigt, indem die beide Sätze geschätzter Residuen aufeinander regressiert werden. Also

$$\varepsilon_t = \beta \zeta_t + \eta_t \tag{4.32}$$

Falls diese Regression »paßt«, also zwischen ζ_t und ε_t ein signifikanter Zusammenhang besteht, ist durch das Einbeziehen von y_t^2 nicht nur neues Rauschen hinzugekommen. Es wurden auch Störungen *in* ε_t *selbst* verringert. Die Regression stellt sicher, daß die Residuen ζ_t nur ***bezüglich*** ε_t untersucht und beurteilt werden.[73]

Ob das Modell (4.32) signifikant ist, wird mit einem gewöhnlichen F-Test überprüft. Die Testgröße $\hat{F}$ ist F-verteilt mit $f = 1, N-2m-2$ Freiheitsgraden. Die $F_{1,f}$-Verteilung geht jedoch für große f in die χ_1^2-Verteilung über, so daß zur Vereinfachung für große N auch hierauf zurückgegriffen werden könnte. Abgelehnt wird, falls $\hat{F} > F_{1,n-2m-1;1-\alpha}$ ist.

$$\hat{F} = \frac{(N-2m-2)\,\hat{\zeta}^{\mathrm{T}}\hat{\zeta}\hat{\beta}^2}{\hat{\eta}^{\mathrm{T}}\hat{\eta}} \tag{4.33}$$

Die Erweiterung des Tests von Tsay berücksichtigt nicht nur den quadratischen Term y_t^2, sondern bezieht auch alle Kreuzprodukte bis zur Ordnung m, also $y_{t-i}y_{t-k}$ mit $1 \leq i < k \leq m$ mit ein. Man erhält insgesamt $n = m(m-1)/2$ verschiedene Produkte, die im folgenden mit $z_{t,1}, \ldots, z_{t,n}$ bezeichnet werden. Im nächsten Schritt bestimmt man die Projektion der $z_{t,1}, \ldots, z_{t,n}$ auf den Raum der $y_{t-1}, \ldots, y_{t-m}$ durch eine multivariate Regression.[74] Dies ist die multivariate Verallgemeinerung von (4.31)[75]

$$\mathbf{z}_t = \alpha_0' + \alpha_1' y_{t-1} + \cdots + \alpha_m' y_{t-m} + \zeta_t \tag{4.34}$$

Mit diesem Störglied führt man diesmal eine multiple Regression[76] durch, die das Analogon zu der Regression in (4.32) darstellt.

$$\varepsilon_t = \beta_1 \zeta_{t,1} + \cdots + \beta_n \zeta_{t,n} + \eta_t \tag{4.35}$$

Hier sind die linearen und die quadratischen Terme orthogonal und es können Vektoren durch Projektionen auf orthogonale Unterräume abgebildet werden. Die Schwierigkeit besteht nur darin, dies für Reihen mit endlicher Zahl von Datenpunkten durchzuführen. Hierbei stellt die Regression jedoch eine gute Näherung dar. Vgl. D.M. Keenan (1985), S. 39f.

73 Vgl. D.M. Keenan (1985), S. 41.

74 Hier ist, dem mathematischen Sprachgebrauch folgend, die gleichzeitige Durchführung von n Regressionen gemeint. Eine Regression mit mehreren Regressoren heißt im mathematischen Sprachgebrauch »multiple Regression« oder »multifaktorielle Regression«.

75 Vgl. R.S. Tsay (1986), S. 462.

76 Vgl. Fußnote 74.

Mit der Prüfgröße $\hat{F}$ und n, $N-n-m-1$ Freiheitsgraden wird die Nullhypothese abgelehnt, falls $\hat{F} > F_{n,N-n-m-1;1-\alpha}$ ist. Die Prüfgröße ist dann

$$\hat{F} = \frac{(N-n-m-1)\,(\hat{\zeta}\hat{\beta})^{\mathsf{T}}\hat{\zeta}\hat{\beta}}{n\hat{\eta}^{\mathsf{T}}\hat{\eta}} \tag{4.36}$$

Hierbei ist die Dimensionalität der Größen auf den ersten Blick schwer zu durchschauen, es handelt sich dabei aber nur um eine multivariate Verallgemeinerung zu (4.33).

4.2.6 Hinich-Patterson Bikovarianz-Test

Eine andere Erweiterung auf nichtlineare Merkmale einer Zeitreihe ist die Analyse von Bikovarianzen. Die Bikovarianz ist, nach dem Erwartungswert und der Autokovarianz, das dritte Moment einer Zeitreihe und hängt von zwei Parametern ab. Sie kann als Verallgemeinerung der Schiefe einer Verteilung aufgefaßt werden.[77] Man bestimmt die empirische Bikovarianz aus einem vorliegenden Datensatz mit

$$\hat{\beta}_{ik} = \frac{1}{N-k} \sum_{t=k+1}^{N} (y_t - \hat{\mu}_y)(y_{t-i} - \hat{\mu}_y)(y_{t-k} - \hat{\mu}_y) \quad \text{für } 0 \leq i \leq k < N \tag{4.37}$$

Untersucht man die Residuen eines linearen ARMA-Modells, wie in den vorangegangenen Testverfahren, so ist der Mittelwert der Daten $\hat{\mu}_y = 0$ und der Ausdruck (4.37) vereinfacht sich zu

$$\hat{\beta}_{ik} = \frac{1}{N-k} \sum_{t=k+1}^{N} y_t\, y_{t-i}\, y_{t-k} \quad \text{für alle } 0 \leq i \leq k < N \tag{4.38}$$

Sind die Residuen der ARMA-Anpassung unabhängige und identisch verteilte Zufallsvariablen, wurden also alle Abhängigkeiten durch das lineare Modell erfaßt, so erwartet man das Verschwinden der dritten Momente, für die Bikovarianz sollte gelten $\beta_{ik} = 0$. Hängt die Größe y_t jedoch von verzögerten Kreuzprodukten der Form $y_{t-i}\,y_{t-k}$ ab, dann erwartet man ein $\beta_{ik} \neq 0$.

---

77 Vgl. D.M. Patterson, R.A. Ashley (2000), S. 42.

Hinich/Patterson[78] schlagen vor, die folgende Prüfgröße zu bestimmen

$$\hat{q} = \sum_{k=2}^{m} \sum_{i=1}^{k-1} \sqrt{N-k}\hat{\beta}_{ik} \tag{4.39}$$

Sie können zeigen, daß $\hat{q}$ asympotisch χ^2-verteilt ist mit $m(m-1)/2$ Freiheitsgraden, falls die Bedingung $m < \sqrt{N}$ erfüllt ist. Auf Basis ihrer Simulationen schlagen sie vor, $m = N^{0.4}$ zu wählen. Der Test deckt dann Korrelationen nicht zwischen zwei, sondern zwischen drei Datenpunkten auf und kann daher als Verallgemeinerung des Tests nach Box-Pierce verstanden werden[79].

4.2.7 BDS-Test

Der Test von Brock/Dechert/Scheinkman[80] wählt einen anderen Zugang als die bisher vorgestellten Verfahren. Statt nach Termen höherer Ordnung in der Reihenentwicklung zu suchen, nutzt der BDS-Test das Konzept des Korrelationsintegrals, das von Grassberger/Procaccia zur Untersuchung der Strangeness von Attraktoren in der Chaostheorie entwickelt wurde.[81] Als Nullhypothese nimmt man beim BDS-Test an, daß die Realisationen der empirischen Zeitreihe unabhängig und identisch verteilt sind und damit kein (funktionaler) Zusammenhang vorliegt.

Dann bildet man aus der Zeitreihe m-Tupel aus m aufeinanderfolgenden Elementen der Reihe, die sogenannten m-histories, von der Form

$$\mathbf{y}_t = (y_t, y_{t-1}, \ldots, y_{t-m+1}) \tag{4.40}$$

Jedes m-Tupel enthält damit einen Punkt der Reihe zusammen mit dessen »Vorgeschichte«. Die m-histories sind damit Punkte im m-dimensionalen Raum.

Anschließend betrachtet der Test die Wahrscheinlichkeiten, daß sich zwei Punkte $\mathbf{y}_t$, $\mathbf{y}_s$ der m-histories bezüglich einer der Komponenten $y_t, y_{t-1}, \ldots, y_{t-m+1}$ bzw. $y_s, y_{s-1}, \ldots, y_{s-m+1}$ höchstens um den Betrag δ unterscheiden. Zur Formalisierung

---

78 Vgl. D.M. Patterson, R.A. Ashley (2000), S. 42. Die Autoren verweisen auf ein unveröffentlichtes Manuskript M. Hinich, D.M. Patterson (1995)

79 D.M. Patterson, R.A. Ashley (2000), S. 43.

80 W.A. Brock, W. Dechert, J. Scheinkman (1996), S. 197ff. Eine ausführliche Darstellung des Verfahrens gibt Th. Poddig (1999), S. 219ff.

81 Vgl. P. Grassberger, I. Procaccia (1983), S. 189ff.

sei der Abstand zweier m-histories t,s bezüglich der Komponente j mit einem Δ notiert und definiert als

$$\Delta y_{t,s}^{(j)} = |y_{t-j+1} - y_{s-j+1}| \quad \text{mit } j-1 \leq t,s \leq N \text{ und } 1 \leq j \leq m \tag{4.41}$$

Die Wahrscheinlichkeit, daß ein beliebiges Punktepaar in der ersten Komponente einen Abstand kleiner oder gleich δ hat, läßt sich damit schreiben als $\mathrm{P}(\Delta y^{(1)} < \delta)$.

Um zu vergleichen, ob ein Punktepaar in *jeder* Komponente höchstens den Abstand δ besitzt, ist es bequem, die größte absolute Differenz der Komponenten zu bestimmen. Wenn der größte Abstand in den Komponenten kleiner oder gleich δ ist, so gilt dies auch für alle anderen Komponentenabstände. Der Maximumsabstand sei ebenfalls mit einem (allerdings fett gesetztem) $\boldsymbol{\Delta}_m$ bezeichnet, wobei als Index die Dimension m hinzugefügt wurde. Mit dieser Notation ergibt sich

$$\boldsymbol{\Delta}_m y_{s,t} = \max_{j=1,\ldots,m} \Delta y_{s,t}^{(j)} = \max_{j=1,\ldots,m} |y_{t-j+1} - y_{s-j+1}| \quad \text{mit } j-1 \leq t,s \leq N \tag{4.42}$$

Damit bekommt man für die Wahrscheinlichkeit, daß der Abstand bezüglich aller (der ersten m) Komponenten nicht größer als δ ist,

$$\mathrm{P}(\boldsymbol{\Delta}_m y \leq \delta) = \mathrm{P}\left[(\Delta y^{(1)} \leq \delta) \wedge (\Delta y^{(2)} \leq \delta) \wedge \cdots \wedge (\Delta y^{(m)} \leq \delta)\right] \tag{4.43}$$

Falls die Werte der Zeitreihe gemäß der Nullhypothese unabhängige Realisationen einer Zufallsvariablen sind, so folgt daraus die Unabhängigkeit der einzelnen Komponenten der m-histories. Die Konjunktion auf der rechten Seite von (4.43) läßt sich damit auch als Produkt ausdrücken

$$\mathrm{P}(\boldsymbol{\Delta}_m y \leq \delta) = \mathrm{P}(\Delta y^{(1)} \leq \delta)\,\mathrm{P}(\Delta y^{(2)} \leq \delta) \cdots \mathrm{P}(\Delta y^{(m)} \leq \delta) \tag{4.44}$$

Außerdem liegt unter H_0 den Realisationen eine identische Verteilung zugrunde, so daß die Wahrscheinlichkeiten für jede Komponente gleich sind. Jeder Faktor auf der rechten Seite von (4.44) ist damit gleich $\mathrm{P}(\Delta y^{(1)} \leq \delta)$, was im speziellen Fall $m = 1$ mit der maximalen Distanz $\boldsymbol{\Delta}_1 y \leq \delta$ identisch ist. Also

$$\mathrm{P}(\boldsymbol{\Delta}_m y \leq \delta) = \mathrm{P}(\boldsymbol{\Delta}_1 y \leq \delta)^m \tag{4.45}$$

Diese Identität nutzt der BDS-Test, indem er die Wahrscheinlichkeiten aus den Häufigkeiten schätzt und auf Gleichheit prüft. Für den Schätzer betrachtet man die Gesamtheit aller Paare aus den m-histories. Bei N Datenpunkten gibt es für ein festes m somit $n = N - m + 1$ histories und damit $n(n-1)/2$ Paare. In der

Gesamtheit der Paare zählt man die Häufigkeit aus, mit der der Abstand zwischen den Punkten kleiner oder gleich δ ist. Als Schätzer für die Wahrscheinlichkeiten erhält man[82]

$$\hat{C}_m = \hat{\mathrm{P}}(\Delta_m y \leq \delta) = \frac{2}{n(n-1)} \operatorname{card}(\Delta_m y \leq \delta) \tag{4.46}$$

Brock/Dechert/Scheinkman konnten zeigen, daß der Ausdruck

$$z = \frac{\sqrt{n}}{\hat{\sigma}} \left(\hat{C}_m - \hat{C}_1^{\,m}\right) \tag{4.47}$$

standardnormalverteilt ist, indem sie eine Verallgemeinerung eines Satzes von Hoeffding[83] verwendeten. Für die Varianz σ^2 bestimmten sie außerdem den konsistenten Schätzer

$$\hat{\sigma}^2 = 4\left[\hat{K}^m + 2\sum_{j=1}^{m-1} \hat{K}^{\,m-j}\hat{C}_1^{\,2j} + (m-1)^2\hat{C}_1^{\,2m} - m^2\hat{K}\hat{C}_1^{\,2m-2}\right] \tag{4.48}$$

mit

$$\hat{K} = \frac{6}{n(n-1)(n-2)} \operatorname{card}\left(1 \leq r < s < t \leq n \,\middle|\, \Delta y_{r,s} \leq \delta \wedge \Delta y_{s,t} \leq \delta\right) \tag{4.49}$$

Zum BDS-Test gibt es eine Vielzahl von Untersuchungen und Anwendungen auf Finanzmarktzeitreihen.[84] Im speziellen zeigte sich, daß das Verfahren für eine valide Untersuchung eine große Zahl von Datenpunkten benötigt, die im Finanzmarktbereich nicht immer in dem erforderlichen Maße zur Verfügung stehen.[85] Die Wahl geeigneter Parameterwerte für δ und m sollte ebenfalls sorgfältig erfolgen.[86]

82 Für die Anzahl der Elemente einer Menge wird hier die Bezeichnung card verwendet. Damit bezeichnet $\operatorname{card}(\Delta y \leq \delta)$ die Anzahl aller Paare, für die die Bedingung $\Delta y \leq \delta$ gilt. Etwas ausführlicher läßt sich schreiben $\operatorname{card}(1 \leq s < t \leq n \mid \Delta y_{s,t} \leq \delta)$.

83 Vgl. W. Hoeffding (1948), S. 293ff.

84 Als kleinere Auswahl vgl. beispielsweise D.A. Hsieh (1991), J. Scheinkman, B. LeBaron (1989), A.H. Abhyankar, L.S. Copeland, W. Wong (1997) oder D.M. Patterson, R.A. Ashley (2000), S. 95ff.

85 So merken J.B. Ramsey, H. Yuan (1989), S. 287ff an, daß die Statistik des BDS-Tests bei Stichprobenumfängen von $N < 500$ erheblich verzerrt ist. Auch C.W. Granger, T. Teräsvirta (1993), S. 91 äußern sich dahingehend, daß der BDS-Test bei kleinen Datenmengen wohl keine geeignete Wahl ist.

86 Vgl. beispielsweise R. Savit, M. Green (1991) für die optimale Bestimmung von m.

4.3 Univariate Verfahren im Frequenz-Bereich

Neben linearen oder quadratischen Abhängigkeiten in der Variablen wird die Unabhängigkeit auch häufig gegen das Vorhandensein von periodischen Alternativen getestet. Periodische Abhängigkeiten sind gerade bei finanzwirtschaftlichen Fragestellungen häufig anzutreffen, man denke an Wirtschaftszyklen oder saisonale bzw. allgemein kalenderbedingte Schwankungen. Will man periodische Eigenschaften einer Zeitreihe detaillierter untersuchen, so nutzt man die Verfahren der Spektralanalyse. Die wichtigsten Elemente hieraus stellt der folgende Exkurs bereit.[87]

Exkurs: Spektralanalyse

Periodische Schwankungen innerhalb einer Zeitreihe lassen sich prinzipiell aus der Autokorrelationsfunktion ablesen: Zeigen beispielsweise Monatsdaten bei Verschiebungen von 12, 24, 36 Monaten usw. signifikante Autokorrelationen, so liegt hier offensichtlich eine zwölfmonatige Periodizität im Datenmaterial vor. Um periodische Merkmale systematisch zu untersuchen, transformiert man den stochastischen Prozeß zweckmäßigerweise in den Frequenzraum.[88] Ein Übergang in den Frequenzraum wird mit der sogenannten Fourier-Transformation durchgeführt. Ausgangspunkt ist dabei, ähnlich dem Monatsdaten-Beispiel, die Autokovarianzfunktion γ_k, die auf die periodischen Anteile untersucht wird. Die Fourier-Transformierte der (theoretischen) Autokovarianzfunktion bezeichnet man als Spektraldichte $f(\omega)$. Der Parameter ω ist dabei die Frequenz (genauer die Kreisfrequenz) der Schwingung mit $0 \leq \omega \leq 2\pi$. Dabei entspricht ein periodischer Vorgang, der nach k Datenpunkten genau einen Zyklus durchlaufen hat, einer Frequenz von $\omega = 2\pi k/N$.

Die diskrete Fourier-Transformation, mit der man die Spektraldichte erhält, wird durchgeführt über

$$f(\omega) = \sum_{k=-\infty}^{\infty} \gamma_k \exp(-ik\omega) \tag{4.50}$$

Es wurde hier die etwas kompaktere, komplexe Darstellung mit der Exponentialfunktion und der imaginären Einheit $i^2 = -1$ gewählt, dies auch im Hinblick auf Erweiterungen des Formalismus. Bei der Spektraldichte läßt sich jedoch eine einfache reelle Darstellung finden. Weil γ_k eine gerade Funktion bezüglich k ist, das heißt $\gamma_k = \gamma_{-k}$, liefert eine Aufspaltung der Summe und die Anwendung der Euler-Formel

$$f(\omega) = \gamma_0 \exp(0) + \sum_{k=1}^{\infty} \gamma_k \left[\exp(-ik\omega) + \exp(ik\omega)\right] = \gamma_0 + 2\sum_{k=1}^{\infty} \gamma_k \cos k\omega \tag{4.51}$$

---

87 Die folgende Darstellung lehnt sich an R. Schlittgen, B.H.J. Streitberg (1995), S. 353ff. Eine sehr anschauliche Einführung zur Spektralanalyse gibt Th. Poddig (1999), S. 128ff.

88 Genauer gesagt wählt man eine Basis im Funktionenraum, in dem die Basisvektoren periodische Funktionen sind. Auf diese Weise lassen sich Periodizitäten sofort aus der Darstellung der Funktion ablesen.

Da die theoretische Autokovarianzfunktion γ_k in der Regel nicht bekannt ist, kann bei gegebenen Datenmaterial nur auf die geschätzte, empirische Autokovarianzfunktion $\hat{\gamma}_k$ zurückgegriffen werden. Die Spektraldichte kann damit ebenfalls nur geschätzt werden. Man bezeichnet die Fourier-Transformierte der empirischen Autokovarianz als Periodogramm $\hat{f}(\omega)$, das bestimmt wird

$$\hat{f}(\omega) = \sum_{k=-N}^{N} \hat{\gamma}_k \exp(-ik\omega) = \hat{\gamma}_0 + 2\sum_{k=1}^{N} \hat{\gamma}_k \cos k\omega \qquad (4.52)$$

Überraschenderweise ist das Periodogramm ein relativ schlechter Schätzer für die Spektraldichte. Es ist zwar asympotisch erwartungstreu, liefert also für große N *im Mittel* die richtigen Spektraldichten. Das Periodogramm ist allerdings kein konsistenter Schätzer. Selbst für Reihenlängen $N \rightarrow \infty$ verschwindet die Varianz des Schätzers nicht, sondern konvergiert mit $-\pi < \omega < \pi$ gegen $f^2(\omega)$, also gegen das Quadrat der Spektraldichte selbst. Trotzdem kann das Periodogramm als wertvolle empirische Größe angesehen werden, denn es gibt verschiedene Verfahren, wie sich trotzdem ein brauchbarer Schätzer gewinnen läßt. Ansatzpunkt ist dabei, daß Flächen unter der Spektraldichtefunktion (also Varianzen ganzer Frequenzbänder) sich mit dem Periodogramm konsistent schätzen lassen.

Die Vorgehensweise wäre also, eine gewichtete Summe über die Periodogrammwerte benachbarter Frequenzen ω zu bilden und dies als (konsistenten) Periodogramm-Schätzer zu verwenden. Ein Bereich, über den eine gewichtete Mittelung von Frequenzen gebildet wurde, bezeichnet man als Spektralfenster. Einfacher ist es, direkt bei der Berechnung des Periodogramms die Mittelung zu berücksichtigen, indem man bereits die Autokovarianzen gewichtet. Dabei wird ein dem Spektralfenster entsprechendes Lagfenster λ_k verwendet. Die im folgenden zusammengestellten Fenster sind verbreitet, wobei T den »Truncation-Point« bezeichnet, der die Breite des Fensters angibt.[89] Das Bartlett-Fenster, das bereits im Philips-Perron-Test in Kap. 3.3.2.3 verwendet wurde, lautet[90]

$$\lambda_k^{\mathrm{B}} = \begin{cases} 1 - \left|\frac{k}{T}\right| & \text{für alle} \quad |k| \leq T \\ 0 & \text{für alle} \quad |k| > T \end{cases} \qquad (4.53)$$

---

89 Wieviele Beobachtungen T umfaßt, ist dabei stets ein Kompromiß zwischen zwischen Genauigkeit und Konvergenzgeschwindigkeit. Ein großes T konvergiert zwar schnell, stellt aber auch eine Mittelung über einen relativ großen Bereich dar. Umgekehrt erfordert ein »detailiertes« Periodogramm große Datenmengen bzw. behält variante Werte. Zur Wahl von T vgl. auch Fußnote 63, S. 54 dieser Arbeit.

90 Vgl. R. Schlittgen, B.H.J. Streitberg (1995), S. 400, J. Hartung (1998), S. 713. Das einfache Rechteck- oder Daniell-Fenster wurde nicht berücksichtigt.

Das Parzen-Fenster ist definiert als

$$\lambda_k^{\mathrm{P}} = \begin{cases} 1-6\left|\frac{k}{T}\right|^2+6\left|\frac{k}{T}\right|^3 & \text{für alle} \quad |k| \leq \frac{T}{2} \\ 2(1-\left|\frac{k}{T}\right|)^3 & \text{für alle} \quad \frac{T}{2} < |k| \leq T \\ 0 & \text{für alle} \quad |k| > T \end{cases} \tag{4.54}$$

Das Tukey-Fenster ist von der Form

$$\lambda_k^{\mathrm{T}} = \begin{cases} \frac{1}{2}-\frac{1}{2}\cos\frac{\pi k}{T} & \text{für alle} \quad |k| \leq T \\ 0 & \text{für alle} \quad |k| > T \end{cases} \tag{4.55}$$

Mit einem dieser Lagfenstern bestimmt man dann das Periodogramm nach (für alle sinnvollen Lagfenster gilt $\lambda_0 = 1$)

$$\hat{f}(\omega) = \sum_{k=-N}^{N} \lambda_k \hat{\gamma}_k \exp(-ik\omega) = \hat{\gamma}_0 + 2\sum_{k=1}^{N} \lambda_k \hat{\gamma}_k \cos k\omega \tag{4.56}$$

4.3.1 Kumuliertes Periodogramm

Der Periodogramm-Test prüft die Nullhypothese, daß ein stochastischer Prozeß $\{Y_t\}$ unabhängig und identisch verteilte Realisationen besitzt und damit einem white-noise-Prozeß entspricht. Ein white-noise-Prozeß enthält alle Frequenzen in gleichem Maße, und somit muß die Fläche unter der Periodogrammkurve in den Grenzen $[0, \omega_k]$ mit steigenden ω_k linear wachsen. Prüft man die Abweichung von der Geraden durch ein geeignetes Maß und kennt man dessen Verteilung, läßt sich ein Test auf white-noise konstruieren.

Prinzipiell kann ein Wert des Periodogramms $\hat{f}(\omega)$ für beliebige ω bestimmt werden. Möchte man jedoch zu Aussagen über die Verteilung der Werte im Periodogramm kommen, so werden die Überlegungen wesentlich vereinfacht, wenn man nur einen Satz von bestimmten Frequenzen ω_k zuläßt, bei denen die Periodogrammwerte statistisch unabhängig sind. Es ist offensichtlich, daß man aus N unabhängigen Beobachtungen nur N unabhängige Periodogrammwerte bestimmen kann. Mit den Orthogonalitätsrelationen der komplexen Exponentialfunktion läßt sich zeigen, daß bei den Frequenzen

$$\omega_r = \frac{2\pi r}{N} \text{ mit } r = 1, \ldots, N \tag{4.57}$$

die zugehörigen Periodogrammwerte statistisch unabhängig sind.[91] Im folgenden kann man sich auf den Bereich $0 < \omega < \pi$ beschränken, da das Periodogramm symmetrisch ist und der negative Bereich $-\pi < \omega < 0$ keine zusätzlichen Informationen liefert.

Nun definiert man mit den oben angegebenen Frequenzen das kumulative Periodogramm

$$S_r = \frac{\sum_{k=1}^{r} \hat{f}\left(\frac{2\pi k}{N}\right)}{\sum_{k=1}^{N} \hat{f}\left(\frac{2\pi k}{N}\right)} \tag{4.58}$$

Falls die vorliegenden Daten gemäß der Nullhypothese H_0 unabhängig und identisch verteilt sind, enthalten sie alle Frequenzen in gleichem Maße.[92] Das Periodogramm muß daher konstant sein und das kumulierte Periodogramm folgt der Geraden $S'_r = r/N$. Über einen Vergleich von S_r mit S'_r ist nun eine geeignete Prüfgröße zu bestimmen, die einen Hypothesentest ermöglicht.

Es gibt in der Literatur verschiedene Vorschläge, wie diese Prüfgröße gewonnen werden kann. Es handelt sich dabei um die gleiche Problematik, die bereits bei den Normalverteilungstests diskutiert wurde. Auch hier sollte man von einem Kolmogorov-Smirnov-Test Abstand nehmen und statt dessen auf die Anderson-Darling-Testgröße zurückgreifen mit

$$A^2 = -N - \frac{1}{N}\sum_{k=1}^{N}(2k-1)\left[\ln S_k + \ln(1 - S_{N+1-k})\right] \tag{4.59}$$

Dabei werden wieder die Quantile zu A^2 aus Tabelle 3.1 verwendet.

---

91 Das folgt aus den Orthogonalitätsrelationen

$$\sum_{k=-N}^{N} \exp(-ik\omega_r)\exp(-ik\omega_s) = 0 \qquad \text{für alle } \omega_r = \frac{2\pi r}{N},\ \omega_s = \frac{2\pi s}{N} \text{ und } r \neq s$$

Für eine etwas ausführlichere Herleitung siehe R. Schlittgen, B.H.J. Streitberg (1995), S. 362ff

92 Daher auch der Name »weißes Rauschen«: Bei weißem Licht sind alle Frequenzen des Wellenspektrums gleichstark ausgeprägt. Bei farbigem Rauschen treten bestimmte Frequenzen häufiger auf.

4.3.2 Der Test von Subba Rao/Gabr

Wie im Fall des Bikovarianz-Tests kann auch im Frequenzraum auf dritte Momente getestet werden. Dazu benötigt man neben der Spektraldichte $f(\omega)$ noch die Bispektraldichte $g(\omega,\omega')$, die analog zur Spektraldichte aus der (zweidimensionalen) Fourier-Transformation der Bikovarianz aus (4.37) gebildet wird. Während die Spektraldichte aufgrund der Symmetrieeigenschaften der Autokovarianz $\gamma_k = \gamma_{-k}$ stets reellwertig ist, kann die Bispektraldichte auch komplexwertig sein. Man erhält also für die (wahren) Spektren und Bispektren

$$f(\omega) = \sum_{k=-\infty}^{\infty} \gamma_k \exp(-ik\omega) \tag{4.60}$$

$$g(\omega,\omega') = \sum_{k=-\infty}^{\infty}\sum_{l=-\infty}^{\infty} \beta_{kl} \exp\big(-i(k\omega + l\omega')\big) \tag{4.61}$$

Besitzt der stochastische Prozeß $\{Y_t\}$ eine lineare Darstellung als MA-Prozeß, d.h. kann er in der Form geschrieben werden $y_k = \sum_{k=-\infty}^{\infty} a_k \varepsilon_k$, so folgen daraus mit der Transferfunktion des Filters[93] $H(\omega) = \sum_{k=0}^{\infty} a_k\, exp(-ik\omega)$ die Beziehungen[94]

$$f(\omega) = \frac{\sigma^2}{2\pi} H(\omega) H(\omega)^* \tag{4.62}$$

$$g(\omega,\omega') = \frac{\kappa}{(2\pi)^2} H(\omega)H(\omega')H(\omega+\omega')^* \tag{4.63}$$

Für die ε_k wird wieder Unabhängigkeit und eine identische Verteilung angenommen. Die Momente sind $E(\varepsilon_k) = 0$, $E(\varepsilon_k^2) = \sigma^2$, $E(\varepsilon_k^3) = \kappa$. Bestimmt man damit die Größe

$$S(\omega,\omega') = \frac{g(\omega,\omega')g(\omega,\omega')^*}{f(\omega)f(\omega')f(\omega+\omega')} = \frac{\kappa^2}{2\pi\sigma^6} \tag{4.64}$$

so zeigt sich, daß bei linear generierten Daten S nicht mehr von den Frequenzen ω, ω' abhängt. Es ist also $S(\omega,\omega') = const$ für alle ω, ω'. Kann man die Konstanz

---

93 Unter einer Filterung versteht man allgemein gesprochen die Transformation einer Zeitreihe. Dabei können auch die Koeffizienten eines MA-Prozesses als Beschreibung eines linearen Filters aufgefaßt werden. Zu Details vgl. etwa R. Schlittgen, B.H.J. Streitberg (1995), S. 34ff.

94 Die Herleitungen sind beispielsweise bei D. Brillinger (1965) oder D.M. Patterson, R.A. Ashley (2000), S. 43f nachzulesen. $H(\omega)^*$ bezeichnet die komplex konjugierte Größe zu $H(\omega)$, bei der der Imaginärteil negiert wird. Damit ist $H(\omega)^* H(\omega)$ stets positiv.

nachweisen und damit die Nullhypothese H_0: $S = const$ nicht ablehnen, so deutet dies auf weißes Rauschen oder höchstens lineare Abhängigkeit hin. Anders gewendet, falls die empirisch geschätzte Größe $\hat{S}$ für verschiedene ω, ω' nicht konstant ist, kann man schlußfolgern, daß es sich um nichtlineare Abhängigkeiten handelt.

Um $\hat{S}$ zu bestimmen muß zunächst das Spektrum $f(\omega)$ und Bispektrum $g(\omega, \omega')$ konsistent geschätzt werden. Dazu wird an jedem Punkt $\xi = (\omega, \omega')$ die Spektraldichteschätzung durch geeignete Mittelung geglättet. Im folgenden werden die verschiedenen Werte für (ω, ω'), für die die Schätzungen bestimmt werden auch mit ξ_{ik} bezeichnet. Subba Rao/Gabr benutzten für die Schätzung das Parzen-Fenster λ^{P} und erhalten damit als Spektral- bzw. Bispektralschätzer

$$\hat{f}(\omega) = \sum_{k=-N}^{N} \lambda_k^{\mathrm{P}} \gamma_k \exp(-ik\omega) \tag{4.65}$$

$$\hat{g}(\omega, \omega') = \sum_{k=-N}^{N} \sum_{l=-N}^{N} \lambda_k^{\mathrm{P}} \lambda_l^{\mathrm{P}} \lambda_{k-l}^{\mathrm{P}} \beta_{kl} \exp\big(-i(k\omega + l\omega')\big) \tag{4.66}$$

Die Mittelung mit dem Lagfenster erscheint beim Bispektrum etwas ungewöhnlich, sie erhält jedoch die Symmetrieeigenschaften des Bispektrums und ist daher geeigneter als ein gewöhnliches Produkt.

Subba Rao/Gabr gehen in der konkreten Testdurchführung so vor, daß sie zunächst durch Symmetrieüberlegungen den zu untersuchenden Raum der ω, ω' eingrenzen. Da für die Bikovarianz bei reellwertigen Prozessen die Relationen $\beta_{k,l} = \beta_{l,k} = \beta_{-k,l-k} = \beta_{k-l,-l}$ gelten, ist keine vollständige Untersuchung aller Frequenzen nötig, sondern es genügt die Betrachtung eines dreieckigen Bereiches $\Omega = \{(\omega, \omega') \mid 0 \leq \omega \leq \pi \wedge \omega' \leq \omega \wedge 2\omega + \omega' \leq 2\pi\}$

Als nächstes wird ein grobes und ein feines zweidimensionales Raster über den Bereich Ω gelegt. Die Abstände des feinen Gitters sind so zu wählen, daß bei *jeder Art* von Zusammenhang sich die Werte nur langsam ändern, wenn man zu benachbarten Gitterpunkten übergeht. Die Abstände des groben Gitters sollen dagegen so groß gewählt werden, daß hier Änderungen des Spektrums und Bispektrums sichtbar sind, wenn man zu benachbarten Gitterpunkten übergeht. Die Anzahl der Punkte im groben Gitter sei n und die Anzahl der zu einem Grobpunkt gehörenden Punkte im feinen Gitter sei m. Die Punkte (ω, ω') werden mit ξ_{ij} bezeichnet. Der erste Index numeriert dabei die Grobgitterpunkte durch und der zweite Index gibt den zugehörigen »Unterpunkt« im Feingitter an. Darüber hinaus werden die Gitterabstände so gewählt, daß auch im feinen Gitter jeder Gitterpunkt einen unabhängigen Spektralschätzer liefert. Die Anordnung der Punkte ist für einen konkreten Fall nochmals in Abb. 4.1 dargestellt.

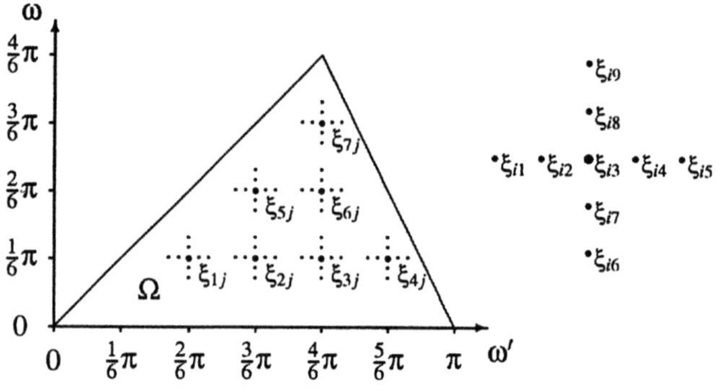

Abbildung 4.1: Die Anordung der geprüften Werte für (ω, ω') im Gebiet Ω. Die Punkte werden mit ξ_{ij} bezeichnet. Jeder grobe Gitterpunkt (Index i mit $i = 1, \ldots, m$) ist von einem Satz Punkten aus dem feinen Gitter (Index j mit $j = 1, \ldots, n$) umgeben.

Um zu prüfen, ob die Werte der $\hat{S}(\xi_{ij})$ an den Punkten des groben Gitters stärker schwanken, als an den Punkten des feinen Gitters, verwendet man den Hotellingschen T^2-Test aus der multivariaten Statistik. Das feine Gitter wird dabei gewissermaßen als Varianzschätzer benutzt und dient zur Beurteilung, ob die Streuung an den groben Gitterpunkten innerhalb der gewöhnlichen Schwankungen liegt. Man bestimmt zunächst den Mittelwert und die Varianz-Kovarianz-Matrix mit

$$\hat{\eta}_i = \frac{1}{m}\sum_{k=1}^{m}\hat{S}(\xi_{ik}), \quad \hat{\Sigma}_{ik} = \frac{1}{m}\sum_{l=1}^{m}(\hat{S}(\xi_{il}) - \hat{\eta}_i)(\hat{S}(\xi_{kl}) - \hat{\eta}_k)^{\mathsf{T}} \tag{4.67}$$

so könnte man eine Prüfgröße F bestimmen, die unter der Nullhypothese $H_0\colon \eta = 0$ dann F-verteilt ist mit $(2n, 2(m-n))$ Freiheitsgraden

$$\hat{F} = \frac{2(m-n)}{2n}T^2 \quad \text{mit} \quad T^2 = m\sum_{i,k=1}^{m}\hat{\eta}_i^{\mathsf{T}}\,\hat{\Sigma}_{kl}^{-1}\,\hat{\eta}_k \tag{4.68}$$

Um die Nichtlinearität zu prüfen, ist aber nicht gefragt, ob $S(\xi_{ik}) = 0$, sondern ob die $S(\xi_{ik}) = const$ sind. Hier nutzt man die Eigenschaft, daß die T^2-Statistik invariant unter linearen Transformationen ist. Dadurch kann man beispielsweise paarweise zwischen benachbarten Punkten die Differenzen bilden. Die Differenzen haben dann bei konstanten Werten einen Erwartungswert von Null und können wiederum mit der T^2-Statistik geprüft werden. Mit $\Delta\hat{S}(\xi_{ik}) = \hat{S}(\xi_{ik}) - \hat{S}(\xi_{i+1\,k})$ ermittelt man analog zu (4.67)[95]

$$\hat{\eta}_i = \frac{1}{m-1}\sum_{k=1}^{m-1}\Delta\hat{S}(\xi_{ik}),\ \hat{\Sigma}_{ik} = \frac{1}{m-1}\sum_{l=1}^{m-1}\left(\Delta\hat{S}(\xi_{il}) - \hat{\eta}_i\right)\left(\Delta\hat{S}(\xi_{kl}) - \hat{\eta}_k\right)^{\mathsf{T}} \quad (4.69)$$

und erhält wieder eine Prüfgröße $\hat{F}$, die unter der Nullhypothese $S(\omega,\omega') = \text{konst}$ F-verteilt ist mit $(n-1, m-n+1)$ Freiheitsgraden

$$\hat{F} = \frac{m-n+1}{n-1}T^2 \quad \text{mit} \quad T^2 = (m-1)\sum_{i,k=1}^{m-1}\hat{\eta}_i^{\mathsf{T}}\hat{\Sigma}_{kl}^{-1}\hat{\eta}_k \qquad (4.70)$$

Die Nullhypothese wird damit abgelehnt, falls $\hat{F} > F_{n-1,m-n-1;1-\alpha}$ ist.

4.3.3 Hinichs Bi-Spektrum-Test

Die Arbeit von Hinich[96] baut auf den Überlegungen von Subba Rao/Gabr auf und führt einige, vor allem in der praktischen Anwendung entscheidende, Verbesserungen ein, hauptsächlich die robustere Teststatistik und die problemlosere Wahl der Parameter.

Die erste Vereinfachung betrifft die Bildung des Grob- und Feingitters. Statt beide Gitter einzeln festzulegen, wird zunächst das Feingitter so gesetzt, daß Spektral- und Bispektralschätzer statistisch unabhängig sind. Die verwendeten Frequenzen ω, ω' sind damit Vielfache von $2\pi/N$. Zweitens wird das Verhältnis der Abstände von Grob- zu Feingitter durch einen Parameter c geregelt. Die Anzahl der Feingitterpunkte pro Grobgitterzelle bildet man mit $m = N^c$ und $0.5 < c < 1$. Dadurch reduziert sich die Zahl der festzulegenden Parameter und es ist schwieriger, sinnlose Größen zu wählen.

Hinich verwendet für eine Schätzung von $\hat{S}(\omega,\omega')$ in einer Zelle des groben Gitters *alle* Punkte des feinen Gitters, die in diese Zelle fallen und bildet darüber einen

95 Die erforderlichen Elemente der multivariaten Statistik und insbesondere die Erklärung der Freiheitsgrade können hier nur angedeutet werden. Details zur generalisierten T^2-Statistik sind beispielsweise in T.W. Anderson (1984), Kap. 5 zu finden. Das Problem der Symmetrie, das dem konstanter Werte entspricht, wird in Kap. 5.3.6. auf S. 170 behandelt.

96 Vgl. M. Hinich (1982), S. 169ff und nochmals vorgestellt in R.A. Ashley, D.M. Patterson, M.J. Hinich (1986), S. 165ff.

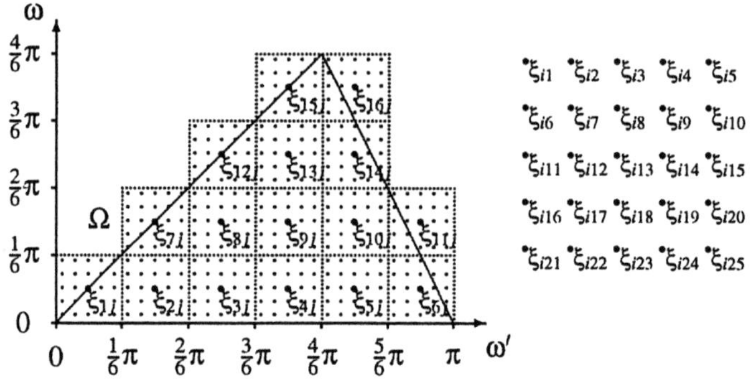

Abbildung 4.2: Das Gebiet Ω wird zunächst in einzelne quadratische Zellen aufgeteilt (Grobgitter), dabei ist die Anzahl der Zellen $n = N^c$. Innerhalb einer Zelle werden $m = N/n$ Punkte zur Bestimmung des Spektralschätzers verwendet. Einer großen Zelle wird im Formalismus trotzdem ein (ω, ω') zugeordnet, um eine eindeutige Benennung zu ermöglichen. Die Punkt insgesamt werden mit ξ_{ij} bezeichnet.

Mittelwert. Zwar schlägt Hinich vor, bei Zellen, die nicht vollständig in dem Gebiet Ω liegen, nur über die in Ω liegenden Punkte zu mitteln. Bei der Bestimmung der Prüfgröße selbst werden jedoch nur solche Zellen verwendet, die ganz in Ω liegen und eine gesonderte Behandlung »abgeschnittener Zellen« ist daher nicht nötig.[97] (In Abb. 4.2 sind die berücksichtigten Zellen ξ_{2j}, ξ_{3j}, ξ_{4j}, ξ_{5j}, ξ_{8j}, ξ_{9j}, ξ_{10j}, ξ_{13j}.) Durch die Einbeziehung aller Punkte entfällt die sonst erforderliche Festlegung eines bestimmten Lag-Fensters und die damit verbundenen Probleme. Kein spezieller Punkt ist in einer Zelle ausgezeichnet. Die Anordnung der Punkt ist in Abb. 4.2 dargestellt

Drittens nutzt Hinich, daß unter der Nullhypothese der Linearität die Größe $2S(\omega, \omega')$ nichtzentral $\chi^2(\nu)$-verteilt ist mit 2 Freiheitsgraden und Nichtzentralitätsparameter ν. Für den Nichtzentralitätsparameter erhält man also entsprechend (4.64)[98]

$$\nu = S(\omega, \omega') = \frac{\kappa^2}{2\pi\sigma^6} \tag{4.71}$$

97 Vgl. M. Hinich (1982), S. 175.

98 Diese Eigenschaft von $S(\omega, \omega')$ beruht auf einem Satz von Van Ness, nach dem die asymptotische Verteilung der Schätzer des Bispektrums komplex normalverteilt sind, das heißt sowohl der Real- wie der Imaginärteil genügen einer Normalverteilung. Vgl. M. Hinich (1982), S. 172. Zur nichtzentralen χ^2-Verteilung vgl. J. Hartung (1998), S. 152f.

und schätzt ihn durch einfache Mittelwertbildung aller Werte von $S(\omega, \omega')$.

Zwar kann Frage, ob die Nullhypothese abgelehnt werden muß, nicht auf eine Prüfgröße mit bereits tabellierter Verteilung zurückgeführt werden, die nichtzentrale $\chi^2(\nu)$-Verteilung kann aber durch andere Verteilungen genähert werden und liefert damit ein »direkteres« Testverfahren, als der Test von Subba Rao/Gabr mit dem Umweg über die multivariate T^2-Statistik. Die Dichte der Verteilung $\chi_2^2(\nu)$ wird im folgenden als $f(x)$ bezeichnet, die kumulierte Dichte entsprechend mit $F(x)$.

Schließlich wird für die eigentliche Prüfung ein gegen Ausreißer robustes Verfahren verwendet, nämlich der Vergleich der Quartilsabstände.[99] Dazu betrachtet man die geschätzten Werte $2\hat{S}(\omega, \omega')$ für alle vollständig in Ω liegenden Zellen (Anzahl P). Anschließend bildet man eine empirische Verteilungsfunktion $\hat{F}$ und bestimmt deren Werte zu den Wahrscheinlichkeiten $p = 1/4$ und $p = 3/4$. Die Differenz[100]

$$\hat{R} = \hat{c}_{3/4} - \hat{c}_{1/4} \quad \text{mit} \quad \hat{F}(\hat{c}_{3/4}) = \frac{3}{4} \quad \text{und} \quad \hat{F}(\hat{c}_{1/4}) = \frac{1}{4} \tag{4.72}$$

bezeichnet man als Quartilsabstand, für den eine Normalverteilung angenommen werden kann. Damit ist $R \sim \mathcal{N}(\mu_R, \sigma_R^2)$ mit[101]

$$\mu_R = c_{3/4} - c_{1/4} \text{ und } \sigma_R^2 = \frac{1}{16P}\left(\frac{3}{f^2(c_{1/4})} - \frac{2}{f(c_{1/4})f(c_{3/4})} + \frac{3}{f^2(c_{3/4})}\right) \tag{4.73}$$

Die Nullhypothese der Linearität wird abgelehnt, falls

$$\left|\frac{\hat{R} - \mu_R}{\sigma_R}\right| > \Phi_{1-\alpha/2} \tag{4.74}$$

4.4 Weitere Verfahren

4.4.1 Der Neural-Network-Test von White

Ein von White vorgeschlagenes Testverfahren, der Neural-Network-Test, verwendet einen einfachen Ansatz, erfordert jedoch ein gewisses Verständnis der Theorie

99 Vgl. dazu auch J. Hartung (1998), S. 41f.

100 Zur empirischen Verteilungsfunktion vgl. auch Kap. 3.2.2.3, S. 43 dieser Arbeit.

101 Vgl. H.A. David (1970), S. 201ff.

neuronaler Netze.[102] Eine Einführung in die Grundlagen dieses interessanten statistischen Modellierungswerkzeuges soll der folgende Exkurs bereitstellen.

Exkurs: Das Multilayer-Perzeptron

Künstliche neuronale Netze (KNN) stellen eine Modellierung für die im Nervensystem biologischer Systeme vorkommenden funktionalen Strukturen dar. Hauptelemente sind dabei die einzelnen Nervenzellen, die Neuronen, und die Verbindungen zwischen den Neuronen, die Synapsen genannt werden.[103] Die Signalverarbeitung in biologischen Systemen ist so aufgebaut, daß jedes Neuron über seinen Dendritenbaum sensorische oder von anderen Neuronen stammende, elektrische Reize aufnimmt und sammelt. Übersteigt das Membranpotential am Zellkörper einen bestimmten Schwellenwert, so wird ein Aktionspotential, das heißt ein durch biochemische Prozesse bewirkter Spannungsstoß, ausgelöst. Dieser wird über das Axon an andere Neuronen oder die Motorik weitergeleitet. Der Anpassungsprozeß biologischer Systeme, das »Lernen«, erfolgt durch Änderung der Übergänge zwischen den Axonen und Dendritenbäumen. Die Neuronen treten also unterschiedlich stark in Wechselwirkung und die Stärke dieser Wechselwirkung regelt den Prozeß der Signal- bzw. Informationsverarbeitung. Ein biologisches Neuron ist in Abb. 4.4 dargestellt.

Dieses biologische Paradigma wird, je nach Zielrichtung, auf unterschiedliche Weise abstrahiert und das Netzwerkmodell schlechthin gibt es nicht. Stattdessen sind in der Literatur und Anwendung eine Vielzahl verschiedener KNN-Typen anzutreffen.[104] Zu den analytisch gut verstandenen und in technischen Anwendungen beliebten Neuromodellen gehört das Multilayer-Perzeptron[105]. Hierbei sind die Modellneuronen in Schichten organisiert. Im gängigsten Fall besitzt ein Multi-Layer-Perzepton drei Schichten: eine Eingabe- oder Input-Schicht aus $N^{(1)}$ Neuronen, eine Zwischen- oder Hidden-Schicht aus $N^{(2)}$ Neuronen und eine Ausgabe- oder Output-Schicht bestehend aus $N^{(3)}$ Neuronen. In vielen Fällen ist $N^{(3)} = 1$. Alle Neuronen der Eingabeschicht sind mit allen Neuronen der Zwischenschicht unidirektional verbunden. Weiterhin sind alle Neuronen der Zwischenschicht mit allen Neuronen der Ausgabeschicht unidirektional verknüpft. Der Signalfluß läuft damit stets nur von einer Schicht zur nächsten, weshalb man auch von feedforward-Netzen spricht. Jeder Verbindung zwischen zwei Neuronen ist ein Gewicht (eine reelle Zahl) zugeordnet. Die Gesamtheit der Gewichte läßt sich damit in Form von zwei Matrizen $w_{ik}^{(1\to2)}$ und $w_{ik}^{(2\to3)}$ schreiben. Ferner besitzt jedes Neuron eine Zustandsvariable $u_i^{(1)}$, $u_i^{(2)}$ und $u_i^{(3)}$ entsprechend der zugehörigen Schicht. Die Vernetzung ist in Abb. 4.3 dargestellt.

Während die Werte in der Eingabeschicht von außen vorgegeben werden, bestimmen sich

102 Vgl. H. White (1989a), S. 451ff oder C.W. Granger, T. Teräsvirta (1993), S. 81f, E. Steurer (1997), S. 144f.

103 Vgl. B. Müller, J. Reinhardt (1990), S. 2ff, R. Rojas (1993), S. 10ff. Neben den hier angegebenen Literaturstellen vgl. auch M. Minsky, S. Pappert (1969), J. Hertz, A. Krogh, R. Palmer (1991) und W.S. Sarle (1999).

104 Vgl. Th. Poddig (1999), S. 274

105 Vgl. F. Rosenblatt (1958), S. 386ff, B. Müller, J. Reinhardt (1990), S. 51ff oder Th. Poddig (1992), S. 240ff.

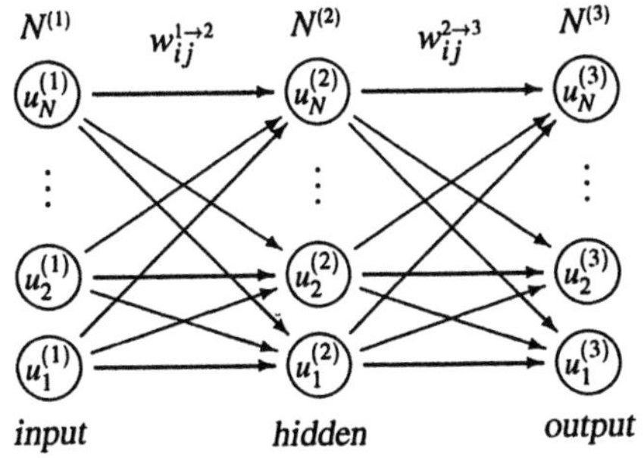

Abbildung 4.3: Beispiel einer Netzstruktur in einem Multilayer Perceptron.

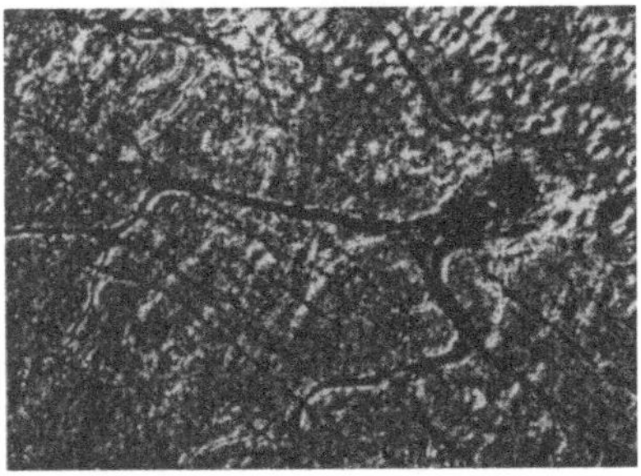

Abbildung 4.4: Eine biologische Nervenzelle. (aus: H. v. Ditfurth (1981), Abb. 7)

die Zustände der Neuronen in der Zwischen- und Ausgabeschicht nach[106]

$$u_i^{(2)} = f(\sum_{k=1}^{N^{(1)}} w_{ik}^{(1\to2)} u_k^{(1)}) \quad \text{und} \quad u_i^{(3)} = f(\sum_{k=1}^{N^{(2)}} w_{ik}^{(2\to3)} u_k^{(2)}) \tag{4.75}$$

Dabei ist $f(x)$ in der Regel eine nichtlineare Funktion, die aus Bequemlichkeitsgründen differenzierbar sein sollte, trotzdem aber den Schwellenwertcharakter des biologischen Vorbildes behält. Übliche Wahl ist die logistische Funktion $f(x) = [1+\exp(-x)]^{-1}$ oder der Tangens hyperbolicus $f(x) = \tanh(x)$.[107] Aus dieser Struktur ergibt sich, daß die beiden Gewichtsmatrizen w_{ik} und der Eingabevektor $u_i^{(1)}$) vorgegeben werden müssen und daraus dann der Ausgabevektor $u_i^{(3)}$) bestimmt werden kann.

Der entscheidene Ansatz ist nun, daß die Gewichte nicht *a priori* festzulegen sind, sondern aus einem Satz von Beispielen (der sogenannten Trainingsmenge) bestimmt werden, die die »richtigen« Eingabe-Ausgabe-Beziehungen repräsentieren.[108] Ein einzelnes Beispiel besteht dabei aus den vorgegebenen Eingabewerten $U_i^{(1)}$ mit $i = 1,\ldots,N^{(1)}$ und den dazugehörigen Soll-Ausgabewerten $U_i^{(3)}$ mit $i = 1,\ldots,N^{(3)}$. Das »Lernen« aus Beispielen oder Mustern ist der wesentliche Vorzug neuronaler Modellierung: Ohne die Zusammenhänge in einer formalisierten Darstellung zu kennen, kann allein über (selbstverständlich geeignete) konkrete Beispiele eine Verallgemeinerung durchgeführt werden. Bemerkenswert ist daran vor allem, daß diese Fähigkeit genau der biologischer Systeme entspricht.

Für einen solchen »Lernvorgang« werden die Gewichte zunächst zufällig initialisiert, die Eingabedaten eines Beispiels gesetzt und der Wert des Ausgabevektors berechnet.[109] Anschließend bestimmt man eine Fehlergröße E aus der Differenz zwischen dem Ist-Wert des

106 Die übliche Bias-Unit, die einen konstanten Input liefert und eher technischen Charakter besitzt, wird im folgenden fortgelassen.

107 Vgl. Th. Poddig (1992), S. 250f, B. Müller, J. Reinhardt (1990), S. 46.

108 Vgl. R. Rojas (1993), S. 73f.

109 Vgl. im folgenden B. Müller, J. Reinhardt (1990), S. 52f oder R. Rojas (1993), S. 175ff.

Ausgabevektors $u_i^{(3)}$ und dem Soll-Wert des Beispiels $U_i^{(3)}$. Neben anderen Fehlerfunktionen werden üblicherweise quadratische Fehler verwendet von der Form

$$E = \frac{1}{2}\sum_{i=1}^{N^{(3)}}(u_i^{(3)} - U_i^{(3)})^2 \tag{4.76}$$

Aus dieser Fehlergröße läßt sich bestimmen, wie stark jedes einzelne Gewicht in der Gewichtematrix $w_{ik}^{(2\to3)}$ zum Fehler beigetragen hat, indem die Ableitung des Fehlers nach den Gewichten gebildet wird. Anschließend werden die Gewichte so geändert, daß der Fehler minimiert wird. Als Änderung eines Gewichts, sie wird hier als δ bezeichnet, wird der η-te Teil der negativen Ableitung genommen. Das Verfahren ist auch unter dem Namen Gradientenabstieg bekannt und stellt ein einfaches, iterativ durchgeführtes Optimierungsverfahren dar. Die Änderung der Gewichte in einem Iterationsschritt ist also

$$\delta_{ik}^{(2\to3)} = -\eta\,\frac{\partial E}{\partial w_{ik}^{(2\to3)}} \qquad \text{und} \qquad \delta_{ik}^{(1\to2)} = -\eta\,\frac{\partial E}{\partial w_{ik}^{(1\to2)}} \tag{4.77}$$

Der Parameter $0 < \eta < 1$ wird als Lernrate bereichnet und regelt die Anpassungsgeschwindigkeit des Optimierungsprozesses. Die Anpassung der Gewichtsmatrix zwischen der Hidden- und der Output-Schicht erhält man dabei noch relativ einfach durch Anwenden der Kettenregel

$$\delta_{ik}^{(2\to3)} = -\eta\,(u_i^{(3)} - U_i^{(2)})f'\left(\sum_{j=1}^{N^{(2)}} w_{ij}^{(2\to3)}\,u_j^{(2)}\right)u_k^{(2)} \tag{4.78}$$

Bei den Gewichten zwischen der Input- und der Hidden-Schicht muß der Fehler vom Ende des Netzes her zurückverfolgt werden. Die explizite Darstellung erfordert eine zweimalige Anwendung der Kettenregel und liefert

$$\delta_{ik}^{(1\to2)} = -\eta\sum_{j=1}^{N^{(3)}}(u_j^{(3)} - U_j^{(3)})f'\left(\sum_{l=1}^{N^{(2)}} w_{jl}^{(2\to3)}\,u_l^{(2)}\right)w_{ji}^{(2\to3)}f'\left(\sum_{l=1}^{N^{(1)}} w_{il}^{(1\to2)}\,u_l^{(1)}\right)u_k^{(1)} \tag{4.79}$$

Die Ausdrücke sehen ziemlich kompliziert aus, sie ergeben sich jedoch einfach bei sorgfältiger partieller Ableitung des quadratischen Fehlers E nach den Gewichten. Das Verfahren läßt sich auch mit weiteren Schichten durchführen und heißt Back Propagation, da die Fehler vom Ende des Netzwerks rückwärts die Gewichte korrigieren.

Das Trainieren des neuronalen Netzes, also die optimale Anpassung der Gewichte, erfolgt nun, indem man entweder zufällig oder systematisch Beispiele präsentiert, den Fehler bestimmt und nach einer bestimmten Zahl von Beispielen eine Anpassung der Gewichte vornimmt. Dies erfolgt solange, bis die Fehler hinreichend klein geworden sind. Anschließend können dem Netzwerk auch bisher unbekannnte Eingabewerte präsentiert werden, für die dann – die Beispiele generalisierend – passende Ausgabewerte gefunden werden. Formaler gefaßt lassen sich KNN auch als Funktionsapproximierer auffassen, die aus einer Anzahl von Stützstellen (Beispielen) einen funktionalen Zusammenhang schätzen (generalisieren). Bei genügend Neuronen in der Zwischenschicht können damit beliebige, auch nichtlineare Funktionen modelliert werden.[110]

Mit der Verwendung neuronaler Netze und dem oben erläuterten Verfahren sind eine ganze Reihe von Schwierigkeiten verbunden. Zunächst besteht speziell beim Backpropagation-Algorithmus und dem dahinterstehenden Gradientenabstieg die Gefahr, nicht das globale Minimum zu erreichen, sondern nur lokale Minima, da sich durch kleine Variationen der Gewichte keine Verringerung des Fehlers mehr ergibt, obwohl die optimalen Gewichte noch nicht gefunden wurden. Weitere Probleme können auftreten, wenn die Fehlerfunktion extreme Formen, etwa flache Plateaus oder Schluchten, aufweist. Es gibt jedoch in der Literatur erhebliche bessere Verfahren zum Training künstlicher neuronaler Netze und der hier vorgestellte Backpropagation-Algorithmus bildet nur einen ersten Zugang.[111]

Ernster sind dagegen Probleme des sogenannten Overfitting.[112] Darunter versteht man, daß ein neuronales Netz optimal auf die präsentierten Beispiele trainiert ist, jedoch seine Generalisierungsfähigkeit verliert. Overfitting kann immer dann auftreten, wenn die Anzahl der freien Parameter in einem Netz im Verhältnis zur Anzahl der Beispiele zu groß ist. Da die Anzahl der Gewichte quadratisch mit der Anzahl der Neuronen ansteigt, können bereits Netze mit wenigen Neuronen eine hohe Zahl freier Parameter besitzen und viele Beispielsätze benötigen. Daher sollte beim Netzwerktraining eine »Validierungsmenge« von Beispieldaten vorliegen, mit denen keine Gewichtsanpassungen durchgeführt werden, sondern die nur zur Kontrolle der Generalisierungsfähigkeit verwendet werden. Andere Ansätze versuchen das Problem zu entschärfen, indem »unnötige« freie Parameter durch Nullsetzen der Gewichte eliminiert werden.[113] Welche Techniken auch angewendet werden, es ist in jedem Fall eine Kontrolle der Generalisierungsfähigkeit während des Trainings angeraten.

Der Test von White startet mit der Nullhypothese eines linearen Zusammenhangs innerhalb einer Zeitreihe Y_t. Damit könnte also ein autoregressives Modell der Ordnung p angepaßt werden. In der Sprache künstlicher neuronaler Netze ließe sich alternativ ein Netz mit einer Eingabeschicht bestehend aus $N^{(1)}$ Neuronen und einer Ausgabeschicht aus einem Neuron $N^{(3)}$ aufbauen und erfolgreich trainieren. Eine Zwischenschicht wird nicht eingefügt, die Gewichtematrix ist $w_{ik}^{(1\to3)}$. Die Trainingssätze bestehen dabei aus den y_t als Ausgabe-Sollwert und den zeitlich zurückliegenden Werten $(y_{t-1},\ldots,y_{t-p})$. Dieses Netz wird trainiert und der mini-

110 Vgl. Th. Poddig (1999), S. 292 und dort insbesondere die Fußnote 535.

111 Zu weiteren Lernverfahren vgl. Th. Poddig (1999), S. 298ff.

112 Vgl. Th. Poddig (1999), S. 422ff.

113 Vgl. Th. Poddig (1999), S. 431ff und 550ff.

male Fehler über alle Muster E bestimmt.[114]

Danach wird eine Zwischenschicht bestehend aus $N^{(2)}$ Neuronen eingefügt und aus einer Gewichtematrix entstehen zwei Matrizen $w_{ik}^{(1\to 2)}$ und $w_{ik}^{(2\to 3)}$. Diese werden wiederum trainiert und der minimale Fehler E' über alle Muster bestimmt. Befinden sich in starkem Maße Nichtlinearitäten in dem Modell, so muß der Fehler im zweiten Fall geringer sein, da ein Multi-Layer-Perzeptron (im Gegensatz zum Single-Layer Perzepton) auch nichtlineare Funktionen approximieren kann. White konnte zeigen, daß der Quotient

$$q = \frac{E^2}{E'} \tag{4.80}$$

asymptotisch χ^2-verteilt ist mit $f = N^{(2)}$ Freiheitsgraden und damit ein Hypothesentest realisiert werden kann.[115] Im Vergleich mit den übrigen vorgestellten Testverfahren besitzt der White-Test den bei weitem größten Rechenaufwand und erfordert die Konstruktion eines kompletten neuronalen Netzes. Auch die Schwierigkeiten, die mit dem Training eines neuronalen Netzes verbunden sind, machen den Test nicht zu einem leicht handhabbaren Werkzeug. Das können Gründe sein, warum bisher kaum Untersuchungen zur Güte des White-Tests in der Literatur zu finden sind. Jedoch zitiert Steurer aus einer Arbeit von Westphal: »Der Neuronale-Netze-Test von White ist ein interessanter Ansatz zur Analyse von Zeitreihen. Zu kritisieren ist nur die Willkürlichkeit der Parameter«.[116]

4.4.2 Weitere Testverfahren

Neben den hier vorgestellten Verfahren existiert in der Literatur eine schon fast unübersehbare Fülle weiterer Testverfahren, die hier zumindest namentlich erwähnt werden sollen. Von einer detailierten Darstellung ausgeklammert wurden beispielsweise die der nichtlinearen Dynamik zuzuordnenden Techniken, die Lyapunov-Exponenten schätzen. Neben der Frage, ob deterministisches Chaos im Kontext finanzwirtschaftlicher Problemstellungen wirklich vorkommen kann, erfordern diese Techniken einen so umfangreichen mathematischen Unterbau, daß

---

114 Vgl. T.H. Lee, H. White, C.W.J. Granger (1993), S. 269ff und E. Steurer (1997), S. 144.

115 Vgl. H. White (1989b), S. 1007f.

116 Vgl. E. Steurer (1997), S. 145. Das Zitat stammt aus einer Studienarbeit von M. Westphal (1993): Empirische Ergebnisse der Anwendung des Neuronale-Netze-Tests von Halbert White auf den DAX, Institut für Statistik und Mathematische Wirtschaftstheorie, Universität Karlsruhe, S. 18, die nicht vorlag.

dieser kaum in Form eines Exkurses bereitzustellen wäre. Übersichten zu den verschiedenen Algorithmen geben Loistl/Betz[117] und Kerling[118]. Ein Verfahren, bei dem der größte positive Lyapunov-Exponent über eine Regression bestimmt werden kann, stammt von Nychka *et al.*[119]

Das Konzept des Korrelationsintegral von Grassberger/Procaccia[120] ist Ausgangspunkt für den BDS-Test gewesen, es ist jedoch auch möglich, direkt mit der Korrelationsdimension nichtlineare Abhängigkeitsanalysen durchzuführen. Strenggenommen ist er daher selbst auch als Testverfahren zu berücksichtigen. In diesen Rahmen paßt auch der Test von Kaplan, der auf dem Konzept der Stetigkeit im Phasenraum aufbaut und damit ebenfalls Wurzeln in der nichtlinearen Dynamik besitzt.[121]

Ein dem Neural-Network-Test von White ähnliches Verfahren stellen Teräsvirta/Lin/Granger[122] vor. Auch hier wird zur Analyse nichtlinearer Abhängigkeiten ein neuronales Netz verwendet. Weitere Verfahren stammen von Dalle Molle/Hinich[123] und Hinich/Patterson[124]

4.5 Multivariate Verfahren

Der folgende Abschnitt betrachtet Methoden zur Analyse multivariater Abhängigkeiten. Es wird ebenfalls wieder mit dem linearen Fall begonnen, also der Erkennung linearer Zusammenhänge. Das hierfür verwendete Verfahren ist die Bestimmung von Korrelationen, bzw. die lineare Regression. Danach werden einige multivariat arbeitende Verfahren vorgestellt, die auch nichtlineare Zusammenhänge detektieren können.

---

117 Vgl. O. Loistl, I. Betz (1996), S. 70ff und die dort angegebene Literatur.

118 Vgl. M. Kerling (1998), S. 241ff.

119 D. Nychka, S. Ellner, A.R. Gallant, D. McCaffrey (1992): Finding Chaos in Noisy Systems, *Journal of the Royal Statistical Society B*, **31**, S. 399–426.

120 Vgl. P. Grassberger, I. Procaccia (1983), S. 346ff.

121 Vgl. D.T. Kaplan (1993), S. 38ff.

122 Vgl. T. Teräsvirta, C.-F. Lin, C.W.J. Granger (1993), S. 209ff und C.W. Granger, T. Teräsvirta (1993), S. 82f.

123 J.W. Dalle Molle, M. Hinich (1997): Trispectral Analysis of Stationary Random Time Series, *Journal of the Acoustical Society of America*, **95**, S. 2963–2978.

124 M. Hinich, D.M. Patterson (1995): Detecting Epochs of Transient Dependence in White Noise, *NBER Time Series Seminar*, Nov 17th-18th, Cambridge MA.

4.5.1 Lineare Abhängigkeiten

4.5.1.1 Korrelation

Bei der Untersuchung von linearen Zusammenhängen zwischen Variablen wird als Analysemethode überwiegend die Bestimmung von Korrelationen eingesetzt. Der (wahre) Korrelationskoeffizient ρ zweier Zufallsvariablen X und Y ist

$$\rho = \frac{\mathrm{E}(XY) - \mathrm{E}(X)\mathrm{E}(Y)}{\sqrt{\mathrm{Var}(X)\,\mathrm{Var}(Y)}} \tag{4.81}$$

Wie bei den Autokorelationen aus Kap. 4.2.1.1 liegt ρ zwischen $+1$ und -1. Bei $\rho = +1$ besteht perfekte positive Korrelation, bei der alle Realisationen von X,Y exakt auf einer Geraden mit positiver Steigung liegen. Bei $\rho = -1$ besteht perfekte negative Korrelation und entsprechend liegen die Realisationen auf einer Geraden mit negativer Steigung. Ein $\rho = 0$ zeigt an, daß kein *linearer* Zusammenhang vorliegt.[125]

Falls nur eine Stichprobe vorliegt, wird ρ wie üblich aus den Daten geschätzt. Den empirischen (Pearsonschen) Korrelationskoeffizienten bestimmt man nach der Formel[126]

$$\hat{\rho} = \frac{\sum_{i=1}^{N}(x_i - \hat{\mu}_x)(y_i - \hat{\mu}_y)}{\sqrt{\sum_{i=1}^{N}(x_i - \hat{\mu}_x)^2}\sqrt{\sum_{i=1}^{N}(y_i - \hat{\mu}_y)^2}} \tag{4.82}$$

Die Größe $\hat{\rho}^2 = R^2$ bezeichnet man als Bestimmtheitsmaß.[127] Sie liefert eine sehr anschauliche Interpretation des Zusammenhangs: R^2 ist der Anteil der (abhängigen) Variable Y, der durch die (unabhängige) Variable X linear erklärt werden kann. Das Bestimmtheitsmaß und der Korrelationskoeffizient liefern damit auch eine gute Maßzahl zur Stärke einer Abhängigkeit.

Zur Konstruktion eines Hypothesentests startet man mit der Nullhypothese H_0, nach der zwischen X und Y keine lineare Abhängigkeit besteht. Weiter muß man

125 Vgl. etwa Th. Poddig, H. Dichtl, K. Petersmeier (2000), S. 55f oder J. Hartung (1998), S. 546.

126 Vgl. J. Hartung (1998), S. 73ff, W.H. Press, S.A. Teukolsky, W.T. Vetterling, B.P. Flannery (1992), S. 636 oder Th. Poddig, H. Dichtl, K. Petersmeier (2000), S. 64

127 Vgl. Th. Poddig, H. Dichtl, K. Petersmeier (2000), S. 57f.

Normalverteilung der X und Y voraussetzen. Dann bestimmt man die Testgröße t mit[128]

$$\hat{t} = \hat{\rho}\sqrt{\frac{N-2}{1-\hat{\rho}^2}} \tag{4.83}$$

die unter H_0 der t-Verteilung mit $f = N-2$ Freiheitsgraden folgt. Die Nullhypothese wird damit abgelehnt, falls $|\hat{t}| > t_{N-2;1-\alpha}$ ist. Da die t-Verteilung für $f \to \infty$ in die Normalverteilung übergeht, kann bei großen N (typischerweise $N > 500$) auch durch die Normalverteilung approximiert werden.[129]

4.5.1.2 Lineare Regression

Soll gleichzeitig die lineare Abhängigkeit von Y mit mehreren Reihen $X^{(i)}$ untersucht werden, läßt sich dies mit einer linearen Regression durchführen. Dabei müssen die Variablen wie bei der Korrelationsanalyse die Voraussetzungen erfüllen, die eine Regression erfordert, also neben der Stationarität die Normalverteilung der Residuen. Liegt dies vor, regressiert man

$$y_t = \alpha_0 + \alpha_1 x_t^{(1)} + \cdots + \alpha_r x_t^{(r)} + \varepsilon_t \tag{4.84}$$

Nun wird ermittelt, ob die Streuung der y_t nach der Regression, also unter Berücksichtigung der potentiellen linearen Einflüsse der $X^{(i)}$, signifikant kleiner ist als die Streuung vorher, das heißt ohne die $X^{(i)}$. Dazu ermittelt man mit der geschätzten Störgröße $\hat{\varepsilon}_t$ das Bestimmtheitsmaß R^2 der Regression nach[130]

$$R^2 = 1 - \frac{\frac{1}{N}\sum_{t=1}^{N}\hat{\varepsilon}_t^2}{\frac{1}{N}\sum_{t=1}^{N}(y_t - \mu_y)^2} \tag{4.85}$$

---

128 Vgl. J. Hartung (1998), S. 547f, W.H. Press, S.A. Teukolsky, W.T. Vetterling, B.P. Flannery (1992), S. 636ff.

129 Falls man gegen die Nullhypothese H_0: $\rho = \rho_0$, also gegen ein vorgegebenes ρ_0 testen möchte, ist dies ebenfalls möglich. Dabei ist jedoch entweder auf spezielle vertafelte Verteilungen zurückzugreifen oder eine Approximation durchzuführen. Vgl. J. Hartung (1998), S. 548f.

130 Vgl. Th. Poddig, H. Dichtl, K. Petersmeier (2000), S. 245f.

Der Ausdruck im Nenner entspricht der Varianz $\hat{\sigma}_y^2$ der abhängigen Variablen. Anschließend bestimmt man die F-verteilte Prüfgröße mit den Freiheitsgraden $f_1 = N-1-r$ und $f_2 = r$ nach[131]

$$\hat{F} = \frac{N-r-1}{r} \frac{R^2}{1-R^2} \tag{4.86}$$

Die Nullhypothese, nach der die $X^{(i)}$ keinen Erklärungsgehalt besitzen, wird dann verworfen, wenn $\hat{F} > F_{r,N-r-1;1-\alpha}$ ist. Das bedeutet, falls man die Nullhypothese verwerfen muß, liegt auf dem Signifikanzniveau α ein linearer Zusammenhang vor.

Kritisch in vielen praktischen Anwendungen ist bei der Regression, daß die Einflußgrößen keine Multikollinearitäten aufweisen dürfen. Falls sich die unabhängigen Variablen bis auf einen konstanten Faktor zu sehr ähneln, kann in der Regression die Varianz der abhängigen Variable nicht eindeutig einer Einflußgröße zugeordnet werden. Eine Regression zur Bestimmung der Einflußfaktoren ist damit unter Umständen uneindeutig und erfordert gegebenenfalls vorab die Entfernung der Multikollinearitäten. Falls man kein Interesse an den einzelnen Erklärungsbeiträgen hat, kann dieses Problem natürlich vernachlässigt werden, denn der F-Test ist bei der Beurteilung der Gesamterklärungskraft von diesem Problem nicht betroffen.

4.5.1.3 Spearmansche Rangkorrelation

Sind X und Y nicht normalverteilt, so können Rangkorrelationen, beispielsweise nach Spearman, gebildet werden, die diese Voraussetzung nicht benötigen. Wie der Name Rangkorrelation bereits andeutet, werden dabei nur die Ränge der Realisationen berücksichtigt, also etwa die Information, wieviele x_i kleiner als ein vorgegebenes x_k sind.[132]

Beim Rangkorrelationskoeffizienten nach Spearman sortiert man zunächst die Realisationen x_i, y_i jeweils der Größe nach und ordnet jedem Wert eine Rangzahl $1,\ldots,N$ zu. Sind mehrere Realisationen identisch, bezeichnet man dies als Bindungen und gibt diesen Datenpunkten das arithmetische Mittel der zu verteilenden

---

131 Vgl. J. Hartung (1998), S. 620f, Th. Poddig, H. Dichtl, K. Petersmeier (2000), S. 288ff.

132 Vgl. J. Hartung (1998), S. 553ff, W.H. Press, S.A. Teukolsky, W.T. Vetterling, B.P. Flannery (1992), S. 639ff.

Rangzahlen. Der Rang einer Variablen wird mit $R(x_i)$ bzw. $R(y_i)$ bezeichnet. Anschließend bildet man die gewöhnliche Korrelation, jedoch mit den Rangzahlen als Größen. Mit $\mu_R = (N+1)/2$ erhält man

$$\hat{\rho}_S = \frac{\sum_{i=1}^{N} R(x_i)R(y_i) - \mu_R^2}{\sqrt{\sum_{i=1}^{N} R^2(x_i) - \mu_R^2}\sqrt{\sum_{i=1}^{N} R^2(y_i) - \mu_R^2}} \tag{4.87}$$

Der Spearmansche Rangkorrelationskoeffizient $\hat{\rho}_S$ liegt ebenfalls zwischen -1 und $+1$ und ist genau wie das gewöhliche $\hat{\rho}$ zu interpretieren.[133]

Auch die Größe $\hat{\rho}_S$ kann für einen Hypothesentest auf unabhängige Datenreihen genutzt werden. Falls bei der Rangvergabe keine Bindungen auftraten, kann mit $\hat{\rho}_S$ ein normaler t-Test wie in (4.83) mit $f = N-2$ Freiheitsgraden durchgeführt werden.[134] Die Nullhypothese wird abgelehnt, falls $|\hat{t}| > t_{N-2;1-\alpha}$ vorliegt.[135]

4.5.1.4 Kendallscher Korrelationskoeffizient

Auch Kendalls Rangkorrelationskoeffizient τ läßt sich bei nicht-normalverteilten Variablen verwenden. Während der Koeffizient von Spearman jedoch noch die Ranginformationen selbst verwendet, nutzt Kendalls Korrelationskoeffizient nur noch relative Ordnungen.[136] Dazu wird zunächst für jedes Beobachtungspaar (x_i, y_i) bestimmt, wie viele Paare es gibt, die bezüglich X einen größer-oder-gleichen Wert x_k besitzen als den von x_i und die bezüglich Y einen kleiner-oder-gleichen Wert y_k besitzen als den von y_i. Also

$$n_i = \operatorname{card}\big(1 \leq k \leq N \,\big|\, x_k \geq x_i \wedge y_k \leq y_i\big) \tag{4.88}$$

---

133 Vgl. J. Hartung (1998), S. 553f.

134 Vgl. W.H. Press, S.A. Teukolsky, W.T. Vetterling, B.P. Flannery (1992), S. 640f.

135 Schwieriger ist die Situation, falls Bindungen aufgetreten sind. In diesem Fall bestimmt man die sogenannte Hotelling-Papst-Statistik mit

$$D = \sum_{i=1}^{N} \big(R(x_i) - R(y_i)\big)^2$$

deren Verteilung vertafelt ist. Vgl. J. Hartung (1998), S. 557 und die dort angegebenen Quantile bis $N \leq 30$. Eine Näherung der Hotelling-Papst-Statistik ist angegeben bei J. Hartung (1998), S. 556 und W.H. Press, S.A. Teukolsky, W.T. Vetterling, B.P. Flannery (1992), S. 641.

136 Vgl. W.H. Press, S.A. Teukolsky, W.T. Vetterling, B.P. Flannery (1992), S. 642ff, J. Hartung (1998), S. 559ff.

Damit bestimmt man das Kendallsche τ, das ebenfalls im Bereich $-1 \leq \tau \leq +1$ liegt und wie ein gewöhnlicher Korrelationskoeffizient interpretiert werden kann

$$\tau = 1 - \frac{4}{N(N-1)} \sum_{i=1}^{N} n_i \tag{4.89}$$

Für einen Hypothesentest mit Unabhängigkeit zwischen X und Y als Nullhypothese H_0 kann man die Kendallschen K-Statistik mit $K = (N(N-1)/2)\,\tau$ bestimmen, deren Verteilung vertafelt ist.[137] H_0 wird dabei abgelehnt, wenn $|K| > K_{N,1-\alpha/2}$. Stehen geeignete Quantile nicht zur Verfügung, so verwendet man die unter H_0 approximativ standardnormalverteilte Prüfgröße

$$K^* = \sqrt{\frac{9N(N-1)}{4N+10}}\,\tau \tag{4.90}$$

und verwirft die Nullhypothese H_0, falls $|K^*| > u_{1-\alpha/2}$ ist. Die Approximation ist bereits bei kleineren Stichproben verwendbar.[138]

4.5.2 Kontingenztests

Eine weitere Gruppe von Testverfahren zur Analyse multivariater Abhängigkeiten bilden die Kontingenztests. Das Verfahren wird dabei in zwei Schritten durchgeführt. Zunächst werden die vorliegenden Daten in Form einer Tabelle aufbereitet. Im zweiten Schritt bestimmt man anhand der Tabellendaten eine Testgröße, die eine Einschätzung der Abhängigkeitsstärke erlaubt bzw. die durch eine bekannte (asymptotische) Verteilung einen Hypothesentest ermöglicht. Für die Wahl der Prüfgröße gibt es in der Literatur unterschiedliche Vorschläge, die Form der Datentabelle ist jedoch bei allen Kontingenztests identisch.

Kontingenztests setzen bei der Frage an, ob die Kenntnis einer Größe die Wahrscheinlichkeit erhöht, die andere Größe vorherzusagen.[139] Es wird also untersucht, ob das Vorliegen einer bestimmten Realisation von X die Wahrscheinlichkeitsverteilung von Y beeinflußt.

---

137 Vgl. J. Hartung (1998), S. 560 und die Quantile bis $N \leq 40$ auf S. 249.

138 Vgl. W.H. Press, S.A. Teukolsky, W.T. Vetterling, B.P. Flannery (1992), S. 643 oder J. Hartung (1998), S. 560f.

139 Dies entspricht genau der Definition für Abhängigkeit, vgl. den Exkurs zu bedingten Wahrscheinlichkeiten auf S. 62f.

Im Gegensatz zu den bisherigen Verfahren können Kontingenztests nicht direkt mit quanitativen Merkmalen arbeiten. Sie benötigen qualitative, nominale Merkmale wie die Zugehörigkeiten zu einer bestimmten Gruppe.[140] Da in den hier diskutierten Anwendungen in der Regel kontinuierliche Werte verwendet werden, etwa Preise, Renditen, Zinsen oder ähnliches, ist zunächst eine Klasseneinteilung, also eine Zuordnung aller Realisationen zu Gruppen, vorzunehmen. Am einfachsten werden dazu die Wertebereiche der Variablen X,Y in geeignete Intervalle unterteilt. Die Anzahl und Größe jeder einzelnen Klasse ist dabei frei wählbar. Der Wertebereich von X werde dabei in r Klassen eingeteilt, die mit $I_1,\dots,I_r$ benannt werden. Konkret heißt das, man wählt Intervallgrenzen u_i mit $i = 1,\dots,r+1$ und teilt alle Datenpunkte (y_k,x_k) der Klasse I_i zu, für die gilt $u_i < x_k \leq u_{i+1}$. Entsprechend wählt man Trennpunkte im Wertebereich von Y und unterteilt damit die Daten in s Klassen mit $J_1,\dots,J_s$. Jeder Datenpunkt hat damit hinsichtlich X und Y je einen der r bzw. s Merkmale, so daß es zusammengefaßt insgesamt rs unterschiedliche Datengruppen gibt.

Zählt man die Merkmale aller Datenpunkte bezüglich der X- und Y-Klassen aus mit

$$n_{ij} = \operatorname{card}(1 \leq k \leq N \,|\, x_k \in I_i \wedge y_k \in J_j) \tag{4.91}$$

so läßt sich das Ergebnis in einer Tabelle darstellen, wie in Abb. 4.5 gezeigt, die man als Kontingenztafel bezeichnet. In der ersten Zeile und Spalte werden die unterschiedlichen Merkmale der Variablen X und Y vermerkt. In Tabellenkörper stehen im Feld der Zeile i und Spalte j die Anzahl der Datenpunkte, die zur Klasse I_i und J_j gehören. Die Häufigkeiten werden zeilenweise nach rechts und spaltenweise nach unten addiert. Das Feld in der rechten unteren Ecke enthält damit die Gesamtanzahl der Datenpunkte N. Um Abhängigkeiten in einer Kontingenztafel auszuwerten, gibt es nun unterschiedliche Ansätze.

---

140 Eine Variable heißt *nominal*, wenn ihr Wert Element einer abzählbaren, ungeordneten Menge ist. Man spricht auch allgemein von einer Merkmalsausprägung, wie etwa die Zugehörigkeit eines Unternehmens zu einem Wirtschaftssektor oder einer Branche. Eine Variable heißt *ordinal* oder *diskret*, wenn die Variablenwerte aus einer diskreten, jedoch geordneten Menge stammen. Typische ordinale Variablen sind Anzahlen, etwa die Anzahl der Beschäftigten in einem Unternehmen. Offensichtlich sind ordinale Variablen Spezialfälle nominaler Variablen, da sie sich durch Fortlassen der Ordnung überführen lassen. Schließlich heißt eine Variable *kontinuierlich*, wenn ihr Wert aus einem Intervall der reellen Zahlen stammt. Eine Überführung von kontinuierlichen in diskrete Variablen wird durch eine Klasseneinteilung erreicht. Man spricht dann genaugenommen von intervallskalierten Daten. Vgl. W.H. Press, S.A. Teukolsky, W.T. Vetterling, B.P. Flannery (1992), S. 628f.

	$Y \in J_1$	$Y \in J_2$	$\cdots$	$Y \in J_s$	
$X \in I_1$	n_{11}	n_{12}	$\cdots$	n_{1s}	$n_{1\bullet} = \sum_i n_{1i}$
$X \in I_2$	n_{21}	n_{22}	$\cdots$	n_{2s}	$n_{2\bullet} = \sum_i n_{2i}$
$\cdots$	$\cdots$	$\cdots$	$\cdots$	$\cdots$	$\cdots$
$X \in I_r$	n_{r1}	n_{r2}	$\cdots$	n_{rs}	$n_{r\bullet} = \sum_i n_{ri}$
	$n_{\bullet 1} = \sum_i n_{i1}$	$n_{\bullet 2} = \sum_i n_{i2}$	$\cdots$	$n_{\bullet s} = \sum_i n_{is}$	N

Abbildung 4.5: Beispiel für eine zweidimensionale Kontingenztafel $r \times s$. Die Felder im inneren Bereich enthalten die Anzahl der Punkte die zu den Klasse I_i *und* J_j gehören. Die Zeilen und Spalten werden summiert, so daß unten rechts wieder die Gesamtanzahl der Punkte N steht.

4.5.2.1 Kontingenz-Test mit χ^2-Verteilung

Die erste Möglichkeit, eine Kontingenztafel auszuwerten, besteht durch Konstruktion eines χ^2-Tests.[141] Man beginnt dabei wieder mit der Unabhängigkeit der Zufallsvariablen X und Y als Nullhypothese H_0. Nimmt man die Unabhängigkeitsdefinition aus (4.3), so folgt daraus, daß sich unter H_0 die Wahrscheinlichkeit, einen Datenpunkt in der Klasse I_i und J_j zu finden, aus dem Produkt der Einzelwahrscheinlichkeiten für die Klassen I_i mit J_j ergeben muß, also

$$\mathrm{P}(X \in I_i \wedge Y \in J_j) = \mathrm{P}(X \in I_i)\mathrm{P}(Y \in J_j) \tag{4.92}$$

Schätzt man die konjugierten Wahrscheinlichkeiten, die *bei Gültigkeit der Nullhypothese* in der Kontingenztafel stehen müßten, aus den Wahrscheinlichkeiten für die einzelnen Merkmale, also aus den Spalten- bzw. Zeilensummen, so erhält man als »Soll-Einträge« $\hat{n}_{ij}$

$$\frac{\hat{n}_{ij}}{N} = \left(\frac{1}{N}\sum_{l=1}^{s} n_{il}\right)\left(\frac{1}{N}\sum_{k=1}^{r} n_{kj}\right) \tag{4.93}$$

Da die Abweichungen von der erwarteten Häufigkeit unter der Nullhypothese H_0 normalverteilt sind, konstruiert man für genügend große N eine asymptotisch χ^2-

141 Vgl. J. Hartung (1998), S. 435f, W.H. Press, S.A. Teukolsky, W.T. Vetterling, B.P. Flannery (1992), S. 630f.

verteilte Prüfgröße. Man summiert die Quadrate der Abweichungen zwischen dem erwarteten und dem tatsächlichen Wert und erhält

$$\hat{q}^2 = \sum_{i=1}^{r}\sum_{j=1}^{s}\frac{(n_{ij}-\hat{n}_{ij})^2}{\hat{n}_{ij}} \tag{4.94}$$

Durch einfache Umformung erhält man den in praktischen Rechnungen oftmals einfacher zu bestimmenden Ausdruck

$$\hat{q}^2 = \left[\sum_{i=1}^{r}\sum_{j=1}^{s}\frac{n_{ij}^2}{\hat{n}_{ij}}\right] - N \tag{4.95}$$

Die Anzahl der Freiheitsgrade ist zunächst die Anzahl der Zellen rs. Dabei stellt jede Spaltensumme und jede Zeilensummen eine zusätzliche Randbedingung dar, wobei jedoch die Summe der Spalten- und Zeilensummen identisch ist. Die Anzahl der Freiheitsgrade ist damit um $r+s-1$ zu reduzieren. Man erhält als Freiheitsgrade $f = rs - r - s + 1$.[142]

Mit dieser Zahl von Freiheitsgraden und dem vorgegebenen Signifikanzniveau läßt sich aus der χ^2-Verteilung der kritische Wert bestimmen. Die Nullhypothese wird abgelehnt, falls $\hat{q}^2 > \chi^2_{f,1-\alpha}$ ist. Kritisch ist bei dem Verfahren jedoch, daß in jeder Zelle genügend Elemente enthalten sein müssen, damit die Normalverteilungsannahme gerechtfertigt ist. Hartung gibt als grobe Faustregel an, daß mit einer zufriedenstellenden Annäherung gerechnet werden kann, wenn in jeder Zelle mindestens fünf Beobachtungen vorliegen bzw. erwartet werden können.[143] Dies kann aber bei einer feinen Klasseneinteilung und wenigen Datenpunkten zu Schwierigkeiten führen.

4.5.2.2 Kontingenztests auf Basis eines Entropiemaßes

Kontingenztafeln mit einer χ^2-verteilten Prüfgröße auszuwerten, erlaubt zwar leicht eine heuristische Durchführung eines Hypothesentest, der Nachteil ist jedoch, daß die Prüfgröße selbst weniger gut interpretiert werden kann. Eine besser interpretierbare Größe erhält man, wenn eine Prüfgröße unter Verwendung eines Entropiemaßes bestimmt.[144]

142 Vgl. W.H. Press, S.A. Teukolsky, W.T. Vetterling, B.P. Flannery (1992), S. 630.

143 Vgl. J. Hartung (1998), S. 439.

144 Vgl. U. Krengel (1991), S. 118ff.

Um den aus der Informationstheorie entnommenen Begriff der Entropie zu verstehen, sei zunächst ganz allgemein eine Gesamtheit von Daten mit bestimmten Merkmalen betrachtet. Der Nutzen einer gegebenen Information oder einer speziellen Kenntnis zu einem Element der Gesamtheit steigt mit der Zahl der Elemente, die diese Information ausschließt. Nimmt man beispielsweise die Aktiengesellschaften des DAX 100 als Gesamtheit und als Information, ein Unternehmen habe mehr als 100 Beschäftigte. Da dies auf die allermeisten Unternehmen der Gesamtheit zutrifft, ist die Information nicht besonders wertvoll. Die Information, ein Unternehmen hat 45 890 Beschäftigte ist hingegen sehr selektiv und daher von großem Nutzen, das Element in der Gesamtheit zu identifizieren. Bezeichnet man mit p den Anteil der Elemente in der Gesamtheit, der durch die gegebene Information noch übrig bleiben und mit U die (abstrakte) »Informationsmenge«, so ist $p = 1$ eine nutzlose Information $U = 0$. Mit kleinerwerdendem p steigt dann die Informationsmenge U, da immer mehr Fälle eliminiert werden können.[145]

Eine zweite Forderung an eine sinnvolle Definition von U ist ihre Additivität. Eine Information, die die Zahl der Möglichkeiten auf $p = 1/6$ reduziert, soll gleichwertig sein zu zwei Informationen, die die Möglichkeiten erst um $p = 1/2$ und dann nochmals um $p = 1/3$ verringern. Während sich die p-Werte also multiplizieren, soll man die Informationsmenge U summieren können.[146]

Beide Forderungen lassen sich erfüllen, wenn der Nutzen einer Information über den Logarithmus definiert wird.[147] Nochmals: U ist die Informationsmenge, die eine *gegebene* Information enthält, gemessen an ihrem Nutzen, alternative Fälle auszuschließen. Man setzt also, hier für die Zugehörigkeit von Y zur Klasse J_j,

$$U(Y \in J_j) = -\ln p_{\bullet j} = -\ln \frac{n_{\bullet j}}{N} \tag{4.96}$$

Hat man noch keine Kenntnis über das System, so kann man trotzdem aufgrund der möglichen Alternativen und ihrer Eintrittswahrscheinlichkeiten etwas über den zu *erwartenden* Nutzen einer Information aussagen. Wie allgemein bei der Bestimmung von Erwartungswerten, summiert man die möglichen Ereignisse gewichtet

---

145 Vgl. W.H. Press, S.A. Teukolsky, W.T. Vetterling, B.P. Flannery (1992), S. 632.

146 Vgl. W.H. Press, S.A. Teukolsky, W.T. Vetterling, B.P. Flannery (1992), S. 632, an die sich auch die folgende Darstellung anlehnt.

147 Welche Basis beim Logarithmus verwendet wird, spielt keine Rolle. In der Physik arbeitet man typischerweise mit dem natürlichen Logarithmus zur Basis e, in der Informationstheorie wird gewöhnlich die Basis 2 zugrundegelegt. Es ist nur eine Normierungsfrage. Vgl. U. Krengel (1991), S. 121.

mit den Wahrscheinlichkeiten. Man erhält damit für die Größe Y die sogenannte Entropie H des Systems [148]

$$H(Y) = -\sum_{j=1}^{s} p_{\bullet j} \ln p_{\bullet j} = -\frac{1}{N}\sum_{j=1}^{s} n_{\bullet j} \ln \frac{n_{\bullet j}}{N} \tag{4.97}$$

Weiß man bereits, daß das Ereignis $X \in I_i$ eingetreten ist, so ist der zu erwartende Nutzen einen Information bezüglich Y

$$H(Y|X \in I_i) = -\sum_{j=1}^{s} p_{ij} \ln \frac{p_{ij}}{p_{\bullet j}} = -\frac{1}{N}\sum_{j=1}^{s} n_{ij} \ln \frac{n_{ij}}{n_{\bullet j}} \tag{4.98}$$

und weiter ist der erwartete Nutzen einer Y-Information, falls eine Information über X bekannt ist, man aber nicht weiß welche

$$H(Y|X) = -\sum_{i=1}^{r} p_{i\bullet} \sum_{j=1}^{s} p_{ij} \ln \frac{p_{ij}}{p_{\bullet j}} = -\frac{1}{N^2}\sum_{i=1}^{r} n_{i\bullet} \sum_{j=1}^{s} n_{ij} \ln \frac{n_{ij}}{n_{\bullet j}} \tag{4.99}$$

Falls X und Y unabhängig sind, liefert die Kenntnis eines X keine Information zu Y, daß bedeutet aber, die Entropien für $H(Y)$ und $H(Y|X)$ sind unter der Nullhypothese der Unabhängigkeit identisch und ihre Differenz ist Null. Diese Idee verfolgend kann man die Prüfgröße

$$\hat{q}^2 = 2N\big(H(Y) - H(Y|X)\big) = 2\sum_{i=1}^{r}\sum_{j=1}^{s} n_{ij} \ln \frac{n_{ij}N}{n_{i\bullet}n_{\bullet j}} \tag{4.100}$$

bestimmen, die ebenfalls χ^2-verteilt ist mit $f = rs - r - s + 1$ Freiheitsgraden. Die Nullhypothese der Unabhängigkeit wird also abgelehnt, falls $\hat{q}^2 > \chi^2_{rs-r-s+1;1-\alpha}$. Diese Entropie-Größe, die auch als Likelihood-Quotienten-Statistik bezeichnet wird, ist sogar asympotisch mit der gewöhnlichen χ^2-Testgröße identisch. Ihr Vorteil liegt jedoch in der besseren Interpretierbarkeit und der weniger heuristischen Konstruktion, sie sollte daher bevorzugt werden.[149]

---

148 Nebenbei eine Anmerkung zur Notation: Es handelt sich bei dem Buchstaben für die Entropie eigentlich nicht um ein lateinisches H, sondern um ein großes griechisches Eta.

149 Vgl. J. Hartung (1998), S. 435 und S. 439.

4.5.3 Der δ-Test von Pi

Der δ-Test von Pi[150] untersucht ähnlich wie der BDS-Test die Verteilung der Datenpunkte im r-dimensionalen Raum. Er konzentriert sich dabei auf die Erkennung von abschnittsweise stetigen Zusammenhängen, die jedoch auch nichtlinear sein können. Ansatzpunkt ist dabei die Forderung, daß Zusammenhänge typischerweise von gegebenen $\mathbf{x}$-Werten auf die zu erwartenden y-Werte schließen lassen. Es besteht gewissermaßen eine stochastische stetige funktionale Beziehung zwischen den $\mathbf{x}$- und den y-Werten.

Nach der gewöhnliche Definition[151] ist eine Funktion $f(\mathbf{x})$ (abschnittsweise) stetig, wenn für alle $\varepsilon > 0$ und für (fast) alle $\mathbf{x}$ ein $\delta > 0$ existiert mit

$$|f(\mathbf{x}) - f(\mathbf{x}')| \leq \varepsilon \quad \text{falls} \quad |\mathbf{x} - \mathbf{x}'| \leq \delta \tag{4.101}$$

Mit anderen Worten sind nach der Definition zwei Punkte, die bezüglich der $\mathbf{x}$-Werte dicht beieinander liegen, auch bezüglich der y-Werte benachbart. Diese mathematische Definition wird nun auf die Realisationen der Datenreihen angewendet, wobei von einer strengen Form (»Für alle $|f(\mathbf{x}) - f(\mathbf{x}')| \leq \varepsilon$ läßt sich ein δ finden mit $|\mathbf{x} - \mathbf{x}'| \leq \delta$.«) zu einer wahrscheinlichkeitsorientierten Form (»Falls $|\mathbf{x} - \mathbf{x}'| \leq \delta$ ist es wahrscheinlicher, daß auch $|f(\mathbf{x}) - f(\mathbf{x}')| \leq \varepsilon$ ist.«) übergegangen wird. Wie schon beim BDS-Test, bezeichnet man zunächst den Abstand zweier Punkte in den y- und $\mathbf{x}$-Werten mit

$$\begin{aligned} \Delta y_{s,t} &= |y_s - y_t| \\ \Delta_m x_{s,t} &= \max_{j=1,\ldots,m} |x_s^{(j)} - x_t^{(j)}| \end{aligned} \qquad \text{mit} \quad j-1 \leq t,s \leq N \tag{4.102}$$

Anschließend untersucht man die bedingte Wahrscheinlichkeit $\mathrm{P}(\Delta y \leq \varepsilon | \Delta_m \mathbf{x} \leq \delta)$, also die Wahrscheinlichkeit, daß sich ein Punktepaar mit einem $\mathbf{x}$-Abstand kleiner gleich δ in den y-Werten höchstens um ε unterscheidet. Liegt Stetigkeit vor, so ist für diesen Ausdruck eine Abhängigkeit von δ zu erwarten, denn je kleiner das δ gewählt wird, um so größer ist die Wahrscheinlichkeit, daß der y-Abstand eines Paares innerhalb einer ε-Umgebung liegt. Wenn jedoch kein Zusammenhang besteht, also y *unabhängig* von $\mathbf{x}$ ist, dann kann die Implikation umgeformt werden in

$$\mathrm{P}(\Delta y \leq \varepsilon | \Delta_m \mathbf{x} \leq \delta) = \frac{\mathrm{P}(\Delta y \leq \varepsilon)\ \mathrm{P}(\Delta_m \mathbf{x} \leq \delta)}{\mathrm{P}(\Delta_m y \leq \delta)} = \mathrm{P}(\Delta \leq \varepsilon) \tag{4.103}$$

---

150 Vgl. H. Pi (1993), S. 1ff, M. Kerling (1998), S. 394ff.

151 Vgl. beispielsweise I.N. Bronštejn, K.A. Semendjaev (1987), S. 254.

Die Wahrscheinlichkeit, ein Realisationspaar in einer ε-Umgebung zu finden, ist dann also *unabhängig* vom gewählen δ.[152]

Für die Durchführung des Verfahrens werden ebenfalls als Schätzer für die Wahrscheinlichkeiten genau wie beim BDS-Test die Häufigkeiten herangezogen, indem man alle $N(N-1)/2$ Realisationspaare aus y bildet und die Paare, die die Bedingung erfüllen, auszählt. Für die Wahrscheinlichkeiten ergeben sich die Schätzer

$$\hat{\mathrm{P}}(\Delta y \leq \varepsilon) = \frac{2}{N(N-1)} \operatorname{card}(\Delta y \leq \varepsilon) \tag{4.104}$$

und damit

$$\hat{\mathrm{P}}(\Delta y \leq \varepsilon | \Delta_m \mathbf{x} \leq \delta) = \frac{\operatorname{card}(\Delta y \leq \varepsilon \wedge \Delta_m \mathbf{x} \leq \delta)}{\operatorname{card}(\Delta_m y \leq \delta)} \tag{4.105}$$

Um diese Größe zu nutzen, schlägt Pi vor, die Größe $\hat{\mathrm{P}}(\Delta y \leq \varepsilon | \Delta \mathbf{x} \leq \delta)$ für verschiedene ε-Werte gegen den Parameter δ aufzutragen. Läßt sich bei kleinerwerdendem δ ein Ansteigen der Wahrscheinlichkeit beobachten, dann liegt ein Zusammenhang vor. Bleibt die bedingte Wahrscheinlichkeit jedoch konstant, so liegt keine »stochastische« Stetigkeit vor und somit keine nutzbare Abhängigkeit vor.

In der konkreten Anwendung des δ-Tests ist die einfache Entscheidungsregel jedoch oftmals problembehaftet, da bei schwachen Zusammenhängen, insbesondere wenn auch nur ein geringer Stichprobenumfang vorliegt, aus den Plots kein eindeutiges Bild zu lesen ist. In Abb. 4.6 ist auf der linken Seite der idealtypische Verlauf eines ansteigenden Graphen gezeigt. Auf der rechten Seite wurden die Tagesrenditen des Dow-Jones zwischen 1/1979 und 12/1990 (insgesamt 3055 Datenpunkte) auf univariate Abhängigkeiten untersucht, wobei ein bis fünf Lags berücksichtigt sind. In der Tat ist der Anstieg nur zu erahnen, insbesondere wenn man Maßstab, sowie Fehlerbalken berücksichtigt und sich vor Augen hält, daß mit über 3000 Datenpunkten eine vergleichsweise große Stichprobe zur Verfügung stand.

Zur Milderung dieser Interpretationsschwierigkeiten besteht die Möglichkeit, aus den Plotdaten einen Abhängigkeitsindex zu bestimmen, der die Stärke der Abhängigkeit anzeigt.[153] Pi schlägt dazu vor, zunächst den Erklärungsbeitrag jeder zusätzlichen Variable $x^{(m)}$ zu bestimmen mit

$$\hat{\imath}_m = \frac{\int_0^\infty \hat{\mathrm{P}}_m^{\mathrm{Max}}(\varepsilon) - \hat{\mathrm{P}}_{m-1}^{\mathrm{Max}}(\varepsilon) d\varepsilon}{\int_0^\infty 1 - \hat{\mathrm{P}}_0^{\mathrm{Max}}(\varepsilon) d\varepsilon} \qquad \text{mit } \hat{\mathrm{P}}_m^{\mathrm{Max}}(\varepsilon) = \max_{\delta > 0} \hat{\mathrm{P}}_d(\Delta y \leq \varepsilon | \Delta_m \mathbf{x} \leq \delta) \tag{4.106}$$

152 Vgl. H. Pi, C. Petersen (1994), S. 512. Die Argumentation wird nochmals in Kap. 5 aufgegriffen und daher hier nur knapp behandelt.

153 Vgl. H. Pi (1993), S. 5, H. Pi, C. Petersen (1994), S. 513.

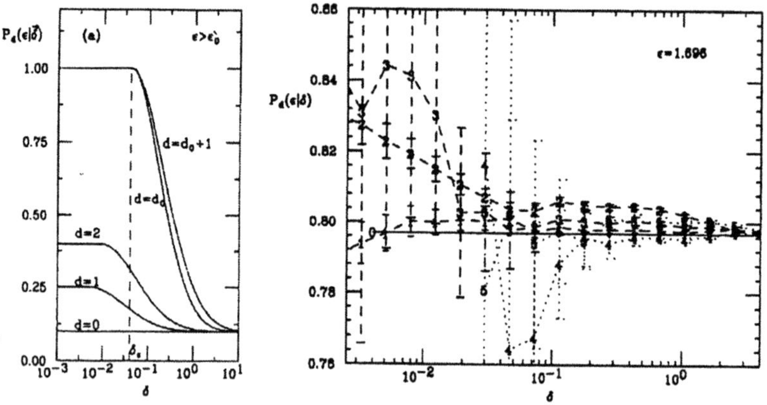

Abbildung 4.6: Beispiele einer Auftragung von δ gegen die bedingte Wahrscheinlichkeit $\hat{P}(\Delta y \leq \varepsilon | \Delta_m \mathbf{x} \leq \delta)$, die in den Graphen mit $P(\varepsilon|\delta)$ abgekürzt wird. Es sind mehrere Werte für m dargestellt. Auf der linken Seite ist ein idealtypischer Verlauf dargestellt, rechts ein Plot zu univariaten Abhängigkeiten des Dow-Jones-Index auf Basis von Tagesdaten. (entnommen aus: H. Pi (1993), S. 4 und S. 9)

Anschließend wird der Index I mit $0 \leq I \leq 1$ durch Addition der Teilindizes gebildet.

$$\hat{I} = \sum_{m=1}^{r} \hat{\imath}_m \tag{4.107}$$

Für diesen Index kann jedoch kaum plausibel eine Verteilung angenommen werden. Ein Hypothesentest ist damit schlecht zu realisieren, denn hierfür wäre eine Verteilungsannahme erforderlich. Pi gibt zwar einen Varianzschätzer an, mit dem eine Fehlerabschätzung ermöglicht wird, die Annahmen haben jedoch eher heuristischen Charakter.[154] Eine zweite Schwierigkeit besteht durch die Verwendung von Häufigkeiten, da diese als Schätzer für Wahrscheinlichkeiten nur langsam konvergieren. Damit wird für die valide Detektion von Abhängigkeiten eine große Zahl von Datenpunkten benötigt.[155]

Insgesamt verwendet der δ-Test einen interessanten und geeigneten Ansatz zur Analyse von Abhängigkeiten. Hervorzuheben ist, daß das Verfahren prinzipiell eine Verallgemeinerung auf multivariate Abhängigkeiten zuläßt und keine mathematisch aufwendigen Techniken nutzt. Problematisch ist jedoch die fehlende

154 Vgl. H. Pi (1993), S. 4f.

155 Das Problem tritt ähnlich beim BDS-Test auf, vgl. J.B. Ramsey, H. Yuan (1989), S. 350ff.

Verteilungsannahme des Index und die schlechte Konvergenz, die große Stichproben erfordert. Der im folgenden Kapitel vorgestellte λ-Test versucht, hierfür Lösungsmöglichkeiten vorzuschlagen.

Kapitel 5

Der λ-Test

Das Was bedenke, aber mehr bedenke Wie

Johann Wolfgang von Goethe

In diesem Kapitel wird ein weiteres Verfahren zur Analyse nichtlinearer Zusammenhänge vorgeschlagen. Es bildet den zentralen Teil der Arbeit. Der vorzustellende λ-Test wurde im Hinblick auf die folgenden Merkmale entworfen.

- Das Verfahren detektiert multivariate nichtlineare Zusammenhänge. Bei linearen Zusammenhängen liefert es Ergebnisse, die man in ähnlicher Weise auch durch normale Korrelationsanalysen erhält. Im Testverfahren ist nur ein Parameter λ festzulegen, der überdies eine inhaltliche Bedeutung besitzt.
- Es läßt sich unter recht allgemeinen Annahmen zeigen, daß die Verteilung der Prüfgröße unter der Nullhypothese asymptotisch einer Normalverteilung genügt. Die Voraussetzungen hierfür sind im wesentlichen unabhängige und identisch verteilte Datenpunkte der Variablen, wobei zur vereinfachten Herleitung zusätzlich eine Normalverteilung der abhängigen Variable angenommen wird. Damit kann Mittelwert und Varianz der Prüfgröße fast vollständig analytisch bestimmt werden. Lediglich ein Integral, das für die Bestimmung einer Konstanten erforderlich ist und in das kein Parameter eingeht, ist von elliptischer Form und muß numerisch genähert werden. Insgesamt ist damit ein Hypothesentest konstruierbar.
- Das Verfahren nutzt die gegebenen Datenpunkte sehr effizient und arbeitet mit vergleichsweise geringen Datenmengen wie die Simulationen belegen. Typische Schwierigkeiten konventioneller Verfahren, etwa die willkürliche Klasseneinteilung bei Kontingenztests, besitzt es nicht.

Die Darstellung des Verfahrens beginnt mit der prinzipiellen Konstruktion des λ-Tests, die im ersten Teil dem δ-Test von Pi entspricht.[1] Voraussetzungen, die eigentlich erst später bei der Bestimmung der Momentschätzer erforderlich sind, werden bereits eingeführt. Im zweiten Abschnitt werden die Eigenschaften der zuvor definierten Prüfgröße diskutiert, im wesentlichen ist dies ihre asympotische Normalverteilung. Anschließend bereitet ein mathematischer Exkurs zur Bestimmung von Erwartungswerten auf die Herleitung von Schätzern für den Erwartungswert und die Varianz der speziellen Normalverteilung vor, d.h. welche Werte für μ und σ konkret vorliegen. Für die etwas umfangreichere Herleitung des Varianzschätzers wird auf Ergebnisse vorgegriffen, die in den beiden folgenden Kapiteln nachzureichen sind. Die konkret benötigten Integrationen und etwas Kombinatorik sollen aber nach hinten verlegt, um die erforderlichen Arbeiten in bequemer Reihenfolge durchzuführen und möglichst frühzeitig den Varianzschätzer angeben zu können. Der dritte und vierte Abschnitt beschäftigen sich dann mit der Bestimmung der benötigten Integrale und einigen Überlegungen zur Häufigkeit von Paarkombinationen in den Stichproben. Mathematische Erfordernisse stellen kleinere Exkurse bereit.

5.1 Konzept und Konstruktion

5.1.1 Notation und Voraussetzungen

Es ist zweckmäßig, zunächst nochmals die genaue Notation festzulegen. Betrachtet werden die Zufallsvariablen Y und $X^{(1)},\dots,X^{(r)}$. Dabei bezeichnet Y die (potentiell) abhängige Variable und $X^{(1)},\dots,X^{(r)}$ einen Satz von (unabhängigen) Einflußvariablen. Gelegentlich werden die unabhängigen Variablen auch zusammengefaßt als $X = (X^{(1)},\dots,X^{(r)})$. Bei der Analyse nichtlinearer Abhängigkeiten zwischen zwei eindimensionalen Variablen wird entsprechend $r = 1$ gesetzt, die Variable Y ist als Zielgröße natürlich immer eindimensional. Für jede Variable liegen gleich viele, jeweils zusammengehörende Realisationen vor, wobei die Anzahl der Realisationen mit N bezeichnet wird. Man erhält also insgesamt N Tupel der Form $(y_i,x_i^{(1)},\dots,x_i^{(r)})$ mit $1 \leq i \leq N$. Wir bezeichnen im folgenden einen kompletten Satz von Realisationen $(y_i,x_i^{(1)},\dots,x_i^{(r)})$, die zu einem Zeitpunkt oder einer Beobachtung gehören als einen Datenpunkt (oder kurz Punkt). Damit besteht das Datenmaterial aus der Gesamtheit aller Punkte.

1 Vgl. H. Pi (1993), S. 1ff.

Um einen Hypothesentest zu konstruieren, wird zunächst die Nullhypothese H_0 aufgestellt mit

H_0 : Die Zufallsvariablen $\mathbf{X}$ und Y sind unabhängig.

Die Gegenhypothese H_1 lautet

H_1 : Die Zufallsvariablen $\mathbf{X}$ und Y sind abhängig.

Es wird nun vorausgesetzt, daß die Realisationen von Y unabhängig und standardnormalverteilt sind. Das bedeutet insbesondere, die y_i dürfen keine Autokorrelationen aufweisen. Bei der Anwendung des Tests auf empirisches Datenmaterial ist dies durch geeignete Verfahren sicherzustellen.[2] In der Regel wird eine Standardisierung der Daten erforderlich sein, das heißt die Werte der y_i werden um ihren Mittelwert $\hat{\mu}_y$ verschoben und durch die Standardabweichung $\hat{\sigma}_y$ geteilt

$$y'_i = \frac{y_i - \hat{\mu}_y}{\hat{\sigma}_y} \tag{5.1}$$

Es bietet sich an, diese Standardisierung auch mit den unabhängigen Reihen $X^{(1)}, \ldots, X^{(r)}$ durchzuführen, um den Einfluß der Skalierung herauszunehmen. Eine ausführlichere Begründung hierfür wird im übernächsten Kapitel geben.

Eine wichtige Bedingung an die Datenreihen ist ihre Stationarität. Bereits bei dem Versuch einer linearen Analyse nichtstationärer Prozesse zeigen sich Scheinkorrelationen zwischen den Reihen, und zwar auch dann, wenn beide Reihen unabhängig sind. Man bezeichnet dieses Phänomen als »spurious regressions«.[3] Es ist naheliegend zu vermuten, daß auch der λ-Test hier Schwierigkeiten hat. Beispielsweise ändern sich bei (nichtstationären) Random Walks die Werte von einem Zeitindex zum nächsten nur gering im Verhältnis zur (steigenden) Gesamtvarianz. Bringt man nun zwei Random Walks in Beziehung, so wird einfach ausgedrückt diese »Ähnlichkeit« als Zusammenhang interpretiert. Die Stationarität der verwendeten Reihen muß also im Vorfeld sichergestellt werden.[4]

---

2 Dies sind etwa der Test von Box/Pierce, bzw. besser von Ljung/Box für Aturokorrelationen, vgl. dazu Kap. 4.2.1 und etwa der Test von Anderson/Darling auf Normalverteilung, vgl. Kap. 3.2.2.3. Wie aber später noch gezeigt wird, reagiert das Verfahren bei Verletzung der Voraussetzungen recht robust.

3 Vgl. P.C.B. Phillips (1986), S. 311ff.

4 Dafür bieten sich die in Kap. 3.3.1 vorgestellten Tests an. Wegen der Schwierigkeiten, die allen Verfahren anhaften, ist die Untersuchung der Reihen parallel mit mehreren Tests zu erwägen.

5.1.2 Der Ansatz des Verfahrens

Das Verfahren basiert wie auch der δ-Test auf der Stetigkeit als ein Merkmal von Abhängigkeit, also auf der Idee, daß keine Unabhängigkeit vorliegen kann, wenn sich ein (nicht konstanter) funktionaler Zusammenhang hinter den Daten nachweisen läßt. Um diesen Nachweis mit einer endlichen Stichprobe führen zu können, ist jedoch eine hinreichend »glatte« Relation nötig, die über den aus der Analysis stammenden Begriff der Stetigkeit sichergestellt wird.[5] Eine Funktion $f(\mathbf{x})$ wird danach als (abschnittsweise) stetig bezeichnet, wenn für alle $\varepsilon > 0$ und für (fast) alle $\mathbf{x}$ ein $\delta > 0$ existiert mit

$$|f(\mathbf{x}) - f(\mathbf{x}')| \leq \varepsilon \quad \text{falls} \quad |\mathbf{x} - \mathbf{x}'| \leq \delta \tag{5.2}$$

Mit $y = f(\mathbf{x})$ bedeutet es, zwei verschiedene Y-Werte liegen immer dann beliebig dicht beieinander, wenn nur die dazugehörigen **X**-Werte genügend dicht liegen. Man könnte dies auch mit starker Kausalität in Verbindung bringen: Kleine Änderungen in den X-Werten bewirken nur kleine Änderungen in den Y-Werten.[6]

Wie schon beim δ-Test muß diese Basisannahme auf den Fall eines »verrauschten« Zusammenhangs verallgemeinert werden.[7] Klar ist hier, daß man bei Vorliegen einer (additiven) Störung[8]

$$y_t = f(\mathbf{x}_t) + \varepsilon_t = f(x_t^{(1)}, \ldots, x_t^{(r)}) + \varepsilon_t \tag{5.3}$$

nicht direkt die Definition in (5.2) anwenden kann, selbst dann nicht, wenn der Zusammenhang f stetig ist. Mit der Störgröße ε_t wird verhindert, daß sich zwei y_t beliebig nahekommen, indem man nur genügend dicht beieinanderliegende $\mathbf{x}_t$ wählt. Ändert sich die Verteilung der Störgröße ε nicht (oder nur unsystematisch) über die Zeit, so kann man die Stetigkeitsdefinition aber zumindest in eine probabilistische Form bringen. Zwar gewährleisten dicht benachbarte **X**-Werte nicht, daß auch die Y-Werte benachbart sind, für die Y-Werte trifft dies jedoch *mit größerer Wahrscheinlichkeit* zu.

---

5 Vgl. I.N. Bronštejn, K.A. Semendjaev (1987), S. 254. Es wird hier die Definition aus dem letzten Kapitel wiederholt.

6 Daß bei funktionalen Zusammenhängen so etwas wie schwache »Kausalität« gilt, wenn man es so nennen will, ist inhärent. Eine Funktion liefert *per definitionem* bei gegebenen $\mathbf{x}$ stets das gleiche y.

7 Vgl. dazu im folgenden H. Pi, C. Petersen (1994), S. 510, H. Rehkugler, M. Kerling, D. Jandura (1996), S. 3f.

8 Für die Störgröße wird wieder das ε_t verwendet, das nichts mit der Schranke ε aus der Stetigkeitsdefinition zu tun hat.

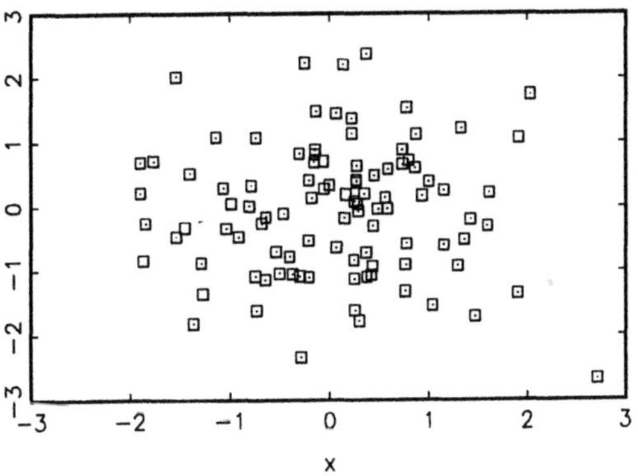

Abbildung 5.1: Ein Beispielplot mit $N = 100$ Realisationen zweier unabhängig normalverteilten Variablen X und Y. Augenscheinlich können hier keine Zusammenhänge ausgemacht werden.

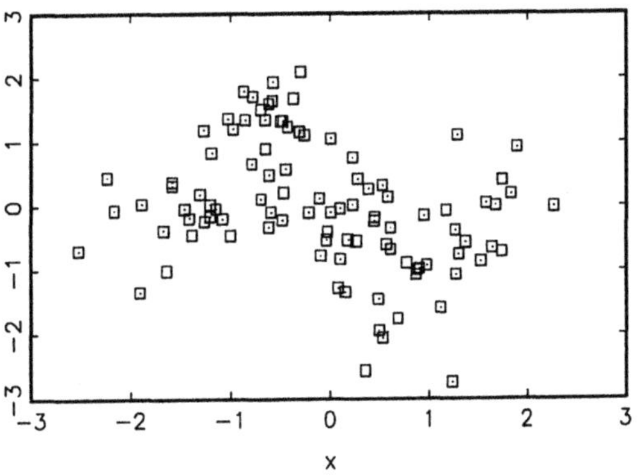

Abbildung 5.2: Diese $N = 100$ Realisationen von Y enthalten eine Abhängigkeit zu den X-Daten, wobei der Zusammenhang nichtlinear ist. Man erkennt recht gut, daß zumindest tendentiell von den x-Werten auf die y-Werte geschlossen werden kann.

Anschaulich wird dies in den Abb. 5.1 und 5.2. In beiden Bildern ist für den Fall eindimensionaler X ein Satz von $N = 100$ Datenpunkten (y_t, x_t) in ein x-y-Diagramm eingetragen. In der oberen Abbildung sind $Y, X \sim \mathcal{N}(0,1)$ unabhängig und normalverteilt. Die untere Abbildung zeigt einen nichtlinearen Zusammenhang[9] Dabei sind die X wieder standardnormalverteilt, die Y-Werte folgen jedoch dem Zusammenhang, wobei normalverteiltes Rauschen hinzugefügt wurde.

Man erkennt bereits mit dem bloßen Auge, daß in Abb. 5.2 die Punkte um ein beliebiges x herum bezüglich y weniger stark streuen als die y-Werte insgesamt. Anders in Abb. 5.1, hier ist die Streubreite unabhängig davon, ob man nur benachbarte Punkte oder Punkte mit größerem X-Abstand betrachtet.

Die wesentliche Idee ist also, die mittlere y-Differenz zweier bezüglich $\mathbf{x}$ benachbarter Datenpunkte mit der mittleren y-Differenz zweier bezüglich $\mathbf{x}$ entfernter

9 Der im Beispiel verwendete Zusammenhang ist $f(x) = x(x+1.5)(x-1.5)\exp(\frac{x^2}{3})$.

Datenpunkte zu vergleichen. Liegt Stetigkeit und damit auch eine Abhängigkeit vor, so müssen bei kleinen $\mathbf{x}$-Abständen die mittleren y-Differenzen ebenfalls kleiner sein. Bei Unabhängigkeit haben jedoch die $\mathbf{x}$-Abstände keinen Einfluß auf die y-Differenzen. Anhand dieses Kriteriums läßt sich ein Testverfahren konstruieren.

Dazu bildet man Gruppen, S_1 und S_2, die »benachbarte« und »entfernte« Datenpunktkombinationen enthalten. Zur Klassifikation des Abstandes benötigt man dabei stets zwei Datenpunkte, da für einen einzelnen Punkt der Abstandsbegriff sinnlos ist. Anschließend bestimmt man in jeder Gruppe die mittlere y-Differenz und vergleicht die Werte. Weichen die Ergebnisse stark voneinander ab, so liegt Abhängigkeit vor. Für den Testablauf werden also zunächst Paare gebildet, es wird eine Aufteilung vorgenommen und zuletzt eine Prüfgröße bestimmt, wobei die Aufteilung in benachbarte und entfernte Punktpaare den entscheidenden Ansatz darstellt.

5.1.3 Bildung der Paare

Zunächst werden für den λ-Test alle Kombinationen der N Datenpunkte gebildet. Im folgenden wird eine solche Kombination mit den dazugehörigen Datenpunkten i und j als ein Paar (i,j) bezeichnet. Die Indizes laufen dabei in den Grenzen $1 \leq i < j \leq N$. Durch die Setzung $i < j$ bei der Paarbildung werden die Paare (i,j) und (j,i) nur einmal und Paare der Art (i,i) werden gar nicht berücksichtigt. Insgesamt entstehen $N(N-1)/2$ Paare.[10]

Für jedes Paar (i,j) wird der Abstand bezüglich der $\mathbf{x}$- und y-Werte bestimmt. Der Abstand eines Paares sei mit $\Delta(y_i,y_j)$ für die y-Werte und entsprechend $\Delta(\mathbf{x}_i,\mathbf{x}_j)$ für die $\mathbf{x}$-Werte bezeichnet. Da die y-Werte eindimensional sind, ist eine sinnvolle Abstandsdefinition der Absolutbetrag der Differenz mit

$$\Delta(y_i,y_j) = |y_i - y_j| \tag{5.4}$$

Da die spezielle Form der Abstandsbildung für die Y-Variable im Verlauf der Herleitung in die Eigenschaften der Prüfgröße eingeht, besteht hier strenggenommen keine Möglichkeit, andere Abstandsmaße und damit eine andere Metrik zu wählen. Allerdings ist im eindimensionalen Fall der Absolutbetrag neben dem Quadrat praktisch die einzig zweckmäßige Wahl.

Im Gegensatz dazu muß für den Abstand zweier $\mathbf{X}$-Werte, falls $r > 1$ ist, eine geeignete Metrik, also ein Abstandsmaß im Raum, definiert werden und anders

10 Dies entspricht $\binom{N}{2}$, also der Zahl der Möglichkeiten, aus N Elementen zwei Elemente zu ziehen. Vgl. U. Krengel (1991), S. 7f.

als bei der Y-Variable lassen sich für $\mathbf{X}$ unterschiedliche, sinnvolle Metriken verwenden.[11] Bei vielen Anwendungen wird als Distanzmaß die Minkowski-Distanz genutzt, da sie durch einen Parameter gesteuert eine Reihe gängiger, spezieller Distanzmaße mit einschließt.[12]

$$\Delta(\mathbf{x}_i, \mathbf{x}_j) = \left(\sum_{k=1}^{r} |x_i^{(k)} - x_j^{(k)}|^c \right)^{\frac{1}{c}} \tag{5.5}$$

Mit Hilfe des Parameters c lassen sich die verschiedenen speziellen Distanzmaße wählen. Man erhält für $c = 1$ die sogenannte City-Block-Distanz, bei der die Summe aller absoluten Koordinatendifferenzen gebildet wird. Für $c = 2$ erhält man die Euklidische Distanz als den gewöhlichen räumlichen Abstand. Der Grenzwert $c \to \infty$ führt zur Maximum-Metrik, die gleich dem größten Abstand bezüglich einer Koordinate ist. Prinzipiell sind auch andere Metriken denkbar, sofern sie den Begriff »Nachbarschaft« nicht zu sehr strapazieren. Insgesamt ist der Test also normabhängig. Für die Durchführung des Tests wesentlich ist nur, daß im Gegensatz zu den Punkten x_i selbst, die in einem r-dimensionalen Raum liegen, der x-Abstand zwischen zwei Punkten eindimensional wird. Im Fall $r = 1$ geht die Minkowski-Metrik für alle Werte von c in den Betrag über.

Hier wird auch klar, warum die unabhängigen Variablen standardisiert werden sollten. Hat man unabhängige Datenreihen mit Werten stark unterschiedlicher Größenordnung (etwa Zinssätze gegenüber Bruttoinlandsprodukten), so werden wertemäßig kleine Daten bei den Abständen weniger stark berücksichtigt als wertemäßig große Daten. Im Extremfall einer Maximum-Metrik könnte eine ganze Einflußvariable komplett »verschluckt« werden, indem sie von einer größeren dominiert wird. Die Standardisierung sorgt für einen gleichmäßigen Einfluß aller erklärenden Variablen.

5.1.4 Aufteilung der Paare

Im nächsten Schritt teilt man die Gesamtheit der Paare in zwei Stichproben S_1 und S_2, wobei S_1 die Paare mit »kleinem« x-Abstand und S_2 die Paare mit »großem« x-Abstand enthält. Unter der Nullhypothese muß dann die Verteilung in beiden Stichproben identisch sein, da die Sortierung nach den Abständen $\Delta(\mathbf{x}_i, \mathbf{x}_j)$ keinen Einfluß auf die Zufälligkeit der Abstände $\Delta(y_i, y_j)$ haben sollte. Besteht allerdings

11 Zu metrischen Räumen vgl. etwa I.N. Bronštejn, K.A. Semendjaev (1990), S. 1ff.

12 Vgl. I.N. Bronštejn, K.A. Semendjaev (1990), S. 10, E. Steurer (1997), S. 336, insb. Fußnote 103.

zwischen Y und $X^{(1)},\dots,X^{(r)}$ ein (eventuell verrauschter) Zusammenhang, so ist zu erwarten, daß ähnliche Realisationen $x_i^{(1)},\dots,x_i^{(r)}$ zu ähnlichen Realisationen von y_i gehören und man erwartet, daß ähnliche $\mathbf{x}$-Werte auch ähnliche y-Werte liefern.

Die $\mathbf{x}$-Abstände dienen nur dazu, für jede mögliche Punktkombination (i,j) zu bestimmen, ob sie als benachbart oder entfernt einzustufen ist. Enthält das Paar zwei bezüglich $\mathbf{X}$ dicht benachbarte Punkte, so wird es der Stichprobe S_1 zugeordnet und liegen die zum Paar gehörenden Datenpunkte bezüglich $\mathbf{X}$ weit auseinander, wird das Paar der Stichprobe S_2 zugeteilt. Nach der Sortierung konzentriert man sich ausschließlich auf die Y-Abstände der Paare in den Stichproben.

Es wurde bisher nur allgemein von »Nähe« bezüglich der $\mathbf{x}$-Werte gesprochen, offensichtlich ist dieser Begriff aber noch zu operationalisieren. Die Grenze, ab der ein Paar nicht mehr der Stichprobe S_1 bzw. S_2 zugeteilt wird, also ab wann ein Abstand noch als »nah« bzw. schon als »entfernt« gilt, läßt sich auf verschiedene Arten bestimmen.

- Zum einen kann die Gesamtheit der $N(N-1)/2$ Paare im Verhältnis λ geteilt werden mit $0<\lambda<1$. In die Stichprobe S_1 werden damit die $n_1=\lambda N(N-1)/2$ kleinsten Paare und in S_2 werden die größten $n_2=(1-\lambda)N(N-1)/2$ Paare sortiert. Bei dieser Teilung ändert sich die Anzahl der Paare in S_1 und S_2 (bei gegebenem N) nicht, sie ist unabhängig von den konkreten Realisationen der $\mathbf{X}_i$.

- Alternativ kann man alle Paare der Stichprobe S_1 zuordnen, die einen $\mathbf{X}$-Abstand kleiner oder gleich a besitzen. Die Paare mit einem Abstand größer a werden dann der Stichprobe S_2 zugeordnet. Hier ist die Anzahl der Paare in S_1 und S_2 nicht konstant, sondern schwankt mit den Realisationen der $\mathbf{X}_i$. Liegen etwa zufälligerweise alle Realisationen der $\mathbf{X}_i$ dicht beieinander, wird die Stichprobe S_1 größer ausfallen.

Beide Einteilungsverfahren lassen sich jedoch im Grenzfall ineinander überführen, wenn die Verteilung der $X^{(1)},\dots,X^{(r)}$ und die spezielle Metrik bekannt ist. Für $r=1$ und standardnormalverteilte $\mathbf{X}_i$ wäre etwa $a=\sqrt{2}\Phi^{-1}(\lambda/2+1/2)$.[13]

Für die algorithmische Umsetzung hat die Wahl einer Schranke a den Vorteil, daß die Datenpunkte nicht sortiert werden müssen. Nachdem die Kombinationen gebildet wurden, werden alle Paare *einmal* dahingehend überprüft, ob der $\mathbf{x}$-Abstand

13 Das läßt sich leicht nachrechnen, mit X_i, X_k unabhängig und $\mathcal{N}(0,1)$

$$\lambda = \mathrm{P}(|X_i - X_k| \leq a) = \mathrm{P}(-a \leq \sqrt{2}X \leq a) = \Phi(\frac{a}{\sqrt{2}}) - \Phi(-\frac{a}{\sqrt{2}}) = 2\Phi(\frac{a}{\sqrt{2}}) - 1$$

und führt nach a aufgelöst zum angegebenen Ergebnis.

kleiner a ist. Sollen jedoch die n_1 kleinsten Paare zu S_1 gruppiert werden, so sind die $\mathbf{x}$-Abstände in eine Reihenfolge zu bringen, aus der die ersten n_1 der Menge S_1 zugeordnet werden. Da dies gerade in den Monte-Carlo-Simulationen bei größeren N die Rechenzeiten erheblich verlängert, wurde hier das Verfahren mit einer Schranke verwendet.

Der Nachteil ist, daß die Interpretation der Schranke von der Verteilung der $\mathbf{X}$ abhängt. Ein $a = 0.5$ sagt nichts über die Größen der Stichproben aus, mit einem $\lambda = 0.5$ kann man jedoch sofort ablesen, daß beide Stichproben gleich groß sind. Da die Verteilung der $\mathbf{X}$ in den Simulationen bekannt ist, werden in den Tabellen und Abbildungen stets die äquivalenten λ-Werte angegeben. Nach Aufteilung der Paare hat man nun je eine Stichprobe mit »benachbarten« Paaren S_1 und mit »entfernten« Paaren S_2. Anhand dieser Daten wird eine Testgröße bestimmt.

5.1.5 Vergleich der Stichproben S_1 und S_2

Bevor die Bildung der Prüfgröße besprochen wird, ist eine wesentliche Eigenschaft der Paare in den Stichproben hervorzuheben. Anders als die Datenpunkte selbst, die für die Variablen $\mathbf{X}$ und Y als unabhängige Realisationen einer identischen Verteilung angenommen wurden, sind die Paare *nicht* mehr statistisch unabhängig. Offensichtlich wird dies, wenn man berücksichtigt, daß aus N Datenpunkten $N(N-1)/2$ Paare gebildet wurden und damit die Anzahl der Werte erheblich angestiegen ist. Die Paare müssen damit statistisch abhängig sein. Problematisch ist dies, weil der zentrale Grenzwertsatz, mit dem man die Normalverteilungsannahme von Prüfgrößen oftmals begründet, nur für große Summen *unabhängiger* Zufallsvariablen gilt. Doch selbst wenn die Normalverteilung vorliegt, weisen Summen oder Mittelwerte abhängiger Datenpunkte in der Regel eine andere Varianz auf als unabhängige.

Der Sachverhalt läßt sich an einem extremen Beispiel verdeutlichen: Die Summe zweier unabhängiger und standardnormalverteilter Zufallsvariablen X_1 und X_2 hat den Erwartungswert $\mathrm{E}(X_1+X_2) = \mathrm{E}X_1 + \mathrm{E}X_2 = 0$, da Erwartungswerte linear sind. Die Varianz beträgt $\mathrm{Var}(X_1+X_2) = \mathrm{Var}X_1 + \mathrm{Var}X_2 = 2$, da sich bei *unabhängigen* Zufallsvariablen auch die Varianzen addieren. Nimmt man nun an, daß die beiden Zufallsvariablen perfekt positiv korreliert und damit abhängig sind, so liefert jede Realisation von X_1 die gleiche Realisation für X_2 und man kann für die Summe alternativ $2X_1$ schreiben. Hier bekommt man aber eine Verdoppelung der Standardabweichung und damit eine Varianz von $\mathrm{Var}(2X_1) = 4\mathrm{Var}X_1 = 4$. Sind beide Zufallsvariablen perfekt negativ korreliert (und somit ebenfalls abhängig), so liefert jede Realisation von X_1 das Negative der Realisation von X_2 und in der Summe ist X_1+X_2 identisch null. Die Varianz ist zwangsläufig ebenfalls $\mathrm{Var}(X_1+X_2) = 0$.

Der Erwartungswert bleibt in allen Fällen identisch. Das Beispiel zeigt deutlich, daß bei nicht unabhängigen Zufallsvariablen keine allgemeine Aussage über die Varianz der Summen gemacht werden kann.

Da die Paare in den Stichproben also nicht unabhängig sind, kann kein konventionelles Verfahren angewendet werden, um die Gleichheit der beiden Verteilungen zu prüfen und damit die Unabhängigkeit nachweisen, denn die bekannten statistischen Tests auf Gleichheit zweier Verteilungen gehen als zentrale Voraussetzung von unabhängigen Realisationen aus.[14]

Wegen der fehlenden Unabhängigkeit muß bei der hier gewählten Prüfgröße auf Gleichheit der Stichproben die Verteilung explizit angegeben werden. Hier wird als Prüfgröße die Differenz der Mittelwerte in beiden Stichproben verwendet. Unter der Nullhypothese H_0 sind die Verteilungen in beiden Stichproben identisch, die Mittelwerte sind folglich gleich und die Differenz der beiden Mittelwerte wird damit null. Weicht die Differenz der beiden Stichproben jedoch signifikant von null ab, so ist dies ein Indiz für einen Zusammenhang zwischen $\mathbf{X}$ und Y. Der Vergleich der Mittelwerte ist zwar ein recht einfaches Maß für den Vergleich der ganzen Verteilungen, liefert jedoch für diesen Testaufbau ausreichend gute Ergebnisse. Wir bezeichnen die Differenz der beiden Stichprobenmittelwerte im folgenden als Prüfgröße Z. Ist n_1, n_2 wie oben die Anzahl der Paare in S_1, S_2, dann lautet die Prüfgröße

$$Z = \underbrace{\frac{1}{n_1} \sum_{(i,j)\in S_1} |y_i - y_j|}_{\text{Mittelwert } S_1} - \underbrace{\frac{1}{n_2} \sum_{(k,l)\in S_2} |y_k - y_l|}_{\text{Mittelwert } S_2} \tag{5.6}$$

5.2 Die Prüfgröße Z

Die Eigenschaften dieser Prüfgröße sollen im folgenden genauer beleuchtet werden. Die Behauptung ist, daß Z asymptotisch normalverteilt ist für $N \to \infty$ und Erwartungswert und Varianz von Z unter H_0 angegeben werden kann. Diese drei Merkmale, nämlich die allgemeine Verteilungsannahme, der Erwartungswert und die Varianz sollen in den folgenden Abschnitten nacheinander behandelt werden, wobei die Hauptschwierigkeit in der Bestimmung eines Varianz-Schätzers liegt.

---

14 Es scheiden damit beispielsweise aus: t-Test auf Vergleich zweier Mittelwerte, parameterfreie Verfahren wie der Wilcoxon-Rangsummentest oder der U-Test von Mann-Whitney, der Kolmogorov-Smirnov-Test zum Vergleich zweier Verteilungen und einige andere. Vgl. dazu J. Hartung (1998), S. 505ff.

Festzuhalten ist nochmals, daß unter der Nullhypothese H_0 der Unabhängigkeit die $X^{(1)},\dots,X^{(r)}$ keinen Zusammenhang mit der Variablen Y haben und daher nach der Teilung in zwei Stichproben identische Verteilungen in S_1 und S_2 bestehen. Als Konsequenz brauchen die $\mathbf{x}$-Abstände bei der Bestimmung eines Erwartungswert- und Varianzschätzers nicht berücksichtigt zu werden. Sie haben auf die y-Werte unter der Nullhypothese keinen Einfluß.

5.2.1 Die Verteilung von Z

Bei einem Hypothesentest ist es erforderlich, für die Prüfgröße eine Verteilungsannahme treffen zu können. Um zu zeigen, daß Z asymptotisch normalverteilt ist, wird auf einen Satz von Hoeffding zurückgegriffen, mit dem für eine große Klasse von Statistiken asymptotische Normalverteilung nachgewiesen werden kann.[15]

Exkurs: U-Statistiken

Seien $X_1,\dots,X_n$ ein Satz von n unabhängigen und identisch verteilten vektoriellen Zufallsvariablen, $X_k = (X_k^{(1)},\dots,X_k^{(r)})$ und sei $\Psi(x_1,\dots,x_m)$ eine Funktion von m Vektoren (wobei $m \leq n$) mit $x_k = (x_k^{(1)},\dots,x_k^{(r)})$. Eine Statistik der Form

$$U = \frac{1}{n(n-1)\cdots(n-m+1)} \sum_{(\sigma_1,\dots,\sigma_m)} \Psi(X_{\sigma_1},\dots,X_{\sigma_m}) \tag{5.7}$$

wobei $(\sigma_1,\dots,\sigma_m)$ mit $1 \leq \sigma_k \leq n$ alle Permutationen der Indizes umfaßt, wird als U-Statistik bezeichnet. Die Funktion Ψ wird auch als Kern bezeichnet. Anschaulich gesprochen erhält man also eine U-Statistik, wenn man in eine m-stellige Funktion Ψ alle Permutationen σ von $n \geq m$ Zufallsvektoren einsetzt und über die erhaltenen Funktionswerte den Mittelwert bildet.

Es gibt eine ganze Reihe von Statistiken, die sich auf U-Statistiken zurückführen lassen. Bleibt man zunächst im eindimensionalen ($r = 1$) und betrachtet nicht Zufallsvektoren, sondern erst einmal nur Zufallszahlen, ist etwa der gewöhnliche empirische Mittelwert ein Beispiel einer U-Statistik.[16] Mit $m = 1$ und dem Kern $\Psi(x_1) = x_1$ erhält man

$$U = \frac{1}{n}\sum_{i=1}^{n} x_i \tag{5.8}$$

Mit $m = 1$ und dem Kern $\Psi(x_1) = x_1^2$ erhält man ebenfalls eine U-Statistik

$$U = \frac{1}{n}\sum_{i=1}^{n} x_i^2 \tag{5.9}$$

---

15 Vgl. W. Hoeffding (1948), S. 293ff. Vgl. auch P. Gänssler, W. Stute (1977), S. 390.

16 Vgl. P. Gänssler, W. Stute (1977), S. 240.

Aber auch andere Momente wie Varianz, Schiefe oder Kurtosis lassen sich als U-Statistiken schreiben. Ein weiteres Beispiel, jetzt mit $m = 2$ und also mit einer zweistelligen Kernfunktion, ist Ginis mittlerer Abstand.[17] Mit der Kernfunktion $\Psi(x_1, x_2) = |x_1 - x_2|$ erhält man

$$U = \frac{1}{n(n-1)} \sum_{i,j} |x_i - x_j| \tag{5.10}$$

Ein letztes, etwas komplexeres Beispiel, ebenfalls zweistellig und nun im zweidimensionalen Fall, ist der Kendallsche Rangkorrelationskoeffizient τ aus Kap. 4.5.1.4.[18] Mit der Vorzeichen- oder Signum-Funktion $s(x)$ läßt er sich darstellen als

$$U = \frac{1}{\sigma_U} \frac{1}{n(n-1)} \sum_{i,j} s(x_i^{(1)} - x_j^{(1)})\, s(x_i^{(2)} - x_j^{(2)}) \tag{5.11}$$

Der Kern ist hier also eine Funktion zweier zweidimensionaler Zufallsvektoren.

Eine nützliche Eigenschaft von U-Statistiken liefert der folgende Satz: Seien $X_1, \ldots, X_n$ wieder n unabhängige und identisch verteilte vektorielle Zufallsvariablen, sei $\Psi(x_1, \ldots, x_m)$ eine Funktion von m Vektoren (wobei $m \leq n$) und unabhängig von n. Besitzt ferner die Statistik überhaupt eine endliche Varianz bzw. anders gesagt existiert der Erwartungswert $\mathrm{E}\Psi^2(X_1, \ldots, X_m)$, dann ist mit $\Theta = \mathrm{E}\Psi(X_1, \ldots, X_m)$ die Größe

$$\sqrt{n}(U - \Theta) \tag{5.12}$$

normalverteilt für $n \to \infty$. Der Beweis des Satzes ist etwa bei Hoeffding[19] angegeben.

Das bemerkenswerte ist hier, daß dies eben auch für $m \geq 2$ gilt. Summen von unabhängigen Zufallsvariablen sind ja (falls die Varianz existiert) bekannterweise normalverteilt. Insofern liefert dieser Satz beim empirischen Mittel in (5.8) als U-Statistik aufgefaßt nichts neues. Anders sieht dies aber beispielsweise bei Ginis mittlerer Differenz in (5.10) aus. Hier kommt der Nutzen des obigen Satzes zum Tragen, da die Abstände $|x_i - x_j|$ ja *abhängig* sind und daher nicht *a priori* klar ist, daß die Summe über alle Absolutdifferenzen normalverteilt ist. Durch die Rückführung auf die U-Statistik ist jedoch die Normalverteilung gezeigt. Das Beispiel der Kendallschen Rangstatistik zeigt, daß auch nichtstetige Kernfunktionen wie dort die Vorzeichen-Funktion zur Konstruktion von (asymptotisch) normalverteilten Prüfgrößen angewendet werden können.

Zwei abschließende Bemerkungen sind jedoch nötig. Zum einen gibt der Satz von Hoeffding keine Auskunft zur Konvergenzgeschwindigkeit der Statistiken. Wie groß n sein muß,

17 Vgl. P. Gänssler, W. Stute (1977), S. 240.

18 Vgl. W. Hoeffding (1948), S. 316f.

19 Vgl. W. Hoeffding (1948), S. 320ff.

um eine gute Approximation zu liefern, ist gesondert zu untersuchen.[20] Dies gilt ebenso für Erwartungswert und Varianz der sich im konkreten Fall ergebenden Normalverteilung. Diese sind zusätzlich zu bestimmen, was gegebenenfalls weitere Annahmen erforderlich werden läßt.

Um diesen Satz ausnutzen zu können, muß gezeigt werden, daß die konstruierte Testgröße Z in (5.6) eine U-Statistik ist. Dazu geht man aus von

$$Z = \frac{1}{n_1} \sum_{(i,j)\in S_1} |y_i - y_j| - \frac{1}{n_2} \sum_{(k,l)\in S_2} |y_k - y_l| \tag{5.13}$$

und versucht, die Prüfgröße als eine einzelne Summe umzuschreiben sowie den Vorfaktor derart zu korrigieren, daß er dem der U-Statistik entspricht. Die Freiheit, die man dabei hat, liegt in der Wahl des Kerns Ψ. Zunächst werden beide Summenvorfaktoren mit $N(N-1)/2 = n_1 + n_2$ erweitert

$$Z = \frac{2}{N(N-1)} \left(\frac{n_1+n_2}{n_1} \sum_{S_1} |y_i - y_j| - \frac{n_1+n_2}{n_2} \sum_{S_2} |y_k - y_l| \right) \tag{5.14}$$

Dann zieht man die beiden Vorfaktoren in die Summen und verwendet $\lambda = n_1/(n_1+n_2)$ bzw. $1-\lambda = n_2/(n_1+n_2)$. Damit sind die Ausdrücke in den Summen unabhängig von N. Man erhält

$$Z = \frac{2}{N(N-1)} \left(\sum_{S_1} \frac{1}{\lambda} |y_i - y_j| - \sum_{S_2} \frac{1}{1-\lambda} |y_k - y_l| \right) \tag{5.15}$$

Nun definiert man die Funktion $\eta(\mathbf{x}, \mathbf{x}')$

$$\eta(\mathbf{x},\mathbf{x}') = \begin{cases} \frac{1}{\lambda} & \text{für alle } \Delta(\mathbf{x},\mathbf{x}') \leq a \\ -\frac{1}{1-\lambda} & \text{für alle } \Delta(\mathbf{x},\mathbf{x}') > a \end{cases} \tag{5.16}$$

die der »Aufteilungsregel« der Paare in die Stichproben S_1 und S_2 entspricht. Schreibt man diesen »Vorfaktor in Abhängigkeit zur Stichprobenzugehörigkeit«

20 Dies läßt sich mit einer Abschätzung nach Berry-Essen durchführen, soll hier aber nicht behandelt werden. Vgl. P. Gänssler, W. Stute (1977), S. 251f.

vor die y-Abstände, so kann man beiden Summen zu einer zusammenziehen. Man erhält

$$Z = \frac{2}{N(N-1)} \sum_{1 \leq i < j \leq N} \eta(\mathbf{x}_i, \mathbf{x}_j)\,|y_i - y_j| \tag{5.17}$$

Dies ist eine U-Statistik, wie man sofort sieht. Faßt man abhängige und unabhängige Variable zu einem $(r+1)$-dimensionalen Vektor $(\mathbf{x}_i, y_i)$ zusammen, erhält man mit $m = 2$ als Kern

$$\Psi(\mathbf{x}_1, y_1, \mathbf{x}_2, y_2) = \eta(\mathbf{x}_1, \mathbf{x}_2)\,|y_1 - y_2| \tag{5.18}$$

Man erkennt aus der Konstruktion, daß sowohl die Wahl der Metrik, als auch die Verteilung der **X** und Y zumindest asymptotisch keine Rolle spielen. Für die Normalverteilung wesentlich ist nur, daß die Datenpunkte unabhängig und identisch verteilt sind. Das Ergebnis, daß die Größe Z normalverteilt ist, löst jedoch noch nicht die Frage nach Erwartungswert und Varianz. Ganz im Gegenteil wird die Bestimmung der Varianz im übernächsten Abschnitt einige Mühe und außerdem eine zusätzliche Annahme erfordern, nämlich die Normalverteilung der Y.[21] Erwartungswert und Varianz sollen nun bestimmt werden.

5.2.2 Der Erwartungswert von Z

Um die Herleitung des Erwartungswertes und später der Varianz der Prüfgröße Z durchzuführen, wird die Voraussetzung hinzugenommen, daß die einzelnen N Datenpunkte bezüglich y_i mit $i = 1, \ldots, N$ standardnormalverteilt und untereinander unabhängig sind. Wie bei der Beschreibung der Testidee angesprochen, besitzt Z unter dieser Prämisse und der Nullhypothese einen Erwartungswert $\mathrm{E}Z = 0$, denn der Mittelwert der beiden Stichproben sollte sich nicht unterscheiden und damit die Differenz verschwinden. Die Behauptung läßt sich aber auch, gerade als Vorbereitung auf die etwas umfangreicherere Bestimmung der Varianz von Z, analytisch belegen, indem man den Erwartungswert direkt ausrechnet. Dazu sind einige Vorbemerkungen erforderlich.

Exkurs: Bestimmung von Erwartungswerten

Sei (Ω, P) ein diskreter Wahrscheinlichkeitsraum mit den möglichen Elementarereignissen ω und sei X eine Zufallsvariable mit dem Wertebereich $X(\Omega)$. Der Erwartungswert von X

---

21 In den Simulationen wird sich andererseits zeigen, daß diese Annahme zwar bessere Ergebnisse liefert, die Sensitivität des Verfahren auf Abweichungen von der Normalverteilung jedoch nicht zu hoch ist. Dies begünstigt Anwendungen gerade im finanzwirtschaftlichen Umfeld.

ergibt sich dann aus der Summe über alle Ereignisse $x(\omega)$, jeweils mit ihrer Eintrittswahrscheinlichkeit $P(X = x)$ multipliziert.[22] Für kontinuierliche Wahrscheinlichkeitsmaße mit einem Wertebereich $\mathbb{R}$ (oder einer kompakten Teilmenge aus $\mathbb{R}$) geht man von der Summe zu einem Integral und von der Wahrscheinlichkeit $P(X = x)$ zur Wahrscheinlichkeitsdichte $\phi(x)$ über. Man erhält dann

$$\mathrm{E}X = \int_{-\infty}^{+\infty} x\,\phi(x)\,dx \tag{5.19}$$

Auf diese Art können ebenfalls Erwartungswerte für andere Zufallsvariablen gebildet werden, etwa der Erwartungswert von X^2 oder ganz allgemein einer Funktion $f(X)$. Um in diesem Beispiel zu bleiben, setzt man statt des x ein x^2 vor die Wahrscheinlichkeitsdichte

$$\mathrm{E}X^2 = \int_{-\infty}^{+\infty} x^2\,\phi(x)\,dx \tag{5.20}$$

Möchte man den Erwartungswert von Größen bestimmen, die von mehreren Zufallsvariablen abhängen, also etwa den einer Funktion zweier Zufallsvariablen $f(X,Y)$ und besitzen diese eine gemeinsame Wahrscheinlichkeitsdichte $\phi(x,y)$, so erhält man ein Doppelintegral über beide Wertebereiche

$$\mathrm{E}f(X,Y) = \int_{-\infty}^{+\infty}\int_{-\infty}^{+\infty} f(x,y)\,\phi(x,y)\,dx\,dy \tag{5.21}$$

Sind X und Y unabhängig, zerfällt die gemeinsame Verteilungsfunktion $f(x,y)$ in ein Produkt der beiden Verteilungsfunktion für X und Y.[23] Hat also X die Wahrscheinlichkeitsdichte $\phi(x)$ und Y die Dichte $\psi(y)$, so kann man bei Unabhängigkeit auch schreiben

$$\mathrm{E}f(X,Y) = \int_{-\infty}^{+\infty}\int_{-\infty}^{+\infty} f(x,y)\,\phi(x)\psi(y)\,dx\,dy \tag{5.22}$$

Ist die Funktion der beiden Zufallsvariablen ebenfalls ein Produkt zweier Funktionen, also $f(x,y) = g(x)h(y)$, so kann auch das Integral einzeln bestimmt und als Produkt geschrieben werden. In diesem Beispiel also

$$\begin{aligned}\mathrm{E}f(X,Y) &= \int_{-\infty}^{+\infty}\int_{-\infty}^{+\infty} g(x)h(y)\,\phi(x)\psi(y)\,dx\,dy \\ &= \int_{-\infty}^{+\infty} g(x)\phi(x)\,dx \times \int_{-\infty}^{+\infty} h(y)\psi(y)\,dy\end{aligned} \tag{5.23}$$

22 Vgl. etwa I.N. Bronštejn, K.A. Semendjaev (1987), S. 665ff. oder U. Krengel (1991), S. 47ff und 143ff.

23 Vgl. den Exkurs zu bedingten Wahrscheinlichkeiten auf S. 62.

Geht man noch einen Schritt weiter und berechnet eine Größe, die sich aus einer großen Zahl unabhängiger und identisch verteilter Zufallsvariablen x_μ und $\mu = 1,\ldots,N$ bestimmt, jeweils mit der gleichen Wahrscheinlichkeitsdichte $\phi(x_\mu)$, so ist über alle Variablen zu integrieren. Man erhält also nicht nur ein zweifaches, sondern ein N-faches Integral. Für eine Zufallsvariable $f(x_1,\ldots,x_N)$, die eine Funktion aller Zufallsvariablen $x_1,\ldots,x_N$ ist, ergibt sich der Erwartungswert

$$\mathrm{E}f(x_1,\ldots,x_N) = \int_{-\infty}^{+\infty}\cdots\int_{-\infty}^{+\infty} f(x_1,\ldots,x_N)\ \underbrace{\phi(x_1)\cdots\phi(x_N)dy_1\cdots dx_N}_{\prod_{\mu=1}^{N}\phi(x_\mu)\,dx_\mu} \tag{5.24}$$

Angewendet auf den Erwartungswert der Prüfgröße Z erhält man

$$\mathrm{E}Z = \int_{-\infty}^{+\infty}\cdots\int_{-\infty}^{+\infty} \underbrace{\frac{1}{n_1}\sum_{S_1}|y_i - y_j| - \frac{1}{n_2}\sum_{S_2}|y_k - y_l|}_{\text{Prüfgröße } Z} \times \prod_{\mu=1}^{N}\underbrace{\frac{1}{\sqrt{2\pi}}\exp(-\frac{y_\mu^2}{2})\,dy_\mu}_{\text{Dichte von } Y_\mu} \tag{5.25}$$

wobei im folgenden die Wahrscheinlichkeitsdichte der N Variablen abkürzt wird mit

$$\begin{aligned} dF(\mathbf{y}) &= \frac{1}{\sqrt{2\pi}}\exp(-\frac{y_1^2}{2})\,dy_1\cdots\frac{1}{\sqrt{2\pi}}\exp(-\frac{y_N^2}{2})\,dy_N \\ &= \prod_{\mu=1}^{N}\frac{1}{\sqrt{2\pi}}\exp(-\frac{y_\mu^2}{2})\,dy_\mu \end{aligned} \tag{5.26}$$

Der Ausdruck ist weniger kompliziert als es im ersten Moment den Anschein hat. Wie im vorangegangenen Exkurs gezeigt, ist über alle N Datenpunkte, die nach Voraussetzung als normalverteilte Zufallsgrößen angenommen werden, zu integrieren. Als Laufvariable wurde μ gewählt, da die üblichen Indizes i,j,k,l bereits für die Benennung der Paare in S_1 und S_2 verwendet werden. Der erste Teil des Integranten besteht aus dem Ausdruck für die Prüfgröße Z, für die der Erwartungswert bestimmt werden soll. Der zweite Teil ist das Produkt über alle Integrationsvariablen dx_μ und den dazugehörigen Dichten, also hier der Wahrscheinlichkeitsdichte für die Normalverteilung.

Zur Lösung dieses Ausdrucks kann man im ersten Schritt die Linearitätseigenschaften des Integral ausnutzen[24] und die beiden Mittelwerte der Teilstichproben und darin jeden Summanden einzeln integrieren. Damit werden die Koeffizienten $1/n_1$ und $1/n_2$ und die Summenzeichen vor die Integrale gezogen und man bekommt

$$\mathrm{EZ} = \frac{1}{n_1}\sum_{S_1}\int_{-\infty}^{+\infty}\cdots\int_{-\infty}^{+\infty}|y_i - y_j|\,dF(\mathbf{y}) - \frac{1}{n_2}\sum_{S_2}\int_{-\infty}^{+\infty}\cdots\int_{-\infty}^{+\infty}|y_k - y_l|\,dF(\mathbf{y}) \quad (5.27)$$

Als nächstes wird berücksichtigt, daß die Y_i identisch verteilt sind. Damit spielt die Frage, über welches Paar (i,j) bzw. (k,l) integriert wird, keine Rolle. Die Integrale ergeben für alle Paare den gleichen Inhalt, der mit J bezeichnet wird. Die Schlußweise, daß jedes der Paare unabhängig davon, welche speziellen Indizes (i,j) es hat, den gleichen Integralinhalt liefert, solange nur die Struktur des Integrals identisch ist, wird auch im folgenden intensiv genutzt. Da also in der ersten Stichprobe S_1 insgesamt n_1 Paare und in S_2 n_2 Paare enthalten sind, bekommt man

$$\mathrm{EZ} = \frac{1}{n_1}\sum_{S_1}J - \frac{1}{n_2}\sum_{S_2}J = \frac{1}{n_1}n_1J - \frac{1}{n_2}n_2J = 0 \quad (5.28)$$

Durch das Zusammenfassen der n_1 und n_2 identischen Summanden erhält man zwei gleiche Terme, die sich in der Differenz wegheben. Der Erwartungswert beträgt damit Null, wie dies auch schon der eher heuristische Ansatz ergeben hat.

5.2.3 Die Varianz

Nachdem der Erwartungswert für Z bestimmt wurde, muß nun ein Schätzer für die Varianz gefunden werden. Hierzu verwendet man einen Zusammenhang zwischen der Varianz und den beiden Erwartungswerten EZ und EZ^2.

$$\mathrm{VarZ} = \mathrm{EZ}^2 - (\mathrm{EZ})^2 = \mathrm{EZ}^2 \quad (5.29)$$

Der zweite Teil der Gleichung ist gültig, da der Erwartungswert von Z bereits mit $\mathrm{EZ} = 0$ bestimmt wurde. Die Varianz reduziert sich damit auf den Erwartungswert

24 Bekanntermaßen gilt, vgl. etwa I.N. Bronštejn, K.A. Semendjaev (1987), S. 295

$$\int af(x) + bg(x)\,dx = a\int f(x)\,dx + b\int g(x)\,dx$$

von Z^2 und berechnet sich analog zum Erwartungswert von Z. Dabei ist $dF(\mathbf{y})$ wieder wie in (5.26) definiert.

$$\mathrm{E}Z^2 = \int_{-\infty}^{+\infty} \cdots \int_{-\infty}^{+\infty} \left(\frac{1}{n_1} \sum_{S_1} |y_i - y_j| - \frac{1}{n_2} \sum_{S_2} |y_k - y_l| \right)^2 dF(\mathbf{y}) \tag{5.30}$$

Um den Ausdruck aufzulösen, ist zunächst das Quadrat auszumultiplizieren. Anschließend kann wieder wegen der Linearitätseigenschaft das Integral vor jede einzelne Summe gezogen werden und man erhält drei einzelne Integrale.

$$\begin{aligned} \mathrm{E}Z^2 = & \frac{1}{n_1^2} \int_{-\infty}^{+\infty} \cdots \int_{-\infty}^{+\infty} \left(\sum_{S_1} |y_i - y_j| \right)^2 dF(\mathbf{y}) \\ & + \frac{1}{n_2^2} \int_{-\infty}^{+\infty} \cdots \int_{-\infty}^{+\infty} \left(\sum_{S_2} |y_k - y_l| \right)^2 dF(\mathbf{y}) \\ & - \frac{2}{n_1 n_2} \int_{-\infty}^{+\infty} \cdots \int_{-\infty}^{+\infty} \left(\sum_{S_1} |y_i - y_j| \right) \left(\sum_{S_2} |y_k - y_l| \right) dF(\mathbf{y}) \end{aligned} \tag{5.31}$$

Diesen Ausdruck muß man etwas genauer betrachten. Zunächst handelt es sich um drei Integrale mit Vorfaktoren, die sich im Prinzip ähneln. Der erste Term ist ein Integral über die Summe der Abstände aller Paare in der Stichprobe S_1, multipliziert mit sich selbst. Der zweite Term ist ebenfalls ein Integral über die quadrierte Summe der Abstände, diesmal der Paare aus S_2. Das dritte Integral multipliziert die Abstandssumme aus S_1 mit der aus S_2. Vom Typ sind also alle drei Integrale von der Art

$$\int_{-\infty}^{+\infty} \cdots \int_{-\infty}^{+\infty} \left(\sum_{S_1/S_2} |y_i - y_j| \right) \left(\sum_{S_1/S_2} |y_k - y_l| \right) dF\mathbf{y} \tag{5.32}$$

Das erste Integral aus (5.31) läuft dabei in beiden Summen über S_1, das zweite läuft in beiden Summen über S_2 und beim dritten Integral wird einmal über S_1 und einmal über S_2 summiert. Die Struktur ist jedoch in allen Fällen identisch. Damit kann die weitere Rechnung für alle Integrale gemeinsam durchgeführt werden. Größen, die zu den drei Integralen gehören, sind aus diesem Grund im folgenden

		S_1				S_2	
		(1,2)	(1,3)	(2,3)	(3,4)	(1,4)	(2,4)
S_1	(1,2)	A	B	B	C	B	B
	(1,3)	B	A	B	B	B	C
	(2,3)	B	B	A	B	C	B
	(3,4)	C	B	B	A	B	B
S_2	(1,4)	B	B	C	B	A	B
	(2,4)	B	C	B	B	B	A

Abbildung 5.3: Die schematische Darstellung der Integralterme für $N = 4$ Datenpunkte. Von den sechs Paaren sind in diesem Beispiel (1,2), (1,3), (2,3), (3,4) der Stichprobe S_1 und (1,4), (2,4) der Stichprobe S_2 zugeordnet. Der erste Integralterm in (5.31) entspricht hier dem oberen linken Block: Die Paare S_1-S_1 werden untereinander kombiniert. Der zweite Integralterm entspricht dem unteren rechten Block, also der Kombination S_2-S_2. Der dritte Term ist zweifach oben rechts bzw. unten links vorhanden und entspricht S_1-S_2. Die Buchstaben entsprechen den Integraltypen J_A, J_B, J_C, die bei der Bildung der entsprechenden Paare entstehen.

mit S_1-S_1, S_2-S_2 und S_1-S_2 indiziert, gelegentlich auch kurz mit den Indizes 11, 22 und 12.

Für die Lösung dieser Integrale werden die beiden Summen (bzw. das Quadrat) ebenfalls ausmultipliziert und das Integral wieder vor jeden Summanden gezogen. Der entstehende Ausdruck läßt sich leider nicht gut hinschreiben, man erkennt aber, daß jeder Summand, der beim Ausmultiplizieren entsteht, vom Typ

$$J = \int_{-\infty}^{+\infty} \cdots \int_{-\infty}^{+\infty} |y_i - y_j||y_k - y_l| \, dF\mathbf{y} \tag{5.33}$$

ist. Anders als bei der Bestimmung des Erwartungswerte sind dieses Mal jedoch nicht alle Integrale identisch, sondern es entstehen drei verschiedene Typen von Teilintegralen, je nachdem, ob bestimmte Indizes i, j, k, l identisch sind. Von welchem Typ ein Teilintegral ist, hängt also davon ab, welche Paare miteinander kombiniert wurden. Im einfachsten Fall sind alle Datenpunkte der Paare verschieden, es ist also $i \neq j \neq k \neq l$. Möglich ist jedoch auch, daß die Abstände zweier Paare multipliziert werden, die einen Datenpunkt gemeinsam haben. In diesem Fall gibt es nur drei unterschiedliche Datenpunkte. Da ein Vertauschen der Datenpunkte den Inhalt des Integrals nicht ändert, läßt sich ohne Beschränkung der Allgemeinheit $j = l$ setzen. Werden beide Summen über S_1 oder beide über S_2 gebildet, besteht auch die Möglichkeit, daß ein Paarabstand mit sich selbst multipliziert wird, dann ist $i = k$ und $j = l$. Der Inhalt des Integral kann in jedem der drei Fälle unterschiedlich sein und muß getrennt betrachet werden. Zusammengefaßt erhält man insgesamt drei verschiedene Typen von Teilintegralen, die mit J_A, J_B und J_C bezeichnet werden.

$$\begin{aligned} J_A &= \int_{-\infty}^{+\infty} \cdots \int_{-\infty}^{+\infty} |y_i - y_k|^2 \, dF\mathbf{y} && \text{mit } i \neq k \\ J_B &= \int_{-\infty}^{+\infty} \cdots \int_{-\infty}^{+\infty} |y_i - y_j||y_j - y_k| \, dF\mathbf{y} && \text{mit } i \neq j \neq k \\ J_C &= \int_{-\infty}^{+\infty} \cdots \int_{-\infty}^{+\infty} |y_i - y_j||y_k - y_l| \, dF\mathbf{y} && \text{mit } i \neq j \neq k \neq l \end{aligned} \tag{5.34}$$

Betrachtet man als Beispiel einen kleinen Satz von $N = 6$ Datenpunkten, numeriert mit $1, \ldots, 6$. Von den $N(N-1)/2 = 15$ möglichen Paaren befinden sich nun die Paare (1,2), (1,3) und (4,6) in der Stichprobe S_1. Im ersten Term S_1-S_1 in (5.31) wird damit im Integrand die Summe der Abstände $|y_1 - y_2| + |y_1 - y_3| + |y_4 - y_6|$ gebildet und über das Quadrat der Summe integriert. Multipliziert man das Quadrat aus, so bekommt man insgesamt neun Terme. Die Integranden $|y_1 - y_2||y_1 - y_2|$, $|y_1 - y_3||y_1 - y_3|$ und $|y_4 - y_6||y_4 - y_6|$ gehören zum Typ A (beide Datenpunkte in den Faktoren sind identisch), der Integrand $|y_1 - y_2||y_1 - y_3|$ tritt zweimal auf und gehört zum Typ B (ein Datenpunkt in den Faktoren ist identisch), während die Integranden $|y_1 - y_2||y_4 - y_6|$ und $|y_1 - y_2||y_4 - y_6|$ ebenfalls je zweimal auftreten und zu Typ C gehören (kein Datenpunkt in den Faktoren identisch).

Es ist festzuhalten, daß die Inhalte J_A, J_B, J_C für sich unabhängig von den jeweiligen Indizes sind, da alle Zufallsvariablen Y_i einer identischen Verteilung folgen. Man erhält für jedes i, j, k, l gleiche Ergebnisse, sofern nur der Integraltyp der gleiche ist. Im folgenden soll zunächst davon ausgegangen werden, daß für diese drei Integrale bereits Lösungen gefunden wurden, was auch mit moderatem Aufwand möglich ist. Das Problem wird jedoch auf ein späteres Kapitel verschoben. Da die Summanden – nur abhängig von ihrem Typ – identische Inhalte liefern, ist im wesentlichen nur zu bestimmen, wie oft nach dem Ausmultiplizieren der Summen der betreffende Summand auftritt. Hier genügt es jedoch bei näherer Betrachtung nicht, die Summanden für den allgemeinen Fall nur auszuzählen. Das Problem liegt vielmehr darin, daß die genaue Zusammensetzung der Teilmengen S_1, S_2 aller Paare nicht bekannt sind. Man kennt zwar die Größe der Stichproben, jedoch nicht ihre Zusammensetzung. Diese hat jedoch entscheidenenden Einfluß auf die Häufigkeit der Integraltypen. Dazu ein einfaches Beispiel:

Man betrachtet wieder den Satz von $N = 6$ Datenpunkten und die möglichen 15 Paare $(1,2),(1,3),(1,4),\ldots,(5,6)$. Für die Stichprobe S_1 wird eine Teilmenge von 3 Paaren herausgegriffen. Wenn man die Paare $(1,2),(3,4),(5,6)$ für die Stichprobe herausnimmt, so kann für das Integral S_1-S_1 ein Summand vom Typ B nicht vorkommen, denn zwei beliebig herausgegriffene Paare stimmen nur in beiden oder in keinem Datenpunkt überein, nicht jedoch in genau einem Datenpunkt. Greift man die Paare $(1,2),(2,3),(1,3)$ heraus, ändert sich die Situation. Nun ist der Typ B vorhanden, nicht jedoch der Typ C, denn zwei beliebige Paare stimmen immer mindestens in einem Datenpunkt überein. Es läßt sich also nicht allgemein angeben, wie oft ein bestimmter Integraltyp vorkommt.

Zur Lösung dieser Schwierigkeit kommen zwei gangbare Wege in Frage. Zum einen kann in einer konkreten Situation, also nachdem die Paare gebildet und auf die beiden Stichproben aufgeteilt wurden, ausgezählt werden, wie häufig die Paartypen auftreten. Dazu wird in beiden Stichproben jedes Paar mit jedem kombiniert und bestimmt, wie oft dabei kein, ein oder beide Datenpunkte identisch sind.

Als zweite Möglichkeit kann man versuchen zu bestimmen, welche Zusammensetzung in einer Stichprobe *wahrscheinlich* ist. Dies läßt sich durch kombinatorische Überlegungen erreichen, erfordert aber eine Reihe zusätzlicher Voraussetzungen. Mit diesen Schätzern für die Häufigkeit der Paarkombinationen vom Typ A, B, C aus den Stichproben S_1-S_1, S_2-S_2 und S_1-S_2 kann dann die Rechnung fortgesetzt werden.[25] Seien die Anzahlen für das Auftreten der Paarkombinationen aus den Stichproben mit H bezeichnet, so erhält man neun Werte, von denen einer stets Null ist: Greift man ein Paar aus S_1 und eines aus S_2 heraus, so kann man dabei niemals dasselbe Paar erhalten.

$$\underbrace{H_A^{(11)},\, H_B^{(11)},\, H_C^{(11)},}_{\text{beide Paare aus } S_1} \quad \underbrace{H_A^{(22)},\, H_B^{(22)},\, H_C^{(22)},}_{\text{beide Paare aus } S_2} \quad \underbrace{H_A^{(12)} = 0,\, H_B^{(12)},\, H_C^{(12)}}_{\text{je ein Paar aus } S_1,\, S_2} \tag{5.35}$$

Mit diesen Häufigkeiten kann man den Varianzschätzer hinschreiben

$$\begin{aligned} \mathrm{EZ}^2 &= \frac{H_A^{(11)} J_A + H_B^{(11)} J_B + H_C^{(11)} J_C}{n_1^2} \\ &+ \frac{H_A^{(22)} J_A + H_B^{(22)} J_B + H_C^{(22)} J_C}{n_2^2} - \frac{2(H_B^{(12)} J_B + H_C^{(12)} J_C)}{n_1 n_2} \end{aligned} \tag{5.36}$$

25 Genaugenommen genügt es nicht, nur die wahrscheinlichsten Werte zu bestimmen, sondern man benötigt die komplette Verteilung, mit der man dann weiterrechnen muß. Da hier der kombinatorische Ansatz ohnehin nur angedeutet werden soll, wird von dieser zusätzlichen Verkomplizierung abgesehen.

Problematisch ist also nur die Bestimmung der Integrale, sowie der Typhäufigkeiten der Paarkombinationen, die beim Ausmultiplizieren der Stichproben entstehen. Kann man diese Hürden überwinden, so hat man ein Schätzer für die Varianz von Z. Für diese beiden Teilprobleme sollen nun die Lösungen angegeben werden.

5.3 Die Integrale

Zunächst soll die Lösung der Integralausdrücke behandelt werden. Bei den dabei nötigen Umformungen nutzt man Eigenschaften der sogenannten Gamma-Funktion und bedient sich der Transformation in Polar- und Kugelkoordinaten. Beide Hilfmittel werden daher vorab in den folgenden zwei Exkursen behandelt.

Exkurs: Die Gamma-Funktion

Die Gamma-Funktion[26] liefert die Lösung für eine Klasse uneigentlicher Integrale. Für alle $a > 0$ und $n > -1$ ist

$$\int_0^\infty x^n e^{-ax^2}\, dx = \frac{\Gamma\left(\frac{n+1}{2}\right)}{2a^{\left(\frac{n+1}{2}\right)}} \tag{5.37}$$

Während die Gamma-Funktion im allgemeinen nur tabelliert vorliegt, man durch die oben angegebene Umformung also in der Regel wenig gewinnt, besitzt sie jedoch für ganz- und halbzahlige Argumente darstellbare Werte. Diese sind $\Gamma(\frac{1}{2}) = \sqrt{\pi}$, $\Gamma(1) = 1$ und außerdem gilt allgemein $\Gamma(x+1) = x\Gamma(x)$, was sich durch partielle Integration der oben angegebenen Formel auch leicht beweisen läßt. Damit können rekursiv für alle weiteren ganz- und halbzahligen Argumente die Funktionswerte bestimmt werden. Man erhält so mit $a = 1/2$ und $n = 0, 1, 2, 3, 4$ die folgenden uneigentlichen Integrale

$$\begin{aligned} &\int_0^\infty e^{-\frac{x^2}{2}}\, dx = \sqrt{\frac{\pi}{2}} \quad \int_0^\infty x e^{-\frac{x^2}{2}}\, dx = 1 \quad \int_0^\infty x^2 e^{-\frac{x^2}{2}}\, dx = \sqrt{\frac{\pi}{2}} \\ &\int_0^\infty x^3 e^{-\frac{x^2}{2}}\, dx = 2 \quad \int_0^\infty x^4 e^{-\frac{x^2}{2}}\, dx = 3\sqrt{\frac{\pi}{2}} \end{aligned} \tag{5.38}$$

Es ist zu beachte, daß die untere Grenze der Integrale nicht $-\infty$, sondern Null ist.

Exkurs: Polar- und Kugelkoordinaten

Für die Behandlung der Integralausdrücke werden die Transformationen in Polar- und Kugelkoordinaten benötigt, deren Formeln ebenfalls kurz zusammengestellt werden sollen.

---

26 Vgl. I.N. Bronštejn, K.A. Semendjaev (1987), S. 6, 66 und 103f.

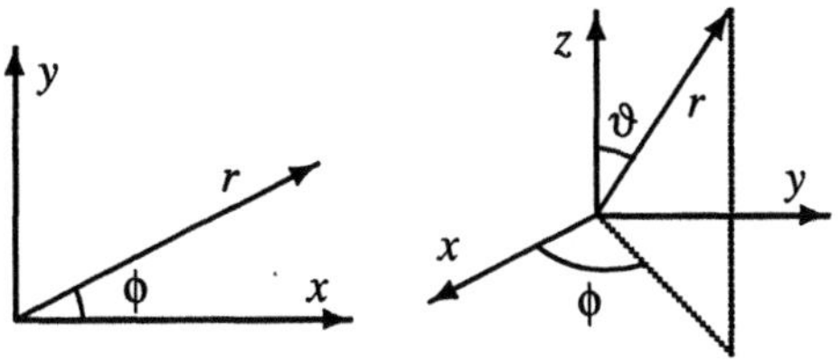

Abbildung 5.4: Bezeichnungen und Positionen der Winkel- und Längenvariablen bei Polar- (links) bzw. Kugelkoordinaten (rechts).

Bei Radialsymmetrie in zwei Dimensionen kann man die Variablen zur Ausnutzung der Symmetrie in Polarkoordinaten, in Abb. 5.4 links dargestellt, transformieren.[27] Dazu setzt man

$$x = r\cos\phi\,, \quad y = r\sin\phi \tag{5.39}$$

Wird anschließend über die ganze Ebene integriert, so folgt mit der Substitution

$$\int_{-\infty}^{+\infty}\int_{-\infty}^{+\infty} f(x,y)\,dx\,dy = \int_0^{\infty}\int_0^{2\pi} f(r\cos\phi, r\sin\phi)\,r\,dr\,d\phi \tag{5.40}$$

In drei Dimensionen bieten sich bei radialsymmetrischen Problemen die rechts in Abb. 5.4 dargestellten Kugelkoordinaten an.[28] Dabei wird transformiert

$$x = r\cos\phi\sin\vartheta\,, \quad y = r\sin\phi\sin\vartheta\,, \quad z = r\cos\vartheta \tag{5.41}$$

Bei einer Integration über den ganzen Raum erhält man die Identität[29]

$$\int_{-\infty}^{+\infty}\int_{-\infty}^{+\infty}\int_{-\infty}^{+\infty} f(x,y,z)\,dx\,dy\,dz =$$

$$\int_0^{\infty}\int_0^{2\pi}\int_0^{\pi} f(r\cos\phi\sin\vartheta, r\sin\phi\sin\vartheta, r\cos\vartheta)\,r^2\sin\vartheta\,dr\,d\phi\,d\vartheta \tag{5.42}$$

27 Vgl. I.N. Bronštejn, K.A. Semendjaev (1987), S. 215 zur Definition und S. 281, S. 335 zur Anwendung bei Integrationen.

28 Vgl. I.N. Bronštejn, K.A. Semendjaev (1987), S. 565 zur Definition und S. 340 zur Anwendung bei Integrationen.

29 Für den Gültigkeitsbereich von ϑ sind zwei Varianten verbreitet sind. Entweder läuft ϑ im Intervall $[0,\pi]$ als Winkelabstand zur z-Achse, dann muß $z = r\cos\vartheta$ und $x = r\sin\phi\sin\vartheta$ bzw. $y = r\cos\phi\sin\vartheta$ substituiert werden und im Integrand erscheint $r^2\sin\vartheta\,dr\,d\phi\,d\vartheta$, so wie oben angegeben. Die andere Möglichkeit besteht darin, ϑ im Bereich $[-\pi/2,+\pi/2]$ als Winkel über bzw. unter der x-y-Ebene zu wählen und die neuen Variablen dann $z = r\sin\vartheta$ und $x = r\sin\phi\cos\vartheta$ bzw. $y = r\cos\phi\cos\vartheta$ zu setzen. Der Integrand wird damit $r^2\cos\vartheta\,dr\,d\phi\,d\vartheta$. Das ist also lediglich Definitionssache.

5.3.1 Das erste Teilintegral

Im ersten Integral J_A tritt der Differenzbetrag quadratisch auf. Es ist von der Form

$$\int_{-\infty}^{+\infty} \cdots \int_{-\infty}^{+\infty} |y_i - y_j|^2 \prod_{\mu=1}^{N} \frac{1}{\sqrt{2\pi}} \exp\left(-\frac{y_\mu^2}{2}\right) dy_\mu \tag{5.43}$$

Zunächst sind alle Integrationen über y_μ mit $\mu \neq i, j$ gewöhnliche Gauß-Integrale, denn wird über diese Variablen integriert, bleibt der Term $|y_i - y_j|^2$ konstant. Die Integrationen über die Gauß-Integrale entfallen somit, weil bei einer Wahrscheinlichkeitsdichte die Integration über die gesamte Achse eins ergibt. Es bleibt dann nur übrig

$$\int_{-\infty}^{+\infty} \int_{-\infty}^{+\infty} |y_i - y_j|^2 \frac{1}{\sqrt{2\pi}^2} \exp\left(-\frac{y_i^2 + y_j^2}{2}\right) dy_i dy_j \tag{5.44}$$

Nun werden die beiden übrig gebliebenen Variablen y_i, y_j in Polarkoordianten transformiert. Der Betrag kann weggelassen werden, da er sich wegen des Quadrates erübrigt. Man erhält

$$\int_0^{\infty} \int_0^{2\pi} (r\cos\phi - r\sin\phi)^2 \frac{1}{\sqrt{2\pi}^2} \exp\left(-\frac{r^2}{2}\right) r\,dr\,d\phi \tag{5.45}$$

Das Quadrat der beiden Winkelfunktionen wird ausmultipliziert. Durch Herausziehen des r^2 aus den Termen, die beim Ausmultiplizieren entstanden sind, lassen sich der radiale und der winkelabhängige Teil trennen. Man bekommt

$$\frac{1}{\sqrt{2\pi}^2} \int_0^{\infty} r^3 \exp\left(-\frac{r^2}{2}\right) dr \times \int_0^{2\pi} \cos^2\phi + \sin^2\phi - 2\sin\phi\cos\phi\, d\phi \tag{5.46}$$

Der erste Term läßt sich mit der Gamma-Funktion bewältigen. Im zweiten Term wird zunächst die Identität $\sin^2\phi + \cos^2\phi = 1$ verwendet. Man erhält

$$\frac{1}{\sqrt{2\pi}^2} 2 \times \int_0^{2\pi} 1 - 2\sin\phi\cos\phi\, d\phi \tag{5.47}$$

Im noch verbliebenen Integral kann, wieder durch die Linearitätseigenschaft, jeder Summand einzeln behandelt werden. Die Stammfunktion von 1 ist ϕ, der Ausdruck

$2\sin\phi\cos\phi$ läßt sich durch Substitution $u = \sin\phi$ integrieren oder in einer Integraltabelle nachschlagen[30] und liefert $\sin^2\phi$. Insgesamt erhält man damit

$$\frac{2}{2\pi} \times \left[\phi - \sin^2\phi\right]_0^{2\pi} = \frac{1}{\pi} \cdot (2\pi - 0) = 2 \tag{5.48}$$

5.3.2 Das zweite Teilintegral

Dieses Integral J_B ist von der Form

$$\int_{-\infty}^{+\infty} \cdots \int_{-\infty}^{+\infty} |y_i - y_j|\,|y_j - y_k| \prod_{\mu=1}^{n} \frac{1}{\sqrt{2\pi}} \exp\left(-\frac{y_\mu^2}{2}\right) dy_\mu \tag{5.49}$$

Zunächst sind alle Integrationen von y_μ, bei denen $\mu \neq i, j, k$ ist, gewöhnliche Gauß-Integrale bereits mit der richtigen Normierung. Die Integration über diese y_μ ergibt eins. Damit vereinfacht sich das Integral zu

$$\int_{-\infty}^{+\infty} \int_{-\infty}^{+\infty} \int_{-\infty}^{+\infty} |y_i - y_j|\,|y_j - y_k| \frac{1}{\sqrt{2\pi}^3} \exp\left(-\frac{y_i^2 + y_j^2 + y_k^2}{2}\right) dy_i\,dy_j\,dy_k \tag{5.50}$$

Um diesen Ausdruck zu integrieren, wird zu Kugelkoordinaten übergegangen. Damit ist im Integrand $dy_i\,dy_j\,dy_k = r^2 \sin\vartheta\; dr\,d\phi\,d\vartheta$. Mit der Identität $r^2 = y_i^2 + y_j^2 + y_k^2$ erhält man

$$\begin{aligned} \int_0^\infty \int_0^{2\pi} \int_0^\pi & |r\cos\phi\sin\vartheta - r\cos\vartheta|\,|r\sin\phi\sin\vartheta - r\cos\vartheta| \\ & \times \frac{1}{\sqrt{2\pi}^3} \exp\left(-\frac{r^2}{2}\right) r^2 \sin\vartheta\, dr\,d\phi\,d\vartheta \end{aligned} \tag{5.51}$$

Da r stets positiv ist, kann es aus den Beträgen herausgezogen werden und die Integration zerfällt damit wieder in ein Produkt aus radialem und winkelabhängigem Anteil.

$$\begin{aligned} & \frac{1}{\sqrt{2\pi}^3} \int_0^\infty r^4 \exp\left(-\frac{r^2}{2}\right) dr \\ & \times \int_0^{2\pi} \int_0^\pi |\cos\phi\sin\vartheta - \cos\vartheta|\,|\sin\phi\sin\vartheta - \cos\vartheta|\; \sin\vartheta\; d\phi\,d\vartheta \end{aligned} \tag{5.52}$$

---

30 Vgl. etwa I.N. Bronštejn, K.A. Semendjaev (1987), Nr. 354 auf S. 56.

Der radiale Teil läßt sich wieder mit der Gamma-Funktion lösen, und das Ergebnis ist $3/4\pi$. Der winkelabhängige Teil ist jedoch recht kompliziert. Die besondere Schwierigkeit liegt dabei im Betrag, der eine Teilung des Gebietes an den Nullstellen erfordert und damit unangenehme Integralgrenzen ins Spiel bringt. Dies führt nach den Rechnungen des Verfassers ziemlich sicher auf elliptische Integrale, für die keine geschlossene Lösung angegeben werden kann. Es wurde deshalb eine numerische Lösung verwendet, was auch relativ unproblematisch ist, da der winkelabhängige Teil keine Parameter enthält und in die folgenden Rechnungen nur als Konstante eingeht. Die numerische Integration mit dem Programmpaket GAUSS 3.2 ergibt[31]

$$\frac{3}{4\pi} \times 6.0152 \approx 1.4360 \tag{5.53}$$

5.3.3 Das dritte Teilintegral

Das dritte Teilintegral J_C hat die Form

$$\int_{-\infty}^{+\infty} \cdots \int_{-\infty}^{+\infty} |y_i - y_j|\,|y_k - y_l| \prod_{\mu=1}^{n} \frac{1}{\sqrt{2\pi}} \exp\left(-\frac{y_\mu^2}{2}\right) dy_\mu \tag{5.54}$$

Zunächst sind wieder alle Integrationen von y_μ, bei denen $\mu \neq i, j, k, l$ ist, gewöhnliche Gauß-Integrale, bereits mit der richtigen Normierung. Damit vereinfacht sich das Integral zu

$$\begin{aligned}\int_{-\infty}^{+\infty}\int_{-\infty}^{+\infty}\int_{-\infty}^{+\infty}\int_{-\infty}^{+\infty} & |y_i - y_j|\,|y_k - y_l| \\ & \times \frac{1}{\sqrt{2\pi}^4} \exp\left(-\frac{y_i^2 + y_j^2}{2}\right) \exp\left(-\frac{y_k^2 + y_l^2}{2}\right) dy_i\, dy_j\, dy_k\, dy_l\end{aligned} \tag{5.55}$$

Da der Integrand als Produkt zweier unabhängiger Faktoren geschrieben werden kann, die nur von i, j beziehungsweise von k, l abhängen und diese Faktoren dann bis auf die Indizierung identisch sind, erhält man

$$\left\{\int_{-\infty}^{+\infty}\int_{-\infty}^{+\infty} |y_i - y_j| \frac{1}{\sqrt{2\pi}^2} \exp\left(-\frac{y_i^2 + y_j^2}{2}\right) dy_i\, dy_j\right\}^2 \tag{5.56}$$

31 Zur verwendeten Funktion *intquad2*, die eine zweidimensionale Gaußsche Quadratur durchführt, vgl. GAUSS 3.2 Manual (1998), S. 1634.

Nun werden die Variablen y_i und y_j wieder in Polarkoordinaten transformiert. Dies ergibt mit $r^2 = y_i^2 + y_j^2$

$$\left\{ \int_0^\infty \int_0^{2\pi} |r\cos\phi - r\sin\phi| \frac{1}{\sqrt{2\pi}^2} \exp\left(-\frac{r^2}{2}\right) r\,dr\,d\phi \right\}^2 \tag{5.57}$$

Da r stets positiv ist, kann es aus den Beträgen herausgezogen werden und die Integration zerfällt in

$$\left\{ \frac{1}{\sqrt{2\pi}^2} \int_0^\infty r^2 \exp\left(-\frac{r^2}{2}\right) dr \times \int_0^{2\pi} |\cos\phi - \sin\phi|\, d\phi \right\}^2 \tag{5.58}$$

Das erste Integral ist wieder über die Gamma-Funktion zu lösen. Als Ergebnis wurde bereits oben $\sqrt{\pi/2}$ angegeben. Beim zweiten Integral bereitet nur der Betrag etwas Schwierigkeiten. Da die trigonometrischen Funktionen periodisch sind mit der Periode 2π und die Integration über genau eine Periode geht, können die Integrationsgrenzen auch verschoben werden, etwa von $\pi/4$ bis $9\pi/4$. Ferner kann man das Integral in zwei Teilintegrale aufspalten

$$\left\{ \frac{1}{\sqrt{2\pi}^2} \sqrt{\frac{\pi}{2}} \times \left(\int_{\frac{1}{4}\pi}^{\frac{5}{4}\pi} |\sin\phi - \cos\phi|\, d\phi + \int_{\frac{5}{4}\pi}^{\frac{9}{4}\pi} |\sin\phi - \cos\phi|\, d\phi \right) \right\}^2 \tag{5.59}$$

Im Intervall $[\pi/4, 5\pi/4]$ ist der Sinus stets größer als der Cosinus und damit $\sin\phi - \cos\phi > 0$. In $[5\pi/4, 9\pi/4]$ ist es umgekehrt, also $\sin\phi - \cos\phi < 0$. Die Beträge der beiden Teilabschnitte können entfallen, wenn man explizit das passende Vorzeichen einfügt, ein positives im ersten und ein negatives im zweiten Teilintegral. Da für die beiden Winkelfunktionen außerdem noch gilt $\sin(x+\pi) = -\sin x$ und $\cos(x+\pi) = -\cos x$ erhält man

$$\left\{ \frac{1}{\sqrt{2\pi}^2} \sqrt{\frac{\pi}{2}} \times 2 \int_{\frac{1}{4}\pi}^{\frac{5}{4}\pi} \sin\phi - \cos\phi\, d\phi \right\}^2 \tag{5.60}$$

und zusammen mit der Integration des winkelabhängigen Teils

$$\left\{ \frac{1}{\sqrt{2\pi}} \Big[-\cos\phi - \sin\phi \Big]_{\frac{1}{4}\pi}^{\frac{5}{4}\pi} \right\}^2 = \left(\frac{2\sqrt{2}}{\sqrt{2\pi}} \right)^2 = \frac{4}{\pi} \tag{5.61}$$

5.4 Die Anzahl der Summanden

Die Häufigkeit der Paartypen in und zwischen den Stichproben zu bestimmen, ist die letzte noch zu lösende Aufgabe. Die beiden folgenden Abschnitte diskutieren die dabei auftretenden Schwierigkeiten und präsentieren eine einfache und rationelle Lösung.

5.4.1 Mögliche Ansätze und dabei entstehende Schwierigkeiten

Man könnte vermuten, daß der einfachste Ansatz in einem Auszählen der Paarkombinationen besteht. Das Verfahren wäre zwar nicht besonders elegant, es lieferte aber die exakten Häufigkeiten für das Auftreten der Paartypen in einem konkreten Fall. Man würde zunächst in der Stichprobe S_1 jedes Paar mit jedem kombinieren und dann prüfen, ob kein, ein oder beide Datenpunkte identisch sind, ob also die Paarkombination *A*, *B* oder *C* vorliegt. Geht man in einer Programmschleife alle möglichen Kombinationen durch, kann man die entsprechenden Häufigkeiten ermitteln. Entsprechend verfährt man mit der Stichprobe S_2, sowie »überkreuz« mit den Stichproben S_1-S_2. In der schematischen Abb. 5.3 würde man also die Typen *A*, *B*, *C* in den vier (bzw. drei unterschiedlichen) Quadranten bestimmen (so wie dort getan) und auszählen, wie oft *A*, *B* oder *C* vorkommen.

Den praktisch entstehenden Aufwand zeigt aber eine kurze Überschlagsrechnung: Bei N Datenpunkten können $N(N-1)/2$ Paare gebildet werden. Damit erhält man bei nur $N = 100$ Datenpunkten bereits 4950 Paare. Im Fall gleich großer Stichproben und einem einfachen Auszählen aller Paarkombinationen in den Stichproben sind über 18 Millionen Paarkombinationen zu bilden und auszuwerten. Dies mag im Einzelfall noch von handelsüblichen Personal Computern zu bewältigen sein, umfangreiche Monte-Carlo-Simulationen sind damit aber nicht mehr durchführbar. Darüberhinaus steigt der Aufwand mit der vierten Potenz zur Anzahl der Datenpunkte, das heißt bei einer Verdoppelung der Stichprobengröße versechzehnfacht sich die Menge der zu untersuchenden Paarkombinationen.

Aber auch bei effektiveren Zählverfahren bedeutet das Auszählen im Einzelfall stets einen höheren Aufwand. Eine Bestimmung der Häufigkeiten durch Wahrscheinlichkeitsüberlegungen wäre also zu begrüßen. Die Schwierigkeit ist jedoch, daß dies eine Verteilungsannahme für die $X^{(1)},\ldots,X^{(r)}$ erfordert. Ferner geht die spezielle Abstandsbildung für die $\mathbf{X}$ ein. Um einen solchen Ansatz durchzuführen, sind also eine Reihe von zusätzlichen Voraussetzungen und somit Einschränkungen der Allgemeinheit notwendig, auf die man gern verzichten würde.

Ein Auszählen der Paarkombinationen ist hingegen flexibler und stellt keine Bedingung an die Verteilung der $X^{(1)}, \ldots, X^{(r)}$. Auf einen wahrscheinlichkeitstheoretischen Ansatz soll deshalb nicht eingegangen werden.

5.4.2 Ein effektives Verfahren zum Auszählen

Um auszuzählen, wie oft eine Paarkombination in den Stichproben S_1-S_1, S_2-S_2 oder in S_1-S_2 dem Typ A, B oder C zuzuordnen ist, kann man jedes Paar aus der ersten Stichprobe mit jedem Paar aus der zweiten kombinieren und prüfen, ob keine, ein oder zwei Datenpunkte identisch sind. Wie bereits angedeutet, ist dies sehr aufwendig und führt bei einer großen Zahl von Paaren schnell zu langen Rechenzeiten. Das folgende Verfahren arbeitet etwas effektiver.

Zunächst bestimmt man, wie oft in einer Stichprobe, etwa S_1, der Datenpunkt i mit $1 \leq i \leq N$ in der Gesamtheit der Paare enthalten ist. Dazu sind beide Stichproben jeweils einmal zu durchlaufen und die Häufigkeiten $h_i^{(1)}$ zu notieren. Da jedes Paar aus genau zwei verschiedenen Datenpunkten besteht, muß die Summe der h_i genau der doppelten Anzahl der in S_1 oder S_2 enthaltenen Paare entsprechen.

$$n_1 = \frac{1}{2}\sum_{i=1}^{N} h_i^{(1)} \qquad \text{und} \qquad n_2 = \frac{1}{2}\sum_{i=1}^{N} h_i^{(2)} \tag{5.62}$$

Wieviele Paarkombinationen gibt es, die vom Typ A sind? Solche Paarkombinationen besitzen zweimal den gleichen Datenpunkt. Da alle Paare verschieden sind, kann dies nur auftreten, wenn ein Paar mit sich selbst kombiniert wird. In S_1 gibt es damit so viele Kombinationen, wie Paare in S_1 enthalten sind, da jedes von ihnen einmal kombinert werden kann. Gleiches gilt für die Stichprobe S_2, also erhält man

$$H_A^{(11)} = n_1 = \frac{1}{2}\sum_{i=1}^{N} h_i^{(1)} \quad H_A^{(22)} = n_2 = \frac{1}{2}\sum_{i=1}^{N} h_i^{(2)} \quad H_A^{(12)} = 0 \tag{5.63}$$

Da sich ein Paar nicht gleichzeitig in S_1 und in S_2 befindet, kann bei den Kombinationen zwischen diesen beiden Stichproben niemals dasselbe Paar zusammentreffen. Die Häufigkeit ist damit null.

Um die Zahl der möglichen Kombinationen zu bestimmen, die vom Typ B sind, also genau einen Datenpunkt gemeisam haben, nimmt man zunächst an, daß das erste Paar in der Paarkombination den Datenpunkt i enthält, wovon es h_i Paare gibt. Da eine Paarkombination vom Typ B nur dann auftritt, wenn das zweite Paar ebenfalls den Datenpunkt h_i enthält, kommen nur noch die übrigen $h_i - 1$ Paare für eine Typ-B-Kombination in Frage, insgesamt also $h_i(h_i - 1)$. Wieder ist über alle Datenpunkte i zu summieren, wonach man erhält

$$H_B^{(11)} = \sum_{i=1}^{N} h_i^{(1)}(h_i^{(1)} - 1) \quad H_B^{(22)} = \sum_{i=1}^{N} h_i^{(2)}(h_i^{(2)} - 1) \quad H_B^{(12)} = \sum_{i=1}^{N} h_i^{(1)} h_i^{(2)} \tag{5.64}$$

Die Paarkombinationen vom Typ C lassen sich bestimmen, indem man berücksichtigt, daß jede Paarkombination entweder vom Typ A, B oder C ist. Da die Anzahl der Paarkombinationen insgesamt bekannt ist, kann man die Typ-C-Paarkombinationen bestimmen, indem man die Häufigkeiten der Typen A und B abzieht. Kombiniert man zwischen S_1-S_1 jedes Paar mit jedem, erhält man insgesamt n_1^2 Kombinationen, für S_2-S_2 entsprechend n_2^2 und bei S_1-S_2 bekommt man $n_1 n_2$ Kombinationen. Damit ist

$$H_C^{(11)} = n_1^2 - H_A^{(11)} - H_B^{(11)} \quad H_C^{(22)} = n_2^2 - H_A^{(22)} - H_B^{(22)} \quad H_C^{(12)} = n_1 n_2 - H_B^{(12)} \tag{5.65}$$

und alle erforderlichen Häufigkeiten sind bestimmt. Der Vorzug dieses Verfahrens liegt darin, daß es leicht programmtechnisch durchgeführt werden kann und dabei relativ wenig Rechnenzeit erfordert. Formt man die Terme noch etwas weiter um, so bekommt man in der Übersicht die Summandenhäufigkeiten

$$\begin{aligned}
&H_A^{(11)} = n_1 \quad && H_B^{(11)} = -2n_1 + \sum_{i=1}^{N} h_i^{(1)} h_i^{(1)} \quad && H_C^{(11)} = n_1^2 + n_1 - \sum_{i=1}^{N} h_i^{(1)} h_i^{(1)} \\
&H_A^{(22)} = n_2 \quad && H_B^{(22)} = -2n_2 + \sum_{i=1}^{N} h_i^{(2)} h_i^{(2)} \quad && H_C^{(22)} = n_2^2 + n_2 - \sum_{i=1}^{N} h_i^{(2)} h_i^{(2)} \qquad (5.66) \\
&H_A^{(12)} = 0 \quad && H_B^{(12)} = \sum_{i=1}^{N} h_i^{(1)} h_i^{(2)} \quad && H_C^{(12)} = n_1 n_2 - \sum_{i=1}^{N} h_i^{(1)} h_i^{(2)}
\end{aligned}$$

Der beschriebene Ablauf soll nochmals anhand des einfachen Beispiels aus Abb. 5.3 auf S. 137 verdeutlicht werden. Dort wurden für $N = 4$ Datenpunkte die Paare gebildet und auf die Stichproben S_1 und S_2 aufgeteilt, wobei S_1 aus den Paaren $(1,2)$, $(1,3)$, $(2,3)$, $(3,4)$ und S_2 aus den Paaren $(1,4)$, $(2,4)$ besteht. Zählt man die Datenpunkte in den Stichproben aus, erhält man die Daten in Tab. 5.5 auf der linken Seite, die die Häufigkeiten der einzelnen Datenpunkte in den Stichproben auflistet. Der Datenpunkt $i = 3$ ist beispielsweise in der Stichprobe S_1 dreimal vorhanden, in der Stichprobe S_2 gar nicht.

i	1	2	3	4
$h_i^{(1)}$	2	2	3	1
$h_i^{(2)}$	1	1	0	2

Typ	H_A	H_B	H_C	Σ
S_1-S_1	4	10	2	16
S_2-S_2	2	2	0	4
S_1-S_2	0	2	6	8

Abbildung 5.5: Die linke Tabelle enthält die Datenpunkt-Häufigkeiten für das Beispiel aus Abb. 5.3, S. 137. Danach ist beispielsweise der Datenpunkt 3 in der Stichprobe S_1 in drei Paaren und in S_2 gar nicht vorhanden. Die rechte Tabelle gibt die Paartyp-Häufigkeiten an, wie sie sich durch Auszählen (etwa der Buchstaben der drei Quandranten in Abb. 5.3) oder durch die Formeln in (5.66) ergeben. Die Spalte Σ enthält die Summe aller drei Paartypen einer Stichprobenkombination.

Mit den Formeln aus (5.66) kann man nun die Häufigkeiten der Paarkombinationen der Typen A, B und C bestimmen, die in Tab. 5.5 rechts angegeben sind. Die Häufigkeiten ergeben sich natürlich auch, wenn man das Vorkommen der Paartyp-Kombinationen durch Auszählen der Buchstaben in Abb. 5.3 bestimmt. Die Summe der Paartyp-Häufigkeiten für jede Stichprobenkombination ist in der Spalte ganz rechts angegeben und entspricht den Werten n_1^2, n_2^2 sowie $n_1 n_2$.

5.5 Der λ-Test in der Durchführung

In den vorangegangenen Abschnitten sind alle Teilprobleme gelöst worden, die zur Durchführung des λ-Tests zu bewältigen sind. Der letzte Abschnitt beschreibt nochmals kompakt den Ablauf des Verfahrens und faßt die benötigten Arbeitsschritte und Formeln zusammen.

5.5.1 Voraussetzungen, Paarbildung und Aufteilung

Zunächst ist das zu untersuchende Datenmaterial geeignet zusammenzustellen. Jedem Datenpunkt der (potentiell) abhängigen Variable Y sind die zugehörigen unabhängigen Variablen $X^{(1)},\ldots,X^{(r)}$ zuzuordenen. Bei fehlenden Werten ist der Datensatz zu streichen oder gegebenenfalls sind die Werte geeignet zu ersetzen. Mindestens die unabhängige Variable, besser aber alle Variablen werden standardisiert. Falls mehr als eine unabhängige Variable in die Abhängigkeitsanalyse mit einbezogen werden soll ($r > 1$), ist ein geeignetes Abstandsmaß zu wählen. Typische Metriken sind hierfür der Euklidische Abstand, die City-Block- oder die Maximumsdistanz.

Anschließend bildet man alle $N(N-1)/2$ Abstandspaare aus den N Datenpunkten. Die Paare werden bezüglich des **x**-Abstandes sortiert und anschließend im Verhältnis λ in zwei Stichproben S_1 und S_2 geteilt. Das genaue Aufteilungsverfahren spielt keine wesentliche Rolle, und es können auch andere »Grenzziehungen« angewendet werden. Entscheidend ist, daß die bezüglich des **x**-Abstandes kleinen Paare in S_1 und die diesbezüglich großen Paare in S_2 sortiert werden. Die **x**-Komponente der Datenpaare wird nach der Aufteilung nicht mehr berücksichtigt.

Im nächsten Schritt wird das Vorkommen der einzelnen Datenpunkte in den beiden Stichproben ausgezählt, das heißt es wird bestimmt, wie oft der Datenpunkt i mit $1 \leq i \leq N$ in S_1 und S_2 vorliegt. Die (absoluten) Häufigkeiten werden mit $h_i^{(1)}$ und $h_i^{(2)}$ bezeichnet. Ferner wird die Größe der beiden Stichproben n_1 bzw. n_2 festgehalten.

5.5.2 Varianzschätzer und Prüfgröße

Der Erwartungwert der Prüfgröße Z war bereits mit null bestimmt worden. Setzt man die in Kap. 5.4.2 bestimmten Häufigkeiten (5.66) in den Varianzschätzer (5.36) ein, so kann man den entstehenden Ausdruck noch etwas kompakter schreiben und erhält nach einfacher Rechnung

$$\operatorname{Var} Z = \sigma_Z^2 = (J_A - 2J_B + J_C)\left(\frac{1}{n_1} + \frac{1}{n_2}\right) + (J_B - J_C)\sum_{i=1}^{N}\left(\frac{h_i^{(1)}}{n_1} - \frac{h_i^{(2)}}{n_2}\right)^2 \qquad (5.67)$$

Mit den Konstanten $(J_A - 2J_B + J_C) \approx 0.401$ und $(J_B - J_C) \approx 0.163$ ergibt dies kurzgefaßt[32]

$$\operatorname{Var} Z = \sigma_Z^2 = 0.401\left(\frac{1}{n_1} + \frac{1}{n_2}\right) + 0.163\sum_{i=1}^{N}\left(\frac{h_i^{(1)}}{n_1} - \frac{h_i^{(2)}}{n_2}\right)^2 \qquad (5.68)$$

Zuletzt errechnet man die arithmetischen Mittel der y-Abstände jeder Stichprobe und subtrahiert diese voneinander. Zusammen mit dem Varianzschätzer bestimmt

32 Genaugenommen geht in die Varianz die konkrete Aufteilung der Paare ein und (5.68) ist damit nur ein Varianzschätzer, also die empirische Varianz einer konkreten Stichprobe. Teilt man Größe Z, die (asymptotisch) normalverteilt ist, durch die geschätzte Varianz, so erhält man unter den Bedingungen des Satzes von Slutzky nur eine t-verteilte Größe. Da die t-Verteilung asymptotisch in die Normalverteilung übergeht, ist für große N die Verteilungsannahme korrekt.

man die Prüfgröße

$$Z^* = -\frac{1}{\sigma_Z}\left(\frac{1}{n_1}\sum_{(i,j)\in S_1}|y_i - y_j| - \frac{1}{n_2}\sum_{(k,l)\in S_2}|y_k - y_l|\right) \tag{5.69}$$

Wie gezeigt wurde, ist Z^* asymptotisch standardnormalverteilt für $N \to \infty$. Falls also die Prüfgröße $Z^* > \Phi_{1-\alpha}$ ist, wird die Nullhypthese der Unabhängigkeit zugunsten eines stetigen funktionalen Zusammenhangs abgelehnt. Der Hypothesentest ist einseitig, denn das Auftreten von großen y-Abständen speziell bei kleinen $\mathbf{x}$-Abständen ist unplausibel und überdies kein Indiz für Stetigkeit. Auf besondere Merkmale und Eigenschaften des Verfahrens geht das folgende Kapitel ein, das den λ-Test in ersten praktischen Anwendungen vorstellt.

Kapitel 6

Prüfung des Verfahrens mit künstlichen Daten

Daran erkenn' ich den gelehrten Herrn!
Was ihr nicht tastet, steht euch meilenfern,
Was ihr nicht faßt, das fehlt euch ganz und gar,
Was ihr nicht rechnet, glaubt ihr, sei nicht wahr,
Was ihr nicht wägt, hat für euch kein Gewicht,
Was ihr nicht münzt, das, meint ihr, gelte nicht.

Johann Wolfgang von Goethe
Faust II

Um zu zeigen, wie das vorgestellte Verfahren arbeitet, wendet man es sinnvollerweise zunächst unter Laborbedingungen an. Gemeint ist damit, daß keine realen wirtschaftswissenschaftlichen Datenreihen, sondern künstliche, also nach festgelegten Verfahren konstruierte Daten untersucht werden. Künstlichen Datenreihen haben den Vorzug, daß Zufälligkeit oder Zusammenhang von vornherein in den Daten enthalten sind und es so möglich ist, sich vollständig auf die Ergebnisse des Testverfahrens zu konzentrieren und diese zu überprüfen. Die wahren Abhängigkeiten sind ja bekannt.

Dabei sollen zuerst unabhängige Variablen verwendet und mit ihnen die theoretisch bestimmte Verteilung der Prüfgröße bestätigt werden. Ferner ist zu untersuchen, wie sich die Verteilung ändern, wenn die Voraussetzungen (unabhängige und normalverteilte Realisationen) modifiziert werden. Da Finanzmarktzeitreihen typischerweise nicht derart ideale statistische Eigenschaften besitzen, ist eine Stabilität des Tests bei nicht streng eingehaltenen Voraussetzungen wichtig.

Im nächsten Schritt soll das Verfahren Abhängigkeiten zwischen zwei Variablen erkennen, die ebenfalls künstlich generiert wurden. Bei einfachen linearen

Abhängigkeiten muß das Testverfahren mit Korrelationsanalysen vergleichbare Resultate erzielen. Nichtlineare Zusammenhänge, die sich mit konventionellen linearen Verfahren schwer oder gar nicht erkennen lassen, sollten mit dem Test natürlich ebenfalls entdeckt werden können. Die Datenreihen werden parallel mit ausgewählten konventionellen Testverfahren analysiert, um den λ-Test den bekannten Techniken gegenüberzustellen. Anschließend werden lineare und nichtlineare Abhängigkeiten bei mehr als zwei Datenreihen untersucht.

In allen Fällen wird der Einfluß der Datenmenge N und des Parameters λ auf die Testgüte untersucht. Bei der Analyse aller Arten von Abhängigkeiten werden empirische Gütefunktionen ermittelt, die eine geeignete Beurteilungsgrundlage des Verfahrens bilden.

6.1 Allgemeine Vorbemerkungen

Zur Analyse eines Testverfahrens lassen sich mathematische Verfahren oder Simulationsstudien mit (künstlichen) Zufallsvariablen einsetzen, letztere werden auch als Monte-Carlo-Simulationen bezeichnet. Der Versuch einer mathematischen Analyse, etwa durch die analytische oder auch nur näherungsweise Bestimmung von Gütefunktionen, stößt jedoch relativ schnell an Grenzen. Vor allem durch die Verwendung von Beträgen bei der Bestimmung der Prüfgröße Z, die zur Nichtdifferenzierbarkeit führt, entstehen erhebliche Probleme bei der rein mathematischen Behandlung.

Die extensive Durchführung von Simulationsstudien bietet jedoch ebenfalls, zumindest vom Standpunkt der praktischen Validierung, eine gute und sogar konkretere Absicherung des Verfahrens. Simulationen sind sehr flexibel einzusetzen und sie erfordern keine Näherungen oder zusätzlichen Voraussetzungen. Die Voraussetzungen können sogar völlig aufgegeben werden. Typischerweise wird in einer Monte-Carlo-Studie im ersten Schritt ein künstlicher Datensatz erzeugt, hier also N Datenpunkte bestehend jeweils aus einem Y-Wert und einem oder mehreren X-Werten. Für die Y-Werte muß dabei (entgegen der Nullhypothese) keine Normalverteilung vorliegen. Die Werte der Datenpunkte setzen sich in der Regel aus einem einem deterministischen Anteil, der bestehenden Abhängigkeit, und einem zufälligen Teil, der Störung oder Störgröße, zusammen.

Der deterministische Anteil entspricht der zu prüfenden Abhängigkeit. Dazu setzt man typischerweise einen funktionalen Zusammenhang $f(x^{(1)},\ldots,x^{(r)})$ und stellt somit (teilweise) eine Beziehung zwischen den X- und Y-Werten her. Die Form des Zusammenhangs, der in der speziellen Testreihe vorliegt, ist jeweils im Text angegeben.

Der zufällige Anteil wird in Form von Pseudozufallszahlen bereitgestellt, die mit dem Programmpaket GAUSS 3.2 der Firma Aptech generiert werden können.[1] Unter Pseudozufallszahlen versteht man Zahlen, die sich unter (fast) allen Testverfahren wie Zufallszahlen verhalten, die jedoch nach einem festgelegten Algorithmus berechnet werden. Da Personal Computer keine Zufallsexperimente im eigentlichen Sinne ausführen können, ist man auf die Verwendung von Pseudozufallszahlen angewiesen. Andererseits sind die heute angewendeten Algorithmen weit genug fortgeschritten, daß eine Beeinflußung durch die Determiniertheit der Pseudozufallszahlen nahezu ausgeschlossen werden kann. In praktisch allen aktuellen Veröffentlichungen werden für Monte-Carlo-Studien Pseudozufallszahlen genutzt.

Die Kernidee bei Monte-Carlo-Simulation ist, daß die nach Kap. 5 ermittelte Prüfgröße Z eine zwar komplizierte, aber abgeleitete Größe des zufälligen Datensatzes ist. Die Datenpunkte werden als Zufallsvariablen angesehen und somit ist Z ebenfalls als (abgeleitete) Zufallsvariable aufzufassen. Die für einen konkreten Datensatz bestimmte Prüfgröße ist damit auch eine Realisation, diesmal von Z. Bestimmt man nun durch Wiederholung der Prozedur weitere Realisationen von Z, indem weitere zufällige Datensätze erstellt werden und daraus Z ermittelt wird, so liefert dies Informationen zur Verteilung von Z, denn bei genügend häufiger Wiederholung konvergiert die empirische Verteilung der Realisationen von Z gegen die Verteilung selbst. Mit einer genügend großen Anzahl Realisationen kann somit die gesamte *Verteilung* der Prüfgröße für eine gegebene Struktur der Datenpunkte bestimmt bzw. überprüft werden. Die Anzahl der Wiederholungen, die zur Bestimmung der empirischen Verteilung durchgeführt werden, wird im folgenden mit M bezeichnet.

In der Regel wird in den Simulationen die Gesamtheit der Paare für verschiedene Werte λ in die beiden Teilstichproben S_1 und S_2 geteilt. Ein Satz von Datenpunkten wird also parallel für alle λ-Werte verwendet, um die Anzahl der benötigten Zufallszahlen klein zu halten und den Rechenaufwand zu verringern. Typische λ-Werte sind $\lambda = 0.025, 0.050, 0.100, 0.150, 0.200, 0.300, 0.400, 0.500$. Größere Werte werden nicht verwendet, da sonst der Stetigkeitsgedanke des Verfahrens zu sehr in Frage gestellt wird. Als Signifikanzniveaus werden die in der Praxis üblichen Werte $\alpha = 0.10, 0.05, 0.01$ betrachtet. Die Anzahl der Wiederholungen liegt im Bereich von 2 000 bis 20 000.

1 GAUSS 3.2 bietet direkt die Erzeugung von standardnormalverteilten und im Intervall $[0,1]$ gleichverteilten Zufallszahlen mit den Funktionen *rndn* und *rndu*. Die gleichverteilten Zufallszahlen lassen sich dann weiter über die inversen Verteilungsfunktionen (etwa inverse kumulierte t-Verteilung mit *cdftci*, inverse kumulierte χ^2-Verteilung mit *cdfchii* etc.) in beliebig verteilte Zufallszahlen überführen. Vgl. zum verwendeten Algorithmus GAUSS 3.2 Manual (1998), S. 1526 und S. 1521.

6.2 Der λ-Test bei Unabhängigkeit

Die erste Anforderung an ein statistisches Testverfahren ist die Einhaltung des nominalen Niveaus α. Anders gesagt erwartet man, daß falls die Nullhypothese richtig ist, das Vorliegen der Nullhypothese mindestens mit der Wahrscheinlichkeit $1-\alpha$ nicht abgelehnt wird. Dahinter steht, daß die unter der Nullhypothese abgeleitete Verteilung korrekt ist.

Um dies zu prüfen, werden in den Simulationsstudien Stichproben erzeugt, die die Nullhypothese erfüllen, also Sätze von unabhängigen und standardnormalverteilten Zufallszahlen für X und Y generiert. Die empirische Verteilungsfunktion der Testgröße, die gegen die wahre Verteilung von Z konvergiert, kann dann mit der vorhergesagten Verteilung verglichen werden kann.

Man könnte auf die Idee kommen, die Normalverteilungsannahme von Z durch entsprechende Tests zu bestätigen, etwa mit dem Verfahren von Anderson/Darling aus Kap. 3.2.2.3. Dabei ist aber zu berücksichtigen, daß die Prüfgröße ja nur approximativ für $N \to \infty$ normalverteilt ist, nicht jedoch für endliche Stichprobenumfänge. Diese Abweichung von der Normalverteilung würden Normalverteilungstests wie der nach Anderson/Darling detektieren, wenn eine genügend große Zahl von Wiederholungen M vorliegt. Nur für unendlich große N würde auch bei großen M das Vorliegen der Normalverteilung von entsprechenden Tests akzeptiert. Darüber hinaus ist zu erwarten, daß auch wenn nicht streng Normalverteilung vorliegt, das Signifikanzniveau trotzdem in allen praktischen Fällen hinreichend gut eingehalten wird. Die Ergebnisse von Normalverteilungstests wären daher nach praktischen Gesichtspunkten gar nicht relevant und mit Vorsicht zu interpretieren.

Eine verbreitete Vorgehensweise[2] ist daher, ein Signifikanziveau α vorzugeben und zu prüfen, ob auf Basis der Entscheidungsregel die Nullhypothese tatsächlich mindestens mit der Wahrscheinlichkeit $1-\alpha$ beibehalten wird. Dieses Vorgehen sichert zwar nicht die genaue Verteilung ab, dafür wird eine *praktisch relevante* Überprüfung durchgeführt. Man stellt sich auf den Standpunkt, daß die Verteilung unerheblich ist, solange die Beurteilung der Hypothesen stimmt. Auf der anderen Seite wird dabei nicht in Allgemeinheit getestet, denn es werden nur bestimmte Werte von α herangezogen.

Vor diesem Hintergrund soll bei der Untersuchung der Verteilung ein Mittelweg eingeschlagen werden. Hauptinstrument ist die Analyse der Ablehnhäufigkeiten bei den Signifikanznivaus $\alpha = 0.10, 0.05, 0.01$, mit denen in der Praxis am häufigsten gearbeitet wird. Zusätzlich werden für verschiedene Stichprobenumfänge und

2 Vgl. etwa die Arbeiten von G.W. Schwert (1989), S. 463ff oder D.A. Hsieh (1991), S. 1839ff.

λ-Werte empirische Verteilungsfunktionen angegeben, die einen Eindruck der Approximationsgüte geben.

6.2.1 Die Verteilung von Z unter der Nullhypothese

Zunächst wurden die Ablehnhäufigkeiten des Testverfahrens unter H_0 untersucht. Für X und Y wurden $N = 50, 100, 150, 200, 250, 300, 400, 500$ eindimensionale, standardnormalverteilte Datenpunkte erzeugt. Da die unabhängige Variable X eindimensional ist, muß keine spezielle Norm für die Aggregation von X angegeben werden. Es wird der gewöhliche Absolutbetrag verwendet. Die Gesamtheit der Paare wird für verschiedene Werte $\lambda = 0.025, 0.050, 0.100, 0.150, 0.200, 0.300, 0.400, 0.500$ jeweils in die beiden Teilstichproben S_1 und S_2 geteilt. Wie bereits angedeutet, wird ein Satz von Datenpunkten parallel für alle λ- und α-Werte verwendet, um die Anzahl der benötigten Zufallszahlen zu verringern und so Rechenzeit zu sparen. Die Häufigkeiten für unterschiedliche Parameter λ und α sind daher nicht unabhängig. Die Simulationen für verschiedene Stichprobenumfänge bestehen jedoch aus unterschiedlichen Daten und sind damit unabhängig.

Die Ergebnisse der Studie sind in Tab. 6.1 dargestellt. Die Tabelle zeigt die relativen Ablehnhäufigkeiten des Testverfahrens bei $M = 10000$ Wiederholungen, und zwar für die verschiedenen Teilungparameter λ in den Spalten und die verschiedene Stichprobenumfänge N und Irrtumswahrscheinlichkeiten α in den Zeilen.

Zunächst fällt auf, daß bereits bei geringen Stichprobenumfängen das nominale Niveau verhältnismäßig gut eingehalten wird. Nur bei kleinen Werten $\alpha = 0.01$, kleinen Stichprobenumfängen $N = 50, 100$ und λ-Werten um 0.5 steigt das Niveau an. Im Schnitt ist jedoch für größer werdende N eine zunehmend bessere Einhaltung des nominalen Niveaus erkennbar. Die empirischen Dichten von Z bei Stichprobenumfängen $N = 100, 200, 300$ sind in den Abb. 6.1, 6.2 und 6.3 dargestellt, wobei sich hier tendenziell ein ähnliches Bild zeigt. Mit zunehmendem Stichprobenumfang scheint sich die Verteilung der Testgröße Z der Normalverteilung anzunähern, wobei auch bei 300 Datenpunkten immer noch eine leichte Linksschiefe festzustellen ist. Der Grund ist vermutlich in der noch zu geringen Approximationsgüte zur Nomalverteilung bei $N = 300$ Datenpunkten zu sehen.

6.2.2 Die Verteilung von Z bei nichterfüllten Voraussetzungen

In der Realität der empirischen Forschung haben Größen keine idealen statistischen Eigenschaften. Man erwartet daher von allen statistischen Verfahren eine

	Parameter λ							
α	0.0250	0.0500	0.1000	0.1500	0.2000	0.3000	0.4000	0.5000
$N = 50$								
0.10	0.1027	0.1014	0.0996	0.1034	0.1019	0.1037	0.0997	0.0995
0.05	0.0485	0.0516	0.0532	0.0555	0.0566	0.0592	0.0591	0.0590
0.01	0.0095	0.0114	0.0141	0.0158	0.0158	0.0173	0.0171	0.0194
$N = 100$								
0.10	0.1034	0.1021	0.1077	0.1078	0.1036	0.1039	0.1076	0.1056
0.05	0.0530	0.0539	0.0556	0.0568	0.0586	0.0579	0.0584	0.0564
0.01	0.0122	0.0137	0.0127	0.0143	0.0147	0.0154	0.0162	0.0156
$N = 150$								
0.10	0.0984	0.0984	0.1014	0.1051	0.1089	0.1063	0.1079	0.1075
0.05	0.0542	0.0518	0.0529	0.0569	0.0546	0.0576	0.0571	0.0591
0.01	0.0122	0.0126	0.0140	0.0150	0.0139	0.0148	0.0164	0.0164
$N = 200$								
0.10	0.1019	0.1069	0.1056	0.1089	0.1058	0.1057	0.1012	0.1021
0.05	0.0552	0.0552	0.0552	0.0561	0.0549	0.0557	0.0544	0.0551
0.01	0.0127	0.0130	0.0135	0.0150	0.0129	0.0130	0.0134	0.0139
$N = 250$								
0.10	0.1036	0.1035	0.0998	0.0972	0.0977	0.1020	0.1008	0.0995
0.05	0.0538	0.0569	0.0552	0.0534	0.0545	0.0563	0.0595	0.0598
0.01	0.0123	0.0139	0.0147	0.0149	0.0157	0.0176	0.0169	0.0162
$N = 300$								
0.10	0.1023	0.1023	0.1026	0.1035	0.1023	0.1041	0.1008	0.1010
0.05	0.0540	0.0513	0.0563	0.0556	0.0586	0.0565	0.0557	0.0540
0.01	0.0117	0.0112	0.0115	0.0135	0.0145	0.0148	0.0151	0.0155
$N = 400$								
0.10	0.0986	0.1020	0.1005	0.0980	0.0962	0.0968	0.0973	0.0992
0.05	0.0506	0.0522	0.0522	0.0515	0.0530	0.0538	0.0544	0.0537
0.01	0.0116	0.0125	0.0119	0.0130	0.0131	0.0129	0.0127	0.0126
$N = 500$								
0.10	0.0991	0.0942	0.0937	0.0955	0.0958	0.0945	0.0963	0.0957
0.05	0.0512	0.0477	0.0490	0.0486	0.0499	0.0507	0.0499	0.0502
0.01	0.0124	0.0093	0.0107	0.0110	0.0120	0.0127	0.0132	0.0132

Tabelle 6.1: Standardnormalverteilte Pseudozufallszahlen als Datenpunkte für den λ-Test. Für jede Datensatzgröße $N = 50$, 100, 150, 200, 250, 300, 400, 500 wurden jeweils $M = 10\,000$ Wiederholungen durchgeführt.

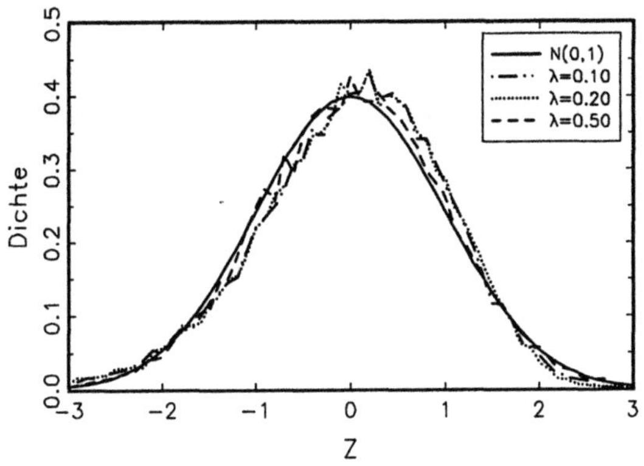

Abbildung 6.1: Die empirische Verteilungsfunktion bei einem Stichprobenumfang $N = 100$, $M = 20000$ Wiederholungen und verschiedenen Werten für $\lambda = 0.1, 0.2, 0.5$.

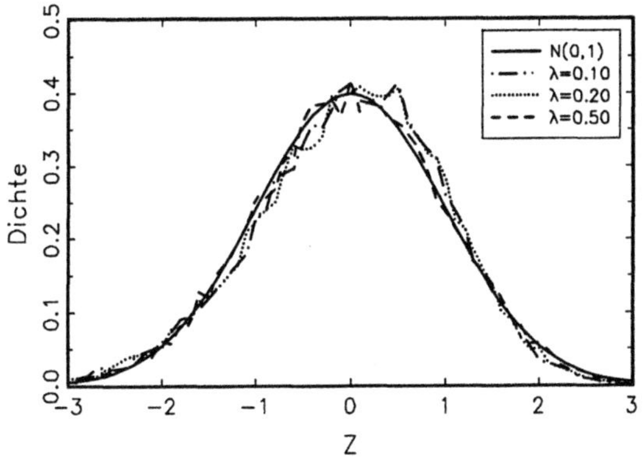

Abbildung 6.2: Die empirische Verteilungsfunktion mit einem auf $N = 200$ erhöhten Stichprobenumfang. Beibehalten wurden $M = 20000$ Wiederholungen und $\lambda = 0.1, 0.2, 0.5$.

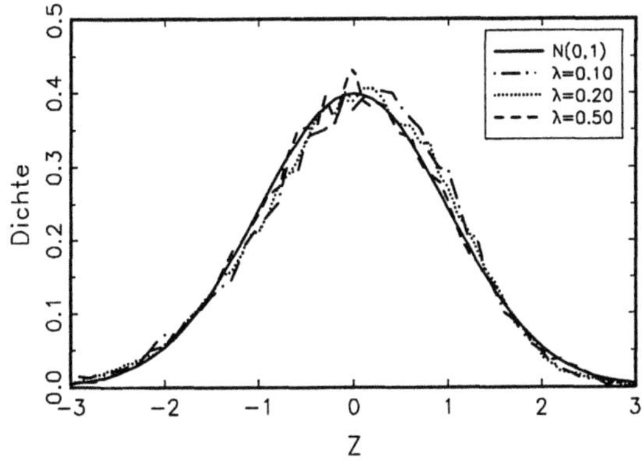

Abbildung 6.3: Die empirische Verteilungsfunktion mit einem Stichprobenumfang $N = 300$, $M = 20000$ Wiederholungen und $\lambda = 0.1, 0.2, 0.5$.

gewisse Resistenz gegenüber Abweichungen von den Voraussetzungen. Tests sollten etwa bei nicht perfekt normalverteilten Daten »gutmütig« reagieren und keine erheblich verzerrten Ergebnisse aufweisen. Spricht ein Testverfahren empfindlich auf die Verletzung von Voraussetzungen an, so wird es in praktischen Anwendungen überhaupt nur bei genauer Vorprüfung des Datenmaterial bzw. der gestellten Voraussetzungen anwendbar sein, was in der Regel mit zusätzlichem Aufwand verbunden ist. Der folgende Abschnitt untersucht daher den λ-Tests bei der Nullhypothese widersprechenden Annahmen. Herausgegriffen wurden dabei leptokurtische und schiefe Verteilungen, sowie nicht unabhängige Realisationen der Daten. Diese stellen in der Praxis häufig anzutreffende Merkmale dar.

6.2.2.1 Leptokurtische Verteilung der Y-Werte

Bereits in Kap. 3 wurde erwähnt, daß Tagesrenditen häufig eine leptokurtische Verteilung besitzen. Um das Verhalten des Testverfahrens bei solchen Verteilungen zu untersuchen, wurde der Test mit t-verteilten Zufallsvariablen mit den Freiheitsgraden $f = 8$ und $f = 20$ durchgeführt. Die t-Verteilung ist die bekannteste leptokurtische Verteilung, wobei der Grad der Kurtosis vom Freiheitsgrad abhängt. Die t-Verteilung geht für $f \to \infty$ in die Normalverteilung über und ist auch daher gut geeignet, die Anfälligkeit des λ-Tests auszuloten. Die Varianz einer t-verteilten Größe Y ist $\operatorname{Var} Y = f/(f-2)$. Sie wird in den Simulationen bei den Datenpunkten korrigiert, indem die erzeugten Zufallsvariablen mit dem Kehrwert der wahren Varianz $(f-2)/f$ multipliziert werden und somit standardisiert sind, das heißt nun eine Varianz von $\sigma_Y = 1$ besitzen.

Die Ergebnisse der Simulationen sind in den Tab. 6.2 für $f = 20$ und Tab. 6.3 für $f = 8$ zusammengestellt. Einen Eindruck der Verteilung von Z bei t-verteilten Daten mit $f = 8$ und drei verschiedenen Werten für λ gibt Abb. 6.4. Dabei zeigt sich ein Überschreiten des nominalen Niveaus α. Dies gilt insbesondere bei den kleinen Niveaus $\alpha = 0.05$ und vor allem $\alpha = 0.01$, sowie bei größeren Werten von λ. Wie zu erwarten sind bei stärker leptokurtischen Daten, also $f = 8$, die Abweichungen ausgeprägter. Alles in allem sind sie aber selbst hier noch als moderat zu bezeichnen, da der λ-Test immer noch tendentiell richtige Diagnosen liefert.

6.2.2.2 Schiefe Verteilung der Y-Werte

Eine Abweichung von der Normalverteilung kann auch durch Asymmetrie zustande kommen. Als schiefe Prüfverteilung wurde hier die χ^2-Verteilung verwendet, wobei Erwartungswert und Varianz entsprechend korrigiert wurden. Eine χ^2-verteilte Größe Y mit Freiheitsgrad f hat den Erwartungswert $\mathrm{E}Y = f$ und die

Varianz $\text{Var}Y = 2f$. Zur Standardisierung wird, ähnlich wie bei den t-verteilten Daten, zunächst der (wahre) Erwartungswert subtrahiert und anschließend wird durch die Standardabweichung geteilt. Diese Größe besitzt einen Erwartungswert von $\mu_Y = 0$, eine Varianz von $\sigma_Y = 1$ und eine asymmetrische Dichte. Ferner geht sie für $f \to \infty$ in die Normalverteilung über.

Die Ergebnisse sind in Tab. 6.4 für $f = 20$ und Tab. 6.5 für $f = 8$ zusammengestellt. Einen Eindruck der Verteilung von Z bei χ^2-verteilten Daten mit $f = 8$ und drei verschiedenen Werten für λ gibt Abb. 6.5. Auch hier vermittelt sich insgesamt ein positiver Eindruck. Wie bei leptokurtischen Verteilungen wird zwar das nominale Niveau überschritten, ebenfalls wieder vornehmlich bei kleinen α, die Diagnoseleistung bleibt jedoch in der Tendenz erhalten. Für die stärker schiefe Verteilung mit $f = 8$ ist die Verzerrung von Z ausgeprägter.

6.2.2.3 Autokorrelationen der Y-Werte

Eine weitere Voraussetzung des λ-Tests ist die Unabhängigkeit der Y-Realisationen. Das bedeutet insbesondere, daß keine Autokorrelationen innerhalb der Y-Daten vorliegen. Es handelt sich also nicht um die Abhängigkeit zwischen Y und X, die ja untersucht werden sollen, sondern um solche *innerhalb* von Y. Um die Reaktion des Verfahrens auf den einfachsten Fall von Autokorrelationen erster Ordnung zu untersuchen, werden y-Realisationen über einen AR-Prozeß erzeugt mit

$$y_t = \beta y_{t-1} + \varepsilon_t \tag{6.1}$$

Um die Stationarität der Reihe einzuhalten, muß gelten $|\beta| < 1$. Außerdem wird die gesamte Reihe vor der Prüfung normiert. Die **X**-Werte sind unabhängig und standardnormalverteilt.

In Tab. 6.6 sind die Ergebnisse für $\beta = 0.5$ zusammengestellt. Die Verteilungen der Prüfgröße ist in Abb. 6.6 dargestellt. Man sieht, daß das Verfahren auf Autokorrelationen kaum zu reagieren scheint und die Normalverteilung von Z, sowie die nominalen Niveaus relativ gut eingehalten werden.

6.3 Der λ-Test bei Abhängigkeiten im eindimensionalen Fall

Zur Untersuchung des Fehlers zweiter Art, also der Nichtablehnung der Nullhypothese, obwohl die Alternative wahr ist, werden in der Testtheorie üblicherweise

	Parameter λ							
α	0.0250	0.0500	0.1000	0.1500	0.2000	0.3000	0.4000	0.5000
$N = 50$								
0.10	0.1083	0.1101	0.1097	0.1134	0.1126	0.1126	0.1162	0.1162
0.05	0.0541	0.0591	0.0596	0.0656	0.0624	0.0649	0.0662	0.0678
0.01	0.0108	0.0125	0.0146	0.0160	0.0172	0.0184	0.0188	0.0202
$N = 100$								
0.10	0.1080	0.1113	0.1123	0.1128	0.1171	0.1182	0.1177	0.1194
0.05	0.0578	0.0588	0.0627	0.0643	0.0668	0.0662	0.0698	0.0678
0.01	0.0097	0.0131	0.0170	0.0181	0.0180	0.0207	0.0217	0.0213
$N = 150$								
0.10	0.1051	0.1067	0.1036	0.1063	0.1077	0.1127	0.1108	0.1139
0.05	0.0555	0.0559	0.0576	0.0606	0.0590	0.0620	0.0633	0.0633
0.01	0.0115	0.0118	0.0147	0.0157	0.0176	0.0176	0.0179	0.0185
$N = 200$								
0.10	0.1039	0.1084	0.1077	0.1088	0.1110	0.1110	0.1091	0.1111
0.05	0.0537	0.0571	0.0600	0.0616	0.0614	0.0606	0.0608	0.0623
0.01	0.0142	0.0136	0.0152	0.0155	0.0159	0.0183	0.0186	0.0186
$N = 250$								
0.10	0.1060	0.1052	0.1128	0.1099	0.1098	0.1109	0.1119	0.1142
0.05	0.0559	0.0583	0.0600	0.0616	0.0628	0.0623	0.0627	0.0638
0.01	0.0120	0.0155	0.0164	0.0177	0.0186	0.0190	0.0198	0.0191
$N = 300$								
0.10	0.1024	0.1099	0.1132	0.1133	0.1172	0.1179	0.1170	0.1170
0.05	0.0546	0.0586	0.0618	0.0631	0.0646	0.0664	0.0645	0.0649
0.01	0.0123	0.0139	0.0160	0.0169	0.0177	0.0178	0.0190	0.0180
$N = 400$								
0.10	0.1043	0.1107	0.1076	0.1086	0.1099	0.1104	0.1121	0.1132
0.05	0.0555	0.0570	0.0576	0.0608	0.0605	0.0626	0.0613	0.0609
0.01	0.0134	0.0146	0.0146	0.0160	0.0165	0.0160	0.0163	0.0171
$N = 500$								
0.10	0.1066	0.1097	0.1118	0.1132	0.1144	0.1151	0.1149	0.1158
0.05	0.0580	0.0584	0.0606	0.0621	0.0624	0.0635	0.0637	0.0638
0.01	0.0141	0.0154	0.0165	0.0175	0.0172	0.0160	0.0172	0.0173

Tabelle 6.2: Leptokurtische Pseudozufallszahlen, hier t-verteilt mit $f = 20$ Freiheitsgraden. Für jede Datensatzgröße $N = 50, 100, 150, 200, 250, 300, 400, 500$ wurden jeweils $M = 10\,000$ Wiederholungen durchgeführt. Man sieht das geringfügig nicht eingehaltene Niveau des λ-Tests.

	Parameter λ							
α	0.0250	0.0500	0.1000	0.1500	0.2000	0.3000	0.4000	0.5000
$N = 50$								
0.10	0.1070	0.1095	0.1116	0.1164	0.1183	0.1207	0.1246	0.1250
0.05	0.0536	0.0570	0.0605	0.0641	0.0661	0.0700	0.0730	0.0745
0.01	0.0095	0.0125	0.0147	0.0170	0.0183	0.0228	0.0227	0.0251
$N = 100$								
0.10	0.1112	0.1120	0.1221	0.1268	0.1245	0.1243	0.1276	0.1283
0.05	0.0591	0.0605	0.0677	0.0702	0.0732	0.0780	0.0792	0.0784
0.01	0.0134	0.0150	0.0184	0.0205	0.0232	0.0243	0.0272	0.0270
$N = 150$								
0.10	0.1117	0.1129	0.1185	0.1216	0.1221	0.1270	0.1299	0.1284
0.05	0.0579	0.0642	0.0673	0.0702	0.0710	0.0733	0.0778	0.0786
0.01	0.0144	0.0176	0.0190	0.0215	0.0220	0.0251	0.0248	0.0260
$N = 200$								
0.10	0.1118	0.1175	0.1253	0.1288	0.1306	0.1322	0.1324	0.1350
0.05	0.0595	0.0652	0.0724	0.0749	0.0814	0.0807	0.0811	0.0812
0.01	0.0130	0.0165	0.0216	0.0225	0.0253	0.0252	0.0265	0.0256
$N = 250$								
0.10	0.1219	0.1238	0.1253	0.1272	0.1265	0.1283	0.1311	0.1300
0.05	0.0672	0.0690	0.0722	0.0736	0.0746	0.0782	0.0788	0.0775
0.01	0.0173	0.0189	0.0207	0.0246	0.0237	0.0248	0.0234	0.0263
$N = 300$								
0.10	0.1169	0.1214	0.1225	0.1241	0.1256	0.1263	0.1233	0.1251
0.05	0.0693	0.0727	0.0712	0.0720	0.0743	0.0737	0.0753	0.0744
0.01	0.0182	0.0218	0.0232	0.0251	0.0244	0.0244	0.0242	0.0249
$N = 400$								
0.10	0.1210	0.1237	0.1297	0.1316	0.1336	0.1346	0.1373	0.1367
0.05	0.0683	0.0689	0.0768	0.0774	0.0810	0.0835	0.0821	0.0825
0.01	0.0176	0.0197	0.0226	0.0233	0.0235	0.0253	0.0251	0.0256
$N = 500$								
0.10	0.1251	0.1252	0.1314	0.1309	0.1322	0.1323	0.1345	0.1362
0.05	0.0695	0.0702	0.0764	0.0767	0.0777	0.0823	0.0835	0.0815
0.01	0.0180	0.0213	0.0227	0.0238	0.0252	0.0244	0.0249	0.0255

Tabelle 6.3: Stark leptokurtische Pseudozufallszahlen, hier t-verteilt mit $f = 8$ Freiheitsgraden. Für jede Datensatzgröße $N = 50, 100, 150, 200, 250, 300, 400, 500$ wurden jeweils $M = 10000$ Wiederholungen durchgeführt. Das Niveau des λ-Test wird dabei, insbesondere bei kleinen Irrtumswahrscheinlichkeiten, überschritten.

	Parameter λ							
α	0.0250	0.0500	0.1000	0.1500	0.2000	0.3000	0.4000	0.5000
$N = 50$								
0.10	0.1038	0.1027	0.1084	0.1117	0.1085	0.1086	0.1107	0.1127
0.05	0.0506	0.0545	0.0621	0.0637	0.0660	0.0642	0.0655	0.0649
0.01	0.0092	0.0123	0.0166	0.0190	0.0207	0.0214	0.0214	0.0203
$N = 100$								
0.10	0.1100	0.1115	0.1118	0.1125	0.1138	0.1158	0.1152	0.1141
0.05	0.0564	0.0605	0.0651	0.0624	0.0619	0.0644	0.0666	0.0671
0.01	0.0128	0.0143	0.0171	0.0170	0.0175	0.0187	0.0192	0.0201
$N = 150$								
0.10	0.1076	0.1069	0.1048	0.1045	0.1045	0.1046	0.1055	0.1078
0.05	0.0567	0.0579	0.0592	0.0593	0.0576	0.0584	0.0575	0.0573
0.01	0.0142	0.0160	0.0185	0.0178	0.0165	0.0180	0.0182	0.0186
$N = 200$								
0.10	0.1100	0.1117	0.1119	0.1148	0.1150	0.1185	0.1179	0.1161
0.05	0.0578	0.0580	0.0636	0.0649	0.0672	0.0675	0.0684	0.0708
0.01	0.0155	0.0151	0.0160	0.0173	0.0193	0.0195	0.0199	0.0204
$N = 250$								
0.10	0.1122	0.1124	0.1169	0.1145	0.1178	0.1166	0.1149	0.1184
0.05	0.0588	0.0619	0.0658	0.0691	0.0679	0.0669	0.0670	0.0684
0.01	0.0148	0.0169	0.0205	0.0200	0.0193	0.0192	0.0203	0.0203
$N = 300$								
0.10	0.1080	0.1083	0.1104	0.1131	0.1124	0.1129	0.1142	0.1141
0.05	0.0551	0.0583	0.0625	0.0623	0.0645	0.0652	0.0659	0.0678
0.01	0.0136	0.0147	0.0171	0.0175	0.0160	0.0175	0.0183	0.0178
$N = 400$								
0.10	0.1084	0.1141	0.1130	0.1123	0.1147	0.1142	0.1141	0.1162
0.05	0.0562	0.0632	0.0628	0.0632	0.0633	0.0650	0.0637	0.0656
0.01	0.0132	0.0165	0.0176	0.0179	0.0184	0.0177	0.0183	0.0192
$N = 500$								
0.10	0.1089	0.1098	0.1105	0.1129	0.1129	0.1123	0.1124	0.1122
0.05	0.0614	0.0597	0.0623	0.0635	0.0618	0.0619	0.0617	0.0610
0.01	0.0128	0.0162	0.0171	0.0176	0.0178	0.0185	0.0175	0.0177

Tabelle 6.4: Auch schiefverteilte Pseudozufallszahlen, hier χ^2-verteilt mit $f = 20$ Freiheitsgraden bringen ein leichtes Überschreiten des nominalen Niveaus mit sich. Für jede Datensatzgröße $N = 50, 100, 150, 200, 250, 300, 400, 500$ wurden wieder $M = 10000$ Wiederholungen durchgeführt.

	Parameter λ							
α	0.0250	0.0500	0.1000	0.1500	0.2000	0.3000	0.4000	0.5000
$N = 50$								
0.10	0.1096	0.1118	0.1171	0.1206	0.1249	0.1284	0.1300	0.1325
0.05	0.0568	0.0609	0.0672	0.0721	0.0726	0.0787	0.0827	0.0869
0.01	0.0110	0.0125	0.0183	0.0221	0.0238	0.0298	0.0313	0.0338
$N = 100$								
0.10	0.1160	0.1137	0.1236	0.1227	0.1227	0.1231	0.1232	0.1240
0.05	0.0623	0.0628	0.0687	0.0703	0.0723	0.0765	0.0747	0.0768
0.01	0.0153	0.0176	0.0186	0.0221	0.0248	0.0245	0.0241	0.0261
$N = 150$								
0.10	0.1186	0.1185	0.1242	0.1280	0.1290	0.1329	0.1305	0.1322
0.05	0.0695	0.0690	0.0737	0.0760	0.0785	0.0791	0.0825	0.0797
0.01	0.0162	0.0189	0.0220	0.0244	0.0265	0.0286	0.0295	0.0304
$N = 200$								
0.10	0.1161	0.1242	0.1307	0.1334	0.1336	0.1348	0.1369	0.1360
0.05	0.0663	0.0718	0.0782	0.0794	0.0844	0.0839	0.0862	0.0845
0.01	0.0187	0.0229	0.0240	0.0281	0.0275	0.0298	0.0306	0.0294
$N = 250$								
0.10	0.1236	0.1321	0.1312	0.1329	0.1344	0.1344	0.1371	0.1364
0.05	0.0696	0.0767	0.0780	0.0783	0.0797	0.0814	0.0828	0.0814
0.01	0.0195	0.0236	0.0272	0.0261	0.0262	0.0288	0.0286	0.0301
$N = 300$								
0.10	0.1215	0.1235	0.1285	0.1283	0.1292	0.1333	0.1304	0.1299
0.05	0.0682	0.0708	0.0746	0.0754	0.0768	0.0786	0.0776	0.0774
0.01	0.0190	0.0205	0.0234	0.0234	0.0246	0.0253	0.0265	0.0268
$N = 400$								
0.10	0.1203	0.1244	0.1259	0.1246	0.1281	0.1290	0.1298	0.1311
0.05	0.0680	0.0701	0.0767	0.0718	0.0742	0.0768	0.0776	0.0770
0.01	0.0207	0.0194	0.0237	0.0253	0.0250	0.0272	0.0268	0.0266
$N = 500$								
0.10	0.1224	0.1247	0.1280	0.1282	0.1302	0.1310	0.1336	0.1351
0.05	0.0695	0.0753	0.0746	0.0747	0.0750	0.0768	0.0783	0.0772
0.01	0.0190	0.0217	0.0248	0.0254	0.0252	0.0247	0.0261	0.0260

Tabelle 6.5: Mit zunehmend schiefer Verteilung der Zufallszahlen, hier χ^2-verteilt mit $f = 8$ Freiheitsgraden verstärkt sich die Überschreitung des nominalen Niveaus. Für jede Datensatzgröße $N = 50, 100, 150, 200, 250, 300, 400, 500$ wurden wieder $M = 10000$ Wiederholungen durchgeführt.

	Parameter λ							
α	0.0250	0.0500	0.1000	0.1500	0.2000	0.3000	0.4000	0.5000
$m = 50$								
0.10	0.0984	0.0967	0.0981	0.1005	0.1010	0.1002	0.1028	0.1012
0.05	0.0461	0.0507	0.0514	0.0544	0.0543	0.0568	0.0578	0.0576
0.01	0.0096	0.0117	0.0138	0.0122	0.0130	0.0155	0.0155	0.0186
$m = 100$								
0.10	0.1008	0.1076	0.1016	0.1038	0.1044	0.1015	0.1049	0.1070
0.05	0.0523	0.0571	0.0563	0.0570	0.0570	0.0568	0.0586	0.0566
0.01	0.0118	0.0146	0.0143	0.0144	0.0146	0.0152	0.0154	0.0147
$m = 150$								
0.10	0.1044	0.1054	0.1052	0.1025	0.1025	0.1056	0.1039	0.1037
0.05	0.0555	0.0565	0.0563	0.0565	0.0563	0.0554	0.0571	0.0576
0.01	0.0124	0.0142	0.0139	0.0148	0.0149	0.0147	0.0157	0.0154
$m = 200$								
0.10	0.1007	0.1017	0.1020	0.0977	0.1009	0.1016	0.1005	0.1018
0.05	0.0536	0.0539	0.0525	0.0541	0.0534	0.0548	0.0550	0.0544
0.01	0.0111	0.0114	0.0126	0.0126	0.0135	0.0148	0.0151	0.0160
$m = 250$								
0.10	0.1040	0.1061	0.1044	0.1028	0.1050	0.1055	0.1055	0.1056
0.05	0.0513	0.0550	0.0546	0.0545	0.0559	0.0559	0.0552	0.0550
0.01	0.0115	0.0128	0.0117	0.0126	0.0133	0.0144	0.0151	0.0139
$m = 300$								
0.10	0.0969	0.0989	0.1027	0.1036	0.1021	0.1035	0.1023	0.1019
0.05	0.0517	0.0484	0.0527	0.0567	0.0565	0.0547	0.0540	0.0534
0.01	0.0105	0.0109	0.0114	0.0117	0.0117	0.0113	0.0119	0.0116
$m = 400$								
0.10	0.1059	0.1041	0.1060	0.1060	0.1043	0.1056	0.1056	0.1047
0.05	0.0508	0.0532	0.0544	0.0555	0.0559	0.0559	0.0555	0.0555
0.01	0.0112	0.0121	0.0133	0.0140	0.0150	0.0146	0.0157	0.0157
$m = 500$								
0.10	0.1029	0.1007	0.0988	0.1008	0.0994	0.1036	0.1021	0.1012
0.05	0.0516	0.0502	0.0512	0.0530	0.0515	0.0512	0.0520	0.0519
0.01	0.0122	0.0106	0.0107	0.0122	0.0127	0.0123	0.0115	0.0114

Tabelle 6.6: Auf Autokorrelationen in der abhängigen Zufallsvariable reagiert der λ-Test nicht, die Abweichungen bewegen sich in dem üblichen Bereich. Für jede Datensatzgröße $N = 50$, 100, 150, 200, 250, 300, 400, 500 wurden wieder $M = 10000$ Wiederholungen durchgeführt.

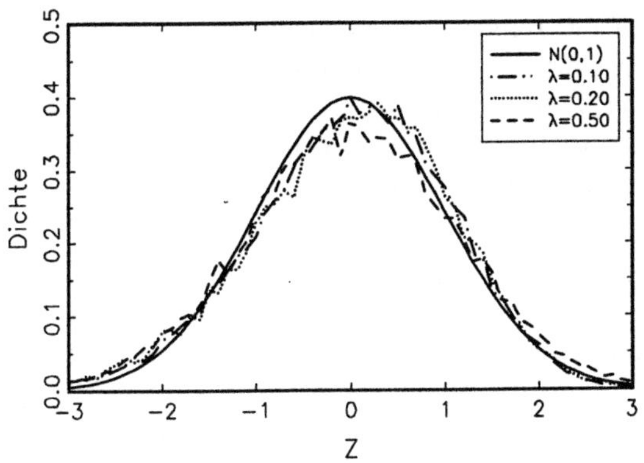

Abbildung 6.4: Die empirische Verteilungsfunktion bei t-verteilten Datenpunkten mit Freiheitsgrad $f = 8$. Die leptokurtischen Y-Werte führen zu leichten Abweichungen in der Verteilung von Z. Der Stichprobenumfang beträgt $N = 100$, die Wiederholungen $M = 20000$ und $\lambda = 0.1, 0.2, 0.5$.

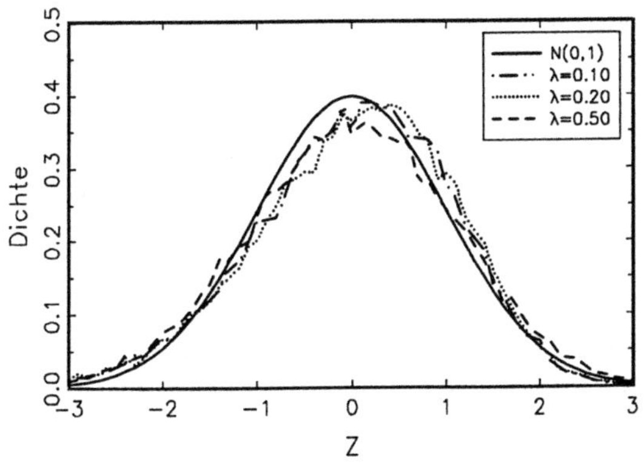

Abbildung 6.5: Die empirische Verteilungsfunktion bei χ^2-verteilten Datenpunkten mit Freiheitsgrad $f = 8$, die anschließend normiert wurden. Schiefe Y-Werte verzerren die Dichte von Z in geringerem Maße, als Werte mit stark abweichender Kurtosis. Der Stichprobenumfang beträgt $N = 100$, die Wiederholungen $M = 20000$ und $\lambda = 0.1, 0.2, 0.5$.

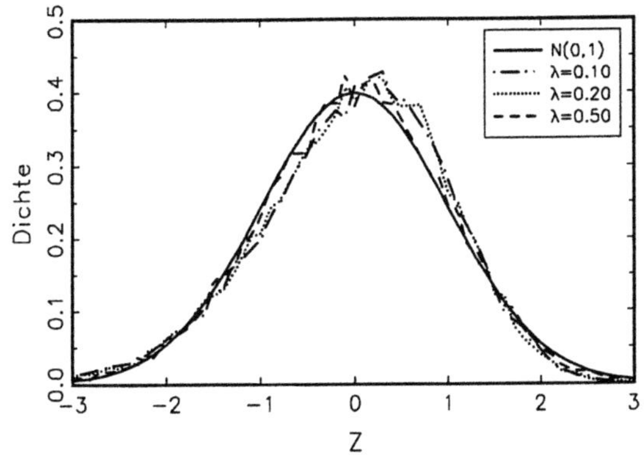

Abbildung 6.6: Die Verteilung zeigt trotz autoregressiven Y-Werten keine auffallend starke Abweichung von der Normalverteilung. Die Schieflage bleibt in dem für $N = 100$ Datenpunkte typischen Rahmen.

Gütefunktionen bestimmt. Eine Gütefunktion beschreibt den Fehler zweiter Art jedoch stets beim Übergang zu einer *konkreten* Alternative. Dies ist in der Regel unproblematisch, da bei den meisten Testverfahren die Hypothesen auf die wahren Werte einzelner Parameter ϑ abzielen. Beispielsweise wird bei einem einfachen Test auf Autokorrelation erster Ordnung der Autokorrelationskoeffizient ρ als Parameter ϑ herangezogen. Die Nullhypothese H_0 lautet hier $\rho = 0$ und die Alternative entsprechend $\rho \neq 0$.

Bei einer Gütefunktion $g(\vartheta)$ untersucht man nun die Wahrscheinlichkeit, daß die Nullhypothese abgelehnt wird, und zwar in Abhängigkeit vom wahren Parameter ϑ. Für die Bestimmung einer konkreten Gütefunktion muß das Signifikanzinveau α vorgegeben werden und meistens ist auch die Angabe des betrachteten Stichprobenumfang N erforderlich. Ist die Nullhypothese erfüllt, so muß gerade $g(\vartheta_0) = \alpha$ sein, der Test also gerade das Signifikanzniveau halten. Je weiter der Parameter ϑ dann von ϑ_0 abweicht, um so höher sollte die Wahrscheinlichkeit sein, daß der Test die Nullhypothese zurückweist.[3] Im Beispiel der Autokorrelation würde man also untersuchen, wie groß die Ablehnwahrscheinlichkeit wird, wenn ρ tatsächlich von null verschieden ist.

Unabhängigkeit läßt sich jedoch nicht ohne weiteres in Form eines Parameters ausdrücken, da es *verschiedene* Alternativen geben kann. Will man Gütefunktionen bestimmen, so ist zunächst eine *spezielle* Gegenhypothese anzugeben. Anschließend muß der Übergang von der Null- zur Gegenhypothese geeignet durch einen Parameter beschrieben werden, der die Rolle von ϑ bei der Auftragung der Gütefunktion übernimmt. Hier wurde die folgende, willkürliche Notation gewählt: Ein $\vartheta = 0$ bedeutet, daß die Nullhypothese zutrifft, also die Y-Werte der Stichprobe standardnormalverteilt und unabhängig von X sind. Bei $\vartheta = 1$ ist die Gegenhypothese perfekt erfüllt, daß heißt es besteht eine Abhängigkeit ohne zusätzliches Rauschen und die X-Werte determinieren über eine stetige Funktion den Y-Wert. Bei Zwischenwerten von ϑ erklärt sich die Varianz der Y-Werte teilweise durch Rauschen und teilweise durch eine stetige Abhängigkeit. Bezeichnet man den Anteil des deterministischen Einflußes $f(X)$ mit a sowie den Anteil der Störgröße ε mit b, und geht man weiter von einem additiven Störterm aus, so erhält man allgemein

$$Y = af(X) + b\varepsilon \tag{6.2}$$

Wichtig ist nun, daß bei Änderung der Anteile a und b, das heißt beim Übergang von $\vartheta = 0$ zu $\vartheta = 1$ die Varianz der Variable Y konstant gleich eins bleibt, wie das

3 Vgl. etwa J. Hartung (1998), S. 135f oder U. Krengel (1991), S. 98f.

λ-Test es voraussetzt. Man fordert also

$$1 = \operatorname{Var} Y = \operatorname{Var}\left(af(X) + b\varepsilon\right) \tag{6.3}$$

Da $f(\mathbf{X})$ und ε unabhängig sind, können die einzelnen Varianzen addiert werden. Faktoren werden als Quadrate aus der Varianz herausgezogen. Man erhält

$$1 = \operatorname{Var} Y = a^2 \operatorname{Var}\left(f(X)\right) + b^2 \operatorname{Var}\left(\varepsilon\right) \tag{6.4}$$

Da die Einfluß- und Störgrößen standardisiert vorliegen, sind deren Varianzen gleich eins und man erhält als Bedingungsgleichung für a und b

$$1 = a^2 + b^2 \tag{6.5}$$

Es bietet sich daher an, die Anteile zu setzen

$$a = \vartheta \qquad \text{und} \qquad b = \sqrt{1 - \vartheta^2} \tag{6.6}$$

Diese Wahl erscheint etwas ungewöhnlich und ist natürlich auch willkürlich, sie hält jedoch die Varianz von Y konstant. Ferner sind für $\vartheta = 0$ die Anteile $a = 0$, $b = 1$ und für $\vartheta = 1$ sind $a = 1$, $b = 0$, so daß auch die Grenzfälle korrekt sind. Bei linearen Zusammenhängen ist ϑ^2 direkt als Bestimmtheitsmaß interpretierbar. Weil der λ-Test außerdem in den Simulationen konventionellen Verfahren gegenübergestellt wird, sind die absoluten Werte von ϑ auch weniger wichtig. Diese Setzung für a, b wird im folgenden bei allen Gütefunktionen verwendet, sofern nichts anderes angegeben ist.

6.3.1 Lineare Abhängigkeiten

Der einfachste Fall, der zunächst untersucht werden soll, ist das Vorliegen linearer Abhängigkeiten. Dabei wird die abhängige Variable Y linear aus den X-Werten, die unabhängig und standardnormalverteilt sind, und einem weiteren Satz unabhängiger und standardnormalverteilter Realisationen einer Zufallsvariablen zusammengesetzt. Damit ist

$$y_t = \vartheta x_t + \sqrt{1 - \vartheta^2}\, \varepsilon_t \tag{6.7}$$

Die Ergebnisse zeigen Abb. 6.7 für $N = 50$, Abb. 6.8 für $N = 100$ und Abb. 6.9 für $N = 200$ Datenpunkte. Dabei sind Gütefunktionen für den λ-Test mit vier verschiedenen Werten für $\lambda = 0.50, 0.20, 0.10, 0.05$ dargestellt. Zusätzlich enthält die

Abbildung die Güte des t-Tests aus Kap. 4.5.1.1, mit dem lineare Zusammenhänge geprüft werden können. Bei den Simulationen wurden Werte von $\vartheta = 0$ bis $\vartheta = 1$ in Schritten von $\Delta\vartheta = 0.05$ durchlaufen. Zu jedem Wert sind 1000 Wiederholungen durchgeführt worden.

Die Abbildungen zeigen die Überlegenheit des gewöhnlichen t-Tests auf den Korrelationskoeffizienten gegenüber dem λ-Test. Dies ist allerdings auch zu erwarten, da der λ-Test gegen *beliebige* Abhängigkeiten prüft, während der t-Test nur lineare Abhängigkeiten als Alternative berücksichtigt. Falls tatsächlich wie hier lineare Abhängigkeiten vorliegen, ist das speziellere Verfahren auf diese Situation besser zugeschnitten und besitzt eine bessere Erkennungsleistung. Trotzdem ist auch der λ-Test gut in der Lage, lineare Abhängigkeiten zu identifizieren. Dabei besitzen gleich große Stichproben, d.h. solche mit einem $\lambda = 0.5$, die beste Güte.

6.3.2 Nichtlineare Abhängigkeiten

Im Fall nichtlinearer Abhängigkeiten ist zur Bestimmung der Güte ein spezieller funktionaler Zusammenhang zu setzen. Als Vergleich werden Kontingenztests mit einer χ^2-verteilten Prüfgröße aus Kap. 4.5.2.1 herangezogen. Die Kontigenztafeln sind dabei 5×5 und 3×3 Felder groß. Es werden nicht gleichgroße Zeilen- und Spaltenintervalle verwendet, sondern die Zeilen- und Spaltenbreite wird grob der Häufigkeit den standardnormalverteilten Variablen angepaßt, um eine möglichst gleichmäßige Verteilung der Datenpunkte auf alle Felder zu erreichen. Die Aufteilung in Intervalle ist jedoch bei allen Stichprobengrößen und ϑ-Werte identisch, damit eine Vergleichbarkeit gewährleistet ist.

6.3.2.1 Quadratische Funktion

Ein einfacher, nichtlinearer Zusammenhang ist mit einer quadratischen Funktion gegeben. Damit ist

$$y_t = \vartheta x_t^2 + \sqrt{1 - \vartheta^2}\, \varepsilon_t \tag{6.8}$$

wobei die X-Werte und das ε normalverteilt sind.[4] Die zugehörigen Gütefunktionen sind in Abb. 6.10, Abb. 6.11 und Abb. 6.12 dargestellt. Wie schon im linearen

4 Es ist anzumerken, daß die y-Werte für $\vartheta \neq \vartheta_0$ strenggenommen nicht mehr normalverteilt sind, denn sie werden durch eine χ^2-Verteilung (die Quadrate der normalverteilten x-Werte) überlagert. Da jedoch das Verfahren bei Abweichungen von der Normalverteilung nicht sensitiv reagiert, wird dieser Aspekt im folgenden vernachlässigt.

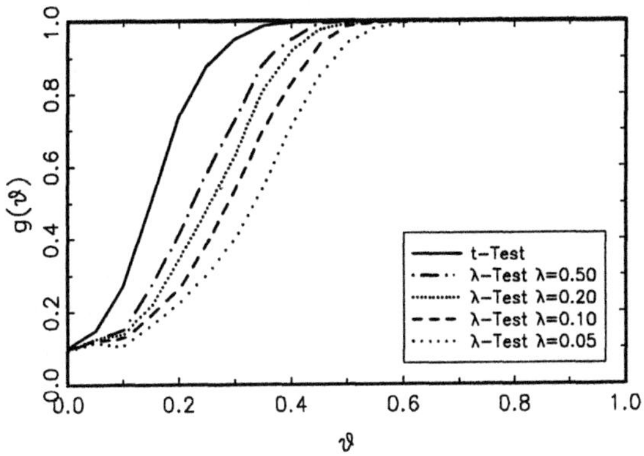

Abbildung 6.7: Gütefunktion bei einem linearen Zusammenhang, wobei zum Vergleich der gewöhnliche t-Test auf den Korrelationskoeffizienten angegeben ist. Die weiteren Parameter dieser Simulation sind: Stichprobenumfang $N = 50$, Testniveau $\alpha = 0.10$.

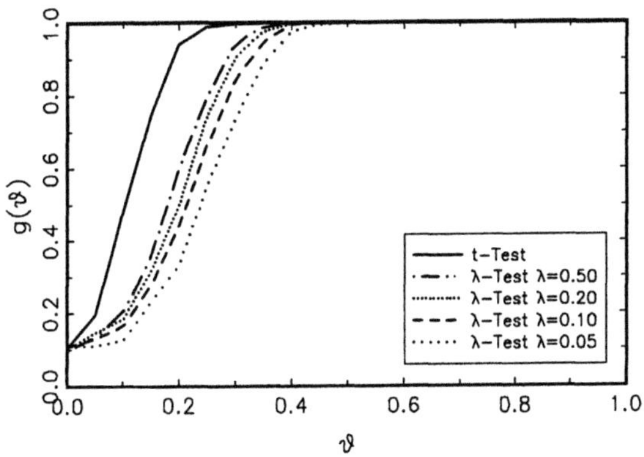

Abbildung 6.8: Gütefunktion bei einem linearen Zusammenhang. Der Stichprobenumfang wurde auf $N = 100$ erhöht, Niveau $\alpha = 0.10$. Die Steilheit von $g(\vartheta)$ nimmt zu und die Abhängigkeit von λ ist beim λ-Test weniger kritisch.

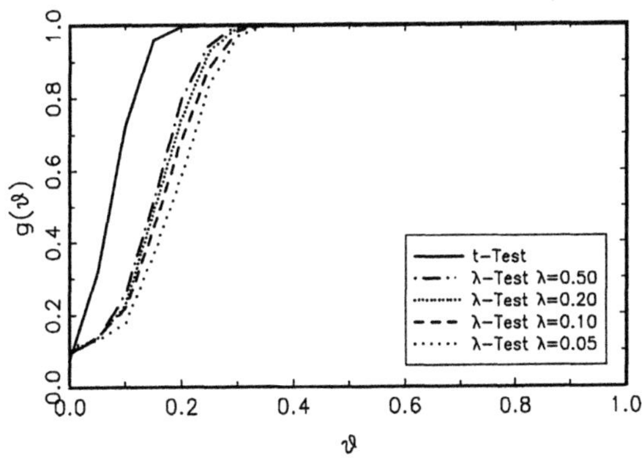

Abbildung 6.9: Gütefunktion bei einem linearen Zusammenhang. Der Stichprobenumfang wird weiter erhöht auf $N = 200$, Testniveau $\alpha = 0.10$. Die Steilheit von $g(\vartheta)$ verbessert sich.

Fall nimmt die Erkennungsleistung bei steigender Datenpunktanzahl zu und hier liegt der λ-Test leicht besser als die Kontingenztests. Dies trifft für alle Parameter λ zu, wobei kleine Werte die vergleichsweise schlechteren Ergebnisse liefern.

Das Abfallen des 5×5-Kontingenztests bei großen Werten von ϑ ist so zu erklären: Falls in einer ganzen Zeile oder Spalte der Tafel ein zu erwartender Wert von $\hat{n}_{i\bullet} = 0$ oder $\hat{n}_{\bullet j} = 0$ auftritt, so kann keine Prüfgröße bestimmt werden, weil dann durch null zu dividieren wäre. Obwohl man auch schon bei Werten von $\hat{n}_{ij} < 5$ in einer Zelle strenggenommen keine Prüfgröße mehr berechnen sollte, wird in der Simulation erst in diesem Extremfall auf den Test verzichtet und damit die Nullhypothese *nicht* abgelehnt. Dies geschieht jedoch vornehmlich, wenn die Daten deutliche Abhängigkeiten besitzen und begründet den Abfall des Graphen bei der 5×5-Tafel für $\vartheta \to 1$.

Die Abbildungen zeigen damit auch das Dilemma, das bei der Anwendung von Kontingenztest zu lösen ist. Bildet man nur kleine Tafeln mit wenigen Feldern, so verringert man das Problem der zu geringen Datenmengen pro Zelle, nimmt damit aber eine schlechtere Diagnoseleistung in Kauf. Bei größeren Tafeln erhöht sich zwar die Erkennungsleistung, die Häufigkeiten in den Feldern nehmen jedoch ab, so daß das Verfahren »am Rand der Legalität« arbeitet und im Extremfall nicht einmal eine Prüfgröße berechnet werden kann. Trotzdem können in diesem Beispiel Kontingenztests noch als einsetzbar gelten.

6.3.2.2 Periodische Funktion

Das zweite Beispiel zeigt, in welchen Fällen Kontingenztests erhebliche Schwierigkeiten haben, Abhängigkeiten zu detektieren und gibt außerdem eine anschauliche Bedeutung des Parameters λ. Untersucht wird eine periodische Abhängigkeit der Form

$$y_t = \vartheta \sin cx_t + \sqrt{1 - \vartheta^2}\, \varepsilon_t \tag{6.9}$$

Je nach Wert von c erhält man also eine »Schwingung« mit variabler Wellenlänge. Die Werte für X und ε sind normalverteilt. Die Abb. 6.13 für $N = 50$, Abb. 6.14 für $N = 100$ und Abb. 6.15 für $N = 200$ zeigt die Gütefunktionen des Testverfahrens. Der Parameter c wurde $c = 0.5$ gewählt, die ϑ Werte laufen in 0.05-Schritten von $\vartheta = 0$ bis $\vartheta = 1$ und die Anzahl der Wiederholungen je Wert von ϑ sind $M = 1000$. Die Werte wurden also wie im vorigen Beispiel gesetzt.

Im Gegensatz zur Parabel haben hier die Kontingenztests erhebliche Schwierigkeiten, die Abhängigkeit zu detektieren. Der Grund liegt auf der Hand: Die Abhängigkeit zeigt sich nur »im Kleinen«, das heißt nur bei geringen Änderungen der x-Werte gibt es eine klare Reaktion in den y-Werten. Bei großen Änderungen in den

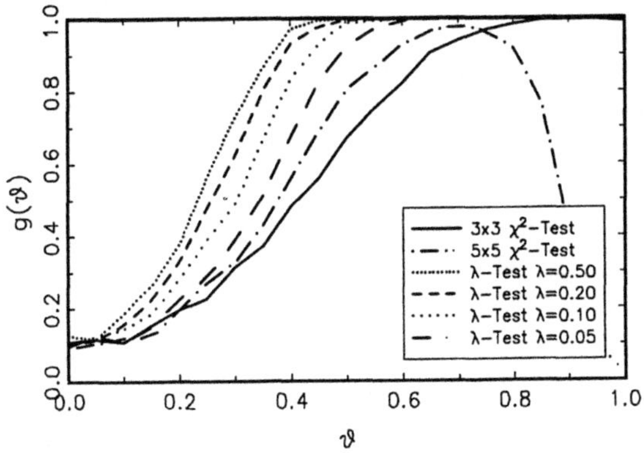

Abbildung 6.10: Gütefunktion bei einem quadratischen Zusammenhang, $N = 50$ Datenpunkte, Testniveau $\alpha = 0.10$.

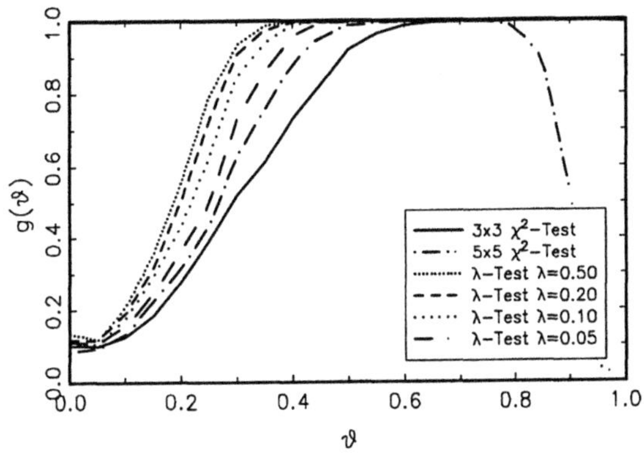

Abbildung 6.11: Gütefunktion bei einem quadratischen Zusammenhang, $N = 100$ Datenpunkte, Testniveau $\alpha = 0.10$.

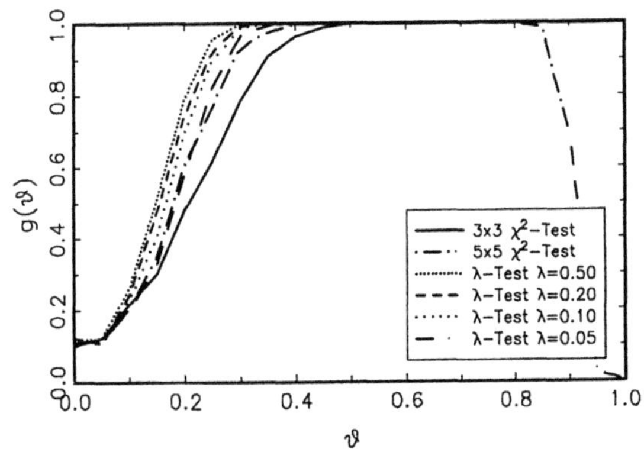

Abbildung 6.12: Gütefunktion bei einem quadratischen Zusammenhang, $N = 200$ Datenpunkte, Testniveau $\alpha = 0.10$.

x-Werten überspringt man mehrere Perioden der Sinus-Funktion und der y-Wert wird mehr oder weniger zufällig. Mit genau diesem Problem haben hier die Kontingenztests zu kämpfen. Findet die wesentliche »Modulation« des y-Wertes durch den x-Wert *innerhalb* der Intervall-Einteilungen der Kontingenztafeln statt, so ist diese für einen Kontingenztest nicht sichtbar, da alles innerhalb einer Zelle nicht weiter aufgeschlüsselt werden kann.

Das Problem kann natürlich prinzipiell gelöst werden, indem man die Intervallbreiten verkleinert. Dies erfordert jedoch eine genügend große Zahl von Datenpunkten, die für eine sehr feine Klassifizierung oftmals nicht vorliegt. Die Willkürlichkeit, welche Intervalle gewählt werden, bleibt außerdem bestehen. Die Einteilung des λ-Tests nach »benachbarten« und »entfernten« Datenpunkten besitzt diese Schwierigkeiten nicht. Der Parameter λ steuert hier im übertragenen Sinne die Breite der Intervalle. Anders gesagt, die Frage, welche Datenpunkte als entfernt und welche als nah gelten sollten, muß ja davon abhängen, welchen Verlauf die dahinterstehende Funktion aufweist. Bei einer sich moderat ändernden Funktion können benachbarte Punkte weiter auseinanderliegen, als dies bei einer stark schwankenden Funktion der Fall sein sollte. Mit λ wird also die Skala vorgegeben, auf der nach Abhängigkeiten gesucht werden soll.

Dies erklärt weiterhin, warum auch der λ-Test mit $\lambda = 0.5$ mangelnde Diagnoseleistungen liefert: Die Grenze zwischen »dicht benachbarten« und »weit entfernten« Datenpunkten ist hier für den speziellen Zusammenhang falsche gezogen. Trotzdem ist es sinnvoll, diese Grenze von außen vorzugeben, da es sich um unterschiedliche Qualitäten von Zusammenhang bzw. Stetigkeit handelt. In einer konkreten Untersuchung wird man daher mehrere Werte für λ testen.

6.4 Der λ-Test bei Abhängigkeiten im mehrdimensionalen Fall

Während bereits die Erweiterung auf nichtlineare Zusammenhänge keine umfassene Untersuchung aller möglichen Nichtlinearitäten zuläßt, ist im mehrdimensionalen schon der Versuch zum Scheitern verurteilt. Die möglichen Arten von funktionalen Beziehungen sind so vielfältig, daß tatsächlich nur einzelne typische Beispiele herausgegriffen werden können. Um den Aufwand nicht zu groß werden zu lassen, werden nur zweidimensionale Einflußgrößen ($r = 2$) untersucht, weil sich dabei bereits alle wesentlichen Eigenschaften des Testverfahrens zeigen. Als Abstandsmaß wird die Euklidische Norm angewendet, andere Metriken bleiben unberücksichtigt. Alle Einflußgrößen sind standardisiert worden, damit sie einen gleichmäßigen Beitrag liefern.

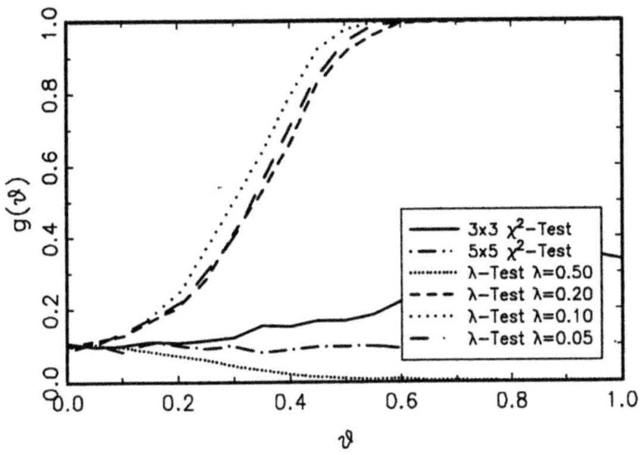

Abbildung 6.13: Während der λ-Test mit Parameterwerten $\lambda = 0.2$, 0.1 und 0.05 die Abhängigkeit zuverlässig erkennt, zeigen Kontingenztests und der λ-Test mit $\lambda = 0.5$ sehr schlechte Ergebnisse.

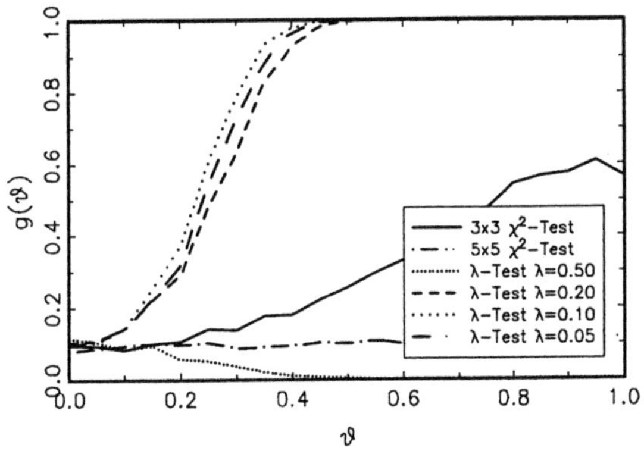

Abbildung 6.14: Die Güte des Verfahren nimmt bei $N = 100$ für keine λ-Werte weiter zu. Kontingenztests und der Test mit $\lambda = 0.5$ bleiben weiterhin abgeschlagen.

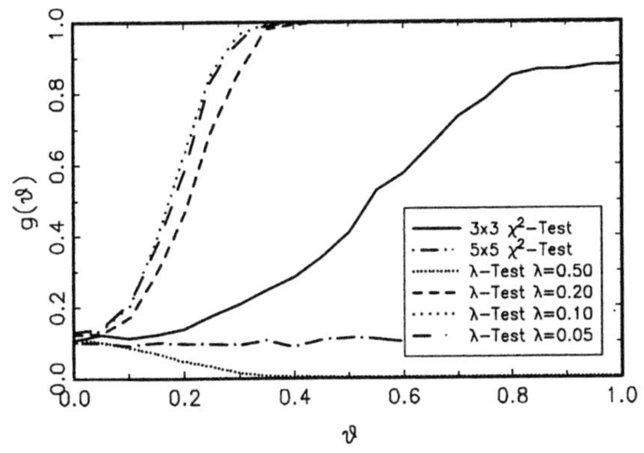

Abbildung 6.15: Die Situation ändert sich auch bei $N = 200$ Datenpunkten nicht.

6.4.1 Lineare Abhängigkeiten

Wichtiger Fall bei der Anwendung des λ-Tests ist wieder die lineare Abhängigkeit. Auch bei der Analyse mehrdimensionaler linearer Einflüsse geht es wie im eindimensionalen Fall weniger darum, bessere Ergebnisse zu erhalten, als sie der F-Test auf eine Regression liefert. Da es sich ja tatsächlich um lineare Abhängigkeiten handelt, ist das spezielle Instrumentarium der linearen Analyse einem allgemeinen Verfahren sicher überlegen. Vielmehr soll demonstriert werden, daß der λ-Test auch einfache Abhängigkeiten mit *angemessener* Güte detektieren kann. Als funktionaler Zusammenhang kam zum Einsatz

$$y_t = \vartheta(x_t^{(1)} + x_t^{(2)}) + \sqrt{1-\vartheta^2}\,\varepsilon_t \tag{6.10}$$

Die Gütefunktionen sind in Abb. 6.16 für $N = 50$, in Abb. 6.17 für $N = 100$ und in Abb. 6.18 für $N = 200$ Datenpunkte dargestellt. Als Vergleich wird der F-Test auf eine Regression aus Kap. 4.5.1.2 herangezogen. Die Werte für ϑ laufen in diesen Simulationen von $\vartheta = 0$ bis $\vartheta = 0.6$ in Schritten von $\Delta\vartheta = 0.03$, da ab $\vartheta > 0.6$ der Zusammenhang von allen Verfahren sicher erkannt wird. Wie auch schon im eindimensionalen Fall besitzt der F-Test eine bessere Güte, der λ-Test ist jedoch auch bei zweidimensionalem X gut in der Lage, Abhängigkeiten zu detektieren.

6.4.2 Nichtlineare Abhängigkeiten

Die Analyse nichtlinearer multivariater Abhängigkeiten im mehrdimensionalen Fall ist für den λ-Test die »Königsdisziplin«. Problematisch ist hier leider, daß kaum brauchbare Vergleichsmöglichkeit zur Abhängigkeitsanalyse bestehen. Mehrdimensionale Kontingenztafeln sind schlecht einzusetzen, da sie eine hinreichend große Anzahl von Datenpunkten benötigen. So würde beispielsweise eine 5×5-Kontingenztafel in drei Dimensionen 125 Zellen besitzen und benötigte bei idealer Verteilung der Datenpunkte, jedoch mit der Regel, daß mindestens 5 Beobachtungen in einer Zelle liegen sollten, mindestens 625 Datenpunkte. Verfahren mit einem derart großen Datenbedarf liegen außerhalb der Zielsetzung dieser Arbeit.

Im folgenden wird daher auf eine Vergleichsmethode verzichtet. Lediglich der im linearen Fall verwendete F-Test wird »außer Konkurrenz« mitsimuliert, obwohl er, wie zu erwarten ist, kaum Diagnosepotential bei nichtlinearen Zusammenhängen besitzt. Auf der anderen Seite zeigt er deutlich, welcher Anteil nachweisbarer Relation zwischen X und Y bei nur linearen Untersuchungsmethoden fallengelassen wird.

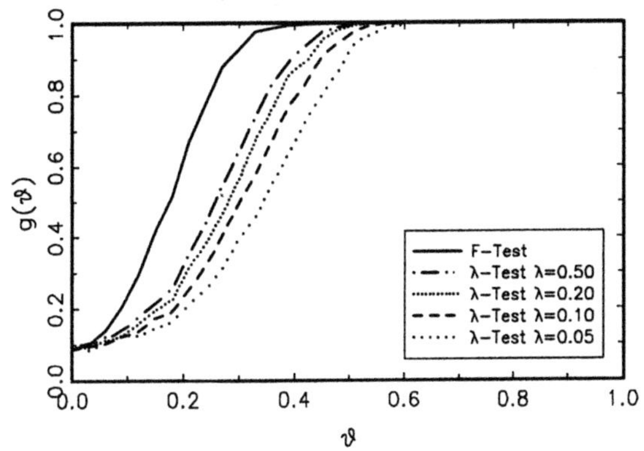

Abbildung 6.16: Im multivariaten, linearen Fall liegt der λ-Test hinter dem F-Test zurück. Trotzdem besitzt er noch eine verhältnismäßig gute Erkennungsleistung, hier bei $N = 50$ Datenpunkten.

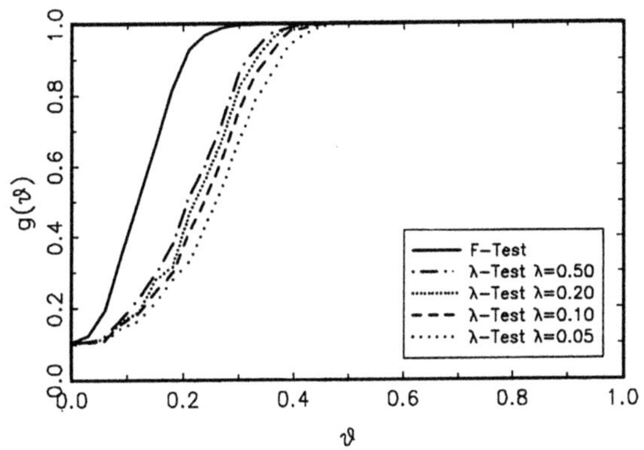

Abbildung 6.17: Bei $N = 100$ Datenpunkten steigt die Güte beider Verfahren.

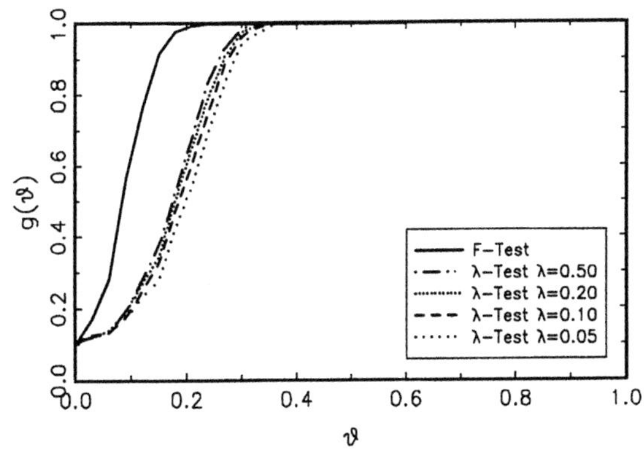

Abbildung 6.18: Bei $N = 200$ Datenpunkten steigt die Erkennungsleistung beider Verfahren nochmals an. Die einzelnen Kurvenverläufe beim λ-Test nähern sich einander an.

Der erste Zusammenhang, der untersucht werden soll, ist ein einfaches Produkt zweier Zufallszahlen, also

$$y_t = \vartheta x_t^{(1)} x_t^{(2)} + \sqrt{1-\vartheta^2}\,\varepsilon_t \tag{6.11}$$

Die Variablen $X^{(1)}$ und $X^{(2)}$, sowie ε sind normalverteilt. Die abhängige Variable Y wird entsprechend normiert, wobei das Problem, daß strenggenommen nicht von Normalverteilung der Y-Werte bei Abhängigkeit $\vartheta > 0$ ausgegangen werden kann, wieder vernachläßigt wird, da sich der λ-Test diesbezüglich noch relativ robust verhält. Der Parameter ϑ wird wie bereits in den anderen Simulationsläufen von $\vartheta = 0 \ldots 1$ in Schritten von $\Delta\vartheta = 0.05$ variiert, wobei für jeden Wert $M = 1000$ Wiederholungen ermittelt werden. Die erhaltenen Gütefunktionen sind für $N = 50$ in Abb. 6.19, für $N = 100$ in Abb. 6.20 und für $N = 200$ in Abb. 6.21 dargestellt.

6.5 Fazit

Trotz Berücksichtigung einer großen Zahl von Situationen muß eine Untersuchung mit Monte-Carlo-Simulationen zwangsläufig unvollständig sein, denn es können niemals alle möglichen Konstellationen berücksichtigt werden. Insbesondere die vielen denkbaren Arten von Abhängigkeiten und Verteilungen lassen sich nicht umfassend abdecken. So ist nicht auszuschließen, daß der λ-Test für bestimmte, exotische Datenkonstellationen unerwartete Ergebnisse liefert. Mit den bis hier durchgeführten Analysen, zusammen mit der formalen Herleitung, zeichnet sich jedoch ein relativ deutliches Bild ab.

Zunächst läßt sich zeigen, daß die Normalverteilungsannahme bereits bei geringen Stichprobenumfängen berechtigt erscheint. Schon mit $N = 50$ Datenpunkten wird das nominale Niveau bei $\alpha = 0.10$ und $\alpha = 0.05$ gut eingehalten. Lediglich sehr kleine Irrtumswahrscheinlichkeiten von $\alpha = 0.01$ bringen eine Überschreitung circa um den Faktor 2 mit sich, was aber vor dem Hintergrund praktischer Probleme noch als akzeptabel bezeichnet werden kann. Diese leichten Abweichungen verringern sich allerdings merklich erst bei größeren Stichprobenumfängen ab circa $N > 400$.

Auffällig ist ferner die nur moderate Anfälligkeit des Verfahrens gegenüber nicht erfüllten Voraussetzungen. Dies ist zum einen die Verletzung der Normalverteilungsannahme der abhängigen Variable Y. Die relativ starken Verzerrungen hinsichtlich Schiefe und Wölbung, mit denen der λ-Test konfrontiert wurde, machten sich in der Verteilung der Prüfgröße Z nur mäßig bemerkbar, wobei wieder die Simulationsläufe mit kleineren Signifikanzniveaus am stärksten betroffen waren. Bei

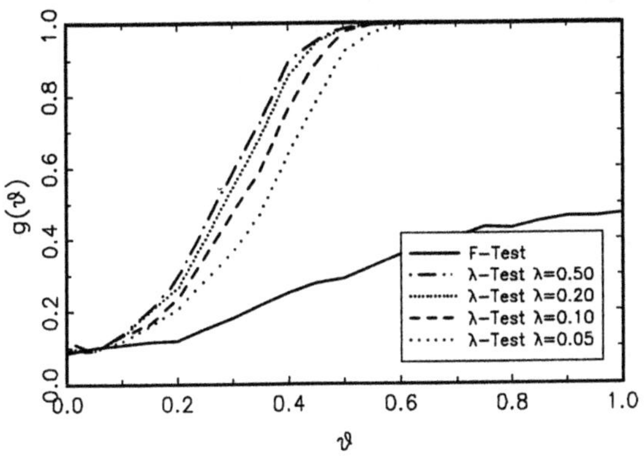

Abbildung 6.19: Das einfache Produkt zweier Zufallszahlen ist bereits bei $N = 50$ Datenpunkten für den λ-Test relativ leicht zu detektieren. Der Zusammenhang ist für den F-Test dagegen erwartungsgemäß nicht erkennbar.

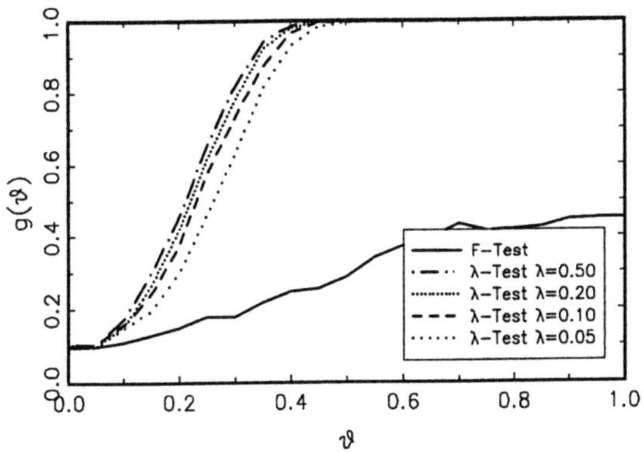

Abbildung 6.20: Die Gütefunktion verbessert sich bei $N = 100$ Datenpunkten.

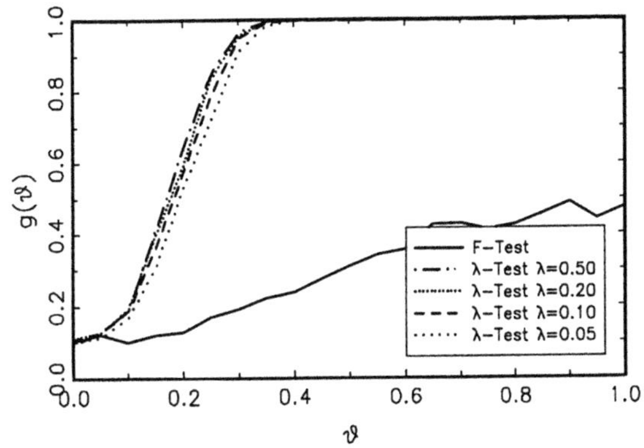

Abbildung 6.21: Die Gütefunktion bei $N = 200$ Datenpunkten.

$\alpha = 0.10$ lag die nur eineinhalbfache Erhöhung des nominalen Niveaus allerdings in einem vertretbaren Bereich. Zum anderen bleiben Störungen der Y-Werte mit Autokorrelationen bei der Verteilung der Prüfgröße fast vollständig ohne Folgen. Der λ-Test erfüllt damit die Anforderung nach Robustheit.

Die Diagnoseleistung des Verfahrens ist sowohl mit einer wie mit mehreren Einflußgrößen gut. Im Vergleich zu linearen Verfahren liefert der λ-Test immer noch gute Erkennungsleistungen, wenn die Abhängigkeiten auch tatsächlich linear sind. Daß die Güte von speziellen Tests auf lineare Abhängigkeiten nicht erreicht wird, liegt auf der Hand und kann schwerlich erwartet werden. Eine akzeptable Güte auch bei linearen Abhängigkeiten ist jedoch in praktischen Anwendungen wünschenswert, da reale nichtlineare Abhängigkeiten oftmals auch von linearen Anteilen überlagert werden. In der Regel ist man ja nicht nur an nichtlinearen, sondern eigentlich an *jeder Art* von Einflüssen interessiert.

Nichtlinearitäten erkennt der λ-Test in den Simulationen besser als (einfache) konventionelle Verfahren, beispielsweise als Kontingenztests. Außerdem besitzt er weniger Probleme bei geringen Datenmengen und bei »feinen Strukturen« in den Abhängigkeiten. Hier liegt auch die inhaltliche Bedeutung des Parameters λ: Er gibt an, auf welcher Skale nichtlineare Abhängigkeiten gesucht werden sollen. In konkreten Anwendungen bietet es sich daher an, verschiedene λ-Werte »durchzufahren«, um Abhängigkeiten auf allen Größenstufen zu suchen.

Es ist nochmals zu betonen, daß sich das Verfahren durch seine Eigenschaften gerade für die Anwendung auf finanzwirtschaftliche Fragestellungen (und vermutlich auch in anderen Bereichen der Wirtschaftswissenschaften) eignet. Auf nichtlineare multivariate Abhängigkeiten testen zu können, erleichtert die Auswahl von Erklärungsvariablen erheblich und hilft bei der effizienten Erstellung von Bewertungs- und Prognosemodellen. Der λ-Test ist damit weniger aus mathematischer Sicht interessant. Er liefert vielmehr ein weiteres, nutzbares Werkzeug für das Instrumentarium der quantitativen Finanzanalyse.

Kapitel 7

Die empirische Evidenz von Wechselkurstheorien

Der Wohlstand eines Landes beruht auf seiner aktiven und passiven Handelsbilanz, auf seinen inneren und äußeren Anleihen, sowie dem Unterschied zwischen dem Giro des Wechselagios und dem Zinsfuß der Lombardkredite. Bei Regenwetter ist das umgekehrt.

Kurt Tucholsky
Kurzer Abriß der Nationalökonomie

Im vorigen Kapitel wurde der λ-Test ausführlich anhand von künstlicher Datenreihen untersucht. Dies Vorgehen ist für die Beurteilung von neuen Testverfahren wichtig, da ansonsten alle Befunde doppeldeutig sind. Einerseits können die Ergebnisse der Realität entsprechen. Andererseits kann auch das Testverfahren selbst Schwächen oder Fehler aufweisen. Eine Voruntersuchung mit künstlichen Datenreihen hilft, solche eventuell vorhandenen Schwächen aufzudecken, da die wahren Abhängigkeiten bekannt sind.

Andererseits zielt jeder Entwurf von Abhängigkeitstests auf das Bearbeiten realer Fragestellungen. Wie bereits diskutiert bieten sich hier Felder der Finanzwirtschaft an, in denen die Abhängigkeiten der ökonomischen Größen unklar oder zumindest unsicher sind. Ein Gebiet, in dem noch bis in die achtziger Jahre große Probleme bestanden, konzeptionelle Ansätze und empirische Befunde zur Deckung zu bringen, ist das der Wechselkurstheorien. Trotz plausibler Überlegungen zur Entstehung der Dynamiken erwies sich das entsprechende Datenmaterial in den damaligen Untersuchungen als »sperrig«.[1]

---

1 Vgl. dazu als wichtigsten Beitrag R.A. Meese, K. Rogoff (1983), S. 3ff.

Erst neuere Arbeiten zeigen, daß die postulierten Zusammenhänge durchaus im Einklang mit dem Datenmaterial zu stehen scheinen und »Ökonomen inzwischen etwas über die langfristige Entwicklung von Wechselkursen sagen können.«[2] Diese neue Sichtweise läßt sich zum einen durch die Verwendung moderner ökonometrischer Analysetechniken (insbesondere von Kointegrationsmodellen) erklären.[3] Möglicherweise spielt auch einfach die Verbreiterung der Datenbasis eine Rolle. Jedenfalls stellt sich die Situation derzeit nicht mehr so ernüchternd dar, wie dies noch vor knapp zwanzig Jahren der Fall war.

Auf der anderen Seite kann vor allem bei Untersuchungen zu kurzfristigen Währungsperspektiven von klaren Abhängigkeiten kaum geredet werden. Auch über die grundlegenden Modelle hinausgehende Probleme, etwa zu Wirkungsverzögerung oder Dominanz einzelner Einflüsse, liegen kaum gesicherte Erkenntnisse vor. Daher gibt es immer noch eine Reihe von Autoren, die die derzeitigen optimistischen Tendenzen zu erklärbaren Wechselkursen zwar sehen, die aber die Aussage zurückweisen, daß die derzeitigen Theorien in ausreichendem Maß mit dem Datenmaterial im Einklang stehen. So formuliert Pentecoast: »It is not unfair to say that into the 1990s the determinantes of the equilibrium exchange rate are still only very imperfectly understood.«[4] Die immer noch vorhandenen Unzulänglichkeiten animieren damit zu weiteren empirischen Untersuchungen.

Dieses Kapitel gibt zunächst eine Einführung in die Wechselkursproblematik und anschließend eine Übersicht über die wichtigsten Wechselkurstheorien. Es folgt eine kurze Übersicht der Ergebnisse empirischer Arbeiten, wobei wegen des erheblichen Umfangs der in diesem Gebiet publizierten Studien nur eine schmale Auswahl genannt werden kann. Der letzte Abschnitt formuliert die Fragestellung der eigenen empirischen Analyse und zeigt, daß der in den vorangegangenen beiden Kapiteln entwickelte λ-Test zur Behandlung der Fragestellung optimal anwendbar ist.

7.1 Währungen im internationalen Handel

Die zunehmende Globalisierung der gesamten Wirtschaft ist inzwischen allgegenwärtig. Im Korb der Konsumgüter findet sich Kaffee, Tee, Reis, Südfrüchte, Unterhaltungselektronik und eine Reihe weiterer Produkte, die auf der ganzen Welt produziert werden. Gleiches gilt für die Palette der Rohstoffe, welche die

---

2 R. MacDonald (1995), S. 437f.

3 Vgl. A. Parikh (1991), S. 472ff, T. Gerhards (1994), G. Grimm (1997) oder F.A. Rauscher (2001).

4 E.J. Pentecost (1993), S. xi, vgl. auch P. Bofinger (1986), S. 211.

verarbeitende Industrie weltweit bezieht.[5] Andererseits wird ein erheblicher Teil etwa der bundesdeutschen Produktion im Ausland abgesetzt. Besonders exportstarke Branchen sind etwa der Automobil- und Maschienenbau, sowie die chemische und pharmazeutische Industrie. So wurden im Jahr 2000 insgesamt 36.5% der Produkte des deutschen verarbeitenden Gewerbes ins Ausland abgesetzt.[6]

Bei internationalen Geschäften, die unterschiedliche Wirtschaft- und damit Währungsräume tangieren, ist in der Regel eine Anpassung der Zahlungsmittel, das heißt konkret der An- und Verkauf von Devisen, erforderlich, wodurch die weltweiten Devisenmärkte im internationen Wirtschaftsgeschehen eine zentrale Stellung einnehmen.[7] Darüber hinaus ermöglicht der freie Devisenverkehr nicht nur einen relativ reibungslosen grenzüberschreitenden Warenhandel, sondern erlaubt auch weltweite Investitionen und insbesondere internationale Kapitalanlagen. Die Bedeutung dieses Teilbereiches wird offensichtlich, wenn man sich vor Augen führt, daß die auf den internationalen Devisenmärkten umgesetzten Volumina erheblich größer sind als die Transaktionen der dahinterstehenden Waren. So betrug bereits 1989 das tägliche internationale Devisenhandelsvolumen etwa 430 Mrd. US Dollar, das tägliche Welthandelsvolumen an Gütern und Dienstleistungen jedoch nur 11 Mrd. US Dollar.[8]

Diese Zahlen lassen erahnen, daß für international agierende Unternehmen und Kapitalanleger die Einschätzung der Wechselkursentwicklung eine wichtig Rolle spielt, da hier Unsicherheiten mit zusätzlichen Kosten verbunden sind. Stabile bzw. in letzter Konsequenz feste Wechselkurse stellten also nach Außenhandelsgesichtspunkten eine wünschenswerte und bis März 1973 auch bedingt vorliegende Situation dar. Der folgende Abschnitt gibt eine kurze Übersicht zur »Geschichte der flexiblen Wechselkurse«.

7.1.1 Feste und flexible Kurse

Nach den Erfahrungen der dreißiger Jahre mit ihrer währungspolitischen »Anarchie« sahen es die Teilnehmer der Währungskonferenz von Bretton Woods im Juli 1944 bei der Gründung des Internationalen Währungsfonds (IMF) als ihre vornehmliche Aufgabe an, sich gegenseitig zur Einhaltung bestimmter Spielregeln zu verpflichten. Zielsetzung war dabei die Stabilität der Währungen, Wachstum

5 Vgl. A. Sell (1991), S. 3f.

6 Vgl. iwd (2001), S. 118. Aus regionaler Sicht ist der Außenhandel sogar noch bedeutender: Im Jahr 2000 wurden 49.5% der im Bundesland Bremen produzierten Waren exportiert.

7 Vgl. E. Steurer (1997), S. 1f.

8 Vgl. J.A. Frankel (1990), S. 181.

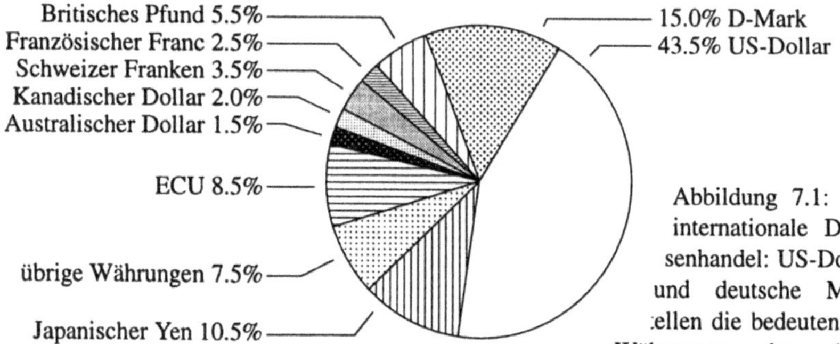

Abbildung 7.1: Der internationale Devisenhandel: US-Dollar und deutsche Mark :ellen die bedeutensten Währungen dar. (aus: F.A. Rauscher (2001), S. 18)

des Welthandels und der Abbau von Restiktionen im internationalen Zahlungsverkehr.[9] Erreicht werden sollte dies durch Konvertibilität der Währungen und feste Wechselkurse. Dazu verpflichtete man die Zentralbanken, heimische Währung von ausländischen Zentralbanken auf deren Anforderung gegen Gold in der Währung des Antragstellers anzukaufen. Der Außenwert der Währungen wurde direkt oder über die Dollarparität in Goldeinheiten definiert. Sobald die Währungen der Mitgliedsstaaten über eine Bandbreite von $\pm 1\%$ hinaus abwichen, mußten die Zentralbanken durch An- oder Verkauf der Währung eingreifen. Da alle Zentralbanken gegenüber dem Dollar intervenierten und sich somit eine Regulierung des Dollarkurses durch die USA erübrigte, erfüllten diese ihre Stabilitätsverpflichungen, indem sie auf Verlangen ausländische Dollarguthaben in Gold einlösten. Dem Dollar kam damit eine besondere Rolle als Reserve- und Leitwährung zu.[10]

Während das System bis zum Ende der fünfziger Jahre dem Welthandel und zwischenstaatlichem Zahlungsverkehr zu einem Aufschwung verhalf, zeigten sich im Laufe der sechziger Jahre zunehmend dessen Schwächen. Einerseits drückte in den Länder mit Zahlungsbilanzüberschüssen der Devisenzustrom auf die Inflation, anderseits waren Defizitländer nicht unbedingt (wie etwa bei einem reinen Goldstandard) gezwungen, auf die Bilanzsituation mit restiktiver Wirtschaftspolitik zu reagieren. Man konnte notwendige Maßnahmen hinausschieben, solange die Kreditlinien beim IMF noch nicht ausgeschöpft waren.[11]

Als Antwort auf die zum Teil krisenhaften Zuspitzungen wurden den Defizitländern immer neue Kredite eingeräumt, mit denen die unausgewogenen Zah-

9 Vgl. H. Schulz (1976), S. 6f.

10 Vgl. H. Schulz (1976), S. 6f. Siehe ferner A. Sell (1991), S. 93f und Deutsche Bundesbank (1990).

11 Vgl. H. Schulz (1976), S. 6f.

lungsbilanzen finanziert werden konnten. Hingegen führten die Defizite der USA, die als Leitwährungsland keine Kredite benötigte, zu einer Abnahme des Vertrauens in den Dollar und in der Folge zu einer Dollarschwemme, so daß sich die Bundesrepublik am 10. Mai 1971 erstmals veranlaßt sah, den Wechselkurs der D-Mark vorübergehend freizugeben. Am 15. August 1971 hoben die USA die Goldkonvertibilität auf und die für den Handels- und Kapitalverkehr wichtigsten Länder reagierten mit der Freigabe der Wechselkurse. Auch der letzte Versuch in Form des »Smithonian Agreement« vom 18. Dezember 1971 zögerte die Auflösung des Systems fester Wechselkurse nur bis zum März 1973 hinaus. Danach gingen Deutschland, Frankreich, Dänemark und die Beneluxländer zu einem Gruppenfloating mit einer Bandbreite von 2.25% über, an dem sich Schweden und Norwegen beteiligen.[12]

Ab 1979 wurden in der Europäischen Union feste Wechselkurse mit einer Bandbreite von 2.25% im Rahmen des europäischen Währungssystems (EWS) vereinbart. (Ab dem 2. August 1993 erhöhte man die Bandbreiten auf ±15%.) Bezugsgröße ist dabei die Korbwährung des ECU, die sich anteilig je nach der Wirtschaftskraft aus den beteiligten Einzelwährungen zusammensetzt. Schlußpunkt der Entwicklung in Europa ist die Einführung einer gemeinsamen Währung: des Euros.[13]

7.1.2 Die Bedeutung des US Dollar

Obwohl der US Dollar nach dem Zusammenbruch des Währungssystem von Bretton Woods formal seine Leitwährungsposition verloren hat, fällt ihm im internationalen Zahlungsverkehr immer noch eine herausragende Stellung zu. Wie Abb. 7.1 zeigt, war er 1998 an über 40% der Währungstransaktionen beteiligt. Erst in größerem Abstand folgt auf dem zweiten Rang die deutsche Mark. Auch wird über die Hälfte des Weltexports in US Dollar fakturiert, hier folgt ebenfalls in großem Abstand die deutsche Mark mit nur einem Sechstel des Weltexports. Die Mark-Dollar-Relation kann damit als das wichtigste Austauschverhältnis (bis 1998) bezeichnet werden. Darüberhinaus beträgt der Dollar-Anteil an weltweit gehaltenen Devisenreserven etwa 64%.[14]

Neben der direkten Bedeutung, die der Dollarkurs für deutsche Exporteure und international diversifizierte Anleger besitzt, gibt es bei exportorientierten Ländern

12 Vgl. D. Braunhart (1989), S. 57.

13 Vgl. C.D. Grupp (1997), S. 46f. Zu einer Übersicht internationaler Währungssysteme vgl. auch E.-A. Behnke (1994), S. 30ff.

14 Vgl. Deutsche Bundesbank (1998), S. 8f und F.A. Rauscher (2001), S. 18.

auch eine Wirkung auf die Binnenwirtschaft zurück. Da der Dollar die Preise der produzierten Waren im Ausland mitbeeinflußt, wirkt er sich ganz wesentlich auf ihre Attraktivität und damit Nachfrage aus. *Vice versa* beeinflußt die Fakturierung international gehandelte Waren wie Rohöl oder Kaffee in US Dollar wiederum die inländische Preisentwicklung.[15] Diese dominierende Stellung ist Anlaß, sich in der Fallstudie im Kap. 8 auf das Austauschverhältnis des US Dollar (USD) zur Deutschen Mark (DEM) zu konzentrieren.

Man könnte durch die gegenwärtig sehr präsente Einführung des Euros geneigt sein, in der Fallstudie den Euro-Dollar-Wechselkurs zu fokussieren. Problematisch ist jedoch, daß die historischen Kursdaten, die zur Untersuchung herangezogen werden müssen, nur in DEM vorliegen und mehr noch wesentliche volkswirtschaftliche Größen, etwa Geldmengen, Zinsen oder Preisniveaus, nur für die einzelnen, an der Währungsunion beteiligten Länder vorliegen, nicht jedoch für den Euroraum insgesamt.[16] Außerdem geht es in dieser Fallstudie nicht nur um die Klärung *aktueller* Zusammenhänge, sondern um die Frage, ob und welche Zusammenhänge allgemein (das heißt auch in der Vergangenheit) der Wechselkursentwicklung zugrunde liegen. Die Prämisse ist dabei, daß die gefundenen Abhängigkeiten zumindest tendentiell auch bei anderen Wechselkursen und für die Zukunft Gültigkeit besitzen.[17] Da man die D-Mark als europäische Leitwährung bezeichnen kann, sind die Ergebnisse vermutlich auch nach Einführung des Euro mit seiner unwiderruflichen Parität von 1 EUR = 1.95583 DEM relevant.[18]

7.1.3 Definition des Wechselkurses

Nach der bisher allgemein gehaltenen Diskussion steht eine konkrete Definition des Wechselkurses an: Unter dem nominalen Wechselkurs S versteht man das Austauschverhältnis zwischen zwei Währungen. Dabei unterscheidet man Preisnotierungen und Mengennotierungen. Eine Preisnotierung gibt den Preis einer ausländischen Währungseinheit in inländischen Währungseinheiten an, also beispielsweise 2.245 DEM pro USD. Man bezeichnet diese Angabe auch als Devisenkurs oder als kontinentale Notierung, da sie in Kontinentaleuropa üblich ist. Bei einer Mengennotierung wird der Preis einer inländischen Geldeinheit in Auslandswährung

15 Vgl. E. Steurer (1997), S. 1f.

16 Es ist denkbar, aus den Einzeldaten der Euroländer vor 1999 künstliche Datenreihen zu generieren, um zu Aussagen der Euroentwicklung zu kommen. Diese Vorgehensweise ist jedoch nicht unkritisch und wird daher hier nicht angewandt. Vgl. J. Clostermann, B. Schnatz (2000), S. 1ff.

17 Dies wird als Zeitstabilitätshypothese bezeichnet, vgl. H. Dichtl (2001), S. 227 und die dort angegebene Literatur.

18 Vgl. F.A. Rauscher (2001), S. 19.

notiert, etwa 0.434 USD pro DEM. Diese Notierung wird wegen ihrer Verbreitung in England auch als englische Notierung bezeichnet.[19] In dieser Arbeit werden ausschließlich Preisnotierungen verwendet, womit bei einer Abwertung der inländischen Währung der Wechselkurs steigt und bei einer Aufwertung fällt.

Im Gegensatz zum nominalen Wechselkurs S wird der reale Wechselkurs S^r zusätzlich durch das Verhältnis der Preisniveaus im Inland P und im Ausland P^* bestimmt. Ganz allgemein werden im folgenden ausländische Größen mit einem Stern * bezeichnet. Damit ist

$$S^r = \frac{P^*}{P} S \tag{7.1}$$

Eine Erhöhung des ausländische Preisniveaus führt *ceteris paribus* zu einer realen Abwertung der Inlandswährung und umgekehrt führt ein Fallen des ausländischen Preisniveaus im Inland zu einer realen Aufwertung. Der reziproke reale Wechselkurs wird auch als realer Außenwert bezeichnet.[20]

Bei der Formulierung der Zusammenhänge hat sich in der Literatur weitgehend eine logarithmische Darstellung durchgesetzt. Dabei werden alle Größen bis auf den Zinssatz logarithmiert und die Gleichungen anschließend in den logarithmierten Größen formuliert. Um sich Schreibaufwand zu sparen und die Gleichungen übersichtlich zu halten, werden für die logarithmierten Größen als Bezeichner die Kleinbuchstaben der Orginalgrößen verwendet. In dieser Notation hat Gleichung (7.1) die Form

$$\ln S^r = \ln\left(\frac{P^*}{P} S\right) = \ln P^* - \ln P + \ln S \tag{7.2}$$

Mit der Konvention, daß $s = \ln S$, $p = \ln P$ etc. erhält man die kompakte Darstellung

$$s^r = s + (p^* - p) \tag{7.3}$$

Der reale Wechselkurs bzw. Außenwert ist allerdings für eine valide empirische Analyse aufgrund der Verknüpfung mit dem Preisniveau ungeeignet und wird daher im folgenden nicht weiter berücksichtigt.[21]

---

19 Vgl. etwa H.-J. Jarchow, P. Rühmann (2000), S. 34f, G. Grimm (1997), S. 67.

20 Vgl. Deutsche Bundesbank, Monatsbericht Mai 1994, S. 48

21 Zu einer Diskussion vgl. D. Braunhart (1989), S. 53ff.

7.2 Ansätze zu grundlegenden Wechselkurstheorien

Zur Erklärung von flexiblen Wechselkursen gibt es eine große Anzahl theoretischer Ansätze.[22] Zu den ältesten Theorien gehören die Kaufkraftparitäten- und die Zinsparitätenmodelle. Beiden Typen lassen sich direkt aus Arbitrageüberlegungen heraus begründen und werden hier unter dem Begriff »grundlegende Theorien« behandelt.[23]

7.2.1 Kaufkraftparitätentheorie

Die Kaufkraftparitätentheorie (purchasing power parity) wird im allgemeinen mit dem Namen Gustav Cassels verbunden, obwohl die prinzipellen Überlegungen bereits von Ricardo, Mill, Marshall und anderen angestellt wurden.[24]

Die Kaufkraftparitätentheorie[25] stellen die Kaufkraft des Geldes in einem Land der Kaufkraft des Geldes in einem anderen Land gegenüber. Grundgedanke ist dabei, daß ein Marktteilnehmer beim Kauf von Gütern zwei Möglichkeiten hat. Zum einen kann er Waren im Inland mit inländischer Währung erwerben. Alternativ kann er das Geld auch in ausländische Währung tauschen und Waren im Ausland beschaffen. Falls sich beide Geschäfte zu unterschiedlichen Preisen tätigen lassen, könnten dabei sofort Arbitragen durchgeführt werden. Der Marktteilnehmer erwirbt beispielsweise Waren im Inland, verkauft sie im Ausland zu einem höheren Preis wieder und tauscht die erhaltenen Devisen in inländische Währung. Er hat damit einen risikolosen Gewinn erzielt. Dies darf in einem Gleichgewichtssystem nach dem »law of one price«[26] jedoch nicht möglich sein.

7.2.1.1 Die absolute Kaufkraftparität

In ihrer strengen Form unterstellt die Kaufkraftparitätentheorie dabei einen vollkommenen internationalen Gütermarkt, bzw. nimmt ihn als Voraussetzung an. Dies bedeutet, daß der Güteraustausch nicht durch Zölle, Steuern, Kontingentierungen

---

22 Vgl. für Übersichten exemplarisch E.J. Pentecost (1993), R. MacDonald, M.P. Taylor (1992), H.-J. Jarchow, P. Rühmann (2000) oder allgemein Lehrbücher zur Außenwirtschaftstheorie.

23 Vgl. auch P. Bofinger (1986), S. 186, der beide Theoriebausteine als die wesentlichen identifiziert.

24 Vgl. K. Rose (1986), S. 94. Die betreffende Arbeit ist G. Cassel (1918): Abnormal Deviations in International Exchanges, *Economic Journal*, **28**, S. 413–415

25 Eine ausführliche Darstellung findet sich in L.H. Officer (1976), S. 1ff.

26 Vgl. etwa H.-J. Jarchow, P. Rühmann (2000), S. 36.

oder Einfuhrbeschränkungen und nicht durch Transaktions- und Informationskosten behindert wird, daß also ein freier Markt besteht. Weiterhin fallen keine Transportkosten an.[27] Die Güter im In- und Ausland sollen homogen und damit substituierbar sein. Die Marktteilnehmer haben keine Präferenzen sachlicher, räumlicher und zeitlicher Art.

Sind P bzw. P^* die Preise eines inländischen und eines ausländischen Warenkorbes, dann ist der Wechselkurs S (als Preis einer ausländischen Währungseinheit, ausgedrückt in inländischer Währung) gegeben durch

$$S_t = \frac{P_t}{P_t^*} \qquad \text{bzw.} \qquad s_t = (p_t - p_t^*) \tag{7.4}$$

Diesen Zusammenhang bezeichnet man als absolute Kaufkraftparität. Bei der Interpretation von Gleichung (7.4) ist zu berücksichtigen, daß auch andere Faktoren den Wechselkurs beeinflußen können und die Preise im In- und Ausland nicht nur *Ursache* des Wechselkurses sein müssen. Beispielsweise könnten durch internationalen Kapitalverkehr bewirkte Änderungen des Wechselkurses eine Anpassung der Preise hervorrufen. Die Kaufkraftparitätentheorie ist wiederum erfüllt, ohne daß im engeren Sinne von einer Ursache-Wirkungs-Beziehung gesprochen werden kann.[28]

Das Vorhandensein von Unvollkommenheiten im Marktsystem kann die Gültigkeit der Kaufkraftparität stören oder ganz zum Erliegen bringen, da in diesem Falle keine Arbitragen zustande kommen, obwohl das Gleichgewicht nach (7.4) nicht erreicht ist. Die Translokationskosten verhindern den Austausch der Güter. Zieht man die Arbitragen und die Tendenz zu einem Gleichgewicht in den Mittelpunkt der Betrachtung, so wird man von der Existenz typisch nationaler oder nicht handelbarer Waren absehen. Frenkel bemerkt: »The equilibrium exchange rate reflects spartial arbitrage from which nontraded goods are excluded.«[29] Bei der Bildung eines geeigneten Warenkorbes müßten damit ausschließlich handelbare Güter berücksichtigt werden.[30]

Auf der anderen Seite werden die Wirtschaftssubjekte bei der Nachfrage ausländischer Güter ihre Budgetsituation berücksichtigen. Die Nachfrage wird damit ebenfalls von Preisen nichthandelbarer, nationaler Güter beeinflußt. Dies spricht dann

---

27 Zölle, Steuern und Transportkosten werden auch unter dem Begriff Translokationskosten subsumiert.

28 Vgl. T. Gerhards (1994), S. 15, K. Rose (1986), S. 94 oder R. MacDonald (1995), S. 440.

29 J.A. Frenkel (1976), S. 202

30 Vgl. R. MacDonald (1995), S. 440.

eher für einen möglichst weit gefaßten Preisindex.[31] Die Bildung eines geeigneten Warenkorbes und eine anschließende Bestimmung von Preisindizes ist also kritisch zu sehen und wird in der Literatur entsprechend kontrovers diskutiert.

Weiterhin liegen Schwierigkeiten des Konzept in der Inhomogenität der meisten Güter. Es spricht viel dafür, daß sich Preise von Rohöl vergleichbarer Qualität, Gold oder anderer standardisierter und international stark gehandelter Waren angleichen. Schwieriger ist dies jedoch bei Gütern wie zum Beispiel Kraftfahrzeugen oder Nahrungsmitteln. Allgemein wird man bei Rohstoffen eher von Vergleichbarkeit ausgehen können, als bei Fertigwaren.[32]

7.2.1.2 Die relative Kaufkraftparität

Da die oben angeführten, notwendigen Idealisiserungen in realen wirtschaftlichen Zusammenhängen kaum realistisch erscheinen, geht man zu einer schwächeren Formulierung der Kaufkraftparitätentheorie über. Um Einflüsse aus Unvollkommenheiten des Marktes und insbesondere die übliche Einbeziehung von nichthandelbaren Gütern und Dienstleistungen in dem Modell zu berücksichtigen, werden diese Einflüsse zunächst als linear und zeitlich konstant angenommen. Die Kaufkraftparität trägt dann nur mit einem konstanten *Anteil* zum Wechselkurs bei.[33] In der komparativen (oder relativen) Form der Theorie erhält man (mit $\ln \Theta = \vartheta$)

$$S_t = \Theta \frac{P_t}{P_t^*} \qquad \text{bzw.} \qquad s_t = p_t - p_t^* + \vartheta \tag{7.5}$$

Da sich das ϑ annahmegemäß zwischen t und $t-1$ nicht wesentlich ändert, kann die Gleichung nochmals für $t-1$ formuliert und der Parameter ϑ eliminiert werden. Man erhält

$$S_t = S_{t-1} \frac{P_t}{P_t^*} : \frac{P_{t-1}}{P_{t-1}^*} \tag{7.6}$$

was nach logaritmieren ergibt

$$s_t - s_{t-1} = (p_t - p_{t-1}) - (p_t^* - p_{t-1}^*) \tag{7.7}$$

---

31 Vgl. G. Grimm (1997), S. 72. Zu der Argumentation und weiterführender Literatur bei der Bildung von Preisindizes siehe J.A. Frenkel (1976), S. 202

32 Vgl. E.-A. Behnke (1994), S. 73. Siehe auch die Ausführungen in H.-J. Jarchow, P. Rühmann (2000), S. 266f, sowie die dort angegebene Literatur.

33 Vgl. R. MacDonald (1995), S. 439f oder H.-J. Jarchow, P. Rühmann (2000), S. 267f.

Damit entsprechen *Änderungen* der logarithmierten Wechselkurse (die stetigen Wechselkursrenditen) den Änderungen der logarithmischen Preisrelationen. Man betrachtet also nur die Änderungsraten der betreffenden Größen, da die absoluten Größen nicht bekannt sind.

Die relative Kaufkraftparitätentheorie erklärt nur langfristige Währungsentwicklungen. Die Zeiten zwischen Vertragsabschlüssen und Kontraktausführung sind im Bereich des internationalen Handels insgesamt recht lang. Arbitragen durch Güteraustausch können, wenn überhaupt, nur mit Verzögerung zu einem Ausgleich der Währungen führen. Die Kaufkraftparität bietet somit kaum Erklärung für die Wechselkursdynamik mit kurz- oder mittelfristiger Perspektive. Zur langfristigen Relevanz der Kaufkraftparität gibt es jedoch eine Reihe von teilweise widersprüchlichen Untersuchungen. Gestützt wird sie durch die empirischen Ergebnisse einer Untersuchung der Deutschen Bundesbank[34] zum Außenwert der DM. Abweichungen sind insbesondere während des Übergang zu flexiblen Wechselkursen zu verzeichnen.[35]

7.2.2 Zinsparitätentheorie

Auch über den Kapitalverkehr läßt sich mittels Arbitrageüberlegungen ein Modell für den Wechselkurs konstruieren, wobei man man zwischen der gesicherten bzw. gedeckten Zinsparitätentheorie und der ungesicherten bzw. ungedeckten Zinsparitätentheorie (covered bzw. uncovered interest rate parity) unterscheidet. Trotz erster Ansätze um 1890 wird die Konzeption der gesicherten Zinsparitätentheorie im allgemeinen J.M. Keynes zugeschrieben.[36] Sie bildet den Ausgangspunkt für eine Vielzahl von Erweiterungen und Verfeinerungen, wird aber auch als eigenständige Theorie betrachtet.[37]

7.2.2.1 Die gedeckte Zinsparität

Kern der gedeckten Zinsparität ist ähnlich wie bei der Kaufkraftparität ein Arbitrage-Mechanismus, der über den Wechselkurs ein Gleichgewicht annimmt.

---

34 Vgl. Deutsche Bundesbank, Monatsbericht 11/1993, S. 41ff, insbesondere S. 51

35 H.-J. Jarchow, P. Rühmann (2000), S. 273 und S. 275.

36 Vgl. T. Gerhards (1994), S. 16. Die Orginalquelle ist J.M. Keynes (1923): A tract on monetary reform, Cambridge University Press, London, S. 128

37 Vgl. P. Bofinger (1986), S. 188f. Bofinger verweist auf den nicht einheitlichen Sprachgebrauch, nach der auch vom »Finanzmarktansatz« oder von der »internationalen Zinsgleichung« gesprochen wird.

Grundlage ist jedoch nicht der Handel mit Gütern, sondern der internationale Kapitalverkehr, also das Anlegen und Aufnehmen von Geld am in- und ausländischen Kapitalmarkt. Lassen sich dabei im In- und Ausland unterschiedliche Renditen erzielen, so kann über den Wechselkurs ein Ausgleich stattfinden.

Ein Marktteilnehmer kann beispielsweise im Inland Geld zum Zinsatz i anlegen. Alternativ hat er die Möglichkeit, Geld in ausländische Währung zu tauschen und es am ausländischen Kapitalmarkt zum Zinssatz i^* anzulegen. Um die Gefahr zu vermeiden, daß sich nach dem Anlagezeitraum der Wechselkurs geändert hat, schließt er bereits mit der Geldanlage ein Devisentermingeschäft (ein sogenanntes Gegengeschäft) ab, das den Rücktausch zum Terminkurs F_t absichert und ein Wechselkursrisiko ausschließt. Lassen sich bei diesen beiden Alternativen unterschiedliche Renditen erzielen, so können risikolose Arbitrage-Gewinne erzielt werden, die zu einer Anpassung der Kassa- und Terminkurse führen müssen.[38] Formal ausgedrückt gilt im Gleichgewicht[39]

$$F_t = S_t \frac{1+i_t}{1+i_t^*} \qquad \text{bzw.} \qquad f_t = s_t + (i_t - i_t^*) \tag{7.8}$$

Voraussetzung für die Gültigkeit der Zinsparitätentheorie ist ein vollkommener Kapitalmarkt. Darin besteht völlige Kapitalmobilität und es liegen keine Behinderungen durch Steuern oder Kapitalverkehrsbeschränkungen vor. Weiterhin fallen keine Transaktions- und Informationskosten an. Ein vollkommener Kapitalmarkt impliziert außerdem, daß die gehandelten Anleihen oder Anlagemöglichkeiten homogen sind und sich in- und ausländische Finanzaktiva damit perfekt substituieren lassen bzw. abgeschwächt, daß sich homogene Titel bilden lassen. Homogene Kapitalanlagen unterscheiden sich ausschließlich hinsichtlich der Zinsen und damit der (erwarteten) Renditen und sie haben insbesondere das gleiche Ausfallrisiko.[40] Substituierbarkeit impliziert vollkommene Kapitalmobilität.

Eine Reihe empirischer Untersuchungen bestätigen die gedeckte Zinsparitätentheorie.[41] Die geringen Abweichungen reflektieren zum großen Teil Transaktionskosten, den Einfluß von Kapitalkontrollen und Unterschiede in den untersuchten Finanzmärkten.[42] Es scheint sogar sicher, daß Banken bei der Festlegung von Ter-

---

38 Vgl. etwa G. Grimm (1997), S. 76 oder K. Rose (1986), S. 237f.

39 Bei der logarithmischen Form wird die Näherung $x \approx \ln(1+x)$ angewandt, falls $x \ll 1$, was bei üblichen Zinssätzen gegeben ist.

40 Vgl. M. Gärtner (1997), S. 11. Der Begriff der Substituierbarkeit ist also strenggenommen ungenau, denn die Austauschbarkeit bezieht sich auf alle Eigenschaften *außer* der Rendite.

41 Vgl. die Aufstellung in E. Steurer (1997), S. 15 und T. Gerhards (1994), S. 116.

42 Vgl. T. Gerhards (1994), S. 117.

minkursen auf die Gleichung (7.8) zurückgreifen, um Arbitrageuren nicht auf diesem Weg zu risikolosen Gewinnen zu verhelfen.[43]

7.2.2.2 Die ungedeckte Zinsparität

Geht man davon aus, daß der Terminkurs der erwartete, zukünftige Kassakurs der Währung ist, spricht man von der ungedeckten bzw. ungesicherten Zinsparitätentheorie. Dieser Ansatz ist auch als internationale Fisher-Relation bekannt und wurde von Fisher 1930 erstmals formuliert.[44] Bemerkenswert ist, daß in dieser Form erstmals »Erwartungen« von zukünftigen Größen eingehen. Anders als bei der gedeckten Zinsparität fließen explizit Annahmen über die zukünftige Entwicklung des Wechselkurses ein, die eintreffen können oder auch nicht. Es handelt sich also nicht um ein Arbitage-Geschäfte im eigentlichen Sinne, bei dem die erzielbaren Gewinne risikolos sind, sondern um ein Spekulationsgeschäft, bei dem bestimmte Gewinne erwartet werden.[45] Die Gleichung (7.8) wird damit zu

$$\mathrm{E}_t S_{t+1} = S_t \frac{1+i_t}{1+i_t^*} \qquad \text{bzw.} \qquad \mathrm{E}_t s_{t+1} = s_t + (i_t - i_t^*) \tag{7.9}$$

Dabei steht $\mathrm{E}_t\, S_{t+1}$ für den Wechselkurs, den die Marktteilnehmer zum Zeitpunkt t für den Zeitpunkt $t+1$ antizipieren. Die Erwartungsbildung erfolgt also zum Zeitpunkt t, sie ist aber auf den Zeitpunkt $t+1$ gerichtet.

Voraussetzung für den angegebenen Zusammenhang ist neben einem vollkommenen Kapitalmarkt die Annahme, daß die Anleger risikoneutral sind. Da in Gleichung (7.9) der Erwartungswert des zukünftigen Wechselkurses eingeht, können gleichermaßen Schwankungen nach oben oder unten vorkommen. Ein typischer, risikoaverser Anleger wird daher für die Übernahme von Unsicherheit eine Risikoprämie verlangen, da der mögliche Verlust für ihn stärker wiegt als ein gleichhoher möglicher Gewinn. Weiterhin ist zu fordern, daß der Terminkurs überhaupt ein geeigneter Schätzer für den zukünftigen Wechselkurs ist, was allerdings in der überwiegenden Zahl der Untersuchungen abgelehnt wird: Der Terminkurs einer Währung scheint ein eher schlechter Schätzer für den zukünftigen Kassakurs zu sein.[46]

Für die in Kap. 8 folgende Fallstudie wird aus der ungedeckten Zinsparität noch eine weitere Beziehung abgeleitet. Verschiebt man den logarithmierten Ausdruck

---

43 Vgl. T. Gerhards (1994), S. 117.

44 E. Steurer (1997), S. 16

45 Vgl. E.-A. Behnke (1994), S. 104

46 Zu einer Übersicht vgl. E. Steurer (1997), S. 16, T. Gerhards (1994), S. 118f.

aus (7.9) um eine Periode in die Vergangenheit, so daß er nicht für t, sondern für $t-1$ gültig ist, kann man beide Gleichungen subtrahieren und erhält nach kurzer Umformung

$$s_t - s_{t-1} = (i_t^* - i_{t-1}^*) - (i_t - i_{t-1}) + E_t s_{t+1} - E_{t-1} s_t \tag{7.10}$$

In dieser Form werden die stetigen Wechselkursrenditen in Beziehung zu den Änderungen der Zinsdifferenzen und der Änderung der Erwartungsbildung gesetzt.

7.2.2.3 Die ungedeckte Zinsparität mit Risikoprämie

Anleger sind im allgemeinen nicht risikoneutral. Da dies allerdings eine Voraussetzung der ungedeckten Zinsparität ist, liegt es nahe, die Risikoaversion in einer Erweiterung des Modells zu berücksichtigen. Bei der einfachen ungedeckten Zinsparität bestand für den Anleger die Wahl zwischen einer sicheren Inlandsanlage zum Zinssatz i, bei der kein Währungstausch erforderlich ist, und einer Auslandsanlage zum Zinssatz i^*, die allerdings mit einem unsicheren Rücktausch verbunden ist. Während der risikoneutrale Anleger das Auslandsgeschäft bereits bei minimal höheren Gewinnerwartungen tätigen würde, verlangt der risikoaverse Investor eine *erhöhte* Gewinnerwartung, die seine Unsicherheitsposition aufwiegt.[47] Das Verhältnis der sicheren zur unsicheren Rendite, die der Anleger als gleichwertig beurteilt, wird mit Λ_t bezeichnet. Man erhält formal[48]

$$E_t S_{t+1} = S_t \frac{1+i}{1+i^*} \Lambda_t \quad \text{bzw.} \quad E_t s_{t+1} = s_t + (i - i^*) + \lambda_t \tag{7.11}$$

Aber auch wenn die Investitionen durch Gegengeschäfte abgesichert werden, können Risiken auftreten. So ist bei Anleihen unter Umständen mit Ausfall zu rechnen, falls in Unternehmen oder Staaten mit geringerer Bonität investiert werden soll. Für ausländische Anlagen sind oft erhöhte Informations- und Transaktionskosten zu kalkulieren, die eine Anlage im Inland attraktiver erscheinen lassen. Die völlige Substituierbarkeit der inländischen und ausländischen Finanztitel liegt also nicht vor, auch nicht bei der gedeckten Zinsparität. Der erweiterte Zusammenhang ist auch hier formalisierbar mit[49]

$$F_t = S_t \frac{1+i}{1+i^*} \Lambda_t \quad \text{bzw.} \quad f_t = s_t + (i - i^*) + \lambda_t \tag{7.12}$$

---

47 Vgl. P. Bofinger (1986), S. 198 oder F.A. Rauscher (2001), S. 26.

48 Vgl. P. Bofinger (1986), S. 198.

49 Vgl. P. Hooper, J. Morton (1982), S. 39ff oder F.A. Rauscher (2001), S. 26.

Die Erweiterung der ungesicherten Zinsparität um eine Risikoprämie bringt in der Empirie jedoch kaum zufriedenstellendere Ergebnisse.[50] Für eine Würdigung bzw. Kritik wird beispielsweise auf Isard[51] verwiesen.

7.3 Ansätze zu monetären Wechselkurstheorien

7.3.1 Der klassische monetäre Ansatz

Der klassische monetäre Ansatz verbindet die absolute Kaufkraftparität mit der Quantitätstheorie des Geldes. Obwohl schon bei Ricardo und Wheatley Ansätze zu einer monetären Sichtweise der Kaufkraftparität zu erkennen sind[52], wird das Konzept erst Anfang der 70er Jahre wieder aufgegriffen und empirisch untersucht. Beiträge stammen dabei von Johnson, Frenkel und Bilson, um nur einige zu nennen.[53]

Der monetäre Teil des Modells wird durch die Berücksichtigung eines Geldmarktgleichgewichts realisiert. Die Quantitätsgleichung oder äquivalent die Cambridge-Gleichung, die hier verwendet wird, stellt einen Zusammenhang zwischen den Geldangebot und der Geldnachfrage her. Das reale Geldangebot bestimmt sich mit M/P, wobei M die nominale Geldmenge und P das Preisniveau ist. Im Gleichgewicht muß das Geldangebot mit der Geldnachfrage übereinstimmen. Mit der Funktion der realen Geldnachfrage $L(Y)$ erhält man die Quantitätsgleichung[54]

$$\frac{M}{P} = L(Y) = kY \tag{7.13}$$

50 Vgl. T. Gerhards (1994), S. 119.

51 Vgl. P. Isard (1995), S. 78f.

52 Vgl. dazu J.A. Frenkel (1976), S. 206.

53 In E.-A. Behnke (1994), S. 140 wird der Ursprung des monetären Ansatzes in der modernen Form bei H.G. Johnson ausgemacht. Wesentliche Arbeiten sind bespielsweise J.A. Frenkel (1976), J.F.O. Bilson (1978).

54 In der strengeren (klassischen und neoklassischen) Sichtweise ist die Geldnachfrage nicht vom Zinssatz abhängig, da das Geld ausschließlich eine Zahlungsmittelfunktion besitzt, jedoch keine Wertaufbewahrungsfunktion. Die Alternative, es am Kapitalmarkt zum Zins i anzulegen, wird nach dieser Auffassung geleugnet. Je nach dem, ob man die Nachfrage mit k als durchschnittlicher Kassenhaltungsdauer oder mit $v = 1/k$ als Umlaufsgeschwindigkeit des Geldes ausdrückt, spricht man von der Cambridge-Gleichung oder der Quantitätsgleichung. Der um i erweitere (keynesianische) Zusammenhang wird üblicherweise Liquiditätsgleichung genannt. Vgl. B. Felderer, St. Homburg (1991), S. 80ff und S. 128.

Die Funktion $L(Y)$ ist positiv abhängig vom Realeinkommen Y, da ein Anstieg im Realeinkommen eine Vergrößerung der Transaktionskasse bewirkt. Andere Einflußfaktoren, wie etwa technischer Fortschritt oder Veränderungen der Zahlungsgewohnheiten, werden über den funktionalen Zusammenhang L berücksichtigt. In der linearisierten Form, die aus Vereinfachungsgründen teilweise verwendet wird, ist der Zusammenhang mit dem Faktor k parametrisiert. k wird als durchschnittliche Kassenhaltungsdauer bezeichnet.

Da es sich hier um eine Verbindung der Kaufkraftparität mit einer monetären Sichtweise handelt, müssen die Voraussetzungen beider Teiltheorien erfüllt sein. Dies ist für die Kaufkraftparitätentheorie insbsondere der vollkommene Gütermarkt und das Akzeptieren eines langen Zeithorizonts. Die Prämissen wurden bereits im vorigen Kapitel diskutiert. Für die Quantitätstheorie ist zunächst die wenigstens temporäre Konstanz der durchschnittlichen Kassenhaltungsdauer zu postulieren. Schwankt die Kassenhaltungsdauer und ist sie von externen Einflüssen abhängig, so gilt Gleichung (7.13) nicht. Weiterhin geht die Quantitätstheorie von einer exogenen, also von außen vorgegebenen Geldmenge aus. Im Zahlungsverkehr sind jedoch mittlerweile neben Münzen und Banknoten in erheblichen Umfang Schecks, Wechsel und ähnliche unbare Zahlungsmittel üblich. Berücksichtigt man dies und faßt den Geldmengenbegriff entsprechend weit, so wird die Geldmenge unversehens zu einer endogenen Größe, weil es ja im Ermessen der Wirtschaftssubjekte liegt, wieviele Wechsel sie beispielsweise ziehen wollen. Daher muß vorausgesetzt werden, daß die auftretenden Schwankungen hier vernachläßigbar sind. Zuletzt ist zu fordern, daß der reale Kassenbestand der Wirtschaftssubjekte ihr Ausgabeverhalten maßgeblich beeinflußt, wie dies in der Cambridge-Gleichung gesetzt wird.[55] In der einfachen, klassischen Form werden darüberhinaus Kapitalmärkte und Kapitalverkehr vernachläßigt, zum Beispiel indem man davon ausgeht, daß der reale Zins im In- und Ausland annähernd identisch ist.

Hält man diese Voraussetzungen für hinreichend erfüllt, so gilt im Inland und Ausland je eine Cambridge-Gleichung. Löst man die in- und ausländische Gleichung nach den Preisniveaus P bzw. P^* auf, so kann man diese in die Gleichung zur absoluten Kaufkraftparität (7.4) einsetzen. Man erhält

$$S_t = \frac{P_t}{P_t^*} = \frac{M_t}{M_t^*}\frac{L(Y_t^*)}{L(Y_t)} \quad \text{bzw.} \quad s_t = (m_t - m_t^*) - \ln\frac{L(Y_t)}{L(Y_t^*)} \tag{7.14}$$

Die Gleichung (7.14) ist, obwohl ihr noch eine Spezifikation der Geldnachfrage

55 Vgl. B. Felderer, St. Homburg (1991), S. 83ff. Die genannten Voraussetzungen stehen in Bezug zur Kritik der Quantitätstheorie von Wicksell in: K. Wicksell (1898): Geldzins und Güterpreise, Fischer, Jena

fehlt, der Ausgangspunkt für alle weiteren monetären Modelle. Sie weist bereits den typischen Einfluß der logarithmischen Geldmengendifferenz auf.

Verschiebt man die logarithmische Gleichung eine Periode in die Vergangenheit und subtrahiert die verschobene von der ursprünglichen, so erhält man einen Zusammenhang zwischen den stetigen Wechselkursrenditen und den logarithmierten Geldmengendiffferenzen gemäß (7.15). Diese Beziehung wird in der Fallstudie in Kap. 8 als Basisgleichung genutzt.

$$s_t - s_{t-1} = (m_t - m_{t-1}) - (m_t^* - m_{t-1}^*) - \ln \frac{L(Y_t)L(Y_{t-1}^*)}{L(Y_t^*)L(Y_{t-1})} \tag{7.15}$$

7.3.2 Neuere monetäre Ansätze

Die entscheidende Erweiterung des klassischen monetären Ansatzes besteht darin, für die Geldnachfrage eine zweckmäßige Annahme zu treffen. Zum einen muß dabei die Abhängigkeit vom Volkseinkommen Y bzw. Y^* modelliert werden. Andererseits sollen aber auch Nachfrageeffekte seitens des internationalen Kapitalverkehrs berücksichtigt werden, wobei hier die wesentliche Steuergröße der Zinssatz i darstellt. Im Gegensatz zu anderen Anätzen, etwa dem Dornbusch-Modell, das ebenfalls den Kapitalmarkt und den Gütermarkt als Wechselkursdeterminanten annimmt, bleibt die Kaufkraftparitätentheorie hier weiterhin *kurzfristig* gültig, d.h. Preise reagieren kurzfristig flexibel.

Um die Geldnachfrage durch den Kapitalverkehr zu erfassen, wird eine erweiterte Geldnachfragefunktion angenommen, die auf Cagan[56] zurückgeht. Mit dieser erhält man für das Geldmarktgleichgewicht

$$\frac{M}{P} = L(Y,i) = k e^{-\beta i} Y^{\alpha} \tag{7.16}$$

Setzt man diesen Zusammenhang in die Quantitätsgleichung ein, so erhält man in logarithmischer Darstellung

$$p = m - \alpha y + \beta i - \ln k \tag{7.17}$$

Greift man nun wieder auf die Kaufkraftparität zurück und setzt die Gleichung (7.17) jeweils einmal auf das Inland und auf das Ausland angewendet in Gleichung

56 Vgl. P. Cagan (1956), S. 25ff

(7.4) ein, so erhält man für den Wechselkurs die Basisgleichung des modernen monetären Ansatzes[57]

$$s_t = (m_t - m_t^*) - \alpha(y_t - y_t^*) + \beta(i_t - i_t^*) \tag{7.18}$$

Zunächst fällt auf, daß in Gleichung (7.18) der Kapitalverkehr als Differenz des inländischen und ausländischen Zinssatzes eingeht. Dies liefert einen Faktor, den isoliert auch die Zinsparitätentheorie erwarten läßt.[58] Auf der anderen Seite beeinflußt die gedeckten Zinsparität ihrerseits direkt über Arbitragen den Wechselkurs. Setzt man im nächsten Schritt diesen Zusammenhang in Form von Gleichung (7.9) in (7.18) ein, erhält man

$$s_t = (m_t - m_t^*) - \alpha(y_t - y_t^*) + \beta(\mathrm{E}_t\, s_{t+1} - s_t) \tag{7.19}$$

Die Zinsen sind in dieser Betrachtungsweise endogene Größen, die ihrerseits über die Zinsparität durch den Wechselkurs determiniert sind. Sie treten daher in (7.19) nicht mehr auf. Bemerkenswert ist, daß die Zinsparitätentheorie die »Erwartungen« von zukünftigen Größen in die Entwicklung der Wechselkurse eingebringt und damit wieder ein spekulatives Element berücksichtigt wird. Die folgenden speziellen Formen der Theorie unterscheiden sich dahingehend, wie mit den Erwartungen des zukünftigen Kurses umgegangen wird.

7.3.2.1 Frenkels Inflationsansatz

Der Ansatz Frenkels, nach dem die Erwartungen zur Wechselkursentwicklung bestimmt werden, verwendet ebenfalls wieder die Kaufkraftparität.[59] Konkret wird angenommen, daß die Wirtschaftssubjekte einen zukünftigen Wechselkurs erwarten, der sich aus einem Fortschreiten der bisherigen Preissteigerung ergibt. Man nimmt zunächst

$$\mathrm{E}_t\, s_{t+1} - s_t = (\mathrm{E}_t\, p_{t+1} - p_t) - (\mathrm{E}_t\, p_{t+1}{}^* - p_t^*) = \pi_t - \pi_t^* \tag{7.20}$$

---

57 Vgl. G. Grimm (1997), S. 109, M. Gärtner (1997), S. 105 oder E.J. Pentecost (1993), S. 63. Die konstanten Terme $\ln k^*$ und $-\ln k$ müssen sich aus Plausibilitätsgründen aufheben: Falls die Paritäten m, y und i verschwinden, erwartet man eine Änderung des Wechselkurses $s_t = 0$.

58 Bleibt man bei diesem Ausdruck stehen und modelliert in der Zinsparitätentheorie die Erwartung als unabhängigen Störterm, bekommt man allerdings umgekehrte Vorzeichen: Während die Zinsparitätentheorie bei steigenden Zinssätzen im Inland eine steigende Geldnachfrage durch ausländische Anleger vermutet, betont die monetäre Theorie eine fallende Geldnachfrage durch eine kleinerwerdende Transaktionskasse der Inländer. Beide Theorien halten die Zinssätze für relevant, die Auswirkung wird jedoch völlig gegensätzlich gesehen.

59 Vgl. J.A. Frenkel (1976), S. 213.

an mit Π_t, Π_t^* als Inflationsrate im In- und Ausland, sowie π_t, π_t^* als der logarithmierten Inflation im In- und Ausland. Dies setzt man in (7.19) ein und erhält dann[60]

$$s_t = (m_t - m_t^*) - \alpha(y_t - y_t^*) + \beta(\pi_t - \pi_t^*) \tag{7.21}$$

Fenkel zeigt in seiner Untersuchung, daß in der Phase der deutschen Hyperinflation zwischen Februar 1920 und November 1923 dieses monetäre Modell gut mit dem Datenmaterial zur Deckung gebracht werden kann. Ganz allgemein erhält man in Zeiten starker Geldmengenausweitung damit gute empirische Resultate.[61]

Pentecost betont aber, daß der Inflationsansatz für einen Zeitraum extremer Preissteigerungen und Geldmengenausweitung konzipiert wurde und die Abhängigkeit zwischen s_t und Π_t, falls keine Hyperinflation vorliegt, eher unwahrscheinlich ist.[62] Auch Gerhards hält es vornehmlich im Fall starker Inflationsunterschiede zwischen den beteiligten Ländern für relevant.[63] In Phasen moderater Geldmengenausweitung scheinen dann eher andere Faktoren die Wechselkursentwicklung zu dominieren.

7.3.2.2 Adaptive Erwartungen

Hierbei nimmt man an, daß die Wirtschaftssubjekte ihre Wechselkurserwartungen proportional zu dem Fehler korrigieren, der ihnen in der vorangegangenen Periode unterlaufen ist. Liegt beispielsweise der tatsächliche Wechselkurs über dem in der Vorperiode erwarteten, so ändern die Wirtschaftssubjekte ihre Erwartungen nach oben und prognostizieren einen Anstieg des Wechselkurses. Andersherum, falls der tatsächliche Wechselkurs unter dem erwarteten Kurs liegt, werden zukünftige Einschätzungen pessimistischer.[64] Die Idee, adaptive Erwartungen zu verwenden, geht bereits auf Irving Fisher zurück. Eine größere Verbreitung der Idee bewirkte jedoch Cagan.[65] Mit dem Proportionalitätsfaktor $(1 - \vartheta)$ bei $0 < \vartheta < 1$, der den Grad der Anpassung steuert, erhält man den Zusammenhang

$$\mathrm{E}_t\, s_{t+1} - \mathrm{E}_{t-1}\, s_t = (1 - \vartheta)(s_t - \mathrm{E}_{t-1}\, s_t) \tag{7.22}$$

---

60 Vgl. E.J. Pentecost (1993), S. 64. Problematisch ist aus praktischer Sicht, daß Inflationsraten auch negativ werden können und dann der Logarithmus nicht bestimmt werden kann.

61 Vgl. J.A. Frenkel (1976), S. 205ff.

62 Vgl. E.J. Pentecost (1993), S. 64 und Anm. 1, S. 88.

63 Vgl. T. Gerhards (1994), S. 120.

64 Vgl. G. Grimm (1997), S. 110, M. Gärtner (1997), S. 105.

65 Vgl. P. Cagan (1956), S. 25ff. Siehe auch B. Felderer, St. Homburg (1991), S. 260f und insbesondere Fußnote 3.

Verschiebt man die Gleichung in der Zeit um eine Periode in die Vergangenheit und setzt sie iterativ in die Gleichung der Vorperiode ein, so erhält man[66]

$$E_t s_{t+1} = (1-\vartheta)\sum_{k=0}^{\infty}\vartheta^k s_{t-k} \tag{7.23}$$

Dies ergibt in (7.19) eingesetzt und nach s_t aufgelöst

$$s_t = \frac{1}{1-\beta\vartheta}\left[(m_t - m_t^*) - \alpha(y_t - y_t^*) + \beta(1-\vartheta)\sum_{k=0}^{\infty}\vartheta^k s_{t-k}\right] \tag{7.24}$$

Die Gleichung drückt aus, daß neben den Einflüssen aus den Geldmengen- und Einkommensdifferenzen *alle* vergangenen Wechselkurse zum neuen Wechselkurs beitragen. Die Bedeutung der weiter zurückliegenden Kurse klingt jedoch ab, da der Vorfaktor ϑ^k in der Summe mit größerwerdendem k gegen null geht. Prinzipiell stehen aber bei der Ausrichtung des Modells die vergangenen Kurse im Vordergrund. Es reagiert nur schwach auf aktuelle Schocks und reproduziert bis zu einem gewissen Grad die Prognosefehler der Vergangenheit.[67] Das Bild, daß sich in einem solchen Modell manifestiert, kennt damit keine »kluge« Vorausschau, sondern nur eine rückwärts gewandte Korrektur der aufgetretenen Fehler.[68]

7.3.2.3 Rationale Erwartungen

Eine noch weitergehende Modellannahme zu den Erwartungen der Marktteilnehmer trifft die Annahme, daß die Wirtschaftssubjekte vollständig rationale Erwartungen haben. Die Marktteilnehmer kennen also das zugrundeliegende Marktmodell und richten ihre Handlungsweisen danach aus. Das bedeutet nicht, daß der Markt nicht auch von zufälligen Störungen beeinflußt werden kann, die Annahme ist dabei jedoch, daß die Akteure mit ihren Einschätzungen *im Mittel* richtig liegen. Zum Nutzen eines solchen Modell führt Gärtner aus: »Die Annahme rationaler Erwartungen im Sinne einer perfekten Kenntnis der ökonomischen Strukturzusammenhänge überzeichnet den Wissensstand des Marktes. Andererseits ist

66 Vgl. M. Neumann (1991), S. 220f oder E.J. Pentecost (1993), S. 64, jedoch dort mit Druckfehler.

67 Vgl. E.J. Pentecost (1993), S. 65.

68 Falls diese Modellierung tatsächlich genügend Aspekte der Wirklichkeit abbildet, kann man folgern, daß sich auch mit technischer Analyse oder allgemein mit univariaten Verfahren Überrenditen erzielen lassen, da ja der wahre Renditegenerierungsprozeß auf den historischen Werten basiert.

es plausibel anzunehmen, daß die Wirtschaft nicht auf Dauer systematische Erwartungsfehler macht und daß sie eine gegebene Struktur mit der Zeit immer besser durchschaut. Die makroökonomische Theorie unter rationalen Erwartungen denkt dies konsequent zu Ende und fragt, welche makroökonomischen Zusammenhänge und wirtschaftspolitischen Einflußmöglichkeiten am Ende dieses Prozesses verbleiben.«[69]

Anders gesagt nimmt man bei rationalen Erwartungen an, daß die Wirtschaftssubjekte alle verfügbaren Informationen optimal nutzen und die bestmögliche Einschätzung der zukünftigen Entwicklung finden. Das bedeutet nicht, daß nicht auch dabei Fehler passieren, sondern das ganz prinzipiell die Wirtschaftssubjekte zum Zeitpunkt t keine besseren Prognosen hätten stellen können.[70]

Für eine »bestmögliche« Einschätzung ist dazu das (gültige) Marktmodell (7.19) heranzuziehen. Man löst hier zunächst nach s_t auf und erhält

$$s_t = \frac{1}{1+\beta}\left[(m_t - m_t^*) - \alpha(y_t - y_t^*)\right] + \frac{\beta}{1+\beta} \mathrm{E}_t\, s_{t+1} \tag{7.25}$$

Da die Wirtschaftssubjekte rationale Erwartungen haben und bei der Einschätzung der zukünftigen Entwicklung keine systematischen Fehler begehen, ergibt sich der Erwartungswert des Wechselkurses gerade aus (7.25), die um eine Periode in die Zukunft verschoben wird. Wiederholt man dies Verfahren iterativ, so ergibt sich[71]

$$s_t = \frac{1}{1+\beta}\sum_{k=0}^{\infty}\left(\frac{\beta}{1+\beta}\right)^k \mathrm{E}_t\left[(m_{t+k} - m_{t+k}^*) - \alpha(y_{t+k} - y_{t+k}^*)\right] \tag{7.26}$$

Dieser Ausdruck zeigt, daß der aktuelle Wechselkurs nicht nur von den gegenwärtigen exogenen Größen abhängt, sondern auch von den erwarteten zukünftigen Werten. Dies ist die zentrale Schwierigkeit bei der Verwendung rationaler Erwartungen: Beim Versuch, die Wechselkurserwartung nur für die nächste Periode zu eliminieren, handelt man sich Erwartungen der anderen Größen für *alle* zukünftigen Perioden ein. Ein Ausweg ist, für die exogenen Variablen m, m^*, y und y^* zufällige Entwickungen anzunehmen und damit die (ebenfalls) zufällige Entwicklung der Wechselkurse angeben zu können.[72]

69 M. Gärtner (1997), S. 114.

70 Vgl. G. Grimm (1997), S. 112 oder E.J. Pentecost (1993), S. 65f. Das Konzept wurde von M. Mussa (1976) und J.F.O. Bilson (1978) entwickelt und fußt auf J.F. Muth (1961): Rational Expectations and the Theorie of Price Movements, *Econometrica* **29**, S. 315–335, vgl. B. Felderer, St. Homburg (1991), S. 261.

71 Vgl. J.F.O. Bilson (1978), S. 78 oder M. Mussa (1976), S. 241.

72 Zu einer Übersicht siehe E.J. Pentecost (1993), S. 67ff.

Deutlich wird jedoch die starke Zukunfts- und Erwartungsorientierung. In diesem Ansatz werden alle zukünftigen Werte des Volkseinkommens und der Geldmenge benötigt, wobei weiter in der Zukunft liegende Werte weniger relevant sind, da $(\beta/(1+\beta))^k$ für größerwerdendes k gegen null geht. Überraschend eintretende Änderungen der betreffenden Größen können damit zu drastischen Effekten führen, da sich nicht nur die Größen selbst verschiebt, sondern auch die Erwartungen für alle zukünftigen Werte.[73]

7.3.2.4 Frankels Realzinsmodell

Einen weiteren Ansatz zur Wechselkursentstehung bringt Frankel mit dem Konzept der regressiven Erwartungen. Falls die Marktteilnehmer von einem Gleichgewichtswert des Wechselkurses ausgehen und der aktuelle Wechselkurs sich von diesem Gleichgewicht entfernt hat, ist es plausibel davon auszugehen, daß die Marktteilnehmer eine Tendenz hin zum Gleichgewicht erwarten.[74] Mit einem Parameter ϑ, der die Anpassungsgeschwindigkeit regelt, erhält man

$$\mathrm{E}_t\, s_{t+1} - s_t = \vartheta(\bar{e} - e_t) \tag{7.27}$$

Frankel nimmt hier als Gleichgewichtslösung das Modell von Frenkel in (7.21) und erhält zusammen mit der Basisgleichung des monetären Modells (7.19) den Ausdruck

$$s_t = (m_t - m_t^*) - \alpha(y_t - y_t^*) + \left(\beta + \frac{1}{\vartheta}\right)(\pi_t - \pi_t^*) - \frac{1}{\vartheta}(i_t - i_t^*) \tag{7.28}$$

Die Idee ist hier, Frenkels Inflationsansatz als langfristige Lösung anzunehmen und für die kurzfristigen Bewegungen eine Rückbewegung zum Gleichgewicht zu unterstellen. Problematisch ist dabei, daß (7.28) weder ein Gleichgewicht beschreibt (es wird ja ausdrücklich von einem Ungleichgewicht ausgegangen, das die kurzfristigen Schwankungen erklärt), noch eine Dynamik spezifiziert (alle Variablen sind zu gleichen Zeitpunkten in Beziehung gesetzt).[75] Als weiterer Kritikpunkt muß angemerkt werden, daß der Wechselkurs von der relativen Entwicklung der Fundamentalgrößen abhängt. In diesem Sinne handelt es sich um ein »mechanistisches«

---

73 Vgl. G. Grimm (1997), S. 113f. Das Modell erklärt beispielsweise die zum Teil erheblichen Wechselkursschwankungen, zu denen es kommt, wenn der Vorsitzende einer Zentralbank in einem Interview darlegt, ob er etwa Leitzinsänderungen für sinnvoll hält oder nicht. Die Schwankungen treten ein, noch bevor die Änderungen tatsächlich vorgenommen werden.

74 Vgl. J.A. Frankel (1976), S. 601ff. oder E.J. Pentecost (1993), S. 69f.

75 Vgl. E.J. Pentecost (1993), S. 69f.

System, daß Einschätzungen der Marktteilnehmer über zukünftige Entwicklungen nicht berücksichtigt.[76]

Andererseits bringt Frankels Ansatz hier einen neuen Gedanken: Der Wechselkurs kann sich zeitweise von einer Gleichgewichtslösung entfernen, weil es unterschiedliche Anpassungsmechanismen gibt, die vor allem unterschiedlich schnell greifen. Insbesondere die Annahme, daß die durch die Kaufkraftparität vorgegebenen Preise nicht sofort flexibel auf Veränderungen reagieren können und damit in einem gewissen Sinne »starr« sind, entspricht einer eher keynesianischen Sichtweise und bringt einen neuen Aspekt, der im weiteren noch verfolgt wird.[77]

7.3.2.5 Fazit

Alle monetären Modelle gehen von einem Gleichgewicht zwischen Geldangebot und Geldnachfrage aus und lösen die Preisvariablen über die Kaupfkraftparität aus. In der modernen Form ist weiterhin das Geldangebot vom Zinssatz abhängig, der über die Zinsparität bestimmt wird. Die Vielzahl der unterschiedlichen monetären Modelle entsteht nur durch die Frage, wie mit der Erwartungsbildung umgegangen wird. Je nach Ansatz entsteht die Wechselkursdynamik dann aus dem Inflationsniveau, den vergangenen Daten oder aus zukünftigen Erwartungen. Konstantes Element ist dagegen der Einfluß der nominalen Geldmengendifferenzen und des Volkseinkommens. Alle monetären Theorien nutzen nur Bestandsgrößen, nicht jedoch Strömgrößen.

Eine Konsequenz der »zeitlichen Diskrepanz« zwischen Wechselkurs und potentiellen Einflußgrößen ist, daß auch Verzögerungen oder Vorausentwicklungen von Variablen in den Betrachtungen mit berücksichtigt werden sollten. Wenn nicht nur die *aktuellen* Daten eine Rolle spielen, sondern auch zukünftige oder vergangene prinzipiell eine Bedeutung besitzen, so unterschlägt eine Analyse mit »gleichzeitigen« Datensätzen Zusammenhänge, die bereits theoretisch postuliert sind. Diese Feststellung läßt sich ausweiten: Sie gilt nicht nur für die in den Modellen angegebenen Einflußgrößen, sondern ganz allgemein bei der Untersuchung von Zusammenhängen. Die in Kap. 8 durchgeführte Fallstudie wird daher nicht nur instantane Wechselwirkungen berücksichtigen, d.h. solche, die zwischen Größen zu gleichen Zeitpunkten bestehen, sondern es werden auch vorauslaufende und nachziehende Effekte untersucht.

---

76 Vgl. M. Gärtner (1997), S. 105 und G. Hansen (1993), S. 379f.

77 Vgl. zur Einordnung des Modells auch G. Hansen (1993), S. 376f.

7.4 Keynesianische Ansätze zur Wechselkurstheorie

7.4.1 Der Einnahmen-Ausgaben-Ansatz

Die Anfänge der keynesianischen Wechselkurstheorie lassen sich bis in die vierziger und fünfziger Jahre zurückverfolgen. Wesentlichen Arbeiten stammen dabei von Laursen, Metzler und Polak, um nur einige zu nennen.[78] Die Zielrichtung all dieser Ansätze war dabei weniger die Erklärung von Wechselkursbildung, sondern eher eine Analyse der internationalen Wirtschaftszusammenhänge bei festen oder flexiblen Wechselkursen und der Möglichkeiten, hierauf politischen Einfluß zu nehmen.[79]

Zentrale Annahme des Modells in allen Varianten ist dabei die Idee starrer Güterpreise (den sogenannten »sticky prices«). Danach sind Anbieter von Waren im allgemeinen nicht in der Lage, bei einem Nachfragerückgang sofort mit einer Preissenkung zu reagieren, etwa aufgrund von langfristigeren Verträgen oder einer konstanten Kostensituation. Statt dessen wird der Anbieter *de facto* das Angebot verringert, beispielsweise indem er Waren lagert, so daß man im Modell von einer vollständig elastischen Angebotsfunktion ausgeht. Auf der anderen Seite können Preise nicht auf Dauer an der tatsächlichen Nachfragesituation vorbeigehen. Die Annahme starrer Preise kann daher nur kurzfristig gültig sein und das Modell greift somit nur kurzfristig.[80]

Ein zweites Merkmal des Modells liegt in der Konzentration auf Stromgrößen. Während etwa die Kaufkraftparitätentheorie oder die monetären Theorien Bestandsgrößen wie Preise oder Geldmengen in den Vordergrund stellen, konstruieren die keynesianischen Ansätze Relationen zwischen Exporten, Importen, also Warenflüssen. Internationale Kapitalbewegungen werden allerdings im ersten Schritt vernachläßigt und die Geldmenge wird als konstant angenommen.[81] Damit werden im einfachsten Modell monetäre Elemente völlig ausgeklammert, was bewirkt, daß Zinssätze keine Rolle spielen. Ferner wird die Intervention durch den Staatssektor nicht getrennt modelliert.

---

78 J.J. Polak (1943): European exchange depreciation in the early twenties, *Econometrica* **11**, S. 151–162; S. Laursen, L.A. Metzler (1950): Flexible exchange rates and the theory of employment, *Review of Economics and Statistics* **32**, S. 281–299 oder auch J.E. Maede (1951): The theory of international economic policy, Vol. 1: The balance of payments, Oxford University Press, London

79 Vgl. K. Bischofberger (1986), S. 90.

80 Vgl. E.J. Pentecost (1993), S. 60.

81 Vgl. G. Grimm (1997), S. 120. Dies ist historisch verständlich, da bis Ende der fünfziger Jahre internationale Kapitalbewegungen kaum eine Rolle spielten. Vgl. hierzu K. Bischofberger (1986), S. 90.

Ein einfaches Szenario beschreibt damit ein kleines offenes Land, dessen volkswirtschaftliche Entwicklung nicht die Weltwirtschaft tangiert, so daß keine Wechselwirkungen zu berücksichtigen sind. Das Einnahmen-Ausgaben-Modell besteht dann aus zwei Gleichungen. Mit Gleichung (7.29) wird der Gütermarkt im Inland beschrieben. Die aggregierte Nachfrage setzt sich aus der einkommensabhängigen Absorption $A(Y)$, also der privaten Nachfrage nach inländischen und importierten Gütern und der Investitionsnachfrage, sowie der Differenz zwischen Exporten $Ex(S)$ und Importen $Im(Y,S)$ zusammen. Die gesamte Nachfrage wird durch das Volkseinkommen Y gedeckt. Gleichung (7.30) bringt zum Ausdruck, daß die durch Exporte erlösten ausländischen Devisen vollständig für Importe aufgewendet werden. Das Nettostromangebot an Devisen ist damit gleich null, die Handelsbilanz T ausgeglichen. Die zweite Gleichung bezeichnet man als Devisenmarktgleichung[82]

$$Y = A(Y) + Ex(S) - SIm(Y,S) \tag{7.29}$$

$$T = Ex(S) - SIm(Y,S) = 0 \tag{7.30}$$

Die angenommenen Prämissen legen fest, daß die Devisenströme ausschließlich von Exporten und Importen determiniert werden, denn andere Einflüsse, etwa durch Kapitalbewegungen, sind ja durch die Voraussetzungen ausgeschlossen. Dabei hängen die Exporte nur vom Wechselkurs S ab, während die Importe vom Wechselkurs und vom Einkommen Y bestimmt werden.[83]

Im nächsten Schritt werden die Abhängigkeiten von $A(Y)$, $Im(Y,S)$ und $Ex(S)$ linearisiert. Für die Absorption wird $0 < \partial A/\partial Y < 1$ angenommen, da mit steigendem Einkommen auch Konsum und Investition zunehmen werden. Für die Importfunktion wird ebenfalls $0 < \partial Im/\partial Y < 1$ zugrunde gelegt. Als Abhängigkeit vom Wechselkurs setzt man $\partial Im/\partial S < 0$, denn damit nimmt die Nachfrage nach Importgütern ab, wenn der Wechselkurs steigt. Umgekehrt wird für den Export sinkender Absatz bei steigendem Wechselkurs gesetzt, also $\partial Ex/\partial S > 0$. Eine aktive Handelsbilanz erzeugt damit ein Überangebot an (ausländischen) Devisen und führt zu einem Sinken des Wechselkurses und damit zu einer Aufwertung am Devisenmarkt. Entsprechend resultiert aus einem Handelsbilanzdefizit eine Abwertung der inländischen Währung. Da in diesem System internationale Kapitalbewegungen vernachlässigt werden, sind Devisenströme ausschließlich von den Importen und Exporten bestimmt. Die Wechselkursanpassungen sorgen somit für ein Strom-

82 Vgl. E.J. Pentecost (1993), S. 48ff oder K. Bischofberger (1986), S. 90f.

83 Betrachtet man speziell ein Zwei-Länder-Modell wäre der Export neben dem Wechselkurs S noch vom Einkommen des Auslandes Y^* abhängig.

gleichgewicht. Das Ausmaß dieser Anpassung hängt von den Preis- und Einkommenselastizitäten der Import- und Exportgüternachfrage ab.[84]

Das Gleichungssystem (7.29) und (7.30) liefert nun simultan eine Lösung für Einkommen Y und Wechselkurs S. Untersucht man im nächsten Schritt die Dynamik des Systems, so zeigt sich, daß die Eingrenzung der Linearisierungsparameter noch kein Gleichgewicht garantiert.[85] Eine Gleichgewichtslösung wird formal erst durch die Marshall-Lerner-Bedingung bzw. Robinson-Bedingung sichergestellt, die durch Differentiation der Handelsbilanz nach dem Wechselkurs und anschließendem Einsetzen des Gleichgewichtspunkt erhalten wird.[86]

$$\frac{\partial Im}{\partial S}\frac{S}{Im} - \frac{\partial Ex}{\partial S}\frac{S}{Ex} > 1 \tag{7.31}$$

Wie eingangs angedeutet zielt der Einnahmen-Ausgaben-Ansatz (auch leistungsbilanzorientierte Ansatz) eher auf eine Untersuchung der Möglichkeiten und Grenzen wirtschaftspolitischer Instrumente und weniger auf eine Wechselkurserklärung. Einen funktionalen Zusammenhang zwischen Wechselkurs und den übrigen Größen kann man schon deshalb nicht sinnvoll angeben, weil die Elastizitäten dem Modell vorzugeben sind, und zwar nicht in Form eines Parameters, sondern als Funktionen selbst. Trotzdem läßt sich zusammenfassen, daß der Wechselkurs hier positiv mit der inländischen Nachfrage und negativ mit der ausländischen Nachfrage korreliert und in der Konsequenz mit den Im- und Exporten in Verbindung zu bringen ist. Diese Größen bringt der Einnahmen-Ausgaben-Ansatz in ein Wechselkursmodell ein.[87]

7.4.2 Das Mundell-Fleming-Modell

Die Erweiterung des im vorigen Kapitel vorgestellten Modells um zinsabhängige Kapitalströme wurde vor allem durch die Arbeiten von Mundell und Fleming[88] geleistet. Das Mundell-Fleming-Modell hat in der Vergangenheit eine große Bedeutung erlangt, es wurde in vielen Lehrbüchern dargestellt und in unzähligen

---

84 Vgl. K. Bischofberger (1986), S. 90f.

85 Vgl. K. Bischofberger (1986), S. 91, G. Grimm (1997), S. 121.

86 Vgl. hierzu beispielsweise E.-A. Behnke (1994), S. 70.

87 Vgl. G. Grimm (1997), S. 125.

88 Vgl. J.M. Fleming (1962), S. 369ff und R.A. Mundell (1963), S. 475ff. Eine modernere Darstellung ist in M. Mussa (1982), S. 74ff zu finden.

Artikeln analysiert und erweitert.[89] Neben einer knappen Darstellung liegt im folgenden der Schwerpunkt ausschließlich auf den Aspekten, die die Entwicklung flexibler Wechselkurse betreffen.

Ausgangspunkt ist wie beim Einnahmen-Ausgaben-Modell eine kleine, offene Volkswirtschaft. Die inländische Politik beeinflußt damit nicht Preise, Zinsen oder Einkommen im Ausland. Weiterhin werden die Preise als kurzfristig unflexibel angenommen, das Modell zielt damit ebenfalls nur auf kurzfristige Erklärung der Wechselkurszusammenhänge ab. Es werden Stromgrößen betrachtet, Bestandsgrößen finden keine Berücksichtigung.[90]

Zusätzlich nimmt man für den Kapitalmarkt die bereits bei der Zinsparitätentheorie herangezogenen Idealisierungen an: Es gibt neben der in- und ausländischen Währung je ein inländisches und ein ausländische Wertpapier, die perfekte Substitute sind. Es bestehen keine Kapitalverkehrsbeschränkungen. Erwartungs- und Vermögenseffekte bleiben gleichfalls unberücksichtigt. Konsequenz dieser Annahmen, insbesondere der Erwartungsfreiheit, ist die Identität der Zinssätze im In- und Ausland.[91] Anders als bei den Güterpreise, die aufgrund der Unterbeschäftigung als starr angenommen werden, kann auf internationalen Geld- und Finanzmärkten von einer schnellen Anpassung der Kurse und Zinssätze ausgegangen werden, die also kurzfristig flexibel bleiben.[92]

Ein repräsentatives Mundell-Fleming-Modell besteht damit aus drei Grundgleichungen für Gütermarkt, Geldmarkt und Devisenmarkt. Nach dem Gesetz von Walras ist der Wertpapiermarkt dann automatisch miterfüllt.[93] Die Gütermarktgleichung (7.32) wird aus dem Einnahmen-Ausgaben-Modell übernommen und unterscheidet sich von (7.29) nur dadurch, daß die Absorption, die sich aus Konsum und Investition zusammensetzt, auch von Zinssatz i abhängt. Da Investitionen sich bei steigenden Zinsen durch die ebenfalls steigenden Opportunitätskosten weniger lohnen, kann linearisiert angenommen werden $\partial A/\partial i < 0$. Autonome Staatsausgaben werden nicht gesondert berücksichtigt.[94]

Die Devisenmarktgleichung (7.33) wird um einen Term erweitert, der die Kapitalbewegungen modelliert. Der Kapitalstrom $K(i)$ ist dabei eine Funktion des Zinssatzes i, wobei linearisiert $\partial K/\partial i > 0$ angesetzt wird. Bei steigenden Zinsen erwartet man, der Zinsparitätentheorie folgend, einen erhöhte Nachfrage nach inländischen

89 T. Gerhards (1994), S. 23

90 R.A. Mundell (1963), S. 476f, G. Grimm (1997), S. 127 oder N. Rollwage (1993), S. 53f.

91 Vgl. zu diesem Aspekt R. MacDonald (1988), S. 42 oder G. Hansen (1993), S. 370.

92 Vgl. E.-A. Behnke (1994), S. 186.

93 Vgl. B. Felderer, St. Homburg (1991), S. 76f.

94 Vgl. etwa N. Rollwage (1993), S. 53f oder E.-A. Behnke (1994), S. 186.

Devisen.[95] Gleichung (7.34) ist die Liquiditätsgleichung, die das Geldangebot mit der Geldnachfrage in Verbindung bringt. Für die Geldnachfrage nimmt man in der Regel keine konkrete Funktion an, sondern linearisiert den Zusammenhang. Dabei wird $\partial L/\partial Y > 0$ gesetzt, so daß bei steigendem Volkseinkommen die Geldnachfrage zunimmt und $\partial L/\partial i < 0$, so daß bei steigenden Zinsen die Geldnachfrage sinkt. Die Preise P bleiben annahmegemäß kurzfristig konstant und die Geldmenge M ist eine exogene Größe.[96]

$$Y = A(Y,i) + Ex(S) - SIm(Y,S) \tag{7.32}$$

$$T = Ex(S) - SIm(Y,S) - SK(i) = 0 \tag{7.33}$$

$$\frac{M}{P} = L(Y,i) \tag{7.34}$$

Das Mundell-Fleming-Modell ist ein Gleichgewichtsmodell, so daß im ersten Schritt eine Gleichgewichtsbedingung, wieder die Marshall-Lerner-Bedingung, erfüllt sein muß.[97] Da die endogenen Größen Zinssatz, Wechselkurs und Volkseinkommen sich als Lösung des Modells ergeben und, neben Geldmenge bzw. autonomen Staatsausgaben, vornehmlich von den Elastizitäten abhängen, ist ein weitergehende Analyse schwierig. Zu zeigen ist immerhin eine eindeutige Abhängigkeit des Wechselkurses von der Geldmengenausweitung. Danach ist $\mathrm{d}S/\mathrm{d}M < 0$, was bedeutet, daß eine Erhöhung der Geldmenge zu einem fallenden Wechselkurs führt.[98] Aber natürlich wirkt auch eine Änderung der Exporte oder Importe auf den Wechselkurs, nur daß diese Änderungen entweder durch Geldmengenänderungen bzw. Fiskalpolitik oder durch eine Änderung der Elastizitäten hervorgerufen werden.

Wesentlich für die Fallstudie in Kap. 8 ist jedoch wieder die Benennung der an der Wechselkursentwicklung beteiligten Größen. Gegenüber dem Einkommen-Ausgaben-Modell ist dabei der Zinssatz hinzugekommen, wobei die restriktiven Voraussetzungen (Substituierbarkeit der Titel und keine Erwartungen) einen identischen Zinssatz im In- und Ausland erzwingen. Diese – natürlich unrealistischen – Annahmen lassen sich leicht in fortgeschrittenen Modellen aufheben. Verzichtet man beispielsweise auf die Prämisse fehlender Erwartungen und erlaubt damit insbesondere Erwartungen zur Wechselkursentwicklung, so wird sofort die Identität

95 Vgl. K. Bischofberger (1986), S. 92. Wieder gilt, daß in einem Zwei-Länder-Modell die Exporte zusätzlich von Einkommen des zweiten Landes Y^* abhängen.

96 Vgl. M. Neumann (1991), S. 314f oder K. Bischofberger (1986), S. 92f.

97 Vgl. R. MacDonald (1988), S. 43.

98 Vgl. etwa K. Bischofberger (1986), S. 92. Für eine Herleitung vgl. R. MacDonald (1988), S. 46.

zwischen in- und ausländischen Zinssatz aufgehoben. Eine nicht vollkommene Kapitalmobilität führt ebenfalls zum Auseinanderfallen der Zinsätze i und i^*.[99]

Auch beim Mundell-Fleming-Modell ist die Situation schwierig, da die Angebots- und Nachfragefunktionen nicht explizit angegeben werden. Die Abhängigkeiten lassen sich daher nicht als Formel angeben und sind im Kontext dieser Arbeit, die auf die empirische Analyse von Wechselkursbewegungen zielt, weniger »griffig«. Bei einer späteren Modellierung könnte dies auch eine direkte Überprüfung der Abhängigkeiten erschweren. Die Gleichgewichtsbeziehung im leistungsbilanzorientierten Ansatz bzw. im Mundell-Fleming-Modell nennt jedoch per Konstruktion den Einfluß der Importe und Exporte, bzw. allgemeiner der Zahlungsbilanz und mehr ist für die Analyse in dieser Arbeit nicht erforderlich. Auf Erweiterungen des Mundell-Fleming-Modells, beispielsweise durch Dornbusch, wird nicht weiter eingegangen.[100]

7.5 Portfoliotheoretische Ansätze

Die bisher vorgestellten Modelle gehen von der Annahme aus, daß in- und ausländische Finanzaktiva vollständig substituierbar sind, sich also (außer in der Rendite) nicht unterscheiden. Länder unterscheiden sich jedoch typischerweise hinsichtlich ihrer Volkswirtschaften, der politischen Stabilität, der Geld- und Steuerpolitik.[101] Für den Anleger sind damit politische Risiken zu berücksichtigen, die von Schwierigkeiten bei der Repatriierung von Kapitalerträgen bis zu einem Totalausfall reichen können.[102] Darüberhinaus besteht ein Ertragsrisiko, daß im wesentlichen durch Wechselkursschwankungen bedingt ist. Wie bereits in Kap. 7.2.2.3 angesprochen kann man annehmen, daß die Anleger risikoavers agieren und sich ein gemischtes Portfolio aus in- und ausländischen Bonds zusammenstellen, um durch die Diversifikation das Gesamtrisiko zu verringern.[103]

Gibt man in den Modellen die Annahme der Substituierbarkeit in- und ausländi-

---

99 Vgl. R. MacDonald (1988), S. 49f oder M. Neumann (1991), S. 324f. Genaugenommen wäre wieder ein Zwei-Länder-Modell anzuwenden und der Kapitalstrom wäre im allgemeinen Fall (bei nichtvollkommener Kapitalmobilität) positiv vom Inlandszins und negativ vom Auslandszins abhängig, also $K(i, i^*)$.

100 Vgl. hierzu beispielsweise R. Dornbusch (1989), S. 408ff. oder R. MacDonald (1988), S. 59ff.

101 Vgl. T. Gerhards (1994), S. 42ff.

102 Vgl. M. Neumann (1991), S. 336.

103 Vgl. M. Gärtner (1997), S. 145f und G. Hansen (1993), S. 375.

scher Finanzaktiva auf, gelangt man zu den portfoliotheoretischen Ansätzen.[104] Es liegt nahe, daß hier insbesondere die Wertpapiersituation zu modellieren ist, die in den bisher vorgestellten Ansätzen nicht den Fokus bildete. Die einfachste Form eines portfoliotheoretischen Modells berücksichtigt in drei Gleichungen zunächst nur die Nachfragefunktion für in- und ausländische Anleihen (7.35) und (7.36), sowie ein Geldmarktgleichgewicht. Die Bestände in- und ausländischer Wertpapiere werden mit B und B^* benannt. W bezeichnet das Gesamtvermögen im Inland. Die Wertpapiernachfrage g bzw. g^* hängt vom Zinssatz ab, wobei steigender Inlandszins i die Nachfrage nach inländischen Wertpapieren steigen und die nach ausländischen Wertpapieren sinken läßt. Entsprechend umgekehrt reagieren die Nachfragen bei steigendem Auslandszins i^*. Damit ist $\partial g/\partial i > 0$, $\partial g/\partial i^* < 0$ und $\partial g^*/\partial i < 0$, $\partial g^*/\partial i^* > 0$.[105] Für den Geldmarkt in (7.37) wird wieder auf die Liquiditätsgleichung zurückgegriffen. Eine vierte Gleichung verbindet die ersten drei über die Vermögensrestriktion.

$$B = g(i,i^*)W \tag{7.35}$$

$$SB^* = g^*(i,i^*)W \tag{7.36}$$

$$\frac{M}{P} = L(Y,i) \tag{7.37}$$

$$W = M+B+SB \tag{7.38}$$

Genaugenommen wäre zum ausländischen Zins noch die erwartete Abwertungsrate zu addieren, in einem einfachen Modell mit diesbezüglich neutralen Erwartungen kann dies jedoch entfallen.[106] Weitere Annahmen sind, daß es im Inland und im Ausland jeweils nur ein Wertpapier gibt (bzw. die Wertpapiere im Inland und im Ausland jeweils substituierbar sind). Das inländische Wertpapier wird im Ausland nicht gehandelt, bzw. der Haendel ist vernachlässigbar, um eine Rückwirkung ausländischer Aktivitäten auszuschließen. Darüberhinaus besteht für die Wirtschaftssubjekte jederzeit die Möglichkeit zu einer sofortigen und kostenlosen Anpassung ihrer Portfoliobestände. Die Ausrichtung des Modells besteht wie in den zuvor präsentierten Ansätzen in einer kurzfristigen Perspektive, da zumindest kurzfristig starre Preise angenommen werden.

Betrachtet man in einem einfachen Ansatz die Vermögenssituation als konstant, linearisiert die unbekannten Funktionen und setzt für die Liquiditätsgleichung wie-

104 Vgl. W.H. Branson (1977), S. 69ff. Für einen Überblick siehe T. Gerhards (1994), S. 42ff oder M. Gärtner (1997), S. 144ff.

105 Vgl. M. Gärtner (1997), S. 147 oder R. MacDonald, M.P. Taylor (1992), S. 8f.

106 Vgl. G. Hansen (1993), S. 375 oder E.J. Pentecost (1993), S. 152f.

der die Nachfragefunktion vom Cagantyp, erhält man durch Umformen den reduzierten Ausdruck

$$s_t = \beta_0 + \beta_1 m_t + \beta_2 i_t^* + \beta_3 B_t + \beta_4 B_t^* \tag{7.39}$$

Auffällig an dieser Form ist die Unsymmetrie bezüglich der beteiligten Länder. Erweitert man dieses Modell um die ausländische Geldnachfragefunktion, erhält man die symmetrische Form[107]

$$s_t = \beta_0 + \beta_1 m_t + \beta_2 m_t^* + \beta_3 B_t + \beta_4 B_t^* \tag{7.40}$$

Wesentlicher Aspekt der Portfoliomodelle ist damit die Hinzunahme der Wertpapierbestände im In- und Ausland als Einflußgröße. Insofern ist der vorgestellte, einfachste Portfolioansatz ein Beispiel. Weitere Portfoliomodelle gibt es in großer Zahl. Eine ältere, aber für empirische Untersuchungen gut aufbereitete Auswahl liefern Murphy und Van Duyne.[108] Wie bereits bei den zuvor behandelten Modellen kann eine konkrete Gleichgewichtslösung nicht angegeben werden, solange die konkreten Nachfragefunktionen nicht bekannt sind.[109]

7.6 Empirische Befunde zu theoretischen Wechselkursmodellen

Gerade nach der in Kap. 2 aufgezeigen Anforderung, Wechselkurstheorien nicht nur abzuleiten, etwa aufgrund plausibler Arbitrageüberlegungen, sondern diese auch anhand realen Datenmaterials zu bestätigen, nimmt die Stützung durch empirische Untersuchungen eine zentrale Stellung ein. Der folgende Abschnitt beschäftigt sich mit in der Literatur publizierten Analysen. In der Gesamtheit der seit Aufhebung des Bretton-Woods-Abkommens durchgeführten Studien läßt sich grob ein Bruch ausmachen, durch den zwei Epochen charakterisiert werden können.

Bis etwa Mitte der achtziger Jahre wurde eine Reihe von empirischen Arbeiten zu Wechselkursmodellen durchgeführt, die großteils Schwierigkeiten hatten, die

107 Vgl. W.H. Branson, H. Halttunen, P. Masson (1977), S. 306f oder G. Hansen (1993), S. 379.

108 Vgl. R.G. Murphy, C. van Dyne (1980), S. 632ff.

109 Vgl. A. Parikh (1991), S. 476f.

beobachtenen Daten mit der Theorie zur Deckung zu bringen.[110] Die bekannteste und bereits mehrfach erwähnte Arbeit in diesem Kontext stellen dabei Meese/Rogoff[111]. Für den Zeitraum von März 1973 bis Juni 1981 untersuchten sie eine Reihe verschiedener einfacher Modelle (naive Prognose, Zeitreihenmodelle) und verglichen diese mit den postulierten Wechselkurstheorien, die elegant in einer einzigen Regressionsgleichung zusammengefaßt werden konnten. Betrachtet wurden der einfache monetäre Ansatz (Frenkel-Bilson), das Modell von Frankel (Dornbusch-Frankel) und ein Portfoliomodell (Hooper-Morton). Dabei zeigte sich, daß obwohl für die (makroökonomischen) Einflußgrößen die tatsächlich realisierten Werte herangezogen wurden und damit nicht einmal eine Prognoseleistung zu erbringen war, die untersuchten Wechselkurstheorien schlechtere Ergenisse erzielten als ein Random Walk.

Murphy und van Dyne haben das Portfolio- und das Frankel-Modell bezüglich ihrer Prognoseleistung am Beispiel des D-Mark/Dollarkurses verglichen.[112] Dabei wurde als Portfolio-Modell die um eine ausländische Geldnachfragefunktion erweiterte Gleichung verwendet, mit den Daten von März 1973 bis Februar 1978 geschätzt und gegenüber der naiven Prognose verglichen. Dabei zeigt sich, daß im Frankelmodell die naive Prognose besser abschneidet, das Portfoliomodell jedoch über der naiven Prognose liegt. Trotz der Überlegenheit des Portfoliomodells zeigen allerdings Nachuntersuchungen, daß die starke Aufwärtsbewegung des Dollars von 1980 bis 1985 sich auch im Portfoliomodell nicht erklären läßt.[113]

Bofinger diskutierte, inwieweit verschiedene gängige Währungstheorien Möglichkeiten zur Währungs- und Wirtschaftspolitik bieten. Er untersuchte dabei den einfachen monetären Ansatz, den er schon wegen der kaufkraftparitätischen Komponente für so problembehaftet hält, daß er zur Erklärung von Wechselkursen nicht herangezogen werden sollte.[114] Ferner betrachtete er das Dornbusch-Modell und zwei Portfolio-Ansätze. Nach seiner Einschätzung ergeben sich mit keiner der Theorien wirksame währungspolitische Instrumente.

Für andere Zeiträume, in denen extreme wirtschaftliche Rahmenbedingungen vorliegen und die damit bestimmte Modelle forcieren, lassen sich allerdings Übereinstimmungen zwischen Empirie und Theorie aufzeigen.[115] Es wurde jedoch als

110 Vgl. P.R. Krugman (1978), S. 397ff. Für eine gute Übersicht vgl. R. MacDonald, M.P. Taylor (1992) oder D. Alexander, L.R. Thomas (1987).

111 Vgl. R.A. Meese, K. Rogoff (1983), S. 3ff.

112 Vgl. R.G. Murphy, C. van Dyne (1980), S. 627ff.

113 Vgl. G. Hansen (1993), S. 379.

114 Vgl. P. Bofinger (1986), S. 196f.

115 Vgl. etwa J.A. Frenkel (1976), S. 200ff für den Zeitraum deutscher Hyperinflation.

besonders unbefriedigend empfunden, daß gerade die Wechselkursdynamik in der jüngeren Vergangenheit theoretisch nicht hinreichend erklärt werden konnte.

Trotzdem ist Meese rechtzugeben, wenn er in seiner Arbeit zu kurz- und mittelfristigen Wechselkursschwankungen seit 1973 feststellte: »Economists do no yet understand the determinants of short to medium movements in exchange rates. Neither models of exchange rates based on macro-economic fundamentals nor the forcasts of the market participants as embodied in the foreward rate or survey data can explain exchange rate movements in the post-Bretton-Woods aera better than a naive alternativ such as a random walk model.«[116] Meese selbst führt als eine mögliche Erklärung für die bestehenden Schwierigkeiten das Vorhandensein von Nichtlinearitäten an. Darüberhinaus sind auch psychodynamische Erklärungen wahrscheinlich, die ja auch als »Seifenblasen«-Ansätze Berücksichtigung fanden.

In der Zwischenzeit wurden jedoch auch Untersuchungen durchgeführt, die mindestens die langfristigen Wechselkurstheorien positiver beurteilen. So bewertet MacDonald: »Ten years or so ago, the consensus view in the economics profession was that, from an empirical perspective, the long-run exchange rate was not well defined. Today, the evidence summarized in this paper would lead one to the opposite conclusion. There is now overwhelming evidence to indicate that economist can say something positive about lon-run exchange rates.«[117] Daß eine Reihe jüngerer empirischer Arbeiten in der Lage ist, die bis dahin erhaltenen Schlußfolgerungen neu zu beleuchten, kann zum einen in der Verwendung moderner Modellierungsverfahren begründet sein, beispielsweise in der Anwendung von Kointegrationsmodellen.[118]

So kommem beispielsweise MacDonald/Taylor durch Anwendung eines Kointegrations-Fehlerkorrektur-Modells zu guten Ergebnissen und sie erzielen bei der Betrachtung von Monatsdaten bessere Prognosen als bei der Verwendung eines Random-Walk-Modells.[119] Parikh[120] führt eine ähnliche Untersuchung durch, wobei er die Basisgleichung von Meese/Rogoff[121] zugrunde legt. Sarantis untersucht mit einem Kointegrationsmodell drei langfristige monetäre Wechselkursmodelle, und zwar das monetäre Basismodell (7.18), das monetäre Modell mit rationalen

116 R.A. Meese (1990), S. 132.

117 Vgl. R. MacDonald (1995), S. 437f.

118 Auf das Verfahren soll hier nicht näher eingegangen werden. Eine Einführung ist bei F.A. Rauscher (2001), S. 128ff gegeben, eine umfassende Behandlung bieten R.F. Engle, C.W.J. Granger (1991).

119 Vgl. R. MacDonald, M.P. Taylor (1993), S. 89ff.

120 Vgl. A. Parikh (1991), S. 472ff.

121 Vgl. R.A. Meese, K. Rogoff (1983), S. 8.

Erwartungen (7.26) und das Realzinsmodell von Frankel (7.28).[122] Dabei verwendet er vier bilaterale Wechselkurse des Pfund Sterlings und berücksichtigt unterschiedliche Geldmengenabgrenzungen. Die Resulate sind schlecht, insbesondere beim Modell mit rationalen Erwartungen und bei engen Geldmengenabgrenzungen.

Eine weitere Erklärung für die veränderten Ergebnisse liegt unter Umständen auch nur im Hinzukommen weiterer Daten, die eine verbesserte statistische Analyse erlauben. Trotz einiger Lichtblicke sind die Resultate der Studien jedoch alles andere als eindeutig, und so gibt es im Bereich der Erklärung von Wechselkursen eine große Zahl ungelöster Probleme, die weitere Untersuchungen rechtfertigen.[123]

122 Vgl. N. Sarantis (1994), S. 699ff.

123 Vgl. R. MacDonald, M.P. Taylor (1992), S. 2.

Kapitel 8

Empirische Analyse von Wechselkursabhängigkeiten mit dem λ-Test

Und manchen stürzte schon die Hoffnung
auf Gewinn in sein Verderben.

Sophokles

Das vorige Kapitel hat eine Reihe von ökonomisch fundierten Modellen vorgestellt, die mögliche Determinaten der Wechselkursentwicklung offenlegten. Die Besprechung der wesentlichen empirischen Arbeiten zu Wechselkursmodellen hat aber gezeigt, daß die Erfolge bei der Bestätigung der Ansätze anhand von Datenmaterial eher bescheiden sind. In diesem Kapitel soll nun durch eine modifizierte Fragestellung, die sich nicht auf die Modelle, sondern auf die Einflußgrößen konzentriert, ein unkonventionellerer Zugang zu Wechselkursmodellen beschritten werden. Dazu wird der λ-Test eingesetzt, der im Hinblick auf die Prüfung multivariater nichtlinearer Abhängigkeiten entworfen wurde und sich als Analyseinstrument in diesem Kontext anbietet.

Der erste Abschnitt formuliert nochmals die Fragestellung. Die Untersuchung selbst erfolgt dann in zwei Phasen. Nach einer geeigneten Datenvorbereitung werden eindimensionale Abhängigkeiten der erklärenden Variablen mit dem USD/DEM analysiert. Da man allgemein die beste Diagnoseleistung erhält, wenn nur eine geringe Zahl von Einflußfaktoren herangezogen wird, ist im ersten Schritt eine solche Vorgehensweise zweckmäßig. Im zweiten Durchlauf werden Kombinationen von Einflußgrößen getestet, um »echte« multivariate nichtlineare Zusammenhänge zu erkennen. Eine Würdigung der Ergebnisse schließt das Kapitel ab.

8.1 Ansatz und Gang der Untersuchung

Zur Erklärung von flexiblen Wechselkursen gibt es eine Reihe theoretischer Ansätze, die, wie das vorige Kapitel zeigte, alle Probleme bereiten, sicher mit den empirischen Befunden zur Deckung gebracht zu werden. Die vorgestellten Veröffentlichungen untersuchen dabei in der Regel, ob die von einem Modell als Einflußgrößen postulierten Daten den ebenfalls vom Modell angegebenen Zusammenhang mit dem Wechselkurs besitzen.[1] Die Überprüfung erfolgt also gleichzeitig hinsichtlich der Einflußgrößen *und* des von Modell vorgegebenen Zusammenhangs.

Um ein Modell als gültig oder bewährt anzusehen, ist natürlich der postulierte Zusammenhang einzubeziehen, denn in der Regel geben Modelle ja Zusammenhänge konkret an. Da die bestehenden Wechselkursmodelle jedoch hinsichtlich der empirischen Befunde teilweise widersprüchlich erscheinen und kaum eine der volkswirtschaftlichen Welchselkurstheorien die bestehenden Daten über einen längeren Zeitraum oder in unterschiedlichen Zusammenhängen zuverlässig erklärt, wird hier eine differenzierte Analyse vorgeschlagen. Wenn die Art der funktionalen Zusammenhänge und die Einflußgrößen mit den bisherigen Modellen nicht empirisch bestätigt werden können, so liegt es nahe zu untersuchen, ob nicht wenigstens Einflußgrößen ausgemacht werden können. Dazu bietet sich das im ersten Teil der Arbeit vorgestellt Instrumentarium an. Da es also scheinbar leicht wäre, den bestehenden Arbeiten, die Schwierigkeiten von Wechselkursmodellen aufzeigen, eine weitere hinzuzufügen, erscheint dies als eine konstruktivere Herangehensweise.

Ebenso argumentiert auch Grimm, der gleichfalls die Fragestellung untersucht, ob die nur ungenügende Erklärung für Wechselkursbewegungen durch einen inadäquaten linearen Zusammenhang zwischen der Wechselkurszeitreihe und den erklärenden ökonomischen Variablen zu begründen ist. Er wendet für seine Untersuchung das Instrument künstlicher neuronaler Netze an und kommt dabei zu positiven Beurteilungen: »Es sieht so aus, daß in den Daten tatsächlich neben linearen auch nichtlineare Strukturen vorhanden sind, was vom ökonomischen Standpunkt auch durchaus plausibel ist.«[2] Es ließe sich allerdings anmerken, daß bei weniger als ca. 140 Datenpunkten eine Anwendung neuronaler Netze oftmals problembehaftet ist und zu nichtvaliden Ergebnissen führen kann.

Diebold/Nason greifen für die gleiche Fragestellung auf eine nichtparametrische Regression zurück. Um einen geeigneten Datenumfang zu erreichen, greifen sie

---

1 So etwa R.A. Meese, K. Rogoff (1983), S. 1ff, N. Sarantis (1994), S. 698ff oder die in R. MacDonald (1988), W. Khan, T.D. Willett (1984) zusammengefaßten Studien.

2 Vgl. G. Grimm (1997), S. 211.

auf Wochendaten vom 3. Januar 1973 bis zum 23. September 1987 zurück (insgesamt 768 Beobachtungen) und versuchen einen Zusammenhang zwischen zehn verschiedenen Währungen herzustellen. Dies gelingt zwar nicht, trotzdem zielt auch dieser Ansatz auf eine getrennte Analyse von Einflußgrößen und Spezifikation.[3]

Entscheidend ist, daß sowohl Grimm wie Diebold/Nason zwar die Schwierigkeiten bei der Modellspezifikation sehen, sie verzichten aber nicht auf die Modellierung des Zusammenhangs, was dann eben doch den Einsatz komplexer mathematischer Werkzeuge wie neuronaler Netze und nichtparametrischer Regression erfordert und die Transparenz der Analyse trübt. Nach Ansicht des Verfassers ist es dann günstiger, die »Herkulesaufgabe« eines nichtlinearen, mehrfaktoriellen Wechselkursmodells in zwei Schritten zu lösen und im ersten Teil lediglich die Einflußgrößen zu bestimmen, wofür sich der in Kap. 5 vorgestelle λ-Test anbietet. Diese Anwendung des λ-Tests soll im folgenden exemplarisch realisiert werden.

8.2 Zur Untersuchung verwendetes Datenmaterial

8.2.1 Quelle, Zeitraum und Periodizität

Die wesentliche Schwierigkeit bei der fundamentalen Analyse von Wechselkursen liegt in der Datenbeschaffung und -vorbereitung. Es müssen nicht nur die benötigten fundamentalen Faktoren für alle betreffenden Länder vollständig vorliegen, sondern die Daten müssen auch in ihrer Struktur homogen und damit vergleichbar sein.[4] Für empirische Tests wären daher Daten optimal, die in den beteiligten Ländern nach gleichen Verfahren und mit gleichem steuerlichem und sozialem Hintergrund erhoben werden. Dies ist jedoch in der Realität nicht gegeben.

Um den damit verbundenen Schwierigkeiten zu begegnen, wird teilweise empfohlen, mit den Daten nur eines Anbieters auszukommen, weil man hier von »größtmöglicher Homogenität« ausgehen kann.[5] Andererseits ist auch bei den internationalen Anbietern wie der OECD oder dem IMF fraglich, ob die zur Verfügung gestellten Daten selbst erhoben werden oder nur auf nationale Statistiken zurückgegriffen wird. Die Berücksichtigung einer breiten Datenbasis kann durch die verbesserte Auswahl eventuell eher zu homogenerem Datenmaterial führen.

---

3 Vgl. F.X. Diebold, J.A. Nason (1990), S. 315ff

4 Vgl. D. Braunhart (1989), S. 50.

5 Vgl. D. Braunhart (1989), S. 52f.

Zeitreihe	Land	Quelle	Code	Einheit	Kürzel
Verbraucherpreise (BD CPI - ALL ITEMS NADJ)	DE	OECD	BDOCPCONF	DEM	DECPI
Verbraucherpreise (US CPI - ALL ITEMS NADJ)	US	OECD	USOCPCONF	USD	USCPI
Erzeugerpreise (BD PPI - ALL ITEMS NADJ)	DE	OECD	BDOCPPIMF	DEM	DEPPI
Erzeugerpreise (US PPI - ALL ITEMS NADJ)	US	OECD	USOCPPIMF	USD	USPPI
Inflationsrate (BD INFLATION RATE)	DE	StBA	BDCPANNL	%	DEINFL
Inflationsrate (US CPI, ANNUAL INFLATION RATE)	US	BLSt	USCPANNL	%	USINFL
Kurzfristige Zinsen (BD FIBOR - 3 MONTH)	DE	BuBa	BDINTER3	%	DEIR3M
Kurzfristige Zinsen (US CERTIFICATE OF DEPOSITE OFFER RATE - 3 MONTH)	US	FED	US3MTHCD	%	USIR3M
Langfristige Zinsen (BD LONG TERM GOVERNMENT BOND YIELD)	DE	IMF	BDGBOND.	%	BDIR10Y
Langfristige Zinsen (US GOV BOND YIELD LONGTERM)	US	IMF	USI61...	%	USIR10Y
Geldmenge M1 (BD MONEY SUPPLY - M1 CURN)	DE	OECD	BDOCM1MNA	DEM	DEM1
Geldmenge M1 (US MONEY SUPPLY - M1 CURN)	US	OECD	USOCM1MNA	USD	USM1
Geldmenge M2 (BD MONEY SUPPLY - M2 CURN)	DE	OECD	BDOCM2MNA	DEM	DEM2
Geldmenge M2 (US MONEY M1 CURN)	US	IMF	USI59MB.A	USD	USM2
Exporte (BD EXPORTS FOB CURN)	DE	OECD	BDOCEXPTA	DEM	DEEXP
Exporte (US EXPORTS FOB CURN)	US	OECD	USOCEXPTA	USD	USEXP
Importe (BD IMPORTS CIF CURN)	DE	OECD	BDOCIMPTA	DEM	DEIMP
Importe (US IMPORTS CIF CURN)	US	OECD	USOCIMPTA	USD	USIMP
Industrieproduktion (BD INDUSTRIAL PRODUCTION - INDUSTRY EXCL. CONSTR. VOLA)	DE	OECD	BDOCIPRDG	INDEX	DEIPRD
Industrieproduktion (US INDUSTRIAL PRODUCTION - INDUSTRY EXCL. CONSTR. VOLA)	US	OECD	USOCIPRDG	INDEX	USIPRD
USD-Wechselkurs (BD NATIONAL CURRENCY UNIT TO US$ - EXCHANGE RATE (AVG))		IMF	BDI..AF	DEM/USD	DEMUSD

Tabelle 8.1: Übersicht der verwendeten Datenreihen mit monatlicher Periodizität im Zeitraum von 1/1973–12/1998. Die Kurzbeschreibung wurde von DataStream übernommen.

Die für die Fallstudie verwendeten Daten stammen von verschiedenen Anbietern, nämlich der OECD, dem International Monetary Fund (IMF), der Deutschen Bundesbank (BuBa) und der Federal Reserve Bank der USA (FED). Sie wurden über den Datenanbieter DataStream bezogen und sind in Tab. 8.1 zusammengestellt. Man sieht in der Aufstellung, daß die Fallstudie nicht alle Zeitreihen berücksichtigt, die aufgrund der in Kap. 7 vorgestellten ökonomischen Theorien und Ansätze als Einflüßgrößen in Frage kommen. Der Grund liegt hier in der zum Teil schlechten Beschaffbarkeit.

Volkswirtschaftliche Daten, sofern sie nicht börsennotieren Größen entsprechen, werden in der Regel mit nur monatlicher, vierteljährlicher oder jährlicher Periodizität erhoben. Für die Analyse von volkwirtschaftlichen Wechselkurseinflüssen, etwa auf Tagesbasis oder im Intraday-Handel, ist also keine bilaterale Datenbasis vorhanden. Die Verwendung von Daten mit monatlicher Periodizität sichert jedoch noch eine relativ große Anzahl von Beobachtungen, auf der anderen Seite werden jedoch beispielsweise das Volkseinkommen (etwa ausgedrückt als Bruttoinlandsprodukt) oder die Leistungsbilanz der USA nur vierteljährlich erhoben bzw. angeboten. Eine Untersuchung, die diese Größe einbeziehen will, muß damit auf Quartalsdaten abzielen und nimmt damit einen auf ein Drittel reduzierten Beobachtungsumfang in Kauf. Um eine breitere Datenbasis zu erhalten, wurden daher mit Monatsdaten gearbeitet.

Die verfügbaren Datenreihen erstrecken sich über einen Zeitraum von mindestens 1/1965 bis 12/1998. Für die Untersuchung wird jedoch nur der Zeitraum von 1/1973 bis 12/1998 verwendet, da etwa in diesem Zeitraum von einem flexiblen Wechselkurs ausgegangen werden kann. Der Zeitraum ab 1/1999 wurde wegen der Euroeinführung nicht berücksichtigt. Die Daten weisen im betrachtenen Zeitraum keine fehlenden Werte auf. Da der Fokus der Fallstudie nicht auf der Erstellung von Progosen liegt, spielt die Berücksichtigung von Veröffentlichungslags keine dominierende Rolle. Andererseits ist nicht auszuschließen, daß Wechselkurse nicht durch wahre Größen, sondern erst durch ihre amtliche Veröffentlichung beeinflußt werden. Die Lags werden daher im übernächsten Abschnitt angegeben.

8.2.2 Saisonbereinigung

Alle verwendeten Zeitreihen sind nicht saisonbereinigt. Der Grund ist, daß die zum Teil hochentwickelten Verfahren zur Saisonbereinigung, die von den Wirtschaftsinstituten eingesetzt werden, beispielsweise das Census X11, X12 oder das Berliner Verfahren, teilweise heuristische Elemente enthalten. Die Iterationen, die zur Glättung der Reihen durchgeführt werden, sind dabei kaum theoretisch fundiert und in ihren Auswirkungen schwer zu durchschauen.[6] Insbesondere die Frage, wie die Trendkomponente von der zyklischen Komponente abzugrenzen ist, bleibt bei fast allen Verfahren eher willkürlich.

Hinzu kommt aus prinzipieller Sicht, daß ein saisonal bereinigter Datenpunkt durch die Glättung zukünftige Anteile enthält und damit also Informationen, die zum Zeitpunkt der Erhebung noch nicht vorgelegen haben. Speziell die Analyse von Wirkungsverzögerungen wird damit verwaschen. Empirische Arbeiten zeigen weiter, daß die in der Praxis verwendeten Saisonbereinigungsverfahren zumindest im Prognosebereich eher schlechtere Resultate liefern.[7] Dies ist auch naheliegend, da ja die saisonale Information oftmals auch genutzt werden kann. Ein Saisonbereinigungsverfahren eliminiert damit potentiell verwertbare Eigenschaften einer Zeitreihe.[8]

Andererseits enthalten nichtsaisonbereinigte Daten in hohem Maße Autokorrelationen, die bei den meisten Testverfahren zu Verzerrungen der Statistik führen. Die Simulationen in Kap. 6 zeigten jedoch, daß der λ-Test zumindest hinsichtlich abhängigen Komponente »gutmütig« reagiert. Um die Gefahr von Störungen weiter zu verringern wurde durch das Anpassen eines AR(1)-Modell und anschließender Weiterverwendung der Residuen sichergestellt, daß die abhängige Variable keine Autokorrelationen aufweist. Ferner wurde bei den linearen Vergleichstests mittels Durbin-Watson-Test[9] auf Autokorrelationen in den Residuen geprüft.

8.2.3 Die Daten im einzelnen

Monetäre Modelle postulieren ganz allgemein die im Umlauf befindliche Geldmenge als wechselkursrelevant. In der Praxis unterscheidet man jedoch die drei Geldmengenabgrenzungen, bzw. genauer Geschäftsbankengeldaggregate M1, M2 und M3, letztere noch in einer erweiterten Definition.[10] Während die Geldmengen

---

6 Vgl. R. Schlittgen, B.H.J. Streitberg (1995), S. 85f. Zu einer Übersicht auch heute noch verbreitet eingesetzter Verfahren vgl. W. Stier (1980), S. 1ff.

7 Vgl. C.I. Plosser (1979), S. 14ff.

8 Vgl. auch D. Braunhart (1989), S. 53.

9 Vgl. Th. Poddig, H. Dichtl, K. Petersmeier (2000), S. 297ff.

10 M1 setzt sich zusammen aus dem Bargeldumlauf in Händen der Nichtbanken, also dem Gesamtbestand an Münzen und Bargeld, und den Sichtguthaben, also den Guthaben von Nichtbanken auf Girokonten. Als Sichtguthaben gelten Einlagen mit einer Laufzeit oder Kündigungsfrist von unter einem Monat. Nicht zu M1 gehören Sichtguthaben bei der Bundesbank. M2 ist definiert als Summe aus M1 und den Terminguthaben inländischer Nichtbanken bei inländischen Kreditinstituten, sofern sie eine Laufzeit von weniger als vier Jahren besitzen. M3 setzt sich zusammen aus M2 und den Sparguthaben inländischer Nichtbanken mit gesetzlicher Kündigungsfrist bei

M1 und noch M2 sich eher an der Funktion des Geldes als Zahlungmittel orientieren, liegt die Bedeutung der Geldmenge M3 eher in der Wertaufbewahrung. Die folgende empirische Fallstudie verwendet daher nur die Geldmengen M1 und M2. Quelle sind die Datenbanken der OECD und des IMF. Beide Anbieter stellen, im Gegensatz zur Deutschen Bundesbank, neben saisonbereinigten auch nicht saisonbereinigte Reihen zur Verfügung, wobei letztere verwendet wurden. Die Daten für Deutschland stehen aufgrund der Euro-Einführung nur bis Ende 1998 zur Verfügung. Die Publikationsverzögerung beträgt einen Monat.

Die Indikatoren für die Preisentwicklung und die Im- und Exporte stammen ebenfalls aus der OECD-Datenbank. Berücksichtigt wurden Verbraucher- und Erzeugerpreise, wobei in beiden Fällen jeweils nationale Warenkörbe zugrundeliegen. Sie beziehen sich wie die Im- und Exportvolumina auf Landeswährung. Auffällig ist, daß nach den Daten die Inflations-, also die Teuerungsrate anscheinend nicht nur als Änderung des Verbraucherpreisindexes ermittelt wird, wie man erwarten könnte. Daher wurden neben dem Preisindex die Datenreihen zur Inflationsrate zusätzlich berücksichtigt. Die Preisindikatoren und Inflationsraten werden mit einmonatiger, die Handelbilanzdaten mit zweimonatiger Verzögerung bereitgestellt.

Als Zinssätze wurden solche für kurz- und langfristige Anlagehorizonte herangezogen. Für die langfristigen Zinssätze wurden Staatsanleihen mit langer, d.h. etwa zehnjähriger Laufzeit betrachtet. Die kurzfristigen Zinsen beziehen sich auf Sätze dreimonatiger Geldmarktpapiere, bzw. des dreimonatigen Interbankenzinses. Es handelt sich um per-annum-Werte. Die Zinssätze sind aktuell verfügbar.

Ein Indikator für das Volkseinkommen wurde über einen OECD-Index zur Industrieproduktion genähert. Zwar wäre auch das Volkseinkommen selbst beschaffbar gewesen, wie bereits erwähnt liegen die Daten jedoch nur mit vierteljährlicher Periodizität vor, was eine erhebliche Einengung der Datenbasis bedeutet hätte. Die Produktionsindizes enthalten nicht den Bereich Bauwirtschaft. Die USA-Daten sind mit einem, die BRD-Daten mit zwei Monaten Verzögerung erhältlich.

Die Wechselkursdaten stammen aus der Datenbank des IMF. Dabei wurden Monatsmittel gebildet in der Annahme, daß diese den »wahren Wert« der Währung besser abbilden als die eher vom Zufall geprägte Monatsschlußkurse.[11] Die Daten sind aktuell verfügbar.

---

inländischen Kreditinstituten, wobei in moderner Abgrenzung noch Bankschuldverschreibungen und Euro-Einlagen hinzugenommen werden. Vgl. beispielsweise N. Rollwage (1992), S. 48f.

11 Vgl. R.A. Meese, K. Rogoff (1983), S. 9.

8.3 Aufbereitung der Daten

Die folgenden Abschnitte befassen sich mit der Vorbereitung des Datenmaterials. Dies ist vor allem die Überprüfung der Eigenschaften, die für den λ-Test gefordert werden, also Stationarität aller Variablen, sowie Normalverteilung und das Fehlen von Autokorrelationen in der abhängigen Variable.

8.3.1 Stationarität

Wie in Kap. 3.3.1 angedeutet, besitzen die gängigen Untersuchungsverfahren auf Stationarität nicht immer zufriedenstellende Validität. Um diese Schwierigkeiten zu mildern wurden mehrere Stationaritätstests herangezogen und neben den verbreiteten Tests, welche die Einheitswurzelprozesse als Nullhypothese setzen, auch der Test von Kwiatkowski *et al.* angewandt, der Stationarität als Nullhypothese annimmt. Damit erhält man ein umfassenderen Eindruck von der geforderten Verteilungskonstanz. Da bei allen Reihen die Stationarität hinreichend durch (logarithmische) Differenzenbildung hergestellt werden konnte und um die weitere Auswertung nicht übermäßig zu verkomplizieren, ist die Möglichkeit einer Trendkomponenten unberücksichtigt geblieben.

In Tab. 8.2 wurden eingesetzt der gewöhnliche Dickey-Fuller-Test (DF), der Augmented-Dickey-Fuller-Test (ADF) mit $m = 12$ Lags[12], der Philips-Perron-Test (PP) mit $n = 8$ und das Testverfahren nach Kwiatkowski *et al.* (KPSS) mit $n = 0$ und $n = 8$.[13] Die Verfahren wurden zunächst auf die originären Datenreihen angewendet. Bis auf die Reihen der Erzeugerpreisindizes zeigt sich dabei aber deutlich, daß die Reihen, einschließlich der Zinssätze, als nichtstationär angesehen werden müssen. Die Testverfahren lassen bei den Reihen DEPPI und USPPI keinen klaren Schluss zu.

Um die Instationarität zu erklären, wurden zwei mögliche Situationen in Betracht gezogen. Einerseits kann angenommen werden, daß die Reihen integriert von der Ordnung eins (oder höher) sind, also die *Änderungen* stationär sind. Derartige Instationaritäten lassen sich durch einfache Differenzenbildung der Reihe beseitigen.

---

12 Der Dickey-Fuller-Tests wird, wie in Kap. 3.3.1, S. 48 diskutiert, zum Augmented-Dickey-Fuller-Test erweitert, um mögliche Autokorrelationen in den Daten zu berücksichtigen. Die (zumindest theoretisch) plausibelste Fehlspezifizierung kann bei Monatsdaten durch saisonalen Schwankungen auftreten. Um damit verbundene Schwierigkeiten zu vermeiden, wird ein Lag von $m = 12$ verwendet.

13 Die Details zu den Testverfahren wurden in Kap. 3.3.1 diskutiert. Die Formel $m = \text{floor}(n \cdot (N/100)^{1/4})$ zur Bestimmung der Lagfenstergröße stammt aus Fußnote 63.

Zeitreihe	DF	ADF 12	PP 8	KPSS 0	KPSS 8
DECPI	−1.907	−0.940	−1.459	30.485***	2.874***
USCPI	−2.572*	−1.411	−1.575	31.039***	2.916***
DEPPI	−6.585***	−1.726	−3.934***	29.058***	2.754***
USPPI	−5.410***	−2.013	−3.840***	28.372***	2.683***
DEINFL	−1.419	−1.919	−1.638	11.589***	1.154***
USINFL	−0.745	−1.561	−1.530	16.976***	1.641***
DEIR3M	−1.147	−3.386**	−2.068	3.499***	0.355*
USIR3M	−2.043	−1.575	−2.119	9.505***	0.985***
DEIR10Y	−0.487	−1.962	−1.331	9.313***	0.948***
USIR10Y	−0.987	−1.515	−1.329	9.460***	0.933***
DEM1	1.982	2.833	3.539	28.423***	2.709***
USM1	0.061	−1.259	0.082	30.952***	2.883***
DEM2	1.482	0.432	1.505	29.680***	2.786***
USM2	2.263	0.841	1.793	31.296***	2.946***
DEEXP	−2.110	0.613	−1.028	29.118***	2.846***
USEXP	−0.622	1.177	0.515	28.402***	2.708***
DEIMP	−1.811	0.268	−0.602	28.833***	2.803***
USIMP	−0.457	2.243	0.739	29.150***	2.789***
DEIPRD	−1.028	−0.775	−0.615	27.570***	2.629***
USIPRD	−0.268	−0.244	0.580	27.871***	2.684***
DEMUSD	−2.378	−2.334	−2.485	16.221***	1.595***

Tabelle 8.2: Die Tabelle gibt die Werte der diskutierten Stationaritätstests für die originären Reihen wieder, und zwar für die Tests von Dickey-Fuller (DF), von Phillips-Perron (PP), von Kwiatkowski *et al.* (KPSS) und für den Augmented-Dickey-Fuller-Test (ADF). Die Anzahl der Sternchen entsprechen den Signifikanzniveaus $\alpha = 0.10$ (*), 0.05 (**) und 0.01 (***). Näheres, insbesondere zum Parameter m siehe Kap. 3 und die Angaben im Text.

Andererseits kann, etwa bei Preisen, Produktionszahlen oder Geldmengen, exponentielles Wachstum in den Daten vorliegen. In diesem Fall läßt sich die Stationarität durch die Bildung stetiger Renditen, das heißt durch Differenzenbildung der logaritmierten Reihen, herstellen. Die Tests wurden daher in Tab. 8.3 auf die einfachen Differenzen der Originalreihen (notiert durch ein kleines »d« vor dem Kürzel) und in Tab. 8.4 auf die einfachen Differenzen der logarithmierten Originalreihen (notiert durch ein »dl«) ausgeweitet. Welche Art der Bereinigung verwendet wurde, entschied das Gesamtbild der Testergebnisse für jede Datengruppe.

Die Herstellung der Stationarität ist bei den Geldmengen nicht einfach. Während sich die bundesdeutschen Aggregate M1 und M2 durch Differenzenbildung der Logarithmenreihe gut anpassen lassen, liefert bei den amerikanischen Geldmengen

Zeitreihe	DF	ADF 12	PP 8	KPSS 0	KPSS 8
dDECPI	−11.915***	−2.250	−12.430***	2.889***	1.022***
dUSCPI	−8.566***	−1.850	−9.341***	10.093***	1.709***
dDEPPI	−9.052***	−5.760***	−9.591***	5.100***	1.093***
dUSPPI	−12.698***	−2.927**	−13.910***	5.000***	1.445***
dDEINFL	−14.997***	−5.435***	−14.952***	0.084	0.061
dUSINFL	−11.691***	−4.699***	−12.363***	0.370*	0.118
dDEIR3M	−10.991***	−3.796***	−11.378***	0.142	0.052
dUSIR3M	−12.483***	−4.797***	−11.789***	0.086	0.088
dDEIR10Y	−11.074***	−4.326***	−10.929***	0.189	0.089
dUSIR10Y	−12.387***	−4.276***	−11.963***	0.348*	0.239
dDEM1	−17.380***	−1.941	−18.083***	0.529**	1.184***
dUSM1	−18.202***	−2.205	−18.200***	0.208	0.201
dDEM2	−15.940***	−1.866	−15.897***	0.454*	0.450*
dUSM2	−16.463***	−2.029	−16.942***	0.660**	0.366*
dDEEXP	−26.762***	−4.267***	−44.012***	0.004	0.031
dUSEXP	−24.693***	−3.418**	−32.520***	0.042	0.248
dDEIMP	−27.594***	−4.064***	−43.099***	0.008	0.058
dUSIMP	−27.414***	−3.939***	−36.039***	0.042	0.269
dDEIPRD	−26.088***	−4.084***	−25.933***	0.032	0.061
dUSIPRD	−23.323***	−2.908**	−25.798***	0.070	0.206
dDEMUSD	−13.042***	−3.921***	−12.934***	0.222	0.121

Tabelle 8.3: Die Tabelle zeigt die Werte der diskutierten Stationaritätstests für die einfachen Differenzen der Reihen. Die Abkürzungen bedeuten wieder Dickey-Fuller (DF), Phillips-Perron (PP), Kwiatkowski *et al.* (KPSS) und Augmented-Dickey-Fuller (ADF). Siehe auch Tab. 8.2.

eine einfache Differenzenbildung bessere Ergebnisse. Es ist nicht auszuschließen, daß hier unterschiedliche Anpassungsstrategien der Zentralbanken zutage treten. Um die unmittelbare Vergleichbarkeit der Geldmengen nicht zu sehr zu beeinträchtigen, wurden in allen Fällen Logarithmusdifferenzen gebildet. Kritisch ist dabei nur die US-amerikanische Geldmenge M2, bei der nach dem Test KPSS 0 und KPSS 8 die Stationaritätsannahme abgelehnt werden müßte.

Die Verbraucherpreisindizes besitzen bei logarithmischer Differenzenbildung die besten Eigenschaften, wovon man gemäß einem Wachstumsprozeß auch ausgehen würde. Dabei wird bei KPSS 0 zwar die Stationarität zurückgewiesen, bei KPSS 8 bleibt die Nullhypothese jedoch bestehen. Die Erzeugerpreise zeigen allerdings bei beiden Bereinigungsverfahren nicht wirklich zufriendenstellende Eigenschaften. Um jedoch die Interpretierbarkeit der Datenreihen zu erhalten, wurde

Zeitreihe	DF	ADF 12	PP 8	KPSS 0	KPSS 8
dlDECPI	−12.872***	−1.980	−13.116***	0.507**	0.240
dlUSCPI	−10.539***	−2.243	−11.090***	1.116***	0.321
dlDEPPI	−10.044***	−4.408***	−10.894***	3.658***	0.879***
dlUSPPI	−11.415***	−2.766*	−11.925***	2.765***	0.916***
dlDEIR3M	−11.274***	−3.916***	−11.743***	0.192	0.068
dlUSIR3M	−11.776***	−4.183***	−11.216***	0.148	0.098
dlDEIR10Y	−11.177***	−3.928***	−11.047***	0.317	0.149
dlUSIR10Y	−12.211***	−4.380***	−11.849***	0.512**	0.330
dlDEM1	−17.878***	−3.436**	−20.150***	0.027	0.108
dlUSM1	−19.532***	−2.276	−20.010***	0.262	0.385*
dlDEM2	−17.096***	−2.430	−17.339***	0.058	0.093
dlUSM2	−16.217***	−2.554	−17.143***	2.947***	1.282***
dlDEEXP	−27.525***	−5.000***	−43.204***	0.018	0.145
dlUSEXP	−23.571***	−3.719***	−28.197***	0.057	0.231
dlDEIMP	−27.572***	−4.444***	−40.239***	0.018	0.120
dlUSIMP	−29.214***	−4.867***	−33.265***	0.068	0.270
dlDEIPRD	−26.315***	−4.207***	−26.321***	0.026	0.051
dlUSIPRD	−22.136***	−3.266**	−23.930***	0.028	0.071
dlDEMUSD	−12.802***	−3.844***	−12.614***	0.174	0.101

Tabelle 8.4: Die Tabelle enthält die Werte der diskutierten Stationaritätstests für die Differenzen der logarithmierten Reihen. Da die Inflationsraten teilweise negativ waren, konnten hierfür keine log-Differenzen bestimmt werden. Die Abkürzungen bedeuten wieder Dickey-Fuller (DF), Phillips-Perron (PP), Kwiatkowski *et al.* (KPSS) und Augmented-Dickey-Fuller (ADF). Siehe auch Tab. 8.2.

in den folgenden Untersuchungen die logarithmische Differenzenreihe verwendet und von weiteren Differenzenbildungen abgesehen.[14] Da die Inflationsraten zum Teil negativ sind, können hier Logarithmen nicht bestimmt werden und es wurde eine gewöhnliche Differenzenbildung durchgeführt. Darüberhinaus würde man bei Inflationsraten auch keinen Wachstumsprozeß annehmen. Nach der Differenzenbildung zeigen sich keine Auffälligkeiten.

Zinsen, Im- und Exporte und Industrieproduktion sind nach einmaliger Differenzenbildung sowohl mit den originären wie mit den logaritmierten Reihen stationär und unterscheiden sich in den Statistiken nur geringfügig. Aus Plausibilitätsgründen wurden daher für die Außenhandelsvolumina und Produktionsindizes ste-

14 Die fehlenden Zurückweisungen der Einheitswurzel bei den Verbraucherpreise im ADF 12 ist eher nicht problematisch, da mit einer relativ schlechten Güte durch die große Anzahl von Lags zu rechen ist. Die fehlende Stationarität der Erzeugerpreise ist jedoch tatsächlich kritisch.

tige Renditen gebildet. Zinsen sollten keinem Wachstums- oder Trendprozeß unterliegen und daher bereits als Originalreihe stationär sein. Da dies nicht der Fall ist, wurde eine gewöhnliche Differenzenbildung vorgenommen. Die Wechselkurse zeigen nach Bildung der Log-Differenzen die besten Stationaritätseigenschaften.

Insgesamt zeigt sich, daß das Hinzuziehen eines Tests auf Stationarität in den meisten Fällen die Ergebnisse der konventionellen Einheitswurzeltests stützt, in einigen Fällen jedoch die scheinbare Sicherheit, die sich durch die Einheitswurzeltest ergibt, ins Wanken bringt. Insbesondere die Erzeugerpreise sind nach KPSS 0 und KPSS 8 wohl nur bedingt stationär, obwohl die Tests DF, ADF 12 und PP 8 geschlossen eine Einheitswurzel ablehnen. Das bedeutet nun nicht, daß die vorliegenden Daten ungeeignet für weitere Analysen sind. Reales Datenmaterial hat niemals perfekte Eigenschaften. Wichtig ist jedoch, sich vor der Untersuchung einen *umfassenden* Eindruck von den tatsächlich vorliegenden Eigenschaften zu verschaffen.[15]

8.3.2 Normalverteilung

Die Differenzen der logaritmierten Wechselkurse, also die stetigen Wechselkursrenditen, wurden mit dem Normalverteilungstest von Anderson/Darling überprüft. Die Prüfgröße ergab $\hat{A}^{*2} = 0.3417$ mit geschätzem Mittelwert $\hat{\mu} = -0.0021$ und geschätzter Varianz $\hat{\sigma}^2 = 0.0283$. Die Normalverteilungsannahme kann damit auch auf einem geringen Signifikanzniveau von $\alpha = 0.10$ nicht abgelehnt werden. Die stetigen Wechselkursrenditen können als normalverteilt gelten.[16]

8.3.3 Autokorrelationen

Ebenso wie die Normalverteilung sollte das Vorhandensein von Autokorrelationen untersucht werden. In Abb. 8.5 sind die Autokorrelationsfunktion (ACF) und die partielle Autokorrelationsfunktion (PACF) graphisch und numeral zusammengestellt. Diese Form wird auch von vielen Software-Paketen zur Ökonometrie verwendet. Für die stetigen Wechselkursrenditen zeigen sich dabei Autokorrelationen erster Ordnung. Saisonale Effekte, d. h. Korrelationen zur Ordnung $k = 12$ sind nicht nachweisbar. Zur Korrektur der Autokorrelationen ist ein AR(1)-Modell auf

---

15 Dazu gehörte selbstverständlich auch die graphische Inspektion. Es wurde aber aus Platzgründen darauf verzichtet, die Plots aller Zeitreihen hier wiederzugeben.

16 Begünstigend wirkt hier sicher, daß es sich bei den Wechselkursen um Monatsmittel handelt. Neben den stetigen Wechselkursrenditen wurden auch die gewöhnlichen Wechselkursdifferenzen auf Normalverteilung geprüft, wobei die Ergebnisse hier deutlich schlechter ausfielen.

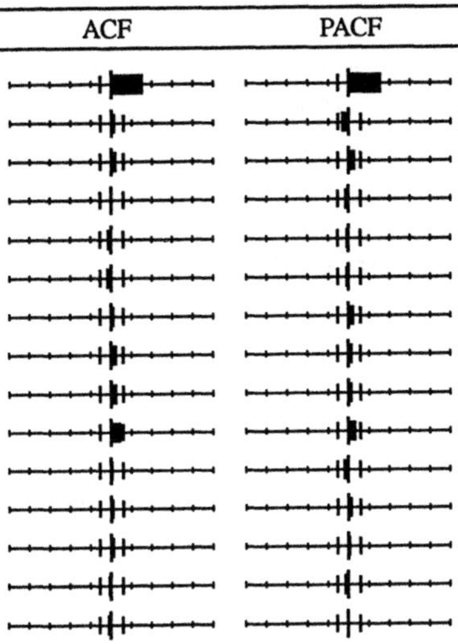

Lag k	ACF	PACF	Q^*-Stat
1	0.3142***	0.3165***	30.9964***
2	0.0382	−0.0644	31.4559***
3	0.0505	0.0644	32.2631***
4	0.0028	−0.0328	32.2656***
5	−0.0316	−0.0189	32.5834***
6	−0.0377	−0.0212	33.0377***
7	0.0306	0.0557	33.3369***
8	0.0591	0.0407	34.4582***
9	0.0607	0.0354	35.6470***
10	0.1000*	0.0749	38.8825***
11	0.0220	−0.0417	39.0395***
12	0.0269	0.0382	39.2757***
13	0.0384	0.0210	39.7569***
14	−0.0183	−0.0358	39.8671***
15	−0.0219	−0.0037	40.0242***

Tabelle 8.5: Graphische und numerale Darstellung der gewöhnlichen und der partiellen Autokorrelationsfunktionen. In den Balkendiagrammen sind die Signifikanzniveaus zu $\alpha = 0.05$ eingezeichnet. Für die stetigen Wechselkursrenditen zeigen sich, bis auf $k = 1$, nur geringe Autokorrelationen. Saisonale Effekte zum Lag $k = 12$ sind nicht nachweisbar.

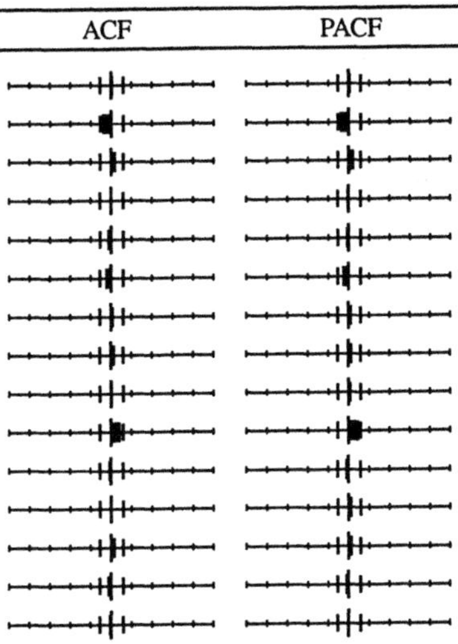

Lag k	ACF	PACF	Q^*-Stat
1	0.0212	0.0214	0.1415
2	−0.0808	−0.0820	2.1970
3	0.0475	0.0516	2.9089
4	−0.0023	−0.0104	2.9105
5	−0.0258	−0.0197	3.1215
6	−0.0459	−0.0532	3.7952
7	0.0299	0.0323	4.0814
8	0.0405	0.0385	4.6083
9	0.0184	0.0236	4.7169
10	0.0927	0.1012*	7.4939
11	−0.0177	−0.0212	7.5955
12	0.0122	0.0316	7.6440
13	0.0435	0.0372	8.2614
14	−0.0278	−0.0236	8.5152
15	−0.0137	−0.0074	8.5772

Tabelle 8.6: Nach der Anpassung eines AR(1)-Modells und Weiterverwendung der Residuen sind die Autokorrelationen erster Ordnung entfernt. Die geringen Korrelationen zur Ordnung $k = 10$ werden als unbedeutend eingeschätzt.

die stetigen Wechselkursrenditen angepaßt worden, mit dessen Residuen im folgenden weitergearbeitet wird. Die Analyse der Autokorrelationen für das angepaßte Modell zeigt Abb. 8.6. Die Korrelationen erster Ordnung sind hier herausgefiltert.[17]

8.4 Durchführung der Untersuchung

8.4.1 Vorbemerkungen

8.4.1.1 Berücksichtigung von Wirkungsverzögerungen

Abhängigkeiten in realen Situationen können Zeitverzögerungen aufweisen. Das bedeutet, daß beispielsweise Änderungen in volkswirtschaftlichen Größen (als exogene Variablen) erst zu einem späteren Zeitpunkt in der Wechselkursentwicklung zum Tragen kommen. Bei der Analyse von Abhängigkeiten genügt es daher aus praktischer Sicht nicht, nur Variablen zu gleichen Zeitpunkten zu betrachten. Vielmehr müssen Abhängigkeiten auch zwischen Größen, die zu unterschiedlichen Zeitpunkten erhoben wurden, mit berücksichtigt werden.[18]

Die Testläufe werden daher im folgenden auch mit zeitlich verschobenen Daten durchgeführt. Um die Ergebnisse übersichtlich zu halten und möglichst kompakt darzustellen, wurden Abhängigkeiten systematisch nur bis zu einer Verschiebung von plus oder minus sechs Monaten betrachtet. Außerdem wurden, um Platz zu sparen, einzelne Lags in den Tabellen fortgelassen, sofern keine Zusammenhänge nachgewiesen werden konnten. Die Ergebnisse sind also trotz der scheinbaren Menge noch in relativ knappem Umfang dargestellt.

In den Tabellen wurde die folgende Notation gewählt: Ein negativer Lag-Wert $k < 0$ bedeutet, daß die Datenpunkte der Einflußgröße zeitlich *vor* der stetigen Wechselkursrendite einzuordnen sind. Ein positiver Lag-Wert $k > 0$ (eigentlich also ein Lead-Wert) bedeutet, daß die Einflußgröße zeitlich *nach* der Wechselkursrendite einzuordnen ist. Der Lag-Wert k selbst gibt also die Anzahl der Perioden an, um die die (unabhängigen) Einflußgrößen verschoben werden. In Formelschreibweise ist (mit k als Lag-Wert)

$$y_t = f(x_{t+k}^{(1)}, \ldots, x_{t+k}^{(r)}) + \varepsilon_t \tag{8.1}$$

17 Leichte Korrelationen bestehen noch wie auch schon in Abb. 8.5 zur Ordnung $k = 10$. Da hierfür kaum ökonomisch plausible Begründungen gegeben werden können und weiter zu berücksichtigen ist, daß auf einem Signifikanzniveau $\alpha = 0.05$ im Mittel eines von zwanzig Lags fälschlicherweise als signifikant eingestuft wird, unterbleibt hier eine Korrektur.

18 Vgl. Th. Poddig, H. Dichtl, K. Petersmeier (2000), S. 390f oder H. Dichtl (2001), S. 245f.

der gesuchte Zusammenhang. In der Tabelle ist jeweils zu sieben verschiedenen Werten für λ die Z-Statistik und der F-Wert der linearen Abhängigkeit angegeben. Siginifikanz auf 10%, 5%und 1%-Niveau werden durch einen, zwei oder drei Sterne markiert.

8.4.1.2 Prinzip der »sparsamen« Modelle

Da der λ-Test multivariat einsetzbar ist, könnte man versucht sein, gleichzeitig *alle* potentiellen Einflußgrößen als X-Variable heranzuziehen und in einer einzigen Analyse die Abhängigkeitsstruktur zu bestätigen oder abzulehnen. Dieses Vorgehen ist jedoch nicht ratsam.[19] Bei der Bestimmung des Abstandes gehen zwangsläufig Informationen verloren, da aus zwei r-dimensionalen X-Werten nur ein eindimensionaler Abstand bestimmt wird. Zwar ist vor dem Hintergrund des Stetigkeitsargumentes, auf das der λ-Test fußt, die Wahl eines Abstandes ein geeignetes Maß, trotzdem kann nicht ausgeschlossen werden, daß diese »Verdichtung« der Daten Abhängigkeiten verkennt, die andernfalls erkennbar geblieben wären. Darüber hinaus soll natürlich auch bestimmt werden, wie groß der Einfluß der einzelnen Faktoren ist. Untersucht man alle potentiellen Determinanten in einem Testdurchlauf, läßt dies keine differenzierte Analyse zu.

Die Einwände legen nahe, die Einflüsse (in Form der betreffenden Datenreihen) zunächst einzeln zu testen. Erst im zweiten Schritt werden die im vorigen Kapitel postulierten, erklärenden Variablendifferenzen, beispielsweise der Zins- oder Preisniveaus, bestimmt und getestet, sowie die Analyse echter multivariater Einflüsse durchgeführt, wobei auch hier ein »extremes«, alle Variablen umfassendes Testszenario ausgelassen wurde.

8.4.1.3 Zusätzliche Validierung der Abhängigkeiten

Obwohl in Kap. 6 eine Reihe von Abhängigkeitstypen als Vortest betrachtet wurden, die das Funktionieren des λ-Tests bestätigten, sind die Ergebnisse in Anwendungssituationen immer noch kritisch zu hinterfragen. Bei den folgenden Untersuchungen wurden daher, ohne daß dies stets explizit erwähnt ist, zwei zusätzliche »Validitätskontrollen« durchgeführt.

Man könnte beispielsweise fragen, ob vom λ-Test detektiere Einflüsse, etwa der Einfluß der Zinsänderungen auf die Wechselkursrenditen, nur durch einzelne Ausreißer beziehungsweise durch zeitlich singuläre Effekte entsteht, die in den Vorun-

19 Vgl. auch Th. Poddig, H. Dichtl, K. Petersmeier (2000), S. 388f.

tersuchungen nicht genügend sicher ausgeschlossen wurden. Um diesbezüglich Sicherheit zu gewinnen, sind aus dem Datenmaterial mehrere reduzierte Datensätze generiert worden, indem jeweils 33% der Datenpunkte zufällig entfernt wurde. Ändern sich dabei die Abhängigkeiten wesentlich oder verschwinden sie, so kann man vermuten, daß die Abhängigkeiten offenbar nur von einzelnen Datenpunkten erzeugt werden und zerfallen, sobald die betreffenden Datenpunkte entfernt werden. Bleibt andersherum die Abhängigkeit (mit etwas geringerer Sicherheit aufgrund des verringerten Stichprobenumfangs) bestehen, so kann sie als stabil angesehen werden.[20] Falls die reduzierten Datenreihen mit diesem Verfahren besondere Auffälligkeiten zeigten, ist dies bei der Erörterung der betreffenden Ergebnisse vermerkt.

Zweitens besteht die Gefahr, daß die *spezielle Verteilung* einer der beteiligten Größen, nicht jedoch ihre *Relation*, eine Störung der Statistik bewirkt und damit Scheinzusammenhänge suggeriert. Solche Artefakte lassen sich jedoch nicht durch eine Verkleinerung der Stichprobe erkennen. Statt dessen kann man die Zuordnung der X- zu den Y-Werte mischen. Damit bleiben die Verteilungen der Variablen X und Y erhalten, die Abhängigkeitsstruktur löst sich jedoch auf. Werden mit den so behandelten Daten immer noch Abhängigkeiten nachgewiesen, handelt es sich um eine Fehldeutung des Testverfahrens. Verschwindet die zuvor nachgewiesene Abhängigkeit, so zeigt dies, daß die Relation durch die spezielle Zuordnung entstanden war. Auch dieser Test wurde bei den detektierten Zusammenhängen zur Absicherung durchgeführt.

8.4.2 Abhängigkeitsanalysen in einer Dimension

Im folgenden wird jeweils die Abhängigkeit einer erklärenden Variable mit der autokorrelationsbereinigten, stetigen Wechselkursrendite getestet. Inhaltlich zusammengehörende Reihen werden in einem Unterabschnitt behandelt.

8.4.2.1 Preisentwicklung

Nach der Kaufkraftparitätentheorie wird der Wechselkurs von der Preisentwicklung bestimmt, wobei für die hier durchgeführte Fallstudie Verbraucherpreise, Erzeugerpreise und die Inflationsraten der BRD in Tab. 8.7 und der USA in Tab. 8.8

[20] Dieser Ansatz ist an Jackknife- oder Bootstrap-Verfahren angelehnt, wobei jedoch nicht streng systematisch vorgegangen wird. Zielsetzung war nur, eventuell vorhandene grobe Verzerrungen durch das neue Testverfahren aufzudecken. Vgl. etwa Th. Poddig (1994), S. 333ff, Th. Poddig (1999), S. 442f.

Lag	Parameter λ 0.050	0.100	0.150	0.200	0.300	0.400	0.500	F-Test
dlDECPI								
4	0.923	0.626	−0.359	0.392	0.360	0.270	0.672	2.673
3	0.890	1.675**	1.316*	1.191	0.925	0.752	0.930	1.407
2	0.291	2.065**	1.296*	0.933	0.725	0.888	1.280	1.707
1	−1.438	−0.940	−1.099	−1.174	−0.450	−0.509	−0.347	2.643
0	−0.342	0.331	1.402*	0.910	2.118**	2.084**	1.642*	4.746**
-1	−0.497	−0.058	−0.299	0.107	0.478	−0.105	0.173	0.427
-2	0.363	1.140	1.611*	1.272	1.623*	2.038**	1.251	0.002
-3	0.117	0.353	0.253	−0.618	0.342	0.559	0.163	0.005
-4	−0.443	−0.498	−0.335	−1.079	−0.493	−0.045	0.367	0.548
-5	0.208	0.130	0.437	0.927	0.772	0.696	0.904	4.058**
-6	2.236**	1.735**	1.022	1.677**	2.390***	2.223**	2.145**	0.077
dlDEPPI								
6	3.092***	1.838**	2.749***	2.083**	2.334***	2.640***	2.687***	0.052
5	1.252	1.583*	2.554***	2.794***	2.264**	1.972**	2.137**	0.316
4	0.891	2.247**	3.215***	2.674***	2.738***	2.736***	2.987***	5.372**
3	2.234**	0.969	1.536*	1.724**	1.720**	1.739**	1.689**	3.868*
2	0.461	−0.072	0.586	0.276	0.365	0.354	0.280	6.450**
1	0.670	1.018	0.974	1.183	1.505*	0.961	1.469*	6.490**
0	3.153***	3.319***	2.787***	2.845***	2.617***	2.284**	2.943***	3.106*
-1	1.402*	2.038**	2.056**	1.341*	2.248**	2.008**	2.635***	0.201
-2	0.936	0.309	1.191	0.738	1.324*	0.997	1.504*	0.007
-3	0.258	0.287	1.118	1.112	1.144	1.305*	1.008	0.012
-6	1.819**	2.942***	2.465***	2.682***	3.119***	2.789***	3.284***	0.518
dDEINFL								
6	2.111**	2.352***	1.797**	2.844***	2.234**	2.690***	2.117**	0.015
5	−0.117	0.346	1.251	1.777**	0.730	1.165	0.937	0.354
4	0.066	0.870	1.498*	1.863**	1.246	1.290*	1.651**	2.416
3	1.647**	2.089**	0.657	1.263	1.132	0.952	1.321*	3.525*
2	−0.328	0.314	1.063	1.273	0.700	0.950	1.075	2.505
1	−0.829	−1.019	−0.155	0.123	−0.477	−0.062	−0.058	0.354
0	−0.472	−0.223	0.268	1.022	0.269	0.508	0.536	0.111
-1	−0.723	−0.587	−0.583	0.028	−0.817	−0.545	−0.176	0.581
-2	2.194**	1.673**	1.200	2.022**	1.387*	1.807**	1.409*	0.707
-3	−1.558	−1.543	−1.003	−0.040	−1.178	−0.845	−0.679	0.610
-4	0.894	0.951	0.262	1.324*	1.003	1.245	1.469*	0.021

Tabelle 8.7: Abhängigkeit zwischen der Wechselkursrendite und Verbraucher- und Rohstoffpreisänderungen, sowie Änderungen der Inflation. Mit den Rohstoffpreise zu gleichen Zeitpunkten läßt sich ein linearer Einfluß zeigen, während zeitverschoben auch nichtlineare Einflüsse zu erkennen sind. Die Verbraucherpreise und Inflationsraten zeigen in Deutschland eine moderate Beziehung zum Dollarkurs, die dem Wechselkursänderungen nachläuft.

	Parameter λ							
Lag	0.050	0.100	0.150	0.200	0.300	0.400	0.500	F-Test
dlUSCPI								
6	0.804	−0.184	0.632	1.718**	1.945**	1.873**	2.661***	3.515*
5	1.071	0.869	1.503*	0.327	0.041	0.054	0.277	0.147
4	−0.486	−2.059	−1.774	−1.288	−1.310	−0.861	−0.482	0.526
3	−0.285	−1.537	−0.948	−1.335	−1.005	−0.245	−0.399	0.826
2	0.749	−1.284	−0.627	−0.593	−0.748	−0.773	−0.521	7.541***
1	0.369	−0.777	−1.068	−1.302	−1.132	−1.016	−0.495	0.020
0	0.519	−0.181	0.572	0.872	1.697**	2.093**	2.292**	1.796
-1	0.548	−1.403	−1.495	−2.192	−1.131	−1.364	−1.160	0.026
-2	−0.496	−2.382	−1.773	−1.189	−0.817	−0.966	−0.570	0.300
-3	2.297**	0.597	1.118	0.219	−0.486	0.419	−0.193	0.446
-4	−2.624	−3.080	−2.420	−1.348	−1.607	−1.973	−1.408	0.426
dlUSPPI								
6	4.395***	3.778***	4.529***	4.561***	4.593***	4.297***	4.297***	7.108***
5	1.838**	1.355*	1.945**	1.920**	1.867**	1.865**	1.793**	0.023
4	1.623*	2.285**	1.832**	2.127**	1.823**	1.803**	1.602*	4.211**
3	0.540	1.204	1.107	1.501*	1.608*	1.481*	1.543*	0.787
2	−0.186	−0.183	0.440	0.108	0.123	0.316	0.694	0.125
1	0.984	1.122	0.799	1.419*	1.596*	1.426*	1.400*	0.644
0	1.027	1.574*	1.952**	2.096**	2.211**	2.322**	2.324**	0.001
-1	1.909**	2.634***	2.386***	2.805***	2.977***	2.882***	2.682***	0.070
-2	0.979	0.692	0.423	0.587	0.466	0.352	0.253	0.134
-4	1.611*	2.251**	2.222**	2.009**	2.132**	2.193**	2.234**	0.207
-5	0.936	0.513	1.708**	1.785**	1.791**	1.935**	2.129**	5.303**
dUSINFL								
6	2.171**	3.008***	3.122***	3.298***	3.854***	4.208***	4.254***	5.055**
5	1.516*	1.713**	2.457***	2.090**	2.134**	2.319**	2.464***	0.326
4	1.482*	1.142	1.716**	1.732**	1.714**	1.725**	1.400*	1.095
3	0.973	0.195	1.055	0.198	0.672	0.717	0.570	0.707
2	0.430	2.236**	2.050**	2.352***	2.447***	2.442***	2.305**	0.024
1	−0.857	−0.236	0.025	−0.329	0.514	0.558	0.808	4.171**
0	0.181	0.342	0.355	0.370	0.679	0.584	0.426	0.004
-1	1.524*	0.597	0.272	0.081	0.444	0.340	−0.005	3.821*
-2	−0.404	0.158	0.364	0.326	0.334	0.605	0.636	6.077**
-3	0.401	1.281	1.967**	1.817**	1.990**	2.056**	1.997**	0.485
-4	−1.114	0.001	−0.077	−0.458	−0.214	−0.008	−0.120	1.835

Tabelle 8.8: Bei der Verbraucher- und Erzeugerpreisentwicklung sind einzelne deutliche Einflüsse festzustellen. Während die linearen Einflüsse eher der Dollarentwicklung folgen, sind unter Prognosegesichtspunkten vor allem die nichtlinearen Einflüsse bei den Erzeugerpreisen auffällig, die zu den Wechselkursen einen einmonatigen Vorlauf besitzen. Beziehungen zur Inflationsratenänderung bestehen, sind jedoch uneinheitlich. Tendenziell ist eher eine um etwa ein halbes Jahr verzögerte Reaktion auf Wechselkursänderungen zu beobachten.

herangezogen werden. Bei Verbraucher- und Erzeugerpreisen wird dabei auf die Gleichung (7.6), S. 190 aufgesetzt, die einen Zusammenhang zwischen logarithmierten Differenzen der beteiligten Größen hergestellt. Diese log-Differenzen sind bei der Herstellung der Stationarität bereits gebildet worden, so daß auch der getestete lineare Zusammenhang völlig dem theoretischen Modell entspricht. Bei der Analyse durch den λ-Test spielt die Vorverarbeitung nur eine untergeordnete Rolle: Da kein spezieller funktionaler Zusammenhang getestet wird, ist auch keine spezielle Vortransformation der Daten erforderlich.

Zwischen Verbraucherpreisänderungen und der Dollarkursrendite zeigt sich in Deutschland zu gleichen Zeitpunkten ein geringer Zusammenhang. Ein ebenfalls geringer Zusammenhang besteht zu den Verbraucherpreisen der USA, lediglich ein hochsignifikanter linearer Einfluß mit zweimonatiger Verzögerung ist nachweisbar. Im Gegensatz dazu bestehen deutliche Abhängigkeiten zwischen den Wechselkursen und den Erzeugerpreisen. Sowohl bei den BRD- wie den USA-Reihen lassen sich etwa zeitgleich wirkende nichtlineare Abhängigkeiten feststellen. Die Wechselkursänderungen zeichnen sich sogar bereits etwa einen Monat vorher in den Erzeugerpreisen ab. Darüber hinaus scheinen die deutschen Rohstoffpreise linear der Dollarentwicklung zu folgen. Als Erklärung hierfür kann man vermuten, daß viele Rohstoffe, beispielsweise Rohöl, in Dollar fakturiert werden und damit die Erzeugerpreise unmittelbar vom Dollar bestimmt werden.

Die Änderung der Inflationsraten zeigen in den USA und vor allem in Deutschland nur einen geringen Einfluß auf den Dollarkurs. Allenfalls in den Vereinigten Staaten lassen sich zu den Lags $k = 6, 2, -3$ nichtlineare und zu den Lags $k = 6, 1, -2$ lineare Abhängigkeiten sehen. Da aus Stationaritätsgründen mit Differenzen von Inflationsraten gearbeitet werden mußte, steht hinter dem Testszenarion (im linearen Fall) kein theoretisches Modell. Die nur mäßig ausgeprägten Relationen als zufällig einzuschätzen, wäre von daher schlüssig. Alle Preisabhängigkeiten (Preisindex- und Inflationsänderungen) schwächten sich zwar bei »Ausdünnung« der Datenreihen ab, blieben aber trotzdem beobachtbar.

Insgesamt sind Einflüsse der Preisentwicklungen auf den Wechselkurs nachweisbar, wobei die für Prognosezwecke interessantesten die leicht vorauslaufenden, nichtlinearen Beziehungen sind. Die Abhängigkeiten sind jedoch nicht übermäßig ausgeprägt. Erzeugerpreise scheinen stärker mit der Wechselkursentwicklung in Relation zu stehen, als Verbraucherpreise oder Inflationsraten. Dies ist gut nachvollziehbar, denn die Vergleichbarkeit von Rohstoffen, beispielsweise von Bodenschätzen oder Agrarprodukten, ist vermutlich höher als die von Fertigprodukten, bei denen die Kunden oftmals eher subjektiv begründete Kaufentscheidungen treffen. Über den Rohstoffmarkt kann man sich damit eher einen Arbitragemechanismus zum Ausgleich von Wechselkursen vorstellen.

	Parameter λ							
Lag	0.050	0.100	0.150	0.200	0.300	0.400	0.500	F-Test
dDEIR3M								
6	2.748***	2.767***	2.635***	2.735***	2.700***	2.668***	2.525***	0.897
5	0.891	1.256	1.214	1.274	1.459*	1.327*	1.426*	0.973
4	1.866**	2.567***	2.439***	2.437***	2.412***	2.282**	2.087**	0.007
3	2.611***	3.014***	3.083***	3.058***	2.679***	2.367***	2.083**	1.321
2	1.600*	1.384*	1.291*	1.402*	1.504*	1.518*	1.306*	0.091
1	2.228**	2.871***	2.847***	2.802***	2.948***	2.856***	2.859***	2.720
0	0.983	1.040	1.246	1.413*	1.891**	2.117**	2.465***	0.035
-1	1.146	1.450*	1.513*	1.440*	1.597*	1.670**	1.723**	2.826*
-2	2.798***	2.646***	2.635***	2.828***	3.029***	3.090***	3.427***	0.537
-3	1.136	1.401*	1.319*	1.361*	1.648**	1.961**	2.126**	0.126
-4	0.950	1.143	1.450*	1.456*	1.707**	1.795**	1.811**	0.077
dDEIR10Y								
6	0.516	1.766**	2.802***	2.651***	1.948**	2.135**	1.588*	0.380
5	−2.562	−2.386	−1.483	−1.907	−3.197	−2.605	−3.271	0.103
4	0.215	2.536***	2.096**	2.164**	1.120	1.156	1.080	1.629
3	0.149	1.221	2.322**	1.815**	1.122	1.986**	1.609*	0.118
2	−0.291	−0.165	−0.589	−0.437	−1.006	−0.597	−0.981	0.693
1	0.074	0.939	2.102**	1.587*	0.765	1.505*	1.109	4.800**
0	−0.596	0.254	−0.666	0.021	0.068	0.295	0.345	4.610**
-1	−0.990	0.029	1.364*	1.088	0.186	0.798	0.448	1.199
-2	0.897	2.728***	3.770***	3.605***	3.216***	3.712***	3.249***	6.028**
-3	0.387	0.968	1.159	1.254	1.235	1.105	0.731	0.581
-4	−1.256	−0.464	−0.218	−0.127	−0.654	−0.230	−0.362	0.947

Tabelle 8.9: Die Übersicht der Testergebnisse zu Einflüssen durch deutschen Zinsen. Auffällig sind die sowohl vom λ-Test, als auch vom linearen F-Test diagnostizierten Abhängigkeiten. Es scheinen unterschiedliche Zeitlags vorzuherrschen, wobei auch Einflüssen zu beobachten sind, nach denen die Wechselkursentwicklung von Zinsänderungen bestimmt wird.

8.4.2.2 Zinsen

Zinssätze stellen die zweite große Kategorie von theoretischen Determinaten dar. Grundlage sind die in Kap. 7 angegebenen Gleichungen (7.9) bzw. (7.12), S. 193f. Die gedeckte Zinsparität wird hier nicht untersucht, da sie sich in einer Reihe empirischer Untersuchungen als tragfähig erwiesen hat.[21] Da sich beide Gleichungen nur hinsichtlich eines absoluten Gliedes unterscheiden, spielt es bei den hier verwendeten Verfahren keine Rolle, welche man verwendet, da das absolute Glied

21 Vgl. beispielsweise T. Gerhards (1994), S. 117 und die dort angegebene Literatur.

Lag	Parameter λ 0.050	0.100	0.150	0.200	0.300	0.400	0.500	F-Test
dUSIR3M								
6	2.086**	2.231**	2.100**	2.185**	2.241**	2.382***	2.539***	0.000
3	−0.497	0.081	−0.185	−0.129	−0.267	−0.188	0.072	0.363
2	1.300*	1.356*	1.400*	1.430*	1.338*	1.311*	1.449*	3.698*
1	3.180***	3.147***	3.159***	3.369***	3.496***	3.628***	3.622***	0.385
0	3.569***	3.238***	3.536***	3.449***	3.951***	4.307***	4.483***	16.670***
-1	2.104**	2.189**	2.100**	2.546***	2.292**	2.463***	2.329***	0.076
-2	1.171	1.295*	1.652**	1.686**	1.810**	1.922**	1.901**	0.079
-3	0.871	1.189	1.129	1.297*	1.321*	1.255	1.186	1.666
-4	1.489*	2.121**	2.247**	2.568***	2.706***	2.650***	2.604***	0.080
-5	2.885***	2.683***	3.051***	3.277***	3.717***	3.774***	3.713***	1.249
-6	2.263**	2.046**	2.200**	2.332***	2.376***	2.296**	2.286**	0.011
dUSIR10Y								
6	1.828**	1.646**	1.161	1.574*	1.669**	1.589*	1.540*	0.077
5	2.074**	0.981	0.776	1.083	1.151	0.971	0.950	0.348
4	1.712**	1.542*	1.501*	1.798**	1.874**	1.325*	1.123	2.732*
3	0.847	1.385*	1.486*	1.510*	1.180	1.312*	1.312*	0.843
2	1.618*	1.559*	2.130**	2.126**	2.099**	2.076**	2.078**	0.149
1	0.487	0.106	−0.190	−0.301	−0.081	0.099	0.131	0.015
0	0.965	0.703	1.267	1.260	1.651**	1.667**	1.629*	16.024***
-1	1.014	0.102	−0.061	0.050	0.332	0.155	0.190	1.279
-3	0.791	1.001	1.112	1.595*	1.417*	1.592*	1.604*	0.306
-4	1.857**	2.306**	2.977***	2.895***	2.519***	2.429***	2.006**	0.014
-6	1.551*	1.679**	1.932**	1.841**	2.117**	2.035**	2.086**	0.150

Tabelle 8.10: Die Übersicht der Testergebnisse zu Einflüssen durch amerikanische Zinsen. Auffällig sind die sowohl vom λ-Test, als auch vom linearen F-Test diagnostizierten Abhängigkeiten. Es scheinen unterschiedliche Zeitlags vorzuherrschen, wobei auch Einflüssen zu beobachten sind, nach denen die Wechselkursentwicklung von Zinsänderungen bestimmt wird.

ohnehin angepaßt wird.

Problematisch ist jedoch, daß aus Stationaritätsgründen nicht Zinssätze, sondern nur Zinssatzdifferenzen verwendet werden dürfen, weshalb die Differenzgleichung (7.10) auf S. 194 angewendet wird. Hierbei wird dann angenommen, daß sich der Erwartungsterm als unsystematische Störung auffassen läßt. Andererseits sind die orginären Zinsreihen eindeutig nichtstationär, so daß von eine Analyse mit diesen Daten Abstand zu nehmen ist: Die Ergebnisse wären schlecht zu interpretieren und eine Validität des Modells bliebe insgesamt fragwürdig. Es bleibt damit in jedem Fall nur die Möglichkeit, Abhängigkeiten mit den Differenzdaten zu untersuchen. Für den λ-Test ist die Vorverarbeitung relativ unerheblich, sofern ein stetiger Zusammenhang gewahrt bleibt. Schließlich gibt die Theorie Fristigkeiten der Zinssätze nicht explizit vor, so daß Zinssätze zu zwei unterschiedlichen Anlagehorizonten untersucht werden.

In Tab. 8.9 und Tab. 8.10 sind die Ergebnisse mit kurz- und langfristigen Zinssätzen für die BRD bzw. die USA zusammengestellt. Die Abhängigkeit zwischen der Zins- und der Wechselkursentwicklung läßt sich in beiden Ländern eindeutig nachweisen und die Einflüsse sind größtenteils sowohl mit dem linearen, wie dem nichtlinearen Testverfahren über verschiedene Lags hinweg belegbar.

Zunächst sind bei kurzfristigen bundesdeutschen Zinssätzen so gut wie keine linearen Beziehungen zum Dollarkurs zu beobachten. Eine Abhängigkeit gemäß der Zinsparitätentheorie läßt sich damit nicht stützen, was sich eventuell über die angesprochenen stationaritätsbedingte Transformation der Daten begründen läßt. Lediglich die Lags $k = 1$ und $k = -1$ zeigen geringe lineare Abhängigkeiten. Bei langfristigen Zinsen treten zu den Lags $k = -2, 0$ und 1 allerdings merkliche lineare Relationen auf. Die deutlichste bei $k = -2$ läuft der Wechselkursentwicklung voraus und wird durch die Ergebnisse des λ-Tests bestätigt. Diese Abhängigkeiten befinden sich im Einklang mit der Theorie. Sie zeigen, daß Änderungen der langfristigen Zinsen zu Änderungen des Wechselkurses führen, etwa ausgelöst durch größere Umschichtungen von Anlegern, die international in Anleihen investieren und zeitnah zu Zinsänderungen vermehrt Devisen anbieten oder nachfragen.

Geradezu durchschlagend sind die ausgeprägten nichtlinearen Abhängigkeiten. Dabei gibt es zur Wechselkursentwicklung zweimonatlich vorauslaufende Beziehungen mit den langfristigen wie den kurzfristigen Zinssätzen, die hochsignifikant sind. Ferner kann eine breite Folgewirkung der Wechselkursentwicklung auf die Zinssätze zu verschiedenen Lags $k = 1, 3, 4$ und 6 festgestellt werden. Die nichtlineare Abhängigkeiten treten eher bei kurzfristigen Zinsen auf, sind aber auch bei langfristigen hochsignifikant. Insgesamt scheinen in Deutschland Wechselkursänderungen Zinsänderungen nach sich zu ziehen, wobei die Reaktion bei langfristigen Zinsen eher linear und zeitnah ist, während bei kurzfristigen Zinsen starke nichtlineare Abhängigkeiten dominieren, die auch längere Zeit nachwirken.

Die starke nichtlineare Wirkung der Wechselkursänderungen auf die kurzfristigen Zinssätze ist nicht klar zu erklären, sie ist jedoch mehr als deutlich. Offensichtlich haben Wechselkursänderungen bei Banken Zinsanpassungen zur Folge, die jedoch nicht linear ermittelt werden. Für eine genauere Untersuchung empfiehlt sich, den konkret vorliegenden Zusammenhang zu ermitteln, was allerdings nicht Gegenstand der vorliegenden Arbeit ist. Die Ergebnisse raten aber auf jeden Fall, bei der Prognose von deutschen Zinsen den Dollar-Wechselkurs in nichtlinearer Form zu berücksichtigen.

Die Situation stellt sich bei den US-amerikanischen Zinssätze ähnlich dar. Wie in Deutschland läßt sich eine enge lineare Beziehung zur Dollarentwicklung zeigen. Ausgeprägt sind insbesondere die sehr starken, linearen Abhängigkeiten zum Lag $k = 0$, wobei diese bei den kurzfristigen Zinsen durch den λ-Test bestätigt werden, bei den langfristigen Zinsen allerdings nur für größere λ-Werte. Eine solche Stuktur ist nicht unbedingt ein Widerspruch. Nimmt man etwa als Zusammenhang eine Stufenfunktion an, so liefert eine Regression klar einen linearen Anstieg. Da die Funktion allerdings fast überall »flach« ist und damit kleine Änderungen der Einflußgröße fast immer keine Änderungen der Zielgröße bewirken, erkennt der λ-Test bei kleinen Umgebungen (λ klein) keine Abhängigkeiten. Nur wenn die Umgebungen genügend groß sind (λ groß), wird die Sprungstelle oft genug eingeschlossen und die Abhängigkeit erkennbar. Darüberhinaus erkennt der F-Test, wie auch die Simulationen ergeben haben, lineare Abhängigkeiten schneller.

Unterstellt man einen solchen Zusammenhang, so deuten die Testergebnisse darauf hin, daß langfristige Zinsen und Dollarkurs nur bei starken Ausschlägen korrespondieren, während kurzfristige Zinsen und Dollarkurs in einer »stetigen« Wechselwirkung stehen. Dies entspricht auch dem Gesamteindruck: Langfristige Zinsen besitzen eher geringeren Einfluß auf den Dollar.

Ebenso wie in der Bundesrepublik zeigt der λ-Test auffällige nichtlineare Abhängigkeiten. Bei den kurzfristigen Zinsen gibt es eine zeitnahe Relation mit $k = -1, 0, 1$ sowie einen vorauslaufenden Einfluß zu $k = 4, 5$ und 6. Es ist bemerkenswert, wie stark diese beiden zeitlich disparaten Einflüsse ausgeprägt sind. Daß also etwa eine Leitzinsveränderung der US-amerikanischen Zentralbank auf den Dollarkurs einwirkt, läßt sich klar belegen. Andererseits sind lineare Einwirkungen nur zeitgleich zum Lag $k = 0$ nachweisbar, ansonsten zeigt der Dollar nahezu keine Reaktion. Auch hier wäre der speziell vorliegende Zusammenhang unbedingt näher zu untersuchen, da er in hohem Maße prognostisches Potential besitzt. Die gleichen Abhängigkeiten finden sich ebenfalls bei den langfristigen Zinsen wieder, dort nur weniger ausgeprägt.

Auch mit reduzierten Datensätzen, wie in Kap. 8.4.1.3 erläutert, blieben nichtlineare Abhängigkeiten erhalten, wobei die Signifikanz (aufgrund der verringerten Stichprobengröße) wieder etwas nachließ. Ein schlichtes Kürzen der Zeitreihe zeigte ähnliche Effekte, auch hier blieb der Zusammenhang erhalten. Die dominanten Lags, bei denen hohe Einflüsse nachgewiesen werden konnten, variierten etwas, die Tendenzen waren allerdings stabil. Eine zufällige Zuordnung der Zinsänderungswerte zu den Wechselkursrenditen zerstörte den Zusammenhang. Die nachgewiesenen Abhängigkeiten rühren damit augenscheinlich nicht von Artefakten in den Daten oder einzelnen Ausreißern her.

Lag	Parameter λ							
	0.050	0.100	0.150	0.200	0.300	0.400	0.500	F-Test
dlDEM1								
6	0.491	0.050	0.200	0.402	0.296	0.499	0.822	1.137
5	1.252	1.489*	1.491*	1.506*	1.423*	1.264	1.095	0.298
4	0.179	0.533	0.608	0.728	0.569	0.627	0.715	0.678
3	−1.034	−0.653	−0.402	−0.178	−0.115	−0.075	0.077	5.984**
2	0.945	0.877	0.956	0.979	0.976	0.955	1.088	5.185**
1	0.592	0.257	0.527	0.778	0.629	0.688	0.826	2.943*
0	1.432*	1.471*	1.518*	1.558*	1.684**	1.753**	1.687**	0.603
-1	−0.919	−0.285	−0.037	−0.029	0.006	−0.013	−0.130	0.076
-2	0.655	−0.094	−0.031	0.240	0.356	0.404	0.536	0.064
-3	0.383	0.218	0.364	0.397	0.198	0.218	0.167	0.336
-4	1.650**	1.264	0.974	0.753	0.470	0.655	0.579	1.002
dlDEM2								
6	−0.200	0.395	0.720	0.638	0.271	0.262	0.445	1.675
5	2.212**	1.671**	1.128	1.074	1.138	0.921	0.600	0.004
4	−0.019	−0.062	0.052	0.027	−0.177	−0.012	0.122	0.006
3	0.125	−0.096	−0.486	−0.468	−0.328	−0.307	−0.003	6.417**
2	0.301	0.740	0.899	0.935	1.123	1.254	1.259	6.404**
1	−0.824	−1.394	−1.644	−1.427	−1.058	−0.886	−0.768	2.664
0	0.367	0.254	0.196	0.144	0.344	0.485	0.382	0.011
-1	0.719	−0.256	−0.140	0.002	−0.023	−0.018	−0.357	0.002
-2	0.666	0.046	−0.334	−0.482	−0.328	−0.146	−0.479	1.103
-5	−1.440	−1.735	−2.132	−2.096	−1.817	−1.855	−1.871	3.582*
-6	0.764	0.392	0.427	0.241	0.190	0.327	0.201	3.120*

Tabelle 8.11: Abhängigkeit zwischen den deutschen Geldmengenänderungen M1, M2 und der Wechselkursrendite in Deutschland. Beide Geldmengen hängen nur in geringem Maße mit dem Wechselkurs des US Dollars zusammen. Wenn überhaupt, kann eher von einer linearen Folgewirkung des Dollarkurses auf die Geldmengenänderung gesprochen werden.

8.4.2.3 Geldmengen

Monetäre Wechselkurstheorien postulieren ein Einfluß der Geldmengen auf den Wechselkurs, etwa gemäß (7.14) auf S. 196. Mit logarithmierten Größen ist dieser Zusammenhang linear. Die Stationaritätsanforderungen stellen allerdings nur Datenreihen mit Differenzen der logarithmierten Größen zur Verfügung, so daß Gl. (7.15) heranzuziehen ist, die genau die stetigen Wechselkursrenditen und die »stetigen Geldmengenrenditen« in Relation setzt. Die Ergebnisse zeigt Tab. 8.11 für die bundesdeutsche Geldmengen M1, M2 und Tab. 8.12 entsprechend für die Vereinigten Staaten.

Von Seiten der deutschen Geldmengenentwicklung können zwei Wechselwirkun-

Lag	Parameter λ 0.050	0.100	0.150	0.200	0.300	0.400	0.500	F-Test
dlUSM1								
6	2.475***	2.368***	2.845***	2.574***	2.632***	2.618***	2.452***	3.323*
5	0.623	0.356	0.319	0.408	0.282	0.292	0.135	0.036
4	−0.569	−0.813	−0.786	−0.747	−0.746	−0.626	−0.238	0.225
3	1.020	0.860	0.969	0.652	0.593	0.632	0.690	0.803
2	0.330	0.880	0.979	0.945	0.999	1.105	1.002	0.767
1	−1.717	−1.679	−1.593	−1.611	−1.314	−1.422	−1.547	0.810
0	1.135	0.613	0.587	0.297	−0.137	−0.099	−0.444	0.123
-1	0.087	−0.791	−0.354	−0.517	−0.275	−0.122	−0.037	0.311
-2	1.413*	1.358*	1.660**	1.421*	1.165	0.922	0.477	1.574
-3	−0.699	−0.804	−0.742	−0.592	−0.865	−0.667	−0.561	3.327*
-6	0.432	0.708	1.027	0.834	0.785	0.912	1.056	3.060*
dlUSM2								
6	1.940**	1.707**	2.373***	2.344***	2.371***	2.142**	2.255**	0.528
5	−0.856	−0.176	−0.168	−0.182	−0.498	−0.545	−0.576	0.517
4	0.295	−0.611	−0.191	−0.442	−0.548	−0.161	−0.409	0.605
3	−0.134	0.086	−0.634	−0.673	−0.619	−0.414	−0.425	0.709
2	1.454*	0.886	1.043	1.001	1.238	1.254	1.308*	0.046
1	−0.661	−0.550	−0.574	−0.910	−0.639	−0.565	−0.484	0.984
0	−0.271	−1.366	−0.894	−0.943	−1.417	−1.491	−1.621	0.103
-1	−1.002	−0.755	−0.257	−0.554	−0.267	−0.314	−0.404	0.970
-2	0.351	−0.309	0.391	0.700	0.464	0.272	0.078	3.210*
-5	1.872**	1.654**	1.755**	1.478*	1.037	0.857	0.806	1.829
-6	2.066**	1.216	1.262	0.993	0.980	1.129	1.078	2.014

Tabelle 8.12: Abhängigkeit zwischen den amerikanischen Geldmengenänderungen M1, M2 und der Wechselkursrendite, bei denen sich keine auffälligen Relationen zeigen. Beachtenswert ist aber die sechsmonatige, nichtlineare Wirkung der Wechselkursentwicklung auf die Geldmenge in den USA, die sich bei beiden Aggregaten beobachten läßt.

gen mit dem Dollarkurs festgestellt werden. Zum einen läßt sich eine moderate lineare Abhängigkeit nachweisen, bei der die Geldmengen M1 und M2 mit etwa zweimonatiger Verzögerung auf die Wechselkursentwicklung reagieren. Die zweite Abhängigkeit besteht zeitgleich bei M1, ist nichtlinear und ebenfalls nur moderat ausgeprägt. Weitere schwachsignifikante Relationen werden als zufällig eingeordnet und insgesamt erscheinen die Beziehungen erheblich schwächer als bei den Zinsen oder Preisen.

Trotzdem gibt die Abhängigkeitsstruktur Anlaß zu interessanten Spekulationen: Die zweimonatig verzögerte Reaktion der Geldmenge auf die Dollarveränderung läßt den Schluß zu, daß bei der Steuerung der Geldmengen durch die Bundesbank möglicherweise die Währungsentwicklung berücksichtigt wird.[22] Eine andere Erklärung wäre, daß der Umfang der Sichteinlagen auf die Dollarentwicklung reagiert, etwa in der Form, daß sich ein Dollarkursanstieg zunächst auf die Liquidität der bundesdeutschen Marktteilnehmer auswirkt und Folgereaktionen, wie beispielsweise Preiserhöhungen, dies erst später ausgleichen. Eine ähnliche Erklärung könnte für die nichtlineare Abhängigkeit zu $k = 0$ greifen. Nach den vorliegenden Analysen enthält die Geldmenge keine prognostisch verwertbaren Informationen.

Die US-amerikanischen Geldmengen reagieren auf den Dollarkurs mit einer um sechs Monate verzögerten Wirkung bei M1 und M2. Der Einfluß auf M1 ist hoch signifikant und darüberhinaus auch linear nachweisbar, allerdings nur mit einem $\alpha = 0.10$. Der Zusammenhang erweist sich nach zufälligem Streichen von Datenpunkten und Kürzen der Reihe als stabil und er zerfällt, wenn die Daten durchmischt werden. Stärker noch als in der Bundesrepublik deutet das Resultat auf die Vermutung, daß die amerikanische Zentralbank die Entwicklung der deutschen Mark bei der Geldmengensteuerung berücksichtigt. Anders ist kaum zu erklären, daß zu den übrigen Lags nicht einmal geringe Einflüsse diagnostiziert werden können, denn von dieser hervorstechenden Relation abgesehen muß der Einfluß der Geldmengen auf den Wechselkurs als eher gering eingeschätzt werden. Andere Mechanismen sind jedoch nicht ausgeschlossen.

Insgesamt zeigt sich in den USA und der Bundesrepublik ein einheitliches Bild: Es gibt verzögerte, zeitlich klar zuzuordnende Reaktionen der Geldmengen auf die Wechselkursentwicklung, jedoch nahezu keine Reaktion der Wechselkursentwicklungen auf die Geldmengen. Man kann daher eher von sekundären Effekten ausgehen, die vermutlich eine Reaktion der Zentralbanken auf die Dollarentwicklung widerspiegeln.

8.4.2.4 Außenhandel und Produktion

Gemäß den keynesianischen Ansätzen zu einer Wechselkurstheorie wird der Außenhandel, hier also Import- und Exportvolumina, zur Erklärung herangezogen. Eine weitere relevante Größe stellt das Volkseinkommen dar, deren statistische Daten jedoch nur mit vierteljährlicher Periodizität vorliegen. Um den Datenumfang nicht einzuschränken wurde als Näherung für das Volkseinkommen die Industrieproduktion herangezogen, welche mit monatlicher Periodizität verfügbar ist. Die Einflußgrößen entsprechen damit in etwa denen aus (7.29) und (7.30) auf S. 205.

22 Zur Praxis der Festsetzung von Geldmengenzielen durch die Bundesbank vgl. etwa H.-J. Jarchow (1992), S. 193ff.

Lag	Parameter λ 0.050	0.100	0.150	0.200	0.300	0.400	0.500	F-Test
dlDEIMP								
4	2.732***	1.996**	1.254	0.815	0.684	0.670	0.470	3.268*
3	−0.178	−0.980	−0.650	−0.719	−0.802	−0.803	−0.564	0.226
2	−0.434	−0.375	−0.607	−0.425	−0.439	−0.762	−0.983	2.300
1	−1.325	−1.529	−1.634	−1.403	−1.246	−1.379	−1.148	8.197***
0	−0.482	−0.555	−0.664	−0.691	−0.533	−0.581	−0.556	0.530
-1	0.791	0.598	0.752	0.757	0.694	0.644	0.583	2.216
-2	1.340*	1.182	1.317*	1.396*	1.516*	1.601*	1.427*	4.426**
-3	1.532*	2.065**	1.956**	1.994**	2.191**	2.302**	2.129**	0.000
-4	−0.185	−0.757	−0.852	−0.724	−0.515	−0.310	−0.304	0.670
-5	−0.233	−0.823	−0.867	−1.018	−1.168	−0.875	−0.921	4.369**
-6	0.115	−0.192	0.166	0.335	0.240	0.243	0.363	2.866*
dlDEEXP								
6	−0.304	−0.198	0.049	0.058	0.472	0.356	0.449	0.472
5	−1.548	−1.060	−1.472	−1.119	−1.546	−1.532	−1.620	0.373
4	1.099	1.127	1.077	1.518*	1.346*	1.174	1.224	6.226**
3	−0.809	−0.404	−0.363	−0.275	−0.177	−0.380	−0.582	0.004
2	−0.509	0.029	−0.101	0.130	−0.430	−0.729	−0.743	0.960
1	−1.310	−1.658	−1.186	−1.147	−0.952	−1.200	−1.004	2.793*
0	−0.989	−0.794	−0.707	−0.550	−0.348	−0.498	−0.627	0.553
-1	0.102	0.214	−0.435	−0.241	0.028	0.110	0.241	2.366
-2	0.173	0.573	0.285	0.589	0.639	0.785	0.677	3.241*
-3	1.032	1.274	1.778**	1.565*	1.499*	1.686**	1.686**	0.036
-4	−0.108	0.531	0.988	1.166	0.543	0.619	0.974	0.297
dlDEIPRD								
4	−0.976	−0.423	−0.159	−0.201	−0.258	−0.329	−0.074	1.555
3	−1.843	−1.463	−1.967	−1.894	−1.627	−1.761	−1.675	0.082
2	1.037	0.159	−0.181	0.004	0.015	0.264	0.442	0.071
1	0.317	0.821	0.770	0.817	0.986	0.939	1.160	1.571
0	0.266	0.944	0.190	0.775	0.755	0.931	0.923	2.828*
-1	1.548*	1.400*	0.668	0.695	0.603	0.762	0.646	6.263**
-2	0.116	0.107	−0.407	−0.086	0.182	0.277	0.318	3.942**
-3	−0.482	−0.607	−0.679	−0.534	−0.469	−0.166	−0.087	0.021
-4	−0.385	−1.477	−1.116	−0.787	−0.759	−0.731	−0.596	2.508
-5	−0.053	0.634	0.373	0.726	0.811	0.833	0.919	3.887**
-6	−0.064	−0.512	−0.134	−0.171	−0.091	−0.122	−0.165	3.734*

Tabelle 8.13: Wechselkursrendite gegenüber Änderungen des Import- und Exportvolumens, sowie der Produktion. Abhängigkeiten sind nur vereinzelt zu beobachten, wobei hier eher lineare Einflüsse dominieren. Beobachtbar sind im wesentlichen eine einmonatig verzögerte Reaktion und ein zwei- bis dreimonatig vorauslaufender Einfluß des Importvolumens auf Dollaränderungen, sowie eine viermonatig verzögerte Reaktion der Exporte. Die Industrieproduktion besitzt linearen Einfluß auf den Wechselkurs.

Lag	Parameter λ 0.050	0.100	0.150	0.200	0.300	0.400	0.500	*F*-Test
dlUSIMP								
4	0.472	0.930	1.257	0.994	1.011	0.771	0.572	9.509***
3	−0.635	−0.585	−0.483	−0.376	−0.377	−0.262	−0.347	1.744
2	0.812	0.607	0.497	0.788	0.398	0.355	0.317	3.009*
1	−1.640	−1.372	−1.518	−1.474	−1.732	−1.849	−2.072	0.104
0	−0.376	−0.573	−0.743	−0.476	−0.484	−0.278	−0.120	1.888
-1	−0.576	−0.726	−0.213	−0.206	−0.423	−0.326	−0.335	0.220
-2	−3.117	−2.422	−2.167	−2.095	−2.205	−2.171	−2.011	0.066
-3	0.756	0.929	0.339	0.209	−0.270	−0.506	−0.755	1.111
-4	−0.219	−0.311	0.054	0.067	0.074	0.247	0.325	1.155
-5	1.348*	1.206	1.185	0.958	0.871	0.747	0.776	1.414
-6	−0.057	−0.364	−0.757	−0.837	−0.547	−0.621	−0.837	1.351
dlUSEXP								
6	−1.706	−1.626	−2.039	−2.103	−2.263	−2.114	−2.172	0.570
5	−1.044	−1.337	−1.183	−1.398	−1.123	−1.253	−1.218	4.098**
4	−1.066	−0.819	−1.057	−1.016	−1.125	−0.610	−0.395	2.425
3	−1.213	−1.545	−1.859	−1.799	−2.181	−1.941	−1.906	0.152
2	−0.165	−0.314	−0.874	−0.840	−1.175	−0.959	−1.156	0.002
1	−1.794	−1.980	−1.955	−1.739	−1.858	−1.926	−1.833	0.022
0	−1.211	−0.432	−0.252	−0.210	−0.456	−0.327	−0.182	0.372
-1	−0.906	−0.794	−1.025	−0.792	−0.993	−0.956	−1.265	0.325
-2	−1.095	−1.322	−1.545	−1.619	−1.895	−1.683	−1.662	0.161
-3	−0.337	−0.925	−0.594	−0.406	−0.672	−0.574	−0.652	4.497**
-4	−0.348	−0.276	−0.401	−0.443	−0.612	−0.532	−0.473	0.399
dlUSIPRD								
4	−1.250	−1.929	−1.699	−1.404	−1.252	−1.060	−1.116	0.137
3	−1.354	−1.992	−2.259	−2.012	−1.644	−1.785	−1.483	0.012
2	−1.709	−0.898	−1.207	−1.696	−1.657	−1.481	−1.760	1.349
1	0.199	0.416	0.435	0.430	0.376	0.593	0.724	0.127
0	0.303	0.007	0.189	0.356	1.059	1.065	0.807	4.199**
-1	0.298	−0.392	−0.522	−0.380	0.057	0.128	0.329	6.712**
-2	−2.454	−1.753	−1.305	−1.239	−1.214	−0.888	−0.713	0.348
-3	−0.758	−0.895	−0.885	−0.609	0.135	−0.111	0.087	1.807
-4	0.208	0.075	0.537	0.814	1.055	1.246	1.148	2.222
-5	−0.182	−0.268	0.148	0.037	0.168	0.292	0.258	0.429
-6	−0.165	0.411	0.161	−0.226	−0.585	−0.793	−0.993	0.280

Tabelle 8.14: Wechselkursrendite gegenüber Änderungen des Außenhandelsvolumens und der Produktion. Noch klarer als bei den deutschen Daten sind, wenn überhaupt, nur geringe lineare Einflüsse erkennbar.

Im Gegesatz zu den bisher besprochenen Modellen sind die keynesianischen Ansätze allgemeiner gehalten. Wie bereits in Kap. 7 dargelegt, setzt man für die Einflüsse funktionale Beziehungen an, die erst im zweiten Schritt linearisiert werden. Genaugenommen geht das allgemeine Modell *a priori* nicht von linearen Beziehungen aus. Daher ist die Frage, ob bei den Datenreihen besser einfache Differenzen, logarithmische Differenzen oder überhaupt Vortransformationen notwendig sind, von Seiten des Modells schwerlich zu beantworten: Über den tatsächlich vorliegenden funktionalen Zusammenhang zwischen Wechselkurs und Außenhandelsvolumina wird nämlich, von den Tendenzen abgesehen, nichts gesagt. Da der λ-Test diesbezüglich relativ robust ist, soll die Frage nicht weiter problematisiert werden.

Die Datenreihen zum Bereich Außenhandel wurden zunächst auch einzeln untersucht, obwohl die Aggregation auf die Salden der Handelsbilanzen näher liegt. Der Gedanke war, eventuell unterschiedlich Einflüsse der Im- und Exportvolumina aufzuschlüsseln, sofern diese vorhanden sind. Die Ergebnisse sind, zusammen mit den Einflüssen der Industrieproduktion, in Tab. 8.13 für die deutschen Reihen und in Tab. 8.14 für die US-amerikanischen Reihen zusammengestellt. In beiden Tabellen zeigt sich ein eher geringer Einfluß in den untersuchten Lags. Nichtlineare Abhängigkeiten sind fast überhaupt nicht auszumachen.

Bei den deutschen Importen lassen sich zu drei Lags, nämlich $k = -5, -2$ und besonders $k = 1$, lineare Abhängigkeiten nachweisen. Diese werden aber nur im Fall $k = -2$ vom λ-Test gestützt, was in einer schwachen Ausprägung begründet sein kann. Ähnlich stellt sich die Situation bei den Exporten dar. Hier sind zu $k = -2, 1$ und 4 schwache bis moderate Wechselwirkungen festzustellen, die ebenfalls kaum von nichtlineare Abhängigkeiten begleitet werden. Insgesamt sind diese Relationen theoriekonform, da man erwarten kann, daß Importeure auf *de facto* steigende oder fallende Einkaufspreise reagieren. Die Analyse zeigt allerdings, daß eine starke Wirkung des Dollarkurses auf Im- oder Exporte, wie man dies vielleicht erwartet hätte, innerhalb von sechs Monaten nur moderat ausgeprägt (für $k = 4$ bzw. $k = 1$) zu beobachten ist. Ähnlich ist das Bild bei den US-amerikanischen Außenhandelsdaten. Bis auf einzelne lineare Abhängigkeiten lassen sich keine Abhängigkeiten feststellen. Die entspricht den Erwartungen, da der Wechselkurs zur deutschen Mark für den amerikanischen Außenhandel sicher weniger Relevanz hat, als der Dollarkurs für den deutschen Außenhandel.

Auch die Industrieproduktion weist in Deutschland nur einen geringen, eher linearen Einfluß auf den Wechselkurs auf, der allerdings nicht vom λ-Test gestützt werden kann. Als Ursache hierfür muß die geringere Güte des λ-Tests bei tatsächlich linearen Zusammenhängen gesehen werden. Interessant ist, daß der Einfluß der Wechselkursentwicklung vorausgeht. Bei der Erstellung von Prognosemodellen sollte man also die Industrieprokuktion berücksichtigen. In den USA ist dieser Einfluß weniger ausgeprägt, jedoch ebenfalls zu beobachten. Ein im Vorfeld der Produktion erforderlicher Rohwareneinkauf, der auf die Wechselkurse wirkt, könnte das Phänomen erklären. Dieser müßte sich dann zeitlich vorgezogen auch als Zusammenhang zwischen den Importen und den Wechselkursänderungen abzeichnen, was für die deutschen Daten bei $k = -5$ und $k = -6$ zu beobachten ist. Davon abgesehen wären hier die Zusammenhänge weiter untersuchungsbedürftig.

8.4.3 Abhängigkeitsanalysen in mehreren Dimensionen

Der folgende Abschnitt bringt mehrere Einflußfaktoren mit der Wechselkursentwicklung in Verbindung. Die Berücksichtigung mehrfaktorieller Modelle ergibt sich dabei zu einen aus der Notwendigkeit, daß die in den Wechselkurstheorien postulierten Abhängigkeiten multifaktoriell sind. So sind gemäß der Theorie statt der nationalen Datenreihen allein die Zins-, Kaufkraft- und Geldmengenparitäten zu untersuchen. Eine Analyse, die sich nicht auf den von der Theorie vorgegebenen Zusammenhang versteifen möchte (hier also die Differenzen), muß die Variablen multifaktoriell berücksichtigen. Zum anderen dient die Fallstudie auch der Anwendung des λ-Tests auf reale Zeitreihen und der Abschätzung, inwieweit mehrdimensionale Abhängigkeiten mit dem λ-Test aufgedeckt werden können. Der Vergleich der einfaktoriellen und mehrfaktoriellen Analysen gibt damit *vice versa* einen Eindruck von der Güte des λ-Test in derartigen Untersuchungssituationen.

Eine Schwierigkeit, die bei mehrdimensionalen Abhängigkeitsuntersuchungen auftritt, besteht in der nun mehrfachen Lagmöglichkeit der Variablen. Für beispielsweise zwei unabhängigen Faktoren müßte man strenggenommen auch zwei unterschiedliche Wirkungsverzögerungen in Betracht ziehen. Bei einem Zeitlag von $-6 \leq k \leq 6$ ergeben sich bereits 144 verschieden Kombinationen, was zumindest in der Darstellung die ohnehin umfangreichen Tabellen zusätzlich ausweiten würde. Daher wurde hier einheitlich nur ein Lag für alle unabhängigen Variablen untersucht. Die exogenen Größen werden wieder in Modellgruppen zusammengefaßt.

8.4.3.1 Preisentwicklung

Während in Kap. 8.4.2.1 die Wechselwirkung der Preisindizes auf den Dollar einzeln untersucht wurde, sollen in diesem Abschnitt die Paritäten gemäß der Theorie getestet und mit einer mehrfaktoriellen Analyse verglichen werden. Herangezogen wird dabei wieder Gl. (7.7), S. 190. Man könnte einwenden, warum die Kaufkraftparität in der Differenzenform untersucht wird und nicht in der gewöhnlichen

Lag	Parameter λ 0.050	0.100	0.150	0.200	0.300	0.400	0.500	*F*-Test
dlDECPI – dlUSCPI								
6	0.831	0.454	0.617	0.544	1.205	0.953	0.965	2.183
5	−0.048	0.045	−0.260	0.071	0.091	0.015	−0.012	0.060
4	1.391*	1.706**	0.916	1.447*	1.770**	1.447*	1.441*	0.566
3	0.029	−0.107	−0.530	−0.952	−0.605	−0.268	−0.105	0.053
2	1.269	−1.238	−1.562	−1.987	−0.934	−1.001	−0.480	1.386
1	−0.055	−0.469	−0.118	−0.117	−0.625	−0.614	−0.921	1.522
0	0.200	0.893	0.610	−0.060	0.449	0.441	0.251	0.473
-1	−1.400	−2.017	−2.025	−1.816	−1.912	−1.825	−1.778	0.168
-2	0.713	0.193	−0.100	−0.848	−0.629	−0.615	−0.247	0.237
-3	−0.757	−0.415	0.121	−0.865	−0.706	−0.332	−0.258	0.247
-4	0.337	0.039	−0.413	−0.877	−0.736	−0.866	−0.700	0.005
dlDEPPI – dlUSPPI								
6	2.570***	2.201**	3.070***	2.166**	2.600***	2.870***	2.945***	6.335**
5	3.550***	2.700***	2.928***	2.387***	2.062**	1.906**	2.448***	0.537
4	1.850**	1.391*	2.448***	2.279**	2.650***	2.719***	2.653***	0.069
3	2.409***	1.537*	2.164**	2.057**	2.501***	2.389***	2.494***	8.765***
2	0.964	1.182	1.439*	1.582*	1.603*	1.775**	1.854**	4.994**
1	1.426*	1.459*	2.148**	1.944**	2.278**	2.504***	2.676***	12.073***
0	4.299***	3.853***	4.640***	4.167***	4.182***	3.986***	4.147***	3.158*
-1	0.950	−0.038	1.114	0.326	0.615	0.833	1.007	0.533
-2	1.465*	0.956	1.496*	1.591*	1.554*	1.389*	1.291*	0.084
-3	1.046	0.892	1.050	0.572	0.632	0.738	0.888	0.386
-6	3.210***	2.228**	3.152***	2.389***	2.555***	2.786***	2.738***	0.773
dlDECPI dlUSCPI dlDEPPI dlUSPPI								
6	2.926***	3.328***	3.649***	3.835***	3.834***	3.734***	3.781***	2.540**
5	0.700	0.631	0.678	0.717	1.260	1.260	1.544*	0.227
4	2.156**	2.077**	2.303**	2.304**	2.418***	2.279**	2.276**	1.802
3	1.798**	1.940**	1.987**	2.193**	1.893**	1.886**	1.518*	2.487**
2	0.352	0.679	0.781	0.663	0.700	0.595	0.737	3.372**
1	0.696	1.155	1.069	1.132	1.009	1.163	1.204	3.335**
0	3.134***	3.518***	3.706***	3.635***	3.545***	3.580***	3.306***	1.861
-1	2.507***	1.891**	1.946**	1.792**	1.482*	1.319*	1.216	0.387
-2	1.235	1.529*	1.587*	1.427*	1.210	0.797	0.490	0.096
-5	0.511	0.298	0.529	0.292	0.265	0.173	0.171	2.235*
-6	3.088***	3.097***	3.368***	3.197***	3.229***	3.169***	2.998***	0.905

Tabelle 8.15: Während die Verbraucherpreisparität keinen Einfluß auf den Dollarkurs zu haben scheint, ist dieser bei der Parität der Erzeugerpreise hochsignifikant. Auch nichtlineare Einflüsse sind nachweisbar. Ein gemeinsames Modell aller vier Indizes fällt in der Performance wieder etwas ab.

Form, etwa nach Gl. (7.5). Problematisch ist aber, daß die Dollarkursreihe selbst nicht stationär ist. Um ein valides Modell zu schätzen, muß man daher mindestens bei den Wechselkursen eine Differenzenbildung durchführen oder besser noch zu stetigen Renditen übergehen. Daraus folgt aber, daß nur ein funktionaler Zusammenhang in Frage kommt, der die Kaufkraftparitäten mit Wechselkurs*renditen* in Beziehung setzt, was gerade von (7.7) erfüllt wird. Da die Differenz zweier stationärer Reihen ebenfalls stationär ist, konnte auf eine explizite Prüfung von dlDECPI – dlUSCPI und dlDEPPI – dlUSPPI verzichtet werden.

Die Ergebnisse zur Kaufkraftparität sind in Tab. 8.15 zusammengestellt. Für die Verbraucherpreisparität zeichnet sich kein Einfluß auf den Dollarkurs ab und auch die in den einfaktoriellen Analysen nachgewiesenen linearen Abhängigkeiten in den USA und der BRD können sich in der Parität nicht durchsetzen. Man kann zwar einen leichten Anstieg des F-Wertes zu den Lags $k = 1,2$ diagnostizieren, eine signifikante Aussage ist allerdings nicht zu erhalten. Im Gegensatz dazu liefert die Parität der Erzeugerpreise hochsignifikante Abhängigkeiten. Mit einer Verzögerung von einem Monat zeigt sich als herausragender Befund eine lineare Abhängigkeit mit einem F-Wert von $F = 12.073$, wobei auch in den benachbarten Lags die Abhängigkeit signifikant nachweisbar bleibt. Darüberhinaus sind zeitgleich und verzögert hochsignifikante nichtlineare Einflüsse beobachtbar. Eine starke Reaktion der Erzeugerpreise auf die Dollarentwicklung erscheint damit bestätigt. Geringer fallen jedoch die der Wechselkursentwicklung vorauslaufenden Relationen aus, lediglich eine nichtlineare Abhängigkeit zum Lag $k = 6$ läßt sich ausmachen.

Ein gemeinsames Modell aller vier Indizes fällt jedoch in der Performance wieder etwas ab. Lineare Einflüsse sind zum ein- und zweimonatigen Lag vorhanden und sie lassen sich vermutlich auf die dominierende Erzeugerpreisparität zurückführen. Sie sind aber beispielsweise schlechter als die Abhängigkeit mit dem deutschen Erzeugerpreisindex allein. Gefundene Abhängigkeiten blieben auch bei zufälliger Reduktion des Stichprobenumfanges erhalten und lösten sich bei Mischung der X- und Y-Werte auf. Interessanterweise bleiben bestimmte nichtlineare Abhängigkeiten auch im mehrfaktoriellen Modell präsent, etwa zu den Lags $k = 6,4,3,0$ und -6. Ein Vergleich der Wechselwirkung zwischen der Dollar- und der Erzeugerpreisentwicklung zum Lag $k = 0$ zeigt, daß die beiden einfaktoriellen Modelle, das Paritätsmodell und das mehrfaktorielle Modell in der Größenordnung ähnliche Abhängigkeiten aufzeigen.

Insgesamt zeigt sich, daß die paritätischen und die mehrfaktoriellen Modelle keine Reproduktion des einfaktoriellen Verfahrens liefern. Zum Teil fällt die Erklärungskraft ab, teilweise ergeben sich aber auch starke Abhängigkeiten. Die Modelle bestätigen den Eindruck, daß Preise der Wechselkursentwicklung eher nachlaufen.

Lag	Parameter λ 0.050	0.100	0.150	0.200	0.300	0.400	0.500	F-Test
dDEIR3M – dUSIR3M								
6	3.373***	3.435***	3.420***	3.241***	3.134***	2.869***	2.588***	0.227
5	1.879**	2.123**	2.040**	2.186**	2.251**	2.131**	2.019**	0.090
4	2.170**	2.394***	2.218**	2.173**	2.313**	2.168**	2.239**	1.859
3	1.503*	1.576*	1.610*	1.459*	1.716**	1.944**	2.130**	0.000
2	0.396	0.377	0.067	0.173	0.414	0.848	1.473*	2.688
1	3.733***	3.814***	3.702***	3.689***	3.617***	3.434***	2.981***	2.110
0	2.380***	2.567***	2.833***	2.944***	3.089***	3.165***	3.121***	13.795***
-1	1.301*	1.255	1.492*	1.487*	1.658**	1.661**	1.687**	1.305
-2	2.859***	3.220***	3.062***	3.219***	3.431***	3.447***	3.447***	0.015
-3	1.429*	1.601*	1.791**	2.114**	2.104**	2.224**	2.552***	1.046
-4	2.831***	2.849***	2.903***	2.749***	2.680***	2.413***	1.902**	0.169
dDEIR10Y – dUSIR10Y								
6	−0.571	−0.388	−0.640	−0.367	−0.601	−0.235	−0.095	0.579
5	0.562	0.110	−0.026	0.390	0.751	0.671	0.690	0.790
4	1.356*	2.021**	2.102**	2.376***	2.544***	2.417***	2.334***	0.749
3	2.539***	2.485***	2.566***	2.589***	2.469***	2.221**	2.034**	1.605
2	1.586*	1.502*	1.676**	1.571*	1.422*	1.500*	1.640*	0.039
1	1.354*	0.964	1.361*	1.397*	1.226	1.024	1.052	3.132*
0	1.150	1.337*	1.796**	1.390*	1.744**	1.779**	1.477*	7.379***
-1	−0.241	0.454	0.432	0.458	0.792	0.889	0.829	4.262**
-2	1.193	1.585*	1.144	1.261	1.472*	1.609*	1.379*	2.585
-3	1.281	1.417*	1.462*	1.344*	0.753	0.659	0.576	0.001
-4	0.078	0.176	0.161	0.459	0.401	0.473	0.489	0.356
dDEIR3M dUSIR3M dDEIR10Y dUSIR10Y								
6	3.870***	4.016***	3.974***	4.206***	3.985***	3.655***	3.298***	0.755
5	1.621*	1.576*	1.602*	1.361*	1.407*	1.458*	1.663**	0.857
4	3.023***	2.762***	3.077***	2.998***	2.934***	2.910***	2.773***	0.874
3	2.544***	2.466***	2.577***	2.557***	2.626***	2.760***	2.647***	1.131
2	0.722	0.858	0.873	1.230	1.677**	1.637*	1.822**	2.437**
1	3.978***	3.793***	3.675***	3.612***	3.494***	3.094***	2.555***	2.011*
0	3.069***	2.867***	2.856***	2.962***	3.001***	3.133***	2.976***	5.178***
-1	1.429*	1.667**	1.728**	1.786**	1.966**	2.014**	2.166**	1.444
-2	3.559***	3.590***	3.511***	3.387***	3.245***	3.091***	3.081***	1.906
-3	1.579*	1.903**	1.998**	2.224**	2.355***	2.210**	2.280**	0.470
-4	3.133***	3.421***	3.313***	3.170***	3.292***	3.208***	3.133***	0.385

Tabelle 8.16: Der Zusammenhang zwischen Wechselkurs und Zinsparität ist hochsignifikant. Kurzfristige Zinsen scheinen dabei größere Bedeutung zu besitzen als langfristige. Bemerkenswert ist ferner, daß linear nur kleine Lags zu berücksichtigen sind, während nichtlineare Testverfahren auch Beziehungen zu zeitlich weit verschobenen und insbesondere zu vorauslaufenden Zinswerten aufzeigt.

8.4.3.2 Zinsen

Bei der Untersuchung der Zinsparitäten und des gemeinsamen Modells aller vier Zinsreihen gelten im wesentlichen die gleichen Vorbemerkungen wie bei der Kaufkraftparität. Bezuggenommen wird auf Gl. (7.10), S. 194, wobei aufgrund der nichtstationären Wechselkursreihen wieder die Logarithmierung und Differenzbildung erforderlich ist. Ebenso wie bei der Kaufkraft wurden auch bei den Zinssätzen zunächst die Paritäten, hier der kurz- und langfristigen Zinsen, untersucht und anschließend ein gemeinsames Modell mit allen vier Reihen getestet. Abhängigkeiten konnten dabei in allen Fällen festgestellt werden, wie in Tab. 8.16 deutlich zu erkennen.

Bei der Zinsparität mit kurzfristigem Horizont ist eine deutliche unverzögerte lineare Abhängigkeit zu beobachten, andere Lags treten mit linearen Abhängigkeiten nicht in Erscheinung. Diese läßt sich allerdings auf die starke lineare Abhängigkeit zwischen den kurzfristigen US-Zinsen und dem Dollar zurückführen. Anders als bei der Erzeugerpreisparität, wo die Differenzenbildung erst zu einer stärkeren Relation führte, wird hier nur die hohe lineare Abhängigkeit eingebracht, die sich bereits in Tab. 8.10 mit einem $F = 6.67$ zeigte. Auffällig ist dagegen, daß mit dem λ-Test zahlreiche nichtlineare Einflüsse detektiert werden, die der Wechselkursentwicklung auch teilweise vorauslaufen. Insgesamt gewinnt man den Eindruck, daß mehr Abhängigkeiten nachgewiesen werden, als bei den Einzeluntersuchungen der kurzfristigen Zinsen in den USA und der BRD.

Langfristige Zinsen zeigen unverzögert etwas geringer ausgeprägte lineare Abhängigkeiten, dafür sind gewisse Relationen auch mit plus und minus einem Monat Lag nachweisbar. Auch hier wird man die Abhängigkeit auf den dominaten Einfluß der langfristigen US-anerikanischen Zinsen zurückführen. Nichtlineare Abhängigkeiten lassen sich nur in geringem Umfang nachweisen, vornehmlich zu den Lags $k = 2,3,4$. Vorauslaufende Einflüsse haben gegenüber den Einzeltests etwas nachgelassen.

Das gemeinsame Modell aller Zinssätze fällt linear weiter ab. Die einzelnen F-Werte der paritätischen Modelle von $F = 13.795$ und $F = 7.379$ können nur noch zu einem $F = 5.178$ aggregiert werden. Anderseits vermittelt das Bild der nichtlinearen Abhängigkeiten den Eindruck, daß der λ-Test aus dem vergrößerten Datenumfang weitere Bestätigung für Zusammenhänge ziehen konnte. Inwieweit dies tatsächliche vorhandene Relationen widerspiegelt, wäre in weiteren Fallstudien zu prüfen. Festzuhalten ist ferner, daß auch in dieser Testsituation dem Wechselkurs zeitlich vorausgehende Signale nachweisbar sind, die allerdings zur Nutzung in der Prognosik nichtlineare Analysewerkzeuge erfordern.

	Parameter λ							
Lag	0.050	0.100	0.150	0.200	0.300	0.400	0.500	*F*-Test
dlDEM1 – dlUSM1								
6	1.164	0.875	0.650	0.900	0.952	1.151	1.511*	4.073**
5	−0.538	−0.437	−0.318	−0.645	−0.664	−0.703	−0.718	0.437
4	0.707	0.800	0.821	0.888	0.696	0.745	0.729	1.195
3	−0.662	−0.698	−0.731	−0.654	−0.481	−0.247	0.156	9.067***
2	−0.152	0.101	0.338	0.278	0.410	0.388	0.284	3.713*
1	−0.963	−0.868	−0.746	−1.060	−0.678	−0.825	−0.852	1.779
0	0.540	0.949	1.348*	1.253	1.409*	1.376*	1.381*	0.966
-1	−0.825	−1.002	−0.957	−1.220	−1.230	−1.068	−0.907	0.318
-3	0.354	0.266	0.301	0.235	0.305	0.136	−0.045	2.285
-5	−0.023	0.051	−0.012	0.058	0.284	0.176	0.109	3.419*
-6	1.605*	1.620*	1.424*	1.388*	1.503*	1.798**	1.818**	3.755*
dlDEM2 – dlUSM2								
6	0.640	0.856	0.874	0.798	0.838	0.739	0.825	2.126
5	0.099	0.755	0.465	0.550	−0.107	−0.066	−0.340	0.064
4	0.689	0.622	0.581	0.555	0.413	0.326	0.259	0.080
3	0.760	0.361	0.397	0.424	0.333	0.389	0.439	7.281***
2	−0.043	0.578	0.580	0.724	0.711	0.766	0.723	5.775**
1	−0.583	−0.562	−0.979	−0.965	−0.959	−0.645	−0.531	1.740
0	−0.078	0.455	0.325	0.452	0.497	0.501	0.394	0.000
-1	0.752	−0.275	−0.026	−0.353	−0.454	−0.331	−0.526	0.049
-2	−0.225	0.188	−0.012	0.072	−0.002	−0.304	−0.188	2.260
-5	−0.579	−1.386	−1.348	−1.319	−1.563	−1.829	−2.097	4.862**
-6	0.604	0.475	0.637	1.052	0.793	1.049	1.207	4.411**
dlDEM1 dlUSM1 dlDEM2 dlUSM2								
6	1.281	1.142	1.381*	1.671**	2.402***	2.553***	2.752***	2.331*
5	1.766**	0.976	0.574	0.237	0.205	0.229	0.091	0.494
4	0.166	−0.468	−0.336	−0.258	0.254	0.376	0.190	0.812
3	−0.919	−0.544	−0.350	−0.215	0.038	0.186	0.457	2.545**
2	2.237**	2.120**	1.994**	1.834**	1.637*	1.397*	1.474*	1.611
1	−1.057	−1.345	−1.264	−1.269	−1.116	−0.850	−0.769	0.970
0	0.646	0.417	0.285	−0.125	−0.048	0.059	0.249	0.763
-1	−0.109	−0.721	−0.509	−0.813	−0.752	−0.753	−0.403	0.420
-2	0.445	0.633	0.521	0.375	−0.263	−0.528	−0.546	1.920
-3	0.317	−0.165	−0.247	−0.449	−0.810	−1.062	−0.746	1.323
-4	0.176	−0.181	−0.574	−0.788	−0.912	−0.895	−0.884	0.795

Tabelle 8.17: Obwohl insgesamt fast keine Abhängigkeiten beobachtet werden können, besitzen die M1- und M2-Paritäten auffällige lineare Zusammenenhänge mit der um zwei- bis drei Monate verschobenen Wechselkursrendite. Der gemeinsame Test mit allen vier Geldmengen zeigt keine deutlichen Abhängigkeiten.

8.4.3.3 Geldmengen

In Tab. 8.17 sind die Untersuchungsergebnisse zur Geldmengenparität zwischen BRD und USA zusammengestellt. Dabei wurden in der ersten Teiltabelle die Differenzen der Aggregate M1, in der zweiten die Differenzen des Aggregats M2 und in der dritten alle vier Variablen multifaktoriell berücksichtigt. Die ersten beiden Teiltabellen entsprechen damit dem Modell aus Gl. (7.15), wobei jeweils eine Klammer auf der rechten Seite der Gleichung einer Datenreihe entspricht.

Die Differenzen bei M1 zeigen insgesamt kaum Abhängigkeiten, insbesondere kaum nichtlineare Effekte. Auffällig ist jedoch der starke lineare Einfluß bei Lag $k = 3$. Die Abhängigkeit ist ausgeprägter als bei den deutschen und amerikanischen Reihen für sich. Die relativ starke nichtlineare Abhängigkeit der M1 bei $k = 6$ findet sich in der Parität nicht wieder. Gleiches gilt für die Geldmengenparität M2 zwischen der Bundesrepubik und den Vereinigten Staaten. Auch hier zeigt sich eine (vorher nicht so deutlich vorhandene) Relation zum Lag $k = 3$ bzw. etwas weniger zum Lag $k = 2$. Hier zeigen sich sogar gar keine nichtlinearen Abhängigkeiten.

Kurioserweise können diese beiden, recht deutlichen Abhängigkeiten nicht von einer multifaktoriellen Untersuchung reproduziert werden. Der lineare Einfluß ist zwar noch nachweisbar, aber auf ein Signifikanzniveau von $\alpha = 0.05$ gefallen. Statt dessen treten die, bereits bei den amerikanischen Geldmengen M1 und M2 einzeln beobachtenen nichtlinearen Relationen zu Lag $k = 6$ hervor. Der gemeinsame Test aller vier Geldmengen liefert insgesamt eher schlechtere Ergebnisse, insbesondere da die deutliche lineare Reaktion der Geldmengenparitäten fehlt.

Zur Interpretation läßt sich das bereits im einfaktoriellen Fall Gesagte anführen: Es gibt augenscheinlich eine moderate Reaktion der Geldmenge auf den Wechselkurs mit einer ca. dreimonatigen Verzögerung, während eine Reaktion des Wechselkurses auf die Geldmengenänderungen zumindest innerhalb des sechmonatigen Horizonts und im Rahmen der Untersuchungsmethode so gut wie nicht beobachtet werden kann. Dies könnte ein Indiz dafür sein, daß die Zentralbanken ihre Geldmengensteuerung mit an der Wechselkursentwicklung ausrichten. Wie man außerdem sieht, führt die mehrfaktorielle Analyse nicht unbedingt zu einer Verbesserung der Ergebnisse, sondern kann auch eine Abschwächung der Zusammenhänge mit sich bringen.

8.4.3.4 Außenhandel und Produktion

Ähnlich wie die Abhängigkeitsanalysen mit den einzelnen Außenhandelsvolumina so gut wie keine nichtlinearen und nur zu einzelnen Lags merkliche lineare

Lag	Parameter λ 0.050	0.100	0.150	0.200	0.300	0.400	0.500	*F*-Test
dlDEEXP dlUSEXP dlDEIMP dlUSIMP								
6	−1.797	−1.709	−1.821	−1.546	−1.745	−1.914	−1.809	0.245
5	0.945	0.364	0.068	−0.244	−0.435	−0.722	−1.219	1.193
4	−0.278	0.181	0.345	0.411	0.425	0.380	0.628	3.059**
3	−2.344	−2.062	−1.578	−1.435	−1.386	−1.495	−1.474	0.814
2	−1.546	−1.205	−0.935	−1.199	−1.179	−1.142	−1.045	2.785**
1	−1.884	−2.105	−2.444	−2.493	−2.280	−2.192	−2.229	3.502***
0	−1.296	−1.108	−0.814	−0.904	−0.940	−0.793	−0.854	0.488
-1	−0.176	−0.139	−0.334	−0.268	−0.250	−0.464	−0.707	0.637
-2	−0.481	−0.413	−0.363	−0.336	0.004	0.154	−0.126	1.625
-3	0.073	0.437	0.653	0.746	0.971	1.087	0.592	1.332
-4	−0.335	−0.304	−0.428	−0.307	0.111	0.153	0.297	0.378
dlDEIPRD dlUSIPRD								
4	−0.817	−1.413	−1.233	−1.300	−1.160	−0.930	−0.736	0.894
3	−2.178	−1.801	−1.674	−1.728	−1.876	−2.007	−1.980	0.044
2	−0.676	−0.790	−0.381	−0.130	−0.605	−0.567	−0.642	0.742
1	0.238	0.393	0.543	0.811	0.676	0.862	1.030	0.895
0	1.073	1.108	1.168	1.077	1.171	1.017	1.123	3.242**
-1	0.060	0.028	0.126	0.192	0.292	0.159	0.056	6.021***
-2	−0.191	−0.052	0.353	0.367	0.426	0.321	0.416	2.267
-3	−0.054	−0.153	−0.135	0.219	−0.131	−0.065	0.099	0.937
-4	0.260	0.293	−0.092	0.402	0.390	0.169	0.207	2.178
-5	0.112	0.786	0.376	0.782	0.676	0.737	0.936	2.045
-6	0.533	−0.423	−0.166	−0.409	−0.720	−0.847	−0.810	1.912

Tabelle 8.18: Im Bereich Außenhandel sind kaum Abhängigkeiten zum Wechselkurs festzustellen, von einigen linearen, mit ein, zwei und vier Monaten verzögerten Wirkungen des Dollarkurses auf die Daten der Import-Exportvolumina abgesehen. Diese können überdies mit dem λ-Test nicht bestätigt werden, was auf schwächere, rein lineare Relationen hindeutet. Ähnlich ist die Situation bei den Produktionsindizes.

Einflüsse aufweisen, zeigen sich bei der multiplen Analyse mit allen vier Datenreihen ebenfalls nur einzelne signifikante Einflüsse. Die Resultate des Tests zeigt Tab. 8.18. Nichtlineare Einflüsse können in dem multifaktoriellen Szenario nicht ausgemacht werden, d.h. auch die schwachen nichtlinearen Resonanzen bei den deutschen Außenhandelsdaten finden sich in der Analyse mit allen vier Datenreihen nicht wieder. Andererseits können die linearen Abhängigkeiten gut auf die einfaktorielle Situation zurückgeführt werden: Die signifikanten Relationen zu den Lags $k = 1, 2$ und 4 sind bereits in den Einzelreihen enthalten.

Auffällig ist wieder wie schon bei einigen anderen Testreihen zuvor, daß klare lineare Abhängigkeiten nicht vom λ-Test bestätigt werden. Hier muß man sich ein

Ergebnis aus Kap. 6.3.1 in Erinnerung rufen: Falls ein Zusammenhang tatsächlich linear ist, wird er von speziell darauf zugeschnittenen Verfahren wie dem F-Test auch besser erkannt. Aus den Plots der Gütefunktionen ist abzulesen, daß im Extremfall der F-Test einen linearen Zusammenhang auf einem Niveau von $\alpha = 0.01$ bestätigt, während der λ-Test auf einem Niveau von $\alpha = 0.10$ keinen (allgemeinen) Zusammenhang feststellen kann. Eine solche Situation scheint hier vorzuliegen, so daß man von schwächeren, eher linearen Einflüssen ausgehen kann.

Stärker ausgeprägt ist die Abhängigkeit zwischen Dollarkurs und den Industrieproduktionen. Während die einzelnen Reihen eher eine moderate Relation zum Dollar besaßen, steigt im gemeinsamen Test beider Datenreihen die Sicherheit an. Zu bemerken ist ferner, daß die Industrieproduktion der Wechselkursentwicklung vorauszulaufen scheint, was sie für prognostische Anwendungen attraktiv erscheinen läßt. Nichtlineare Einflüsse können nicht nachgewiesen werden, so daß wie oben von eher linearen Einflüssen ausgegangen werden kann.

8.5 Fazit

Die Fallstudie hat gezeigt, daß sich der λ-Test zur Anwendung auf finanzwirtschaftliche Fragestellungen, hier der Ermittlung von Wechselkursdeterminanten, eignet und gerade auch im Verbund mit linearen Analyseverfahren schlüssige Einblicke in den Untersuchungsgegenstand ermöglicht. Zusammenfassend können die folgenden Punkte festgehalten werden.

Im Einklang mit neueren empirischen Befunden lassen sich mit dem λ-Test in Verbindung mit konventionellen linearen Verfahren Abhängigkeiten zu volkswirtschaftlichen Größen nachweisen. Nachweisbare lineare Abhängigkeiten bestehen nach den Untersuchungen zu Kaufkraftparitäten (vornehmlich Erzeugerpreise), zu Zinsparitäten und in geringem Maße auch zu Geldmengen, Außenhandelsvolumina und Produktionsindizes. Die desillusionierenden Ergebnisse der Studien aus den achtziger Jahren können damit nicht mehr bestätigt werden. Vielmehr befinden sich die Resultate im Einklang mit den bereits angesprochenen neueren Untersuchungen.

Im Gegensatz zu den ökonomischen Theorien sind diese Abhängigkeiten jedoch in der Regel zeitlich verzögert wirksam und scheinen eher der Wechselkursentwicklung »hinterher zu laufen«. Die Konsequenz einer solchen Erkenntnis wirft damit die Frage auf, welche Größen in dem wirtschaftlichen Gefüge denn als die Determinanten des Wechselkurses anzusehen sind. Anders gesagt: Würden beispielsweise die Geldmengen den Wechselkurs determinieren, so folgert man eine zeitlich verzögerte Reaktion des Wechselkurses auf Geldmengenänderungen.

Würden sich Geldmengen und Wechselkurse gegenseitig beeinflussen, dann erwartet man entweder eine sofortige Anpassung zum Lag null oder eine Wechselwirkung zu positiven *und* negativen Lags. Die Analysen zeigen aber eher, daß die Geldmenge auf die Wechselkursentwicklung reagiert. Die Situation stellt sich im Außenhandelsbereich und bei der Kaufkraft ähnlich dar. Auch hier werden Import- und Exportvolumina, sowie Preisniveaus eher vom Wechselkurs beeinflußt als umgekehrt. Je nach Interpretation der Theorie ist dies mehr oder weniger schlüssig, in jedem Fall bleibt aber die Frage offen, wodurch die Wechselkurse denn dann determiniert werden.

Interessant ist der Bereich Zinsen. Hier zeigen sich zusammengefaßt starke lineare Abhängigkeiten, die hauptsächlich unmittelbar wirken (in Deutschland sogar teilweise vorauslaufend), so daß hier ein Wechselspiel zwischen Dollarkurs und den Zinssätzen bestätigt werden kann. Geradezu erschlagend sind jedoch die massiv auftretenden nichtlinearen Abhängigkeiten, die im mehrfaktoriellen Modell nahezu den gesamten Untersuchungsbereich durch alle Lags und für alle Werte von λ abdecken. Hier scheinen also neben den theoriekonformen linearen Relationen in hohem Maße weitere Abhängigkeiten zu bestehen, die auch der Wechselkursentwicklung vorauslaufen. Für die Prognose von Wechselkursen ergeben sich hier also Ansatzpunkte, die dann eine Modellierung mit nichtlinearen Verfahren erfordern.

Lediglich die Industrieproduktionen liefern einen unscheinbaren linearen Zusammenhang zum Dollarkurs, der signifikant ist, klar der Wechselkursentwicklung vorausgeht und der damit eine echte Wechselkursdeterminante liefert. Eine Erklärung für diesen Effekt ist schwer zu geben. Möglicherweise spiegelt der Produktionsindex nicht nur das zukünftige Devisenangebot wider, das durch den Export produzierter Waren entsteht, sondern er könnte auch das allgemeine »Geschäftsklima« repräsentieren. Die allgemeine Wirtschaftssituation eine Landes wird von Marktteilnehmern berücksichtigt und spielt damit bei der Währungsentwicklung immer häufiger eine Rolle.

Einen weiteren Problembereich hat die Fallstudie sichtbar werden lassen: Die Untersuchung offenbart sehr überzeugend bei Zinsen und Preisindizes signifikante Zusammenhänge. Bei fast allen anderen getesteten Reihen waren die Relationen aber häufig spärlich oder nur moderat, so daß eine klare Trennung von Abhängigkeit oder Zufälligkeit schwierig bleibt. Die Voruntersuchungen haben darüberhinaus gezeigt, daß echte lineare Abhängigkeiten von einem darauf zugeschnittenen Verfahren (Korrelation, Regression) stets leichter, das heißt schon bei geringerer Ausprägung, gefunden werden. Unter diesem Blickwinkel müssen (annähernd) gleichsignifikant auftretende Abhängigkeiten beim λ- und beim F-Test so gedeutet werden, daß zwar lineare Abhängigkeiten vorzuliegen scheinen (bzw. diese durch eine lineare Abhängigkeit approximiert werden können), daß aber andererseits auch merklich nichtlineare Einflüsse vorhanden sind.

Anders gewendet zeigte sich aber gerade durch die Parallelität beider Verfahren, daß bereits gute Einschätzungen über Art und Stärke der Relationen möglich sind, und dies sogar ohne den Aufwand, ein Modell tatsächlich anzupassen. Diesen Nutzen hat die Fallstudie hier klar aufgezeigt. Sollen beispielsweise die Abhängigkeiten für die Erstellung von (linearen) Wechselkursprognosen verwendet werden, so läßt sich schon im Vorfeld absehen, daß volkswirtschaftliche Größen (außer vielleicht die Industrieproduktion und in geringem Umfang die Zinssätze) kaum erfolgversprechend sind.

Kapitel 9

Schlußbetrachtung und Ausblick

Tatsachen schafft man nicht aus der Welt,
indem man sie ignoriert.
Aldous Huxley

9.1 Zusammenfassung der wichtigsten Fragestellungen und Ergebnisse

Die vorliegende Arbeit beginnt einen Bogen bei Modellbildungen in der Finanzwirtschaft. Dargestellt wird die Notwendigkeit der Modellbildung überhaupt und insbesondere die Legitimität, diese auf Basis von empirisch gewonnenen Daten durchzuführen. Da sich Modelle sowohl aus wissenschaftlicher wie aus pragmatischer Sicht an realem Zahlenmaterial messen lassen müssen, stellt dies einen sinnvollen und zweckmäßigen Ausgangspunkt für Analysen dar.

Im weiteren wird die aktuelle Praxis der Modellbildung bei finanzanalytischen Fragestellungen diskutiert und hierin insbesondere die Kernaufgabe der Detektion von Abhängigkeiten hervorgehoben. Zentral ist dabei die Unterscheidung in univariate und multivariate (bzw. ein- und mehrfaktorielle), sowie in lineare und nichtlineare Abhängigkeiten. Das bis heute in der Literatur vorgestellte Methodenrepertoire wird ausführlich repetiert, wobei sich ergibt, daß die praktisch wichtigen Fälle die Untersuchung von multivariaten und von nichtlinearer Abhängigkeiten betrifft: Zum einen müssen lineare Verfahren in Prognose- und Erklärungszusammenhängen gegenwärtig als nahezu ausgereizt betrachtet werden und für die Erschließung weiteren Prognosepotentials sind nichtlineare funktionale Abhängigkeiten mit zu berücksichtigen. Zum anderen erzwingt das partielle Vorliegen von zumindest schwacher Markteffizienz die Verwendung multivarater Verfahren, nur univariates Vorgehen vernachläßigt ebenfalls nutzbare Informationen. Beide Attribute sind für optimale Bewertungs- und Prognosemodelle notwendig.

Eine Umschau zeigt jedoch, daß für diese Anforderungskombination die Auswahl an Verfahren eher begrenzt ist. Dieser blinde Fleck der Finanzanalyse motiviert die vornehmliche Zielsetzung der Arbeit, mit dem λ-Test ein auf multivariate und nichtlineare Analyse zugeschnittenes Testverfahren zu entwerfen. Ausgangspunkt ist dabei die Stetigkeit eines funktionalen Zusammenhangs, die auch im δ-Test von Pi genutzt wird. Hinzugefügt wird dem δ-Test eine Statistik, die relativ schnell konvergiert und asymptotisch normalverteilt ist. Damit lassen sich nun bereits mit geringen Stichprobenumfängen Untersuchungen durchführen und darüber hinaus Hypothesen statistisch testen. Die mathematischen Behauptungen zur Verteilung der Statistik sind bewiesen worden und in einer umfangreichen Simulationsstudie bestätigt. Die Nutzbarkeit des Verfahrens ist damit sichergestellt.

In einer konkreten Fallstudie wurde dann der λ-Tests bei der Identifizierung von Wechselkursdeterminanten eingesetzt. Nach einer Einführung in die Problematik und die Zusammenstellung der wichtigsten und in der Fallstudie berücksichtigten Wechselkursmodelle wurde anhand von Monatsdaten im Zeitraum von 1973 bis 1998 eine Untersuchung mit dem λ-Test durchgeführt und mit der linearen Analyse verglichen. Wirkungsverzögerungen, die oftmals in theoretischen Modellen ausgeklammert werden, sind dabei mit einbezogen worden. Dabei bestätigte sich die Tendenz, nach der sich (anders als noch bis in die achtziger Jahre) in aktuellen Untersuchungen durchaus markante Einflußgrößen abzeichnen bzw. Zusammenhänge herauskristallisieren.

Ohne die Ergebnisse der Fallstudie hier nochmals im einzelnen zu diskutieren – dies ist im vorigen Kapitel geschehen – läßt sich sagen, daß der λ-Test in diesem Kontext sinnvoll angewendet werden konnte. Es zeigten sich deutliche und teilweise überraschende Abhängigkeiten, die in einigen Fällen im Kontrast zu den linearen Analysen standen. Insgesamt ließ das vorgeschlagene Verfahren zweckmäßig einsetzen, wobei die folgenden Vorzüge und Eigenschaften abschließend zusammengefaßt werden:

Der λ-Test ergänzt die Gruppe der anhand von Datenmaterial multivariat und nichtlinear arbeitenden Verfahren zur Analyse von Abhängigkeiten. Er liefert bereits bei geringen Stichprobenumfängen zuverlässige Ergebnisse. Die Güte des Verfahrens reagiert nicht kritisch auf Verletzung der Voraussetzungen (unabhängig normalverteilte Realisationen der abhängigen Variable), eine Eigenschaft, die üblicherweise als »robust« bezeichnet wird. Abweichungen von der Normalverteilung oder das Auftreten von Autokorrelationen oder Heteroskedastizität sind insbesondere dann unkritisch, wenn mit genügend großen Datenmengen gearbeitet wird, weil dann sichergestellt ist, daß die Prüfgröße trotzdem approximativ der Normalverteilung folgt. Stationarität wird allerdings vorausgesetzt.

Die Simulationsstudien und die Ergebnisse der Fallstudie haben gezeigt, daß Nichtlinearitäten vom λ-Test zuverlässig nachgewiesen werden können. Einschränkend ist jedoch zu sagen: Die Güte eines generellen, unspezifischen Diagnoseverfahrens fällt gegenüber einem Test auf konkret vorgegebene funktionale Beziehungen zwangsläufig ab. Anders gesagt, falls die Zusammenhänge einen speziellen (bekannten) Zusammenhang besitzen, ist ein speziell auf diesen Zusammenhang zugeschnittener Test immer besser geeignet als ein unspezifischer. Ein F-Test auf lineare Abhängigkeit erkennt eine tatsächlich vorliegende lineare Abhängigkeit eben deutlich besser als ein unspezifischer λ-Test.

Hier liegt auch der Nutzen der in Kap. 4 vorgestellten Testverfahren, die vielfach im Hinblick auf *spezielle* Arten von (nichtlinearen) Abhängigkeiten entworfen wurden und die diese spezielle Art dann mit höherer Güte erkennen. Der λ-Test läßt also nicht alle anderen Verfahren überflüssig werden. Die Analyse allgemeiner Abhängigkeiten ergibt aber dann Sinn, wenn man *a priori* über den Zusammenhang tatsächlich *nichts* weiß. Dann ist ein Modellierungswerkzeug, daß keine speziellen Strukturen annimmt den speziellen Verfahren überlegen und ermöglicht eine Voranalyse, die dann in einem zweiten Schritt durch weitere Techniken präzisiert werden kann.

Besonders in der Fallstudie wurde deutlich, daß sich lineare und nichtlineare Analyse gut ergänzen. Da die linearen Einflüsse auch vom λ-Test gefunden werden müßten, wenn auch mit schlechterer Güte, hierbei aber eine andere Herangehensweise eingeschlagen wurde, kann der nichtlineare Test zur Validierung des linearen Tests herangezogen werden. Findet der F-Test Zusammenhänge, die der λ-Test nicht einmal andeutungsweise diagnostiziert, ist zumindest eine kritische Überprüfung angeraten. Anderherum bestätigt der λ-Test den F-Test, ist dies eine zusätzliche Absicherung der Ergebnisse. Durch Vergleich von linearem und nichtlinearem Verfahren läßt sich unter Umständen sogar der Grad der Nichtlinearität beurteilen: Ein deutlicher »Ausschlag« des F-Tests und ein mäßiger Ausschlag des λ-Tests deuten eher auf eine lineare Beziehung hin (geringere Güte des λ-Tests bei linearen Abhängigkeiten), wohingegen ein stärkerer Ausschlag des λ-Tests auf dominierende Nichtlinearitäten hinweist, die jedoch von einer linearen Tendenz unterstützt sein könnten.

Die Kehrseite dieser Anschaulichkeit ist dabei natürlich, daß vom λ-Test eben *ausschließlich* durch eine stetige Funktion beschreibbare Abhängigkeiten berücksichtigt werden. Anders als etwa der BDS-Test im univariaten Fall, der auf eine ganze Reihe von Störungen anspricht und eine Vielzahl von Abhängigkeiten erkennt (damit aber auch den Anwender vor die Frage stellt, welche Störung denn nun konkret vorliegt), könnten beim λ-Test andere, nicht durch stetige Funktionen beschreibbare Abhängigkeiten auf der Strecke bleiben. In diesem Sinne ist er also kein Universalverfahren, um alle möglichen Abhängigkeiten auszuschließen, sondern er diagnostiziert nur einen speziellen Typ von Relation.

Eine weitere Schwäche ist die abnehmende Güte, wenn mehrere unabhängige Variablen berücksichtigt werden sollen. In der Fallstudie zeigte sich, daß einzelne Variablen, die für sich eine signifikante Erklärungskraft besitzen, im Ensemble mit mehreren Variblen ihr Potential nicht einbringen konnten. Wenn dies auch kein prinzipielles Problem sein muß, scheint zumindest die Standardisierung aller Variablen und die Anwendung der euklidischen Metrik keine optimalen Ergebnisse ab $r > 3$ zu liefern. Andererseits ist dies ein Verhalten, das auch von anderen nichtlinearen Verfahren bekannt ist. Gerade wenn der funktionale Zusammenhang nicht spezifiziert werden kann, sind nichtlineare Verfahren anfällig für den Verlust der Analysefähigkeit in hochdimensionalen Situationen.

9.2 Ausblick

Diskussion und Evaluierung eines neuen statistischen Verfahrens läßt sich, gerade wenn es sich um den Bereich nichtlinearer Analyse handelt, kaum in einer einzigen Untersuchung erschöpfend behandeln. Die Eigenschaften des λ-Tests sind in den vorliegenden Simulationen grob durchmessen worden, doch weitere Prüfung wäre wünschenswert. Dies betrifft zum einen die mathematisch-statistischen Randbedingungen des Verfahrens und zum anderen seine Anwendbarkeit in finanzanalytischem (und allgemein ökonomischem) Kontext.

Aus methodischer Sicht ist etwa die Frage genauer zu klären, wie sich die Güte bei zunehmender Anzahl der Variablen verhält und welche multivariaten, nichtlinearen Zusammenhänge der Test *qua* Konstruktion nicht erkennt. Auch ist nicht auszuschließen, daß es stetige Zusammenhänge gibt, die der λ-Test nicht detektiert bzw. die Schwierigkeiten bereiten, wobei stets Augenmerk auf dem Aspekt liegt, inwieweit dies für finanzwirtschaftliche Fragestellungen entscheidend ist. Ein weiterer Bereich betrifft die Wahl des Abstandsmaßes. Hier muß ein euklidischer Abstand nicht unbedingt die optimale Wahl sein. Man könnte überlegen, ob ein Verfahren, daß die Skalierung und Abstandsbildung in Abhängigkeit von der Prüfgröße optimiert, einen geeigneten Ansatz darstellt und bessere Ergebnisse liefert. Andere Metriken müßten zunächst systematisch untersucht werden.

Viele konventionelle Verfahren (etwa aus der Chaostheorie) sind darauf angewiesen, daß der r-dimensionale Raum der unabhängigen Variablen vollständig mit Datenpunkten angefüllt ist, um Aussagen über die Zusammenhänge treffen zu können. »Lücken« im Raum der $\mathbf{x}$-Werte suggerieren Abhängigkeitsstrukturen. Ein bisher nicht erwähnter Vorteil des λ-Tests gegenüber anderen Verfahren scheint zu sein, daß dies nicht zu Problemen führt, da in der Analyse der Abstände nur die Daten berücksichtigt werden, die auch tatsächlich vorhanden sind. Der λ-Test orientiert sich an Punkten die vorliegen, nicht an dem gesamten *möglichen* Datenraum. Das ermöglicht auch die Analyse mehrdimensionaler Einflußgrößen bei geringen Datemmengen, denn üblicherweise steigt der Datenbedarf solcher Analysen exponentiell mit r, um die Raumausfüllung zu gewährleisten. Zwar ist es möglich, daß der λ-Test keine Abhängigkeiten identifiziert, die gleichmäßige Ausfüllung des Raumes ist jedoch scheinbar nicht erforderlich. Da dies bisher nur eine plausible Vermutung darstellt, wären hier weitergehende Tests wünschenswert.

Schließlich ist zu fragen, wie sich das Verfahren bei Ausreißern verhält, denn es ist denkbar, daß einzelne extreme Werte die Statistik »kippen« und die Diagnoseleistung dann sehr stark bei Vorhandensein von Ausreißern abnimmt, bzw. noch kritischer, daß Scheinzusammenhänge erkannt werden.

Aus finanzanalytischer Sicht ist eine wichtige Fragestellung, ob sich die vom λ-Test postulierten Zusammenhänge tatsächlich auch mit nichtlinearen Modellierungswerkzeugen ausnutzen lassen. Nur falls dies zutrifft, wäre es ratsam, bei Anwendungen in den Voruntersuchungen Analyseverfahren wie den λ-Test einzusetzen. Das Ergebnis der Fallstudie ist, daß mit den bisherigen Wechselkurstheorien unter Berücksichtigung der Lags der Einflußgrößen durchaus (langfristige) Prognosemodelle realisierbar sein müßten. Es wäre also wünschenswert, diese Modelle konkret zu realisieren und deren postulierte Prognosetauglichkeit zu bestätigen.

Aufgrund der guten Ergebnisse des λ-Tests auch bei kleineren Stichprobenumfängen wäre es interessant, eine ähnliche Fallstudie mit Quartalsdaten durchzuführen. Zwar reduziert sich damit die Anzahl der Datenpunkte auf ca. $N = 100$, andererseits steigt die Zahl der verfügbaren Zeitreihen erheblich an. Es ließen sich damit weitere Einflußgrößen, etwa der Einfluß des Volkseinkommens, der Kapitalströme oder Wertpapierbestände, näher untersuchen. Die Analyse von Zusammenhängen in der Finanzwirtschaft gehört zu den schwierigsten Aufgaben, da hier deutlich hervortretende Relationen schnell durch das Investitionsverhalten der Marktteilnehmer ausgeglichen werden. Der λ-Test birgt jedoch auch in anderen Bereichen der Ökonomie Anwendungspotential, beispielsweise im Bereich Markteting zur Analyse des Käuferverhaltens. Es wäre interessant zu prüfen, inwieweit in diesen Aufgabenfeldern der λ-Test einsetzbar ist.

Die vorliegende Arbeit hat gezeigt, daß der λ-Test ein effektives und zweckmäßiges Instrument zur Analyse von Abhängigkeiten ist, welches auch nichtlineare multivariate Einflüsse in die Untersuchung mit einbezieht. Eine erste, exemplarische Fallstudie im Bereich der Wechselkursmodellierung hat die Leistungsfähigkeit des Verfahrens belegt. Es gibt damit vor allem dem Praktiker die Möglichkeit an die Hand, bereits im Vorfeld die Zweckmäßigkeit aufwendiger nichtlinearer Modellerstellung zu beurteilen. Falls sich bereits bei der (relativ problemlos durchzuführenden) Voranalyse zeigt, daß die wesentlichen Einflüsse linearer Natur sind, erspart man sich so die erheblichen Anstrengungen, die beispielsweise die Entwicklung eines neuronalen Netzwerks kostet. Falls aber anderseits Nichtlinearitäten vorliegen, zeigt der λ-Test schon im Vorfeld, an welcher Stelle die zur Modellierung verwendeten Verfahren ansetzen müssen bzw. welche Einflüsse herangezogen werden sollten. Er hilf damit, eine der wesentlichen Fragestellung bei der Modellbildung zu beantworten: »Was ist wirklich wichtig, und was kann getrost vernachlässigt werden.«[1]

1 Vgl. Geleitwort von Th. Poddig zu H. Dichtl (2001).

Literaturverzeichnis

A.H. Abhyankar, L.S. Copeland, W. Wong (1997): Uncovering nonlinear structure in real-time stock-market indexes: the S&P 500, the DAX, the NIKKEI 225 and the FTSE 100, *Journal of Buiseness and Economical Statistics* **15**, S. 1–14

T.W. Anderson (1984): An Introduction to Multivariate Statistics, John wiley & Sons, New York

C.F. Ansley, P. Newbold (1979): On the finit sample distribution of residual autocorrelations in autoregressive moving average models **66**, S. 547–553

H. Albert (1978): Probleme der Theoriebildung, in: L. Czayka (Hrsg.): Erkenntnisprobleme der Ökonometrie, Verlag Anton Hain, Meisenheim/Glan

D. Alexander, L.R. Thomas (1987): Monetary/Asset Models of Exchange Rate – How well have they performed in the 1980's? *International Journal of Forecasting* **3**, S. 53–64

J.A. Alt (1992): Karl R. Popper, Campus Verlag, Frankfurt am Main

R.A. Ashley, D.M. Patterson (1989): Linear Versus Nonlinear Macroeconomics, *International Economic Review* **30**, S. 685–704

R.A. Ashley, D.M. Patterson, M.J. Hinich (1986): A Diagnostic Test for Nonlinear Dependence in Time Series Fitting Errors, *Journal of Time Series Analysis* **7**, No. 3, S. 165–178

W.A. Barnett, A. Medio, A. Serletis (1997): Nonlinear and Complex Dynamics in Economics, unveröffentlichtes Manuskript

E.-A. Behnke (1994): Monetäre Außenwirtschaftstheorie, Oldenburg-Verlag, München

Betriebswirtschaftliche Forschung und Praxis 3/95: Analyse- und Prognosemodelle – neuere Entwicklungen, Verlag Neue Wirtschafts-Briefe, Herne

J.F.O. Bilson (1978): Rational Expectations and the Exchange Rate, in: J.A. Frenkel, H.G. Johnson (Hrsg.): The economic of exchange rates: selected studies, Addison-Wesley, Reading

K. Bischofberger (1986): Theorie und Empirie flexibler Wechselkurse, Duncker & Humblot, Berlin

P. Bofinger (1986): Wechselkurstheorie und Wirtschaftspolitik, *Kredit und Kapital*, Nr. 2, S. 184–213

T. Bollerslev (1986): Generalized autoregressive conditional heteroskedasticity, *Journal of Econometrics* **31**, S. 307–327

P. Boothe, D. Glassman (1987): The statistical distribution of exchange rates, *Journal of International Economics* **22**, S. 297–319

K.O. Bowman, B.R. Shenton (1975): Omnibus test contours for departures from normality based on $\sqrt{b_1}$ and b_2, *Biometrica* **62**, S. 243–250

G.E.P. Box, G.M. Jenkins (1976): Time Series Analysis: Forecast and Control. Holden-Day, San Francisco

G.E.P. Box, D.A. Pierce (1970): Distribution of residual Autocorrelations in ARIMA Time Series Models. *Journal of the American Statistical Association* **65**, S. 1509–1526

W.H. Branson (1977): Asset Markets and Relative Prices in Exchange Rate Determination, *Sozialwissenschaftliche Annalen*, S. 69–89

W.H. Branson, H. Haltturnen, P. Masson (1977): Exchange Rate in the Short Run: The Dollar-Deutsche-Mark Rate, *European Economic Review*, S. 303–324

D. Braunhart (1989): Fundamentalanalytische Beurteilung der Wechselkursentwicklung verschiedener Währungen, Peter Lang Verlag, Frankfurt/Main

D. Brillinger (1965): An Introduction to Polyspectra. *Ann. Math. Statist.* **36**, S. 1351–1374

W.A. Brock (1986): Distinguish Random an Deterministic Systems: Abridged Version. *Journal of Econometric Theory* **40**, S. 168–195

W.A. Brock, W. Dechert, J. Scheinkman (1996): A Test for independence based on the correlation dimension, *Econometric Reviews* **15**, S. 197–235

W.A. Brock, D.A. Hsieh, B. LeBaron (1992): Nonlinear Dynamics, Chaos and Instability: Statistical Theory and Economic Evidence. MIT Press, Cambridge

I.N. Bronštejn, K.A. Semendjaev (1987): Taschenbuch der Mathematik, 23. Auflage, Verlag Harri Deutsch, Thun

I.N. Bronštejn, K.A. Semendjaev (1990): Ergänzende Kapitel zum Taschenbuch der Mathematik, 6. Auflage, Teubner, Leibzig

P. Cagan (1956): The Monetary Dynamics of Hyperinflation, in: M. Friedman (Hrsg.): Studies in the Quantity Theory of Money, S. 25–117, Chicago

B.J. Caldwell (1991): Clarifying Popper, *Journal of Economic Literature* **29**, S. 1–33

J.Y. Campbell, P. Perron (1991): Pitfalls and Opportunities: What macroeconomists should know about unit roots; in: O.J. Blanchad, S. Fischer (Hrsg.): NBER Macroeconomics Annual 1991; MIT Press, Cambrige

J.Y. Campbell, A.W. Lo, A.C. MacKinley (1997): The Econometrics of Financial Markets, Princeton University Press, Princeton

J. Clostermann, B. Schnatz (2000): The determainants of the euro-dollar exchange rate, Discussion paper 2/00, Economic Research Group of the Deutsche Bundesbank, Frankfurt/Main

C.H. Coombs, H. Raiffa, R.M. Thrall (1954): Some Views on Mathematical Models and Measurement Theory, in: R.M. Thrall, C.H. Coombs, R.L. Davis (Hrsg.): Decision Processes, John Wiley & Sons, New York

R.B. D'Agostino, M.A. Stephens (1986): Goodness-of-fit techniques, Marcel Dekker, New York

H.A. David (1970): Order Statistics, John Wiley & Sons, New York

N. Davies, P. Newbold (1979): Some power studies of a portmanteau test of time series model specification, *Biometrica* **66**, S. 153–155

N. Davies, C.M. Triggs, P. Newbold (1977): Significance levels of the Box-Pierce portmanteau Statistics in finit samples, *Biometrica* **64**, S. 517–522

D.N. DeJong, J.C. Nankervis, N.E. Savin, C.H. Whiteman (1992): The Power of Unit Root Tests in Time Series, *Econometrica* **53**, S. 323–343

Deutsche Bundesbank (1990): Statistische Beihefte zu den Monatsberichten der Deutschen Bundesbank, Reihe 5, Die Währungen der Welt No. 3/1990.

Deutsche Bundesbank (1998): Der Euro und sein Verhältnis zum Dollar, Auszüge aus Presseartikel, Nr. 63, Frankfurt/Main, S. 7–11

H. Dichtl (2001): Ganzheitliche Gestaltung von Investmentprozessen, Uhlenbruch-Verlag, Bad Soden/Ts.

D.A. Dickey, W.A. Fuller (1979): Distribution of the estimators for autoregressive time series with a unit root; *Journal of the American Statistical Association* **74**, S. 427–431

F.X. Diebold, J.A. Nason (1990): Nonparametric Exchange Rate Prediction? *Journal of International Economics* **28**, S. 315–332

F.X. Diebold, M. Nerlove (1990): Unit roots in economic time series: A selective survey; in: T.B. Fomby, G.F. Rhodes (Hrsg.): Advances in econometrics: Co-integration, spurious regressions and unit roots; JAI Press, London

H. von Ditfurth (1981): Der Geist fiel nicht vom Himmel, 2. Auflage, dtv, München

R. Dornbusch (1989): Real Exchange Rates and Macroeconomics: A Selective Survey, *Scandinavian Journal of Economics* **91**, S. 401–432.

R. Düsing (1999): Knowledge Discovery in Databasis and Data Mining, in: P. Chamoni, P. Gluchowski, Hrsg.: Analytische Informationssysteme, 2. Auflage, Springer Verlag, Berlin

E.J. Elton, M.J. Gruber (1995): Modern Portfolio Theory and Investment Analysis, 5. Auflage, John Wiley & Sons, New York

W. Enders (1995): Applied Econometric Time Series, John Wiley & Sons, New York

R.F. Engle (1982): Autoregressiv conditional heteroskedasticity with estimates of the variance of United Kingdom inflation, *Econometrica* **50**, S. 987–1007

R.F. Engle, C.W.J. Granger (1987): Co-integration and Error Correction: Representation, Estimation and Testing, *Econometrica* **55**, S. 251–276

R.F. Engle, C.W.J. Granger (1991): Long-run Economics Relationship, Oxford University Press, Oxford

G.B.A. Evans, N.E. Savin (1981): Testing for Unit Roots: 1 *Econometrica* **49**, S. 753–779

G.B.A. Evans, N.E. Savin (1984): Testing for Unit Roots: 2 *Econometrica* **52**, S. 1241–1269

EViews 4.0 Manual (2001), Qantitativ Micro Software, Irvine CA

E.F. Fama (1965): The behavior of stock-market prices, *Journal of business* **38**, S. 34–105

E.F. Fama (1970): Efficient Capital Markets: A Review of Theory and Empirical Work, *Joural of Finance*, Vol. XXV, S. 383–417

E.F. Fama (1991): Efficient Capital Markets II, *Joural of Finance*, Vol. XLVI, S. 1575–1617

U.M. Fayyad, G. Piatetsky-Sharpiro, P. Smyth (1996): From Data Mining to Knowledge Discovery: An Overview; in: U.M. Fayyad, G. Piatetsky-Sharpiro, P. Smyth, r: Uturusamy, Hrsg.: Advances in Knowledge Discovery and Data Mining, S. 1–36, AAAI-Press

B. Felderer, St. Homburg (1991): Makroökonomik und neue Makroökonomik, 5. Auflage, Springer-Verlag, Berlin

J.M. Fleming (1962): Domestic Financial Policies Under Fixed and Under Floating Exchange Rates, *IMF Staff Papers* **3**, S. 369–380

J. Frank (1976): Kritische Ökonomie, Rowohlt-Verlag, Reinbek

M. Frank, Th. Stengos (1988): Chaotic Dynamics in Economic Time Series, *Journal of Economic Survey* **2**, S. 105–133

J.A. Frankel (1976): On the Mark: A Theory of Floating Exchange Rates Based on Real Interest Differntials, *American Economic Review* **69**, S. 601–622

J.A. Frankel (1990): The Rationality of the Foreign Exchange Rate, *AEA Papers and Proceedings*, S. 181–185

J.A. Frenkel (1976): A monetary approach to the exchange rate: doctrinal aspects and empirical evidence, *Scandinavian Journal of Economy* **78**, No. 2, S. 200–224

J.A. Frenkel, H.G. Johnson, Hrsg. (1978): The economic of exchange rates: Selected studies, Addison-Wesley, Reading

M. Friedman (1953): The Methodology of Positive Economics, in: M. Friedman, Hrsg.: Essays in positive Economics, University of Chicago Press, Chicago

W.A. Fuller (1976): Introduction to statistical time series, Wiley & sons, New York

W. Gaab (1983): Devisenmärkte und Wechselkurse. Eine theoretische und empirische Analyse, Springer-Verlag, Berlin

P. Gänssler, W. Stute (1977): Wahrscheinlichkeitstheorie, Springer Verlag, Berlin

M. Gärtner (1997): Makroökonomik flexibler unf fester Wechselkurse, 2. Auflage, Springer Verlag, Berlin

GAUSS 3.2 Manual (1998): Aptech Systems Inc., Maple Valley WA

T. Gerhards (1994): Theorie und Empirie flexibler Wechselkurse, Physica-Verlag, Heidelberg

H. Gerloff (1995): Computerintegriertes Portfoliomanagement, Oldenbourg Verlag, München

J. Geweke, S. Porter-Hudak (1983): The estimation and application of long memory time series models, *Journal of Time Series Analysis* **4**, S. 211–238

C.W. Granger, P. Newbold (1976): Forecasting Transformed Data, *Journal of the Royal Statistical Society* **38**, S. 184–203

C.W. Granger, A.P. Andersen (1978): An introduction to bilinear time series models, Vandenhoeck und Ruprecht, Göttingen

C.W. Granger, T. Teräsvirta (1993): Modelling Nonlinear Economic Relationships, Oxford University Press, Oxford

P. Grassberger, I. Procaccia (1983): Measuring the Strangeness of Strange Attractors, *Physica D* **9**, S.189–208

G. Grimm (1997): Fundamentale Wechselkursprognose mit Neuronalen Netzen, Deutscher Universitäts-Verlag, Wiesbaden

E.J. Godolphin (1980): A method for testing the order of an autoregressiv-moving average process, *Biometrica* **67**, S. 699–703

S. Grossman, J.E. Stiglitz (1980): On the impossibility of informationally efficient markets, *American Economic Review* **70**, S. 393–408.

J. Han, M. Kamber (2001): Data Mining: Concepts and Techniques, Academic Press, San Diego

G. Hansen (1993): Quantitative Wirtschaftsforschung, Verlag Franz Vahlen, München

J. Hartung (1998): Statistik, 11. Auflage, Oldenbourg-Verlag, München

U. Hassler (1994): Einheitswurzeltests – Ein Überblick, *Allg. Statistisches Archiv* **xx**, S. 207–228

D. Heckerman (1996): Bayesian Networks for Knowledge Discovery, in: U.M. Fayyad, G. Piatetsky-Sharpiro, P. Smyth, r: Uturusamy, Hrsg.: Advances in Knowledge Discovery and Data Mining, S. 1–36, AAAI-Press

N. Henze (1994): Tests auf Normalverteilung, *Allg. statistisches Archiv* **7x**, S. 293–317

J. Hertz, A. Krogh, R. Palmer (1991): Introduction to the Theory of Neural Computation, Addison-Wesly, Reading

St. Hettich, H. Hippner (2001): Assoziationsanalyse, in: H. Hippner, U. Küsters, M. Meyer, K. Wilde (Hrsg.): Handbuch Data Mining im Marketing, Vieweg, Braunschweig

M. Hinich (1982): Testing for gaussian and linearity in stationary time series, *Journal of Time Series Analysis* **3**, S. 169–176

M. Hinich, D.M. Patterson (1985): Evidence of nonlinearity in daily stock returns, *Journal of Buissines and Economic Statistics* **3**, S. 69–77

M. Hinich, D.M. Patterson (1995): Detecting epochs of transient dependence in white noise, unveröffentlichtes Manuskript

W. Hoeffding (1948): A Class of Statistics with Asymptptically Normal Distribution, *Annals of Mathematical Statistics* **19**, S. 293–325

P. Hooper, J. Morton (1982): Fluctuations in the Dollar: A Model of Nominal and Real Exchange Determination, *Journal of international Money and Finance* **1**, S. 39–56

D.A. Hsieh (1988): The statistical properties of daily foreign exchange rates, *Journal of International Economics* **24**, S. 129–145

D.A. Hsieh (1991): Chaos and nonlinear Dynamics: Application to Financial Markets, *Journal of Finance* **46**, No. 5, S. 1839–1877

D.A. Hsieh (1995): Nonlinear Dynamics in Financial Markets: Evidence and Implications, *Financial Analysts Journal*, July-August, S. 55–62

C. Huber (2000): Wendepunktprognose in Finanzmarktzeitreihen, Uhlenbruch-Verlag, Bad Soden/Ts.

D. Hume (1997): Eine Untersuchung über den menschlichen Verstand, herausgegeben von J. Kulenkampff, Akademie Verlag, Berlin

Institut der deutschen Wirtschaft Köln (2001): Deutschland in Zahlen, Deutscher Instituts-Verlag, Köln

P. Isard (1977): How far can we push the Law-of-one-price, *American Economic Review* **67**, 942–948

P. Isard (1995): Exchange Rate Economics, Cambridge University Press, Cambridge

H.-J. Jarchow, P. Rühmann (2000): Monetäre Außenwirtschaft I – Monetäre Außenwirtschaftstheorie, 5. Auflage, Vandenhoeck und Ruprecht (UTB), Göttingen

H.-J. Jarchow (1992): Theorie und Politik des Geldes II: Geldmarkt und Geldpolitische Instrumente, 6. Auflage, Vandenhoeck und Ruprecht (UTB), Göttingen

C.M. Jarque, A.K. Bera (1980): Efficent Test of Normality, Homoscedasticity and Serial Independence of Regression Residuals, *Economic Letters* **6**, S. 255–259

H.G. Johnson, Hrsg. (1976): The monetary approach to the balance of payments, Allen & Unwin, London

W. Khan, T.D. Willett (1984): The Monetary Approach to Exchange Rates: A Review of Recent Empirical Studies, *Kredit & Kapital* **77**, S. 199–222

D.T. Kaplan (1993): Exceptional Events as evidence for determinism, *Physica D* **73**, S. 38–48

D.M. Keenan (1985): A Tukey nonadditivity-type test for time series nonlinearity, *Biometrica* **72**, S. 39–44 (1985)

M. Kerling (1998): Moderne Konzepte der Finanzanalyse, Uhlenbruch Verlag, Bad Soden/Ts.

J.M. Keynes (1973): A treatise on probability, in: The collected writings of John Maynard Keynes, MacMillan, London

H.K. Klein (1971): Heuristische Entscheidungsmodelle, Neue Techniken des Programmierens und Entscheidens für das Management, Gabler Verlag, Wiesbaden

U. Krengel (1991): Einführung in die Wahrscheinlichkeitstheorie und Statistik, 3. Auflage, Vieweg, Braunschweig

P.R. Krugman (1978): Purchasing Power Parity and Exchange Rates: Another Look at the Evidence, *Journal of International Economics* **8**, S. 397–407

Th. Kuhn (1981): Die Struktur wissenschaftlicher Revolutionen, Suhrkamp, Frankfurt am Main

U. Küsters, M. Bell (2001): Zeitreihenanalyse und Prognoseverfahren, in: H. Hippner, U. Küsters, M. Meyer, K. Wilde (Hrsg.): Handbuch Data Mining im Marketing, Vieweg, Braunschweig

D. Kwiatkowski, P.C.B. Phillips, P. Schmidt, Y. Shin (1992): Testing the null hypothesis of stationarity against the alternativ of a unit root; *Journal of Econometrics* **54**, S. 159–178

I. Lakatos, A. Musgrave (1970): Criticism and the Growth of Knowledge, Cambrigde University Press, Cambridge

M. Larrain (1991): Testing Chaos and Nonlinearities in T-Bill Rates, *Financial Analysts Journal*, Sept-Oct, S. 51–61.

T.H. Lee, H. White, C.W.J. Granger (1993): Testing for Neglected Nonlinearity in Time Series Models, *Journal of Econometics* **56**, S. 269–290

R.G. Lipsey (1973): Einführung in die positive Ökonomie, Kiepenheuer & Witsch, Köln

G.M. Ljung, G.E.P. Box (1978): On a measure of lack of fit in time series models, *Biometrica* **65**, S. 297–303

G.M. Ljung, G.E.P. Box (1979): The likelyhood function of stationary autoregressive moving average models, *Biometrica* **66**, S. 265–270

O. Loistl (1990): Zur neueren Entwicklung der Finanzierungstheorie, *DBW* **50**, Heft 1/90, S. 47–84

O. Loistl (1996): Computergestütztes Wertpapiermanagement, 5. Auflage, Oldenbourg Verlag, München

O. Loistl (1994): Kapitalmarkttheorie, 3. Auflage, Oldenbourg Verlag, München

O. Loistl, I. Betz (1996): Chaostheorie, 3. Auflage, Oldenbourg Verlag, München

B. Mandelbrot, J.R. Wallis (1968): Noah, Joseph and Operational Hydrology, *Water Resources Research* **4**, No. 5 S. 909–918

J.C. Maxwell (1986): Substanz und Bewegung, deutsche Übersetzung, Vieweg, Braunschweig

R. MacDonald (1988): Floating Exchange Rates – Theories and Evidence, Unwin Hyman, London

R. MacDonald (1995): Long-Run Exchange Rate Modeling – A Survey of Recent Evidence, *IMF Staff Papers* **42**, S. 437–489.

R. MacDonald, M.P. Taylor (1992): Exchange Rate Economics – A Survey, *IMF Staff Papers* **39**, S. 1–57.

R. MacDonald, M.P. Taylor (1993): The Monetary Approach to Exchange Rate – Rational Expectations, Long-Run Equilibrium and Forecasting, *IMF Staff Papers* **40**, S. 89–107.

J.G. MacKinnon (1991): Critical Values for Cointegration Tests, in: R.F. Engle, C.W. Granger: Long-run Economics Relationship, Oxford University Press, Oxford

A.I. McLeod (1978): On the distribution of residual autocorrelations in Box-Jenkins models, *Journal of the Royal Statistical Society B* **29**, S. 180–195

A.I. McLeod, W.K. Li (1983): Diagnostic checking ARMA time series models using squared-residual autocorrelations, *Journal of Time Series Analysis* **4**, S. 269–273

A. Medio (1992): Chaotic Dynamics – Theorie and Applications to Economics, Cambridge University Press, Cambridge

R.A. Meese (1990): Currency Fluctuations in the Post-Bretton-Woods Era, *Journal of Monetary Economics* **4**, Nr. 1, S. 117

R.A. Meese, K. Rogoff (1983): Empirical Exchange Rates Models of the Seventies: Do they fit out-of-sample?, *Journal of international Economics* **14**, S. 3–24

M. Minsky, S. Pappert (1969): Perceptrons, MIT Press, Cambridge

J.E. Moody, J. Utans (1995): Architecture Selection Strategies for Neural Networks: Application to Corporated Bond Rating Prediction, aus: *Neural Networks in the Capital Markets*, London

B. Müller, J. Reinhardt (1990): Neural Networks, Springer-Verlag, Berlin

R.A. Mundell (1963): Capital Mobility and Stabilisation Policy under Fixed and Floating Exchange Rates, *Canadian Journal of Economics*, S. 475–485

R.G. Murphy, C. van Dyne (1980): Asset Market Approaches to Exchange Rate Determination: A Comparative Analysis, *Weltwirtschaftliches Archiv*, S. 627–656

M. Mussa (1976): The exchange rate, the balance of payments, and monetary an fiscal policy under a regime of controlled floating, *Scandinavian Journal of Economics* **78**, No.2, S. 229–248

M. Mussa (1982): A Model of Exchange Rate Dynamics, *Journal of Political Economy* **90**, S. 74–104.

G. Nakhaeizadeh, T. Reinartz, R. Wirth (1998): Wissensentdeckung in Datenbanken und Data Mining – Ein Überblick, in: G. Nakhaeizade (Hrsg.): Data Mining, Physica Verlag, Heidelberg

M. Neumann (1991): Theoretische Volkswirtschaftslehre I, 4. Auflage, Verlag Franz Vahlen, München

L.H. Officer (1976): The purchasing power parity theory of exchange rates: A review article, *IMF Staff Papers* **23**, S. 1–60

L.H. Officer (1976): The productivity bias in the purchasing power parity theory, *IMF Staff Papers* **23**, S. 545–579

A. Parikh (1991): Modelling the Exchange Rate Behaviour of Yen and Deutsche Mark Against the Dollar, *Weltwirtschaftliches Archiv*, S, 472–499

D.M. Patterson, R.A. Ashley (2000): A nonlinear time series workshop, Kluwer Academic Publishers, Dordrecht

E.J. Pentecost (1993): Exchange rate dynamics: a modern analysis of exchange rate theory an evidence, Cambridge University Press, Cambridge

L. Philips (1974): Applied Consumption Analysis, Chicago University Press, Chicago

P.C.B. Phillips (1988): Understanding Surious Regression in Econometrics, *Journal of Econometrics* **33**, S. 311–340

P.C.B. Phillips, P. Perron (1988): Testing for a unit root in time series regression, *Biometrica* **75**, S. 335–346

H. Pi (1993): Dependency Analysis and Neural Network Modeling of Currency Exchange Rates, *Proc. of the first International Workshop on Neural Networks in the Capital Markets*, London

H. Pi, C. Petersen (1994): Finding the Embedding Dimension and Variable Dependencies in Time Series, *Neural Computation* **6**, S. 509–520

R.S. Pindyke, D.L. Rubinfeld (1998): Economic Modells and Economic Forecasts, 4. Auflage, Irwin/McGraw-Hill, Bosten

C.I. Plosser (1979): Short-term forecasting and seasonal adjustment, *Journal of the American Statistical Association* **74**, S. 15-24

Th. Poddig (1992): Künstliche Intelligenz und Entscheidungstheorie, Deutscher Universitäts Verlag, Wiesbaden

Th. Poddig (1994): Ein Jackknife-Ansatz zur Strukturextraktion in Multilayer-Perceptrons bei kleinen Datenmengen, in: S. Kirn, Ch. Weinhardt (Hrsg.): Künstliche Intelligenz in der Finanzberatung, Gabler Verlag, Wiesbaden

Th. Poddig (1996): Analyse und Prognose von Finanzmärkten, Uhlenbruch Verlag, Bad Soden/Ts.

Th. Poddig (1999): Handbuch Kursprognose – Quantitative Methoden im Asset Management, Uhlenbruch Verlag, Bad Soden/Ts.

Th. Poddig, H. Dichtl, K. Petersmeier (2000): Statistik, Ökonomie, Optimierung, Uhlenbruch-Verlag, Bad Soden/Ts.

Th. Poddig, I. Möller, K. Petersmeier (1999): Dependency Analysis using the Lambda-Test, *Proc. of the 7th European Congress on Intelligent Techniques and Soft Computing*, Aachen

K.R. Popper (1967): Das Rationalitätsprinzip, in: D. Miller, Hrsg.: Karl Popper Lesebuch, UTB

K.R. Popper (1968): Logik der Forschung, 3. Auflage, J.C.B. Mohr (Paul Siebeck) Verlag, Tübingen

K.R. Popper (1969): Die Logik der Geisteswissenschaften, in: Th. Adorno et al., Hrsg.: Der Positivismusstreit in der deutschen Soziologie, Luchterhand, Neuwied

K.R. Popper (2000): Alles Leben ist Problemlösen, 5. Auflage, Piper, München

W.H. Press, S.A. Teukolsky, W.T. Vetterling, B.P. Flannery (1992): Numerical recipes in C, 2. Auflage, Cambridge university press

C.D. Grupp (1997): Europa 2000 – Die Europäische Union, Presse- und Informationsamt der Bundesregierung, Bonn

T. Puu (1997): Nonlinear Economic Dynamics, 4. Auflage, Springer Verlag, Heidelberg

J.B. Ramsey (1969): Tests for specification errors in classical Linear Least-squares Regression Analysis, *Journal of the Royal Statistical Society* **B 31**, S. 350–371

J.B. Ramsey, H. Yuan (1989): Bias and Error Bars in Dimension Calculations and their Evaluation in some Simple Models, *Physical Letters A* **134**, S. 287–297

F.A. Rauscher (2001): Hybrider Prognoseansatz zur Wechselkursanalyse, Verlag Wissenschaft und Praxis, Sternenfels

H. Rehkugler (1995): Kurs- und Renditeprognose-Systeme, in: J.-E. Cramer, B. Rudolph (Hrsg.): Handuch für Anlageberatung und Vermögensverwaltung, Fritz Knapp Verlag, Frankfurt/Main

H. Rehkugler, M. Kerling, D. Jandura (1996): Der Delta-Test – Datenselektion und nichtlineare Finanzanalyse am Beispiel der Prognose der britischen Zinsentwicklung, internes Arbeitspapier des Lehrstuhls für Finanzwirtschaft und Banken, Universität Freiburg

H. Rehkugler, Th. Poddig (1994): Kurzfristige Wechselkursprognosen mit Künstlichen Neuronalen Netzwerken, in: G. Bol, G. Nakhaeizadeh, K.-H. Vollmer: Finanzmarktanwendungen neuronaler Netze und ökonometrischer Verfahren, S. 1–24, Physica Verlag, Heidelberg

H. Rehkugler, Th. Poddig (1998): Bilanzanalyse, 4.Auflage, Oldenbourg Verlag (1998)

R. Rojas (1993): Theorie neuronaler Netze, Springer Verlag

N. Rollwage (1992): Geldpolitik, 4. Auflage, WRW Verlag, Köln

N. Rollwage (1993): Außenwirtschaft, 3. Auflage, WRW Verlag, Köln

K. Rose (1986): Theorie der Außenwirtschaft, 9. Auflage, Verlag Vahlen, München

F. Rosenblatt (1958): The Perceptrons: a probabilistic model for information storage and organisation in the brain, *Psychological Review* **65**, S. 386–408

E. Rotwein (1959): On the Methodology of Positive Economics, *Quarterly Journal of Economics* **73**, S. 554–573

E.S. Said, D.A. Dickey (1984): Testing for unit roots in autoregressive moving average Models of unknown order, *Biometrica* **71**, S. 599–607

N. Sarantis (1994): The monetary Exchange Rate in the Long Run: An Empirical Investigation, *Weltwirtschaftliches Archiv* **130**, S. 698–711

W.S. Sarle, Hrsg. (1999): Neural Networks FAQ der Newsgroup comp.ai.neural-nets, URL: ftp://ftp.sas.com/pub/neural/faq.html

R. Savit, M. Green (1991): Time Series and Dependent Variables, *Physica D* **50**, S. 95–116

J.A. Scheinkman (1990): Nonlinearities in Economic Dynamics, *Economic Journal* **100**, S. 33–48

J. Scheinkman, B. LeBaron (1989): Nonlinear dynamics and stock returns, *Journal of Business* **62**, S. 311–337

R. Schlittgen, B.H.J. Streitberg (1995): Zeitreihenanalyse, 6. Auflage, Oldenbourg, München

D. Schneider (1992): Investition, Finanzierung und Besteuerung, 7. Auflage, Gabler Verlag, Wiesbaden

D. Schneider (1981): Geschichte betriebswirtschaftlicher Theorie, Oldenbourg Verlag, München

H. Schulz (1976): Volkswirtschaftliche Aspekte des Eurodollarmarktes bei festen und flexiblen Wechselkursen, Dissertation der Westfälischen Wilhelms-Universität, Münster

G.W. Schwert (1989): Tests for unit roots: A Monte Carlo investigation, *Journal of Business and Economic Statistics* **5**, S. 463–473

A. Sell (1991): Einführung in die internationalen Wirtschaftbeziehungen, de Gruyter, Berlin

S.S. Shapiro, F.S. Francia (1972): An approximate analysis of variance test for normality, *Journal of the American Statistical Association* **67**, S. 215–216

S.S. Shapiro, M.B. Wilk (1965): An analysis of variance test for normality, *Biometrica* **52**, S. 591–611

D. Shirreff (1993): Efficient Markets and the Quant's Descent into Chaos, *Euromoney*, July, S. 60–66

M. Steiner, Ch. Bruns (1996): Wertpapiermanagement, 5. Auflage, Schäffer-Poeschel Verlag, Stuttgart

E. Steurer (1997): Ökonometrische Methoden und maschinelle Lernverfahren zur Wechselkursprognose, Physica-Verlag, Heidelberg

P. Steiner, H. Uhlir (2001): Wertpapieranalyse, 4. Auflage, Physica-Verlag, Heidelberg

W. Stier (1980): Analyse saisonaler Schwankungen in ökonomischen Zeitreihen, Springer Verlag, Heidelberg

R.T. Subba, M.M. Gabr (1980): A Test for Linearity of Stationary Time Series,*Journal of Time Series Analysis* **1**, S. 145–158

N.R. Swanson, H. White (1995): A Model-Selection Approch to Assessing the Information in the Term Structure Using Linear Models and Artificial Neural Networks, *Journal of Business and Economics Statistics* **13**

S. Taylor (1986): Modelling financial time series, Wiley, Chicester

T. Teräsvirta, C.-F. Lin, C.W.J. Granger (1993): Power of the Neural Network Linearity Test, *Journal of Time Series Analysis* **14**, S. 159–171

R.S. Tsay (1986): Nonlinearity tests for time series, *Biometrica* **73**, S. 461–466

J.W. Tukey (1949): One degree of freedom for non-additivity, *Biometrics* **5**, S. 232–242

X.Z. Wang (1999): Data Mining and Knowledge Discovery for Process Monitoring and Control, Springer-Verlag, Heidelberg

H. White (1989a): An additional hidden unit test for neglected nonlinearity in multilayer feedforward networks, *Proceedings of the International Joint Conference on Neural Networks, Washington DC*, Vol. 2, S. 451–455, SOS-Printing, San Diego

H. White (1989b): Some Asymptotic Results for Learning in Single Hidden-Layer Feedforward Network Models, *Journal of the American Statistical Association* **84**, S. 1003–1013

Index

Deutscher Universitäts-Verlag

Ihr Weg in die Wissenschaft

Der Deutsche Universitäts-Verlag ist ein Unternehmen der Fachverlagsgruppe BertelsmannSpringer, zu der auch der Gabler Verlag und der Vieweg Verlag gehören. Wir publizieren ein umfangreiches wirtschaftswissenschaftliches Monografien-Programm aus den Fachgebieten

✓ Betriebswirtschaftslehre
✓ Volkswirtschaftslehre
✓ Wirtschaftsrecht
✓ Wirtschaftspädagogik und
✓ Wirtschaftsinformatik

In enger Kooperation mit unseren Schwesterverlagen wird das Programm kontinuierlich ausgebaut und um aktuelle Forschungsarbeiten erweitert. Dabei wollen wir vor allem jüngeren Wissenschaftlern ein Forum bieten, ihre Forschungsergebnisse der interessierten Fachöffentlichkeit vorzustellen. Unser Verlagsprogramm steht solchen Arbeiten offen, deren Qualität durch eine sehr gute Note ausgewiesen ist. Jedes Manuskript wird vom Verlag zusätzlich auf seine Vermarktungschancen hin geprüft.

Durch die umfassenden Vertriebs- und Marketingaktivitäten einer großen Verlagsgruppe erreichen wir die breite Information aller Fachinstitute, -bibliotheken und -zeitschriften. Den Autoren bieten wir dabei attraktive Konditionen, die jeweils individuell vertraglich vereinbart werden.

Besuchen Sie unsere Homepage: *www.duv.de*

Deutscher Universitäts-Verlag
Abraham-Lincoln-Str. 46
D-65189 Wiesbaden

GPSR Compliance

The European Union's (EU) General Product Safety Regulation (GPSR) is a set of rules that requires consumer products to be safe and our obligations to ensure this.

If you have any concerns about our products, you can contact us on ProductSafety@springernature.com

In case Publisher is established outside the EU, the EU authorized representative is:

Springer Nature Customer Service Center GmbH
Europaplatz 3
69115 Heidelberg, Germany

Batch number: 10815964

Printed by Printforce, the Netherlands